Register online at www.oup.com/blackstones/criminal for free online m...
Blackstone's Briefing, a free regular newsletter. If you have any queries pleas...

DAMAGE TO PROPERTY —B8

Simple Criminal Damage	B8.1
Aggravated Criminal Damage	B8.16
Arson	B8.25
Threats to Destroy or Damage Property	B8.31
Possession with Intent to Destroy or Damage Property	B8.36

OFFENCES AFFECTING PUBLIC ORDER—B11

Riot	B11.2
Violent Disorder	B11.14
Affray	B11.23
Fear or Provocation of Violence	B11.32
Intentionally Causing Harassment, Alarm or Distress	B11.44
Harassment, Alarm or Distress	B11.52
Offences that can be Racially or Religiously Aggravated	B11.71
Offences of Stirring Up Racial Hatred	B11.79
Offences of Stirring Up Hatred on Religious Grounds or on Grounds of Sexual Orientation	B11.99
Possession of Inflammatory Material	B11.119
Public Nuisance	B11.129
Bomb Hoaxes	B11.132
Offences Relating to Goods	B11.137
Offences Relating to Football Matches	B11.166
Offences Relating to NHS Premises	B11.169

OFFENCES RELATING TO WEAPONS—B12

Possession of Firearm with Intent to Endanger Life	B12.93
Offences Involving Carrying of Firearms	B12.110
Possession of Offensive Weapon	B12.149
Minding a 'Dangerous Weapon'	B12.226

REVENUE, CUSTOMS AND SOCIAL SECURITY OFFENCES—B16

Prosecutions, Penalties and Money Settlements	B16.2
Cheating the Public Revenue	B16.3
Fraudulent Evasion of Income Tax	B16.6
Falsification etc. of Documents Called for Inspection	B16.8
VAT Frauds	B16.9
Customs and Excise: Introduction	B16.13
Offences in Connection with Commissioners and Officers	B16.24
Improper Importation and Exportation of Goods	B16.27
Fraudulent Evasion of Duty ('Smuggling')	B16.39
Social Security Offences	B16.58

OFFENCES RELATING TO DRUGS—B19

Controlled Drugs	B19.7
Offences under the Misuse of Drugs Act 1971	B19.24
Supplying or Offering to Supply etc. Controlled Drug	B19.43
Possession of Controlled Drug with Intent to Supply	B19.58
Production of Controlled Drug	B19.65
Prohibition on Importation and Exportation of Controlled Drugs	B19.71
Cultivating Plant of the Genus Cannabis	B19.72
Offences Relating to Opium	B19.79
Prohibition on Supply etc. of Articles for Administering or Preparing Controlled Drugs	B19.83
Occupiers and those Concerned in Management of Premises	
Knowingly Permitting or Suffering Drug-related Activities	B19.88
Incitement	B19.105
Defence under the Misuse of Drugs Act 1971, s. 28	B19.106
Other Offences Related to Misuse of Drugs	B19.118
Supply of Intoxicating Substance	B19.133
Manufacture and Supply of Scheduled Substances	B19.134

OFFENCES RELATING TO MONEY LAUNDERING AND THE PROCEEDS OF CRIMINAL CONDUCT—B21

Money Laundering and Criminal Property	B21.3
Offences under the Proceeds of Crime Act 2002	B21.13
Offences of Concealment, etc.	B21.13
Indictment	B21.14
Procedure and Sentence (Offences under ss. 327, 328 and 329)	B21.15
Elements	B21.17
Money Laundering Arrangements	B21.19
Offences of Acquisition, Use or Possession	B21.25
Indictment, etc.	B21.26
Money Laundering, Stolen Goods and Wrongful Credits	B21.30
Failure to Disclose Possible Money Laundering	B21.33
Penalties and Procedure for Offences under ss. 330 to 332	B21.35
Tipping-off	B21.36
Prejudicing Investigations	B21.37

Please visit www.oup.com/blackstones/criminal

BLACKSTONE'S
CRIMINAL PRACTICE

BLACKSTONE'S
CRIMINAL PRACTICE

2025

GENERAL EDITORS
DAVID ORMEROD CBE, KC (HON)
BARRISTER, BENCHER OF MIDDLE TEMPLE,
PROFESSOR OF CRIMINAL JUSTICE,
UNIVERSITY COLLEGE LONDON

DAVID PERRY KC
BARRISTER, 6KBW COLLEGE HILL

FOUNDING EDITOR
HIS HONOUR PETER MURPHY

ADVISORY EDITORIAL BOARD
THE RT HON SIR BRIAN LEVESON, THE HON SIR HENRY GLOBE,
THE HON MRS JUSTICE BOBBIE CHEEMA-GRUBB, HH ERIC STOCKDALE,
THE RT HON LORD JUSTICE ANDREW EDIS, MICHAEL BOWES KC,
HH SALLY CAHILL KC, HHJ JONATHAN COOPER,
HHJ MARTIN EDMUNDS KC, HHJ STEVEN EVERETT, HHJ ANDREW HATTON,
HHJ MICHAEL HOPMEIER, HHJ PATRICIA LEES, HHJ ALISON LEVITT KC,
HHJ RICHARD MARKS KC, HHJ HEATHER NORTON, HH JEFFREY PEGDEN KC,
HHJ RAJEEV SHETTY, HH DEBORAH TAYLOR, HHJ REBECCA TROWLER KC,
ELEANOR LAWS KC, TOM LITTLE KC, TIM OWEN KC, ROBERT SMITH KC,
ADRIAN WATERMAN KC, RICHARD SWALLOW

CONTRIBUTORS
PARAMJIT AHLUWALIA, DUNCAN ATKINSON KC, ALEX BAILIN KC,
DIANE BIRCH OBE, STEVEN BIRD, HHJ JONATHAN COOPER,
NICK DENT, ANAND DOOBAY, HHJ MARTIN EDMUNDS KC,
RUDI FORTSON KC, DANIEL GODDEN, KATHERINE HARDCASTLE,
WILLIAM HAYS, MICHAEL HIRST, LAURA C. H. HOYANO, PETER
HUNGERFORD-WELCH, PAUL JARVIS, JESSICA JONES, ADRIAN KEANE,
SALLY KYD, KARL LAIRD, MICHAEL LEREGO KC, SIR RICHARD McMAHON KC,
HHJ ALEXANDER MILLS, VALSAMIS MITSILEGAS, TIM MOLONEY KC,
KATE O'RAGHALLAIGH, AMANDA PINTO KC, HHJ ALICE ROBINSON,
HH PETER ROOK KC, RICHARD D. TAYLOR, MARTIN WASIK CBE

OXFORD
UNIVERSITY PRESS

Great Clarendon Street, Oxford, OX2 6DP,
United Kingdom

Oxford University Press is a department of the University of Oxford.
It furthers the University's objective of excellence in research, scholarship,
and education by publishing worldwide. Oxford is a registered trade mark of
Oxford University Press in the UK and in certain other countries

© Oxford University Press 2024

The moral rights of the authors have been asserted

First Edition published in 1991
Thirty-fifth Edition published in 2024

All rights reserved. No part of this publication may be reproduced, stored in
a retrieval system, or transmitted, in any form or by any means, without the
prior permission in writing of Oxford University Press, or as expressly permitted
by law, by licence or under terms agreed with the appropriate reprographics
rights organization. Enquiries concerning reproduction outside the scope of the
above should be sent to the Rights Department, Oxford University Press, at the
address above

You must not circulate this work in any other form
and you must impose this same condition on any acquirer

Public sector information reproduced under Open Government Licence v3.0
(http://www.nationalarchives.gov.uk/doc/open-government-licence/open-government-licence.htm)

Published in the United States of America by Oxford University Press
198 Madison Avenue, New York, NY 10016, United States of America

British Library Cataloguing in Publication Data

Data available

ISBN 978–0–19–892433–3

Printed in Italy by
L.E.G.O. S.p.A. Lavis (TN)

Links to third party websites are provided by Oxford in good faith and
for information only. Oxford disclaims any responsibility for the materials
contained in any third party website referenced in this work.

Preface

This 2025 edition strives as always to maintain the reputation *Blackstone's* has earned for the rigour of its analysis and the clarity of presentation in dealing as comprehensively as practicable with all the law of evidence and procedure practitioners need to know.

This edition has been painstakingly updated with the analysis and exposition of provisions in new legislation including the National Security Act 2023, the Public Order Act 2023, the Firearms Act 2023, the Online Safety Act 2023, the Economic Crime and Corporate Transparency Act 2023, the Illegal Migration Act 2023, the Animals (Low-welfare Activities Abroad) Act 2023 and the Pet Abduction Act 2024. Secondary legislation covered in the text includes: the Misuse of Drugs Act 1971 (Amendment) Order 2023; the Misuse of Drugs (England and Wales and Scotland) (Amendment) (No. 2) Regulations 2023; the Dangerous Dogs (Designated Types) (England and Wales) Order 2023; the Dangerous Dogs (Exemption Schemes) (England and Wales) (Amendment) Order 2024 and the Sentencing Act 2020 (Special Procedures for Community and Suspended Sentence Orders) Regulations 2023.

The Criminal Procedure Rules and the Criminal Practice Directions are referenced throughout (with their latest amendments to October 2024). These are also reproduced in the Supplement. The PACE Codes of Practice have been updated to reflect the latest amendments and the addition of Code I for National Security investigations.

At the time of writing, with a new government recently elected, we anticipate a steady flow of new Bills dealing with criminal justice matters, all of which will be included in the supplements published through the coming year to accompany the main work.

The range of offences covered by Sentencing Council definitive guidelines continues to expand and all the relevant guidelines are examined in the main work. We have maintained the policy against reproducing sentencing guidelines in the supplements. This reflects the need for practitioners and judges always to use the most up-to-date version of the guidelines. Reference to the relevant content is made in the main work, but readers are advised to refer to the Sentencing Council's website for the full text.

The team of contributors have brought to bear their many years of experience and expertise in analysis of the increasing volume of decisions from the appellate courts, including: *Usman* on the application of M'Naghten Rules; *Ward* and *Gill* on self-defence; *Drake* and *Turner* on leaving loss of control to the jury in murder; *Moussa* on applicability of adult defence; *Seed* on the intention to aid; *Grey* on *actus reus* of assault; *BNE* on age disclosure and sexual communication in sex offences against children; *MT* on sexual offences and delay; *Jacobs* on the relevance of autism to reasonable belief of consent in sexual offences; *A-G's Ref (No. 1 of 2023)* on the subjective nature of belief in consent in criminal damage to property; *Casserly* on the elements of an indecent or offensive electronic communication; *ADG, AJW, AAB, ABR, TT,* and *AFU* on abuse of process prior to the Modern Slavery Act 2015; *AUS* on statutory defence under the Immigration and Asylum Act 1999; *IPE Marble Arch Ltd v Moran* on fraud, forgery and kindred offences; *Iqbal* and *Ahmed* on the new sentencing guidelines for driving offences resulting in death; *Janjua* on disqualification pending passing of driving test and incorrect endorsement of penalty points; *Mohammed, Bates,* and *Wood* on the length of disqualification; *R (Metropolitan Police Commissioner) v Kingston-upon-Thames Crown Court* on search warrants issued by judges; *BKR* on the meaning of 'abuse of process'; *Watson* on disclosure and failing to obtain, losing or destroying evidence; *R (Marandi) v Westminster Magistrates' Court* on freedom of the media to report court proceedings; *Clark* on committal under the Sentencing Act 2020; *Birbeck v Andorra, Bellencs v Hungary, El-Khouri v USA, Romania v Iancu, Jozsa v Hungary* and *Romania v Szabo* on extradition requests; *McCarren* on restraining order on acquittal; *A* and

Preface

Ahmed on sentencing an adult in respect of sex offences committed when a child; *Cooper* on the approach to totality in offences of acquisition, use or possession; *O'Hare* on sentencing an offence where no definitive guideline is in place; *Ginar* and *Arbati* on sentencing in illegal entry offences; *Marshall*, *Smith (Kenneth)* and *Palmer* on interim disqualification; *Royle* on reduction in sentence for assistance by offender; *Simmonds* on transgender identity as a mitigating factor; *Foster* on the consideration of the impact of imprisonment on women; *Nadeem* on the operational period of a suspended sentence; *Wilder* on the necessary criteria for the imposition of a life sentence; *Bouhamidi* and *Swinbourne* on the scope of 'exceptional circumstances' in relation to minimum custodial sentence; *Ames* on sentencing for fraud offences; *Bates* and *Lomas* on automatic release at the two thirds point of the sentence; *ES* on the required special sentence of detention for terrorist offenders; *Hunt* on the mandatory sentence of detention at His Majesty's pleasure for murder; *Lake* on the evidential value of distress displayed by a complainant; *Rowan* on the admission of evidence in conspiracy; *Myles* on evidence of loss of self-control; *Ulas* and *Dickson* on expert opinion evidence; *Moore* on bad character of non-defendants; *McCafferty*, *Brennand*, *Dunstuan*, *Wiseman* and *Pierini* on evidence of bad character of the accused; *Caine* on a defendant's rebuttal of evidence of previous convictions; *RT* and *Annette-Norman* on jury directions and the accused's silence; *Watson* on the failure to call witnesses for the defence; *Mohammed*, *Marke*, *BJK*, *DB*, *Ryan*, and *Windsor* on character evidence; *Hussain* on evidence in support of an alibi; *Letby* on expert opinion evidence; *Obi* on unlawfully obtained evidence; *Ricketts* on computer evidence; *Roehrig* on admissions by agents; *Sabir* and *Wilkie* on the scope of the *Turnbull* guidelines.

We have been fortunate to recruit to the team of expert contributors HHJ Alice Robinson and Kate O'Raghallaigh, adding to our judicial author complement. We are sorry to see HHJ Steven Everett step down, but delighted that he remains on the advisory board.

We express our enormous thanks as ever to the team of contributors who have worked with skill and dedication throughout the year to ensure that *Blackstone's* maintains its comprehensive coverage and quality of analysis. The quality of the presentation and production of the work has been expertly achieved by the team at Oxford University Press: Fiona Briden (Senior Acquisitions Editor); Nicola Freshwater (Editorial Coordinator) and Yuk Wing Samuel Chan (Senior Project Editor). They have worked with great efficiency and diligence as ever. We are grateful to them for ensuring that this edition maintains the highest standards. We also thank Kiruthiga Vinayagam and Louise Karam; they have managed the production of this edition.

David Perry would also like to express his thanks for the support of his colleagues at 6KBW College Hill.

Blackstone's strives to develop to meet the needs of users. We welcome constructive comments and suggestions from readers. Please continue to offer your feedback via the website at www.oup.com/blackstones/criminal. Alternatively, you can send us your comments by email at blackstonescriminal@oup.com.

We have endeavoured to state the law as at 31 July 2024.

Professor David Ormerod CBE, KC (Hon)
David Perry KC

Acknowledgements

Special thanks are due to Nicola Freshwater for her copy-editing and editorial coordination.

Thanks are also due to Kim Harris for the index, Judy Oliver for the proofreading, Deborah Shelley and Nicola Lennon for the tables, Hayley Buckley for her checks on the main work and Penny Dickman for her work on the supplements.

The Code for Crown Prosecutors in Supplement 1 is reproduced with the kind permission of the Crown Prosecution Service.

Furthermore, the publishers would like to express their gratitude to DCMJ Michael Oliver, HHJ Sarah Whitehouse, DCMJ Daniel Sternberg and Alex Davidson for their additional contributions and support on Part E, and Alex Davidson and Tessa Donovan for their assistance in checking the proofs during the production process.

Subscribers are welcome to email (blackstonescriminal@oup.com) with any feedback or comments so that the service can continue to be developed and improved.

Abbreviations

The following abbreviations have been used in this edition:

ABCPA 2014	Anti-social Behaviour, Crime and Policing Act 2014
ABE	achieving best evidence
A-G	Attorney-General
A-G's Ref	Attorney-General's Reference
ASBA 2003	Anti-social Behaviour Act 2003
ASBI	anti-social behaviour injunction
ASBO	anti-social behaviour order
A-TCSA 2001	Anti-terrorism, Crime and Security Act 2001
BA 1976	Bail Act 1976
CAA 1981	Criminal Attempts Act 1981
CAJA 2009	Coroners and Justice Act 2009
CBO	criminal behaviour order
CBPM	cannabis-based product for medicinal use
CCA 2013	Crime and Courts Act 2013
CCRC	Criminal Cases Review Commission
CDA 1998	Crime and Disorder Act 1998
CEMA 1979	Customs and Excise Management Act 1979
CHIS(CC)A 2021	Covert Human Intelligence Sources (Criminal Conduct) Act 2021
CJA	Criminal Justice Act (dates vary)
CJCA 2015	Criminal Justice and Courts Act 2015
CJEU	Court of Justice of the European Union
CJIA 2008	Criminal Justice and Immigration Act 2008
CJPA 2001	Criminal Justice and Police Act 2001
CJPO 1994	Criminal Justice and Public Order Act 1994
CLA	Criminal Law Act (dates vary)
CMCHA 2007	Corporate Manslaughter and Corporate Homicide Act 2007
CPIA 1996	Criminal Procedure and Investigations Act 1996
CPN	community protection notice
CPS	Crown Prosecution Service
CRASBO	'post-conviction' ASBO
CrimPD	Criminal Practice Directions
CrimPR	Criminal Procedure Rules 2020
C(S)A 1997	Crime (Sentences) Act 1997
CSO	community support officer
C-TA 2008	Counter-Terrorism Act 2008
C-TBSA 2019	Counter-Terrorism and Border Security Act 2019
C-TSA 2015	Counter-Terrorism and Security Act 2015
CYPA	Children and Young Persons Act (dates vary)
DAA 2021	Domestic Abuse Act 2021
DAPO	domestic abuse protection order
DPA	deferred prosecution agreement
DPP	Director of Public Prosecutions
DVCVA 2004	Domestic Violence, Crime and Victims Act 2004
ECCTA 2023	Economic Crime and Corporate Transparency Act 2023
ECHR	European Convention on Human Rights
ECtHR	European Court of Human Rights
E-PSPO	expedited public spaces protection order

Abbreviations

FA 1968	Firearms Act 1968
F(A)A	Firearms (Amendment) Act (dates vary)
FCA	Financial Conduct Authority
FSMA	Financial Services and Markets Act (dates vary)
HMCTS	His Majesty's Courts and Tribunals Service
HMRC	His Majesty's Revenue and Customs
HRA 1998	Human Rights Act 1998
IPA 2016	Investigatory Powers Act 2016
IPP	imprisonment for public protection
JRCA 2022	Judicial Review and Courts Act 2022
KCPO	knife crime prevention order
LAA	Legal Aid Agency
LASPO 2012	Legal Aid, Sentencing and Punishment of Offenders Act 2012
MCA 1980	Magistrates' Courts Act 1980
MDA 1971	Misuse of Drugs Act 1971
MSA 2015	Modern Slavery Act 2015
NCA	National Crime Agency
OAPA 1861	Offences Against the Person Act 1861
OPO	overseas production order
OWA	Offensive Weapons Act (dates vary)
PACE 1984	Police and Criminal Evidence Act 1984
PCC(S)A 2000	Powers of Criminal Courts (Sentencing) Act 2000
PCSCA 2022	Police, Crime, Sentencing and Courts Act 2022
PET	Preparation for Effective Trial
POA	Public Order Act (dates vary)
POCA 2002	Proceeds of Crime Act 2002
PRSRA 2011	Police Reform and Social Responsibility Act 2011
PSA 2016	Psychoactive Substances Act 2016
PSPO	public spaces protection order
PTPH	Plea and Trial Preparation Hearing
RCPO	Revenue and Customs Prosecutions Office
RIPA 2000	Regulation of Investigatory Powers Act 2000
RTA	Road Traffic Act (dates vary)
RTO	registered terrorist offender
RTOA 1988	Road Traffic Offenders Act 1988
RTRA	Road Traffic Regulation Act (dates vary)
SCA	Serious Crime Act (dates vary)
SCPO	serious crime prevention order
SDPO	serious disruption prevention order
SFO	Serious Fraud Office
SGC	Sentencing Guidelines Council
SHPO	sexual harm prevention order
SMD	special measures direction
SOA	Sexual Offences Act (dates vary)
SOCA	Serious Organised Crime Agency
SOCPA 2005	Serious Organised Crime and Police Act 2005
SOPO	sexual offences prevention order
SPO	stalking protection order
STPIM	State threats prevention and investigation measures
STPO	slavery and trafficking prevention order
STRO	slavery and trafficking reparation/risk order
SVRO	serious violence reduction order
TA	Terrorism Act (dates vary)

Abbreviations

TCA	UK-EU Trade and Co-operation Agreement
TCDO	temporary class drug order
TPIM	terrorism prevention and investigation measures
UNCLOS	United Nations Convention on the Law of the Sea
VCRA 2006	Violent Crime Reduction Act 2006
VOO	violent offender order
YJCEA 1999	Youth Justice and Criminal Evidence Act 1999
YOT	youth offending team
YRO	youth rehabilitation order

Contributors

Paramjit Ahluwalia, Barrister

Duncan Atkinson, KC, Barrister
6KBW College Hill

Alex Bailin, KC, Barrister
Matrix Chambers, Recorder of the Crown Court; Deputy High Court Judge (Administrative Court)

Diane Birch, OBE, LLB
Professor Emerita, University of Nottingham

Steven Bird
Managing Director, Birds Solicitors

His Honour Judge Jonathan Cooper, MA, MPhil
Aylesbury Crown Court; Honorary Professor, Nottingham Law School, Nottingham Trent University

Nick Dent
Managing Associate, Mishcon de Reya LLP

Anand Doobay, LLB, LLM, Solicitor
Partner, Boutique Law LLP

His Honour Judge Martin Edmunds, KC
Isleworth Crown Court

Rudi Fortson, KC, LLB, Barrister
25 Bedford Row, London
Visiting Professor of Law at Queen Mary University of London and Liverpool Law School, University of Liverpool

Daniel Godden, Partner
Berkeley Square Solicitors

Katherine Hardcastle, MA (Hons), MPhil, Barrister
Fountain Court

William Hays, BA (Hons), Barrister
6KBW College Hill

Michael Hirst, LLB, LLM, FRSA
Emeritus Professor of Criminal Justice, Leicester De Montfort Law School

Laura C. H. Hoyano, BA, MA, JD, BCL, MA
Emeritus Professor of Law, University of Oxford; Emeritus Fellow in Law, Wadham College; Fellow of Middle Temple; Barrister, Red Lion Chambers

Peter Hungerford-Welch, LLB, FHEA, Barrister
Professor of Law, City Law School, City, University of London

Paul Jarvis, MA, Barrister
6KBW College Hill and Junior Prosecuting Counsel at the Central Criminal Court

Contributors

Jessica Jones, Barrister
Matrix Chambers

Adrian Keane, LLB, Barrister
Emeritus Professor of Law, City Law School, City, University of London

Sally Kyd, LLB, LLM, PhD
Professor of Law, Leicester Law School, University of Leicester

Karl Laird, LLB, BCL, Barrister
6KBW College Hill
Lecturer in Law, St Edmund Hall, Oxford

Michael Lerego, KC, MA, BCL, FCIArb (retired), FHEA
Retired Barrister and Teacher

Sir Richard McMahon, KC, LLB, LLM
The Bailiff of Guernsey

His Honour Judge Alexander Mills, MA, MA
Chelmsford Crown Court

Valsamis Mitsilegas, LLB, LLM, PhD
Dean of the School of Law and Social Justice and Professor of European and Global Law, University of Liverpool

Tim Moloney, KC, Barrister
Doughty Street Chambers

Kate O'Raghallaigh, Barrister
Doughty Street Chambers

Amanda Pinto, KC, MA, Barrister
3 Raymond Buildings

Her Honour Judge Alice Robinson
Norwich Crown Court

His Honour Peter Rook, KC
Vice-Chair of the Parole Board of England and Wales; Formerly Senior Circuit Judge sitting at the Central Criminal Court

Richard D. Taylor, MA, LLM, Barrister
Emeritus Professor of English Law, School of Law, University of Central Lancashire

Martin Wasik, CBE, LLB, MA, FRSA, Barrister
Emeritus Professor of Criminal Justice, Keele University

Summary of Contents

Preface...v
Acknowledgements...vii
Abbreviations..viii
Contributors...xi
Table of Cases..xvii
Table of Statutes...cxcv
Table of Statutory Instruments..cclxviii
Table of Practice Directions..cclxxxii
Table of Codes of Conduct..cclxxxiv
Table of Guidelines...cclxxxvii
Table of Protocols and Circulars...ccxciii
Table of International Treaties and Conventions..ccxciv
Table of European Legislation..ccxcvii

PART A CRIMINAL LAW

A1   *Actus reus*: the external elements of an offence.................................1
A2   *Mens rea*..21
A3   General defences...40
A4   Parties to offences..81
A5   Inchoate offences..98
A6   Corporate liability...134
A7   Human rights...151
A8   Territorial and extra-territorial jurisdiction..................................192
A9   European Union law...206

PART B OFFENCES

B1   Homicide and related offences..221
B2   Non-fatal offences against the person..294
B3   Sexual offences..375
B4   Theft, handling stolen goods and related offences..............................514
B5   Fraud and blackmail..582
B6   Falsification, forgery and counterfeiting......................................608
B7   Company, commercial and insolvency offences....................................642
B8   Damage to property...692
B9   Offences affecting security..708
B10 Terrorism, piracy and hijacking..743
B11 Offences affecting public order..807
B12 Offences relating to weapons...862
B13 Offences affecting enjoyment of premises.......................................973
B14 Offences against the administration of justice................................1003
B15 Corruption..1059
B16 Revenue, customs and social security offences.................................1076
B17 Offences involving misuse of computers..1109
B18 Offences involving writing, speech or publication.............................1122
B19 Offences relating to drugs..1141
B20 Offences relating to dangerous dogs and animal welfare........................1222
B21 Offences relating to money laundering and the proceeds of criminal conduct....1239
B22 Modern slavery, trafficking and immigration offences..........................1262

Summary of Contents

PART C ROAD TRAFFIC OFFENCES
- C1 Definitions and basic principles in road traffic cases. 1309
- C2 Procedure and evidence in road traffic cases. 1323
- C3 Offences relating to driving triable on indictment. 1335
- C4 Offences relating to documents triable on indictment. 1359
- C5 Drink-driving and drug-driving offences. 1366
- C6 Summary traffic offences. 1397
- C7 Sentencing. 1418
- C8 Schedules 2 and 3 to the Road Traffic Offenders Act 1988. 1446

PART D PROCEDURE
- D1 Powers of investigation. 1471
- D2 The decision to prosecute and diversion. 1574
- D3 Courts, parties and abuse of process. 1598
- D4 Criminal Procedure Rules and case management. 1661
- D5 Starting a prosecution and preliminary proceedings in magistrates' courts. ... 1669
- D6 Classification of offences and determining allocation (mode of trial). 1693
- D7 Bail. 1721
- D8 Assets recovery. 1790
- D9 Disclosure. 1837
- D10 Sending cases from the magistrates' court to the Crown Court. 1880
- D11 The indictment. 1907
- D12 Arraignment and pleas. 1953
- D13 Juries. 2004
- D14 Special measures and anonymity orders. 2042
- D15 Trial on indictment: general matters and pre-trial procedure. 2090
- D16 Trial on indictment: the prosecution case. 2134
- D17 Trial on indictment: the defence case. 2165
- D18 Trial on indictment: procedure between close of defence case and retirement of jury. 2172
- D19 Trial on indictment: procedure relating to retirement of jury and verdict. ... 2188
- D20 Trial on indictment: sentencing procedure. 2217
- D21 Summary trial: general and preliminary matters. 2261
- D22 Summary trial: the course of the trial. 2290
- D23 Sentencing in the magistrates' court. 2329
- D24 Trial of children and young people. 2360
- D25 Behaviour orders. 2411
- D26 Appeal to the Court of Appeal (Criminal Division) following trial on indictment. 2453
- D27 Procedure on appeal to the Court of Appeal (Criminal Division). 2482
- D28 Reference to the Court of Appeal (Criminal Division) by the Attorney-General and Criminal Cases Review Commission 2501
- D29 Challenging decisions of magistrates' courts and of the Crown Court in its appellate capacity. 2511
- D30 Appeals to the Supreme Court and the role of the Court of Justice of the European Union and the European Court of Human Rights. 2530
- D31 Extradition. 2534
- D32 Public funding. 2553
- D33 Costs. 2569

Summary of Contents

PART E SENTENCING

E1	Sentencing Code and sentencing guidelines	2597
E2	Sentencing: general provisions	2604
E3	Absolute and conditional discharge	2630
E4	Referral orders	2634
E5	Fines	2638
E6	Compensation orders	2651
E7	Restitution orders	2659
E8	Deprivation orders and forfeiture orders	2662
E9	Binding over	2667
E10	Orders against parents	2670
E11	Youth rehabilitation orders	2675
E12	Community orders	2685
E13	Custodial sentences: general provisions	2700
E14	Suspended sentences	2719
E15	Custodial sentences: detention and custody of offenders under 18	2729
E16	Life sentences, extended sentences, serious terrorism sentences and custodial sentences for certain offenders of 'particular concern'	2739
E17	Mandatory life sentences	2765
E18	Minimum custodial sentences	2775
E19	Confiscation orders	2789
E20	Recommendation for deportation	2834
E21	Exclusions and disqualifications	2837
E22	Mentally disordered offenders	2857
E23	Notification requirements	2865
E24	Rehabilitation of offenders	2869

PART F EVIDENCE

F1	General principles of evidence in criminal cases	2873
F2	Evidence unlawfully, improperly or unfairly obtained and the discretion to exclude evidence	2896
F3	Burden and standard of proof and presumptions	2919
F4	Competence and compellability of witnesses and oaths and affirmations	2949
F5	Corroboration and care warnings	2964
F6	Examination-in-chief	2974
F7	Cross-examination and re-examination	2999
F8	Documentary evidence and real evidence	3036
F9	Public policy	3057
F10	Privilege	3070
F11	Opinion evidence	3094
F12	Admissibility of previous verdicts and findings	3120
F13	Character evidence: evidence of bad character of accused	3132
F14	Character evidence: admissibility of evidence of accused's good character	3189
F15	Character evidence: evidence of bad character of persons other than the accused	3203
F16	The rule against hearsay: general principles	3218
F17	Exceptions to the rule against hearsay (excluding confessions)	3231
F18	The rule against hearsay: confessions	3282
F19	Evidence of identification	3326
F20	Inferences from silence and the non-production of evidence	3349
Index		3379

PART E: SENTENCING

E1	Sentencing code and sentencing guidelines	2507
E2	Seriousness; aggravating factors	2604
E3	Absolute and conditional discharge	2610
E4	Referral orders	2638
E5	Fines	2643
E6	Compensation orders	2654
E7	Restitution orders	2659
E8	Deprivation orders and forfeiture orders	2662
E9	Binding over	2667
E10	Orders against parents	2670
E11	Youth rehabilitation orders	2675
E12	Community orders	2685
E13	Custodial sentences: general provisions	2700
E14	Suspended sentences	2710
E15	Custodial sentences: detention and custody of offenders under 21	2720
E16	Extended/extended sentences, serious terrorism sentences and custodial sentences for certain offenders of particular concern	2729
E17	Mandatory life sentences	2763
E18	Minimum custodial sentences	2775
E19	Confiscation orders	2780
E20	Recommendation for deportation	2824
E21	Exclusions and disqualifications	2832
E22	Mentally disordered offenders	2842
E23	Ancillary orders; ancillary orders	2860
E24	Rehabilitation of offenders	2860

PART F: EVIDENCE

F1	General principles of evidence in criminal cases	2875
F2	Evidence unlawfully, improperly or unfairly obtained and the discretion to exclude evidence	2886
F3	Burden and standard of proof, and presumptions	2910
F4	Competence and compellability of witnesses and oaths and affirmations	2930
F5	Corroboration and care warnings	2964
F6	Examination-in-chief	1997
F7	Cross-examination and re-examination	2009
F8	Documentary evidence and real evidence	3028
F9	Public policy	3037
F10	Privilege	3070
F11	Opinion evidence	3089
F12	Admissibility of previous verdicts and findings	3120
F13	Character evidence: evidence of bad character of accused	3129
F14	Character evidence: admissibility of evidence of accused's good character	3190
F15	Character evidence: evidence of bad character of non-accused in criminal cases	3203
F16	The rule against hearsay: general principles	3218
F17	Exceptions to the rule against hearsay: statutory confessions	3234
F18	The rule against hearsay: confessions	3282
F19	Evidence of identification	3306
F20	Inferences from silence and the non-production of evidence	3329

Index

Table of Cases

A [1997] Crim LR 883 . . . . F20.51
A [2000] 1 WLR 1879, [2000] 2 All ER 177, [2000] 1 Cr App R 418, [2000] Crim LR 169 . . . . B2.139
A [2011] EWCA Crim 2747, (2012) 176 JP 1 . . . . D20.109
A [2012] EWCA Crim 1273 . . . . F7.28
A [2015] EWCA Crim 177, [2015] 2 Cr App R (S) 12 (115) D11.38
A [2019] EWCA Crim 106, [2019] 2 Cr App R (S) 11 (75), [2019] 4 WLR 45 . . . . E11.3, E13.14
A [2020] EWCA Crim 407, [2020] RTR 18 (217), [2020] 2 Cr App R 3 (47) A1.32, C3.15
A [2020] EWCA Crim 1687 . . . . F15.17, F15.21
A [2021] EWCA Crim 128, [2021] QB 791, [2021] 2 WLR 1301,
    [2021] 1 Cr App R 22 (429) B9.92, D1.203, F2.33, F2.34
A [2020] EWCA Crim 948, [2021] 1 Cr App R (S) 12 (83) E16.38
A [2020] EWCA Crim 1408, [2021] 4 WLR 16 . . . . B22.13, B22.23, B22.32
A [2022] EWCA Crim 988 . . . . D14.15, D14.55
A (Case C-296/21) ECLI:EU:C 2022:91 . . . . B12.21
A [2023] EWCA Crim 1204, [2024] 1 Cr App R (S) 34 (337) B3.378, E13.21
A (A Child) (Ward of Court: Security Services Interview), Re [2017] EWHC 1022 (Fam), [2017] Fam 369 . . . . . F4.5
A and B v Persons Unknown [2016] EWHC 3295 (Ch) D3.140
A (B) [2012] EWCA Crim 1529, [2012] 1 WLR 3378, [2013] 1 All ER 280, [2012] 2 Cr App R 34 (467),
    176 JP 615, [2013] Crim LR 168 . . . . F4.16
A (Children) (Conjoined twins: surgical separation), Re [2001] Fam 147, [2000] 4 All ER 961,
    [2000] 2 WLR 480, [2001] Crim LR 400 . . . . A3.48, A3.60, A3.68, B1.18
A (F) v Crown Court at Kingston [2017] EWHC 2706 (Admin) D7.89
A (G) [2014] EWCA Crim 299, [2014] 2 Cr App R 5 (73) F3.7
A Ltd, X, Y [2016] EWCA Crim 1469, [2016] 4 WLR 176, [2017] 1 Cr App R 1 (1) A5.51, A6.2,
                                                                                                    A6.5, F16.25, F17.71
A Local Authority v B [2009] EWHC 1017 (Fam), [2009] 1 FLR 289 . . . . D1.66
A Local Authority v C [2021] EWCOP 25 . . . . B3.224
A (No. 2) [2001] UKHL 25, [2002] 1 AC 45, [2001] 3 All ER 1, [2001] 2 WLR 1546, [2001] 2 Cr App
    R 21 (351), 165 JP 609 . . . . F7.26, F7.28, F7.34, F7.36, F7.37, F7.40, F7.41, F7.43, F7.44, F7.45
A (Prosecutor's Appeal) [2005] EWCA Crim 3533, [2006] 1 Cr App R 28 (433) B3.1
A, Re [2006] EWCA Crim 4, [2006] 1 WLR 1361, [2006] 2 All ER 1, [2006] 2 Cr App R 2 (7) D3.142
A (RJ) [2012] EWCA Crim 434, [2012] 2 Cr App R 8 (80), [2013] Crim LR 240 . . . . D3.92
A (S) [2012] EWCA Crim 512 . . . . F18.90
A v B [2009] UKSC 12, [2010] 2 AC 1, [2010] 2 WLR 1, [2010] 1 All ER 1149 . . . . B9.47
A v Criminal Injuries Compensation Authority [2021] UKSC 27, [2021] 1 WLR 3746,
    [2022] 1 All ER 577, [2021] HRLR 15 . . . . B22.5
A v DPP (2000) 164 JP 317, [2000] Crim LR 572 . . . . D22.43
A v DPP [2016] EWCA Crim 1393, [2017] 1 WLR 713, [2017] 1 Cr App R 6 (47) D8.70
A v H [2016] EWHC 762 (Fam) F3.73
A v Secretary of State for the Home Department (No. 2) [2005] UKHL 71, [2006] 2 AC 221,
    [2005] 3 WLR 1249, , [2006] 1 All ER 575 . . . . A7.75, F2.4
A v UK (1999) 27 EHRR 611 . . . . B2.20
AA [2007] EWCA Crim 1779 . . . . F5.11, F6.33, F6.35
AA [2010] EWCA Crim 2805 . . . . B14.95
AA [2014] EWCA Crim 2483 . . . . E16.6
AA v Persons Unknown [2019] EWHC 3556 (Comm), [2020] 4 WLR 35 . . . . E19.21, B4.15
AAB [2024] EWCA Crim 880 . . . . B22.12
AAC [2023] EWCA Crim 15 . . . . A3.53, B22.16, B22.33
AAD [2022] EWCA Crim 106, [2022] 1 Cr App R 19 (365) A3.53, B19.24, B22.13,
                                                                B22.16, B22.25, B22.26, B22.27, D2.12, F11.4, F11.5
AAJ [2021] EWCA Crim 1278 . . . . A3.53, B22.16, B22.32
AAM [2021] EWCA Crim 1720 . . . . F13.22
AAO [2021] EWCA Crim 1718 . . . . B3.9
AB [2011] EWCA Crim 3331 . . . . D11.85
AB [2016] EWCA Crim 1849 . . . . F15.17, F15.24
AB [2017] EWCA Crim 129 . . . . B10.123, B10.128
AB [2017] EWCA Crim 534 . . . . D3.40
AB [2019] EWCA Crim 2480, [2020] 1 Cr App R 67 (515) E21.24
AB [2021] EWCA Crim 692, [2022] 1 Cr App R (S) 13 (115), [2021] Crim LR 706 . . . . E13.28
AB [2021] EWCA Crim 1959 . . . . D20.68
AB [2021] EWCA Crim 2003 . . . . D20.68
AB (Child Abuse: Expert Witnesses), In re [1995] 1 FLR 181 . . . . F11.37, F11.38
AB v CPS [2017] EWHC 2963 (Admin) F3.63, F20.17
ABR [2024] EWCA Crim 625 . . . . B22.13
AC [2014] EWCA Crim 371 . . . . F17.13, F17.90
AD [2001] 1 Cr App R (S) 59 (202), [2000] Crim LR 867 . . . . E15.11
AD [2011] EWCA Crim 1943 . . . . F7.72
AD [2016] EWCA Crim 454, [2016] 2 Cr App R 18 (241) B3.1
AD [2016] EWCA Crim 557 . . . . B3.396

Table of Cases

AD [2019] EWCA Crim 1339, [2020] 1 Cr App R (S) 21 (165) D25.17, E21.32
ADC v Chief Constable of Greater Manchester (14 March 1983, unreported) D22.44
ADG [2023] EWCA Crim 1309, [2024] 1 WLR 2057, [2024] 1 Cr App R 8 (114),
  [2024] Crim LR 178 .... A3.54, B22.21
AFB [2022] EWCA Crim 1646 .... B3.12
AFU [2023] EWCA Crim 23, [2023] 1 Cr App R 16, [2023] Crim LR 462 .... A3.53, B19.24,
  B22.12, B22.13, B22.16, D26.9
AG [2018] EWCA Crim 1393, [2018] 2 Cr App R 26 (413) F13.3, F13.34
AGM [2022] EWCA Crim 920 .... B22.12, B22.13
AH [2002] EWCA Crim 2938, (2003) 167 JP 30 .... D24.37
AH [2017] EWCA Crim 117 .... B3.12
AHC [2022] EWCA Crim 925 .... F13.10, F13.69
AH Ltd [2021] EWCA Crim 359 .... F3.37
AHK v Secretary of State for the Home Department [2014] Imm AR 32 .... D9.61
AIL [2016] EWCA Crim 2, [2016] QB 763, [2016] 2 WLR 1287, [2016] 1 Cr App R 21 (309) A8.5
AJ [2013] EWCA Crim 908 .... E13.19
AJ and DJ, Re (9 December 1992, unreported) D8.68
AJW [2023] EWCA Crim 803 .... B22.12
AM [1998] 1 All ER 874, [1998] 1 WLR 363, [1998] 2 Cr App R 57, [1998] 1 Cr App R (S) 128 .... D24.29, E15.8
AM [2013] EWCA Crim 2622 .... F7.46
AM [2018] EWCA Crim 279 .... B3.375, B3.397, B3.398
AM v Chief Constable of West Midlands Police [2021] EWHC 796 (Admin), [2021] 1 WLR 3284 .... D25.15
AM v Hungary (2017) 65 EHRR SE2 .... B19.40
AM v Procurator Fiscal [2022] SAC Crim 6 .... B12.175, B12.185
AM (Zimbabwe) v Secretary of State for the Home Department [2020] UKSC 17, [2021] AC 633,
  [2020] 2 WLR 1152 .... D31.34
AMK (Property Management) Ltd [1985] Crim LR 600 .... B13.13, B13.14
ANP [2022] EWCA Crim 1111, [2023] Crim LR 230 .... D3.85
AP v CPS [2007] EWCA Crim 3128, [2008] 1 Cr App R 39 (497) D8.74
APJ [2022] EWCA Crim 942, [2023] 1 Cr App R 24, [2022] Crim LR 920 .... B1.29, D19.18, D19.21
ARD [2017] EWCA Crim 1882, [2018] 1 Cr App R (S) 23 (163) E16.12, E16.15
AS [2008] EWCA Crim 138, [2008] Crim LR 716 .... B14.50
AT & T Istel v Tully [1993] AC 45, [1992] 3 WLR 344, [1992] 3 All ER 523 .... F10.2, F10.14
AUH [2023] EWCA Crim 6, [2023] 1 WLR 1399, [2023] 1 Cr App R 17 (285) B21.2, D3.40
AUL [2022] EWCA Crim 1435 .... B22.29
AUS [2024] EWCA Crim 322 .... B22.83
AWA [2021] EWCA Crim 1877 .... B3.9
AXA Insurance UK plc v Rossiter [2013] EWHC 3805 (QB) B14.49
AXN [2016] EWCA Crim 590, [2016] 2 Cr App R (S) 33 (341) D26.48, E2.6
Abadom [1983] 1 WLR 126, [1983] 1 All ER 364, 76 Cr App R 48 .... F11.34, F17.78
Abas v Netherlands (1997) Appln. 27943/95, 26 February 1997 .... A7.77
Abbas [2012] EWCA Crim 2517 .... B19.32
Abbas (23 February 2015, unreported, Leeds Crown Court) B19.86
Abbas v CPS [2015] EWHC 579 (Admin), [2015] 2 Cr App R 11 (183) D17.19, D33.39, F7.3
Abbassy v Metropolitan Police Commissioner [1990] 1 WLR 385, [1990] 1 All ER 193,
  90 Cr App R 250, [1990] RTR 164 .... D1.18
Abbott [1955] 2 QB 497, [1955] 3 WLR 369, [1955] 2 All ER 899, 39 Cr App R 141,
  119 JP 526, 99 SJ 544 .... D16.62, D26.26
Abbott [1964] 1 QB 489, [1963] 2 WLR 1011, [1963] 1 All ER 738, (1963) 47 Cr App R 110 .... E17.12
Abbott [2020] EWCA Crim 516, [2020] 2 Cr App R (S) 39 (272), [2020] 1 WLR 3739 .... E2.33, E2.35
Abbott v Smith [1965] 2 QB 662, [1965] 3 WLR 362, [1964] 3 All ER 762, (1965) 129 JP 3 .... B3.360, B19.94
Abdalla [2007] EWCA Crim 2495 .... F20.5
Abdelrahman [2005] EWCA Crim 1367 .... F7.28
Abdi [2022] EWCA Crim 315 .... F13.49
Abdoella v Netherlands (1995) 20 EHRR 585 .... A7.64
Abdroikov [2007] UKHL 37, [2007] 1 WLR 2679, [2008] 1 All ER 315, [2008] 1 Cr App R 21 (280),
  [2008] Crim LR 134 .... A7.49, D13.5, D13.27, D13.59
Abdul v DPP [2011] EWHC 247 (Admin), (2011) 175 JP 190, [2011] Crim LR 553 .... B11.53
Abdulahi [2021] EWCA Crim 1629 .... B22.83
Abdulahi [2022] EWCA Crim 412 .... B3.59
Abdulaziz [1989] Crim LR 717 .... D15.93
Abdul-Hussein [1999] Crim LR 570 .... B22.52
Abdullah [1999] 3 Arch News 3 .... F20.9
Abdullah [2010] EWCA Crim 3078 .... F12.13, F12.16
Abdullah [2019] EWCA Crim 1137 .... F13.36
Abdullahi [2006] EWCA Crim 2060, [2007] 1 WLR 225, [2007] 1 Cr App R 14 (206),
  [2007] Crim LR 184 .... B3.124
Abdullahi [2010] EWCA Crim 1886 .... C7.33
Abdulwahab [2018] EWCA Crim 1399, [2018] 2 Cr App R (S) 46 (383) B14.32
Abdurahman [2019] EWCA Crim 2239, [2020] 1 Cr App R 27 (439) A7.15, D1.62, F2.1, F18.36
Abedin [2004] EWCA Crim 2232 .... B12.257
Abi-Khalil [2017] EWCA Crim 17, [2017] 2 Cr App R 4 (34) B19.54
Abiodun [2003] EWCA Crim 2167 .... F17.97
Abnett [2006] EWCA Crim 3320 .... F19.21

Table of Cases

Abortion Services (Safe Access Zones) (Northern Ireland) Bill [2022] UKSC 32, [2023] AC 505, [2023] 2 WLR 33, [2023] 2 All ER 209, [2023] HRLR 3, 54 BHRC 1, (2023) 191 BMLR 1 . . . . . A7.21, A7.22
Abraham [1973] 1 WLR 1270, [1973] 3 All ER 694, 57 Cr App R 799, [1974] Crim LR 246 . . . . F3.41
Abraham [2002] EWCA Crim 2870 . . . . B19.25
Abraham [2021] EWCA Crim 1000 . . . . D13.69, D19.4
Abrahams (1895) 21 VLR 343 . . . . D15.89
Abrol [1972] Crim LR 318 . . . . B13.3, B13.18
Absolam (1988) 88 Cr App R 332 . . . . F18.39
Abu Hamza [2006] EWCA Crim 2918, [2007] QB 659, [2007] 2 WLR 226, [2007] 3 All ER 451, [2007] 1 Cr App R 27 (345), [2007] Crim LR 320 . . . . B1.153, B10.109, D3.89
Accamo [2017] EWCA Crim 751 . . . . F15.19
Accident Insurance Mutual Holdings Ltd v McFadden [1993] 31 NSWLR 412 . . . . F10.3
Achogbuo [2014] EWCA Crim 567, [2014] 2 Cr App R 7 (94) D26.13, D26.25
Ackinclose [1996] Crim LR 747 . . . . F20.49
Acton Crown Court, ex parte Layton [1993] Crim LR 458 . . . . D1.163
Acton Youth Court, ex parte DPP [2002] Crim LR 75 . . . . D21.35
Adair (2012, unreported, St Albans Crown Court) B17.23
Adalat [2022] EWCA Crim 1538 . . . . B3.30
Adamczewski v Poland [2014] EWHC 2958 (Admin) B4.16
Adams [1969] 1 WLR 106, [1968] 3 All ER 437, 52 Cr App R 588, 132 JP 551, 113 SJ 12 . . . . D19.36
Adams [1980] QB 575, [1980] 3 WLR 275, [1980] 1 All ER 473, 70 Cr App R 149 . . . . F2.2
Adams [1993] Crim LR 72 . . . . B4.41
Adams [1997] Crim LR 292 . . . . F9.5
Adams [2003] EWCA Crim 3620 . . . . B4.27
Adams [2006] EWCA Crim 2013 . . . . F13.63
Adams [2007] EWCA Crim 1, [2007] 1 Cr App R 34 (449) D13.51, D19.32, F9.22
Adams [2007] EWCA Crim 3025, [2008] 1 Cr App R 35 (430), 172 JP 113 . . . . F17.15, F17.38
Adams [2019] EWCA Crim 1363 . . . . D11.81, D11.83, D11.85, D18.28, F13.3, F13.10, F13.37, F13.69
Adams [2021] EWCA Crim 1525, [2022] 1 WLR 1736 . . . . D25.62
Adams (No. 2) [1998] 1 Cr App R 377 . . . . F19.32
Adams v CPS [2017] EWCA Civ 185 . . . . E19.81
Adams v Dunne [1978] RTR 281, [1978] Crim LR 365 . . . . C6.48
Adams v The Queen [1995] 1 WLR 52, [1995] 2 Cr App R 95 (295), [1995] Crim LR 561 . . . . A5.68
Adamson, Re (1875) LR 3 P & D 253 . . . . F8.43
Addlesee v Dentons Europe LLP [2019] EWCA Civ 1600, [2020] Ch 243, [2019] 3 WLR 1255, [2020] 1 All ER 124 . . . . F10.32
Adebelajo [2014] EWCA Crim 2779 . . . . B1.19
Adedeji [2019] EWCA Crim 804, [2019] 4 WLR 136 . . . . D33.27
Adel Muhammed El Dabbah v Attorney-General for Palestine [1944] AC 156, [1944] 2 All ER 139, 113 LJ PC 65, 171 LT 266, 60 TLR 456 . . . . D16.17, D16.19
Adeluwoye [2020] EWCA Crim 856 . . . . C3.29
Adenusi [2006] EWCA Crim 1059, (2006) 171 JP 169, [2006] Crim LR 929 . . . . F13.5
Adeojo [2013] EWCA Crim 41 . . . . F17.90
Adepoju [1988] Crim LR 378 . . . . B19.56
Adetoro v UK [2010] ECHR 609 . . . . F20.30
Adewale (1994) 15 Cr App R (S) 790 . . . . B4.149
Adewunmi [2008] EWCA Crim 71, [2008] 2 Cr App R (S) 52 (326) D8.76
Adey, unreported 97/5306/W2 . . . . F3.49
Adeyinka [2014] EWCA Crim 504 . . . . F20.9
Adler v CPS [2013] EWHC 1968 (Admin), (2013) 178 JP 558, [2014] Crim LR 224 . . . . D1.17
Adler v George [1964] 2 QB 7, [1964] 2 WLR 542, [1964] 1 All ER 628, 128 JP 251, (1964) 108 SJ 119 . . . . B9.33
Adomako [1995] 1 AC 171, [1994] 3 WLR 288, [1994] 3 All ER 79, 99 Cr App R 362, 158 JP 653, [1994] Crim LR 757 . . . . B1.68, B1.72, B1.75, B1.79, B1.82
Aerts v Belgium (2000) 29 EHRR 50 . . . . A7.55
Afford [2013] EWCA Crim 633, [2014] 1 Cr App R (S) 2 (4) B14.35
Afolabi v CPS [2017] EWHC 2960 (Admin) B2.9, B2.12, F15.14
Afolayan v CPS [2012] EWHC 1322 (Admin) C5.43
Afriyie v Commissioner of Police for the City of London [2023] EWHC 1632 (KB) D1.7, D1.8
Agar [1990] 2 All ER 442, 90 Cr App R 318, 154 JP 89, [1990] Crim LR 183 . . . . F9.16
Agera [2017] EWCA Crim 740, [2017] 2 Cr App R 22 (277), [2017] 4 WLR 115 . . . . A4.15, D13.58
Agnew v DPP [1991] RTR 147 . . . . C7.55
A'Hearne [2022] EWCA Crim 1784 . . . . A5.75, F17.85
Ahluwalia [1992] 4 All ER 889, 96 Cr App R 133, [1993] Crim LR 63 . . . . B1.35
Ahmad [1987] 84 Cr App R 64, 52 P & CR 346, 18 HLR 416, [1986] Crim LR 739 . . . . A1.24, B13.17
Ahmad [2012] EWCA Crim 391, [2012] 1 WLR 2335, [2012] 2 All ER 1137, [2012] 2 Cr App R (S) 85 (491), [2012] Crim LR 468 . . . . D8.62, E19.27, E19.50
Ahmad [2012] EWCA Crim 959, [2014] 1 Cr App R (S) 17 (89) B1.152
Ahmad [2014] UKSC 36, [2015] AC 299, [2014] 3 WLR 23, [2014] 4 All ER 767, [2014] 2 Cr App R (S) 75 (580) E19.29, E19.31
Ahmad v HM Advocate [2009] HCJAC 60 . . . . B21.34
Ahmed (1984) 80 Cr App R 295, 6 Cr App R (S) 391, [1985] Crim LR 250 . . . . D20.20, D20.28, D26.48
Ahmed [1990] Crim LR 648 . . . . B19.102 B19.104
Ahmed [1996] Crim LR 339 . . . . D27.34

Table of Cases

Ahmed [2004] EWCA Crim 2599, [2005] 1 WLR 122, [2005] 1 All ER 128, [2005] 1 FLR 679,
    [2005] 1 Cr App R (S) 123 (703), [2005] Crim LR 240..E19.57
Ahmed [2007] EWCA Crim 2870..F10.42
Ahmed [2010] EWCA Crim 1949, [2011] QB 512, [2011] 2 WLR 197, [2011] 1 Cr App R 1 (1),
    [2011] Crim LR 158..B1.140
Ahmed [2010] EWCA Crim 2899..D26.19
Ahmed [2011] EWCA Crim 184, [2011] Crim LR 734...................B10.27, B10.28, B10.51, D3.104, F11.34
Ahmed [2014] EWCA Crim 619...D13.59
Ahmed [2014] EWCA Crim 2466, [2015] 1 Cr App R 21 (2) F14.7, F14.9, F14.28
Ahmed [2016] EWCA Crim 670...E22.11
Ahmed [2017] EWCA Crim 1281...B6.110
Ahmed [2020] EWCA Crim 1561...B22.49
Ahmed [2021] EWCA Crim 401...B21.8
Ahmed [2021] EWCA Crim 927...B3.88, D3.87, D9.29, D12.15
Ahmed [2021] EWCA Crim 1224...D25.64
Ahmed [2021] EWCA Crim 1786..B14.35, E16.7
Ahmed [2022] EWCA Crim 329...B1.59
Ahmed [2023] EWCA Crim 281, [2023] 1 WLR 1858, [2023] Crim LR 481 ....B3.377, B3.378,
    B3.379, E13.3, E15.3
Ahmed [2023] EWCA Crim 1521, [2024] 1 WLR 1271, [2024] 2 Cr App R (S) 7 (30) B22.37, B22.49
Ahmed [2023] EWCA Crim 1537, [2024] 1 Cr App R (S) 36, [2024] Crim LR 501................C3.19
Ahmed v CPS [2017] EWHC 1272 (Admin)..B2.53
Ahmed v CPS [2018] EWCA Civ 2543, [2019] 1 All ER 1003...E19.52
Ahmed v HM Treasury [2010] UKSC 2, [2010] 2 AC 534, [2010] 2 WLR 378, [2010] 4 All ER 745.......B10.152
Ahmed v McLeod [2000] RTR 201n...C7.48
Ahmed v Revenue and Customs Commissioners [2013] EWHC 2241 (Admin)...................D8.19
Ahmet v Tatum [2024] EWCA Civ 255..D8.65
Ahokainen v Wirallinen Syyttaja [2006] ECR I-9171, [2007] 1 CMLR 11............................A3.11
Aichroth v Cottee [1954] 1 WLR 1124, [1954] 2 All ER 856, 118 JP 499.............................C7.58
Aickles (1784) 1 Leach 294, 168 ER 250, 2 East PC 675..F8.9
Aidarus [2018] EWCA Crim 2073..F7.43, F7.46
Aidid [2021] EWCA Crim 581, [2021] 2 Cr App R 15 (285) A3.21
Ainscough [2006] EWCA Crim 694, (2006) 170 JP 517, [2006] Crim LR 635..............F13.7, F17.31
Ainsworth v Wilding [1900] 2 Ch 315, 69 LJ Ch 695, 48 WR 539...F10.27
Air Canada v Secretary of State for Trade (No. 2) [1983] 2 AC 394, [1983] 2 WLR 494,
    [1983] 1 All ER 910...F9.3, F9.12
Air India v Wiggins [1980] 1 WLR 815, [1980] 2 All ER 593, 71 Cr App R 213, 124 SJ 478............A8.20
Airedale NHS Trust v Bland [1993] AC 789, [1993] 2 WLR 316, [1993] 1 All ER 821,
    [1993] Crim LR 877..A1.22, B1.17
Airey [2017] EWCA Crim 1440..B4.81
Airsoft Armoury Ltd v HMRC [2012] UKFTT 145 (TC)...B12.13
Aitken (1991) 94 Cr App R 85..F6.10, F8.57
Aitken [1992] 1 WLR 1006, [1992] 4 All ER 541, 95 Cr App R 304.....................................B2.18
Aiton v HM Advocate 2010 SLT 447...B19.107
Ajayi [2017] EWCA Crim 1011, [2018] 4 WLR 42...B19.158, B19.174
Ajodha v The State (Trinidad and Tobago) [1982] AC 204, [1981] 3 WLR 1, [1981] 2 All ER 193,
    73 Cr App R 129...D16.42, D16.45, F18.63, F18.65, F18.66, F18.69
Akala [2021] EWCA Crim 1994..B17.15, E2.29
Akano (1992) *The Times*, 3 April 1992..D19.4
Akelis v Normand 1996 SLT 135..C6.30
Akhtar [2015] EWCA Crim 176..B12.156
Akhurst v DPP [2009] EWHC 806 (Admin), (2009) 173 JP 499...B4.95
Akinsete [2012] EWCA Crim 2377...B19.51
Akle [2021] EWCA Crim 1879..D9.29
Akram [1995] Crim LR 50..F1.13
Aksoy v Turkey (1997) 23 EHRR 553...A7.23
Akunyili [2014] EWCA Crim 346...F13.63
Akzo Nobel Chemicals Ltd v European Commission [2011] 2 AC 338, [2011] 3 WLR 755,
    [2011] Bus LR 1458, [2010] 5 CMLR 19, [2011] All ER (EC) 1107.................................F10.20
Al Daour [2011] EWCA Crim 2392...B10.109, E13.14
Al Fayed v Metropolitan Police Commissioner [2005] EWCA Civ 1579.................D1.5, D1.47, D1.49
Al Nashiri v Poland (2015) 60 EHRR 16 (393)...A7.23
Al Sadeq v Dechert LLP [2024] EWCA Civ 28...F10.28
Al-Buhairi [2003] EWCA Crim 2922, [2004] 1 Cr App R (S) 83 (496).................................E13.26
Al-Khawaja and Tahery v UK (2009) 49 EHRR 1 (1), [2009] ECHR 110.............................F17.89
Al-Khawaja and Tahery v UK (2012) 54 EHRR 23 (807)...................A7.73, D14.33, D14.82, D14.83,
    F16.6, F17.1, F17.20, F17.89, F17.90
Al-Mudaris v Al-Mudaris [2001] All ER (D) 288 (Feb)...B2.151
Al-Rawi v Security Service [2011] UKSC 34, [2012] 1 AC 531, [2011] 3 WLR 388,
    [2012] 1 All ER 1..A7.30, D1.171
Al-Saadoon v Secretary of State for Defence [2015] EWHC 715 (Admin), [2015] 3 WLR 503..........A7.23
Al-Saadoon v Secretary of State for Defence [2015] EWHC 773 (Admin)............................A7.23
Al-Saadoon v Secretary of State for Defence [2016] EWCA Civ 81, [2017] 2 WLR 219, [2017] 2 All ER 453...A7.23
Al-Sirri v Secretary of State for the Home Department [2012] UKSC 54, [2013] 1 AC 745,
    [2012] 3 WLR 1263, [2013] 1 All ER 1267...B10.2

Table of Cases

Alagaratnam [2010] EWCA Crim 1506, [2011] Crim LR 232 . . . . F18.63
Alamgir [2018] EWCA Crim 21, [2018] 1 Cr App R (S) 49 (371), [2018] 4 WLR 40 . . . . B10.32
Albert v Lavin [1982] AC 546, [1981] 3 WLR 955, [1981] 3 All ER 878, 74 Cr App R 150 . . . . B2.52, B2.54
Alden [2001] EWCA Crim 3041. . . . . A3.21
Alden [2002] EWCA Crim 421, [2002] 2 Cr App R (S) 74 (326), 166 JP 234, [2002] Crim LR 417 . . . . D11.19
Alderson [2017] EWCA Crim 1051 . . . . B12.202
Alderson v Booth [1969] 2 QB 216, [1969] 2 WLR 1252, [1969] 2 All ER 271,
    53 Cr App R 301, 133 JP 346 . . . . D1.15
Aldis v DPP [2002] EWHC 403 (Admin), [2002] 2 Cr App R (S) 88 (400), [2002] Crim LR 434 . . . . D24.100
Aldred [1995] Crim LR 160 . . . . D26.28
Alexander [1974] 1 WLR 422, [1974] 1 All ER 539, 58 Cr App R 294, [1974] Crim LR 137,
    118 SJ 166 . . . . D19.2, D19.11
Alexander [1997] 2 Cr App R (S) 74 . . . . E2.18
Alexander [2011] EWCA Crim 89, [2011] 2 Cr App R (S) 52 (297) B21.16
Alexander [2012] EWCA Crim 2768, [2013] 1 Cr App R 26 (334), 177 JP 73. F19.19
Alexander, Re [2009] NIQB 20 . . . . D1.25
Alexander v France [2017] EWHC 1392 (Admin), [2018] QB 408,
    [2017] 3 WLR 1427, [2018] 1 All ER 963, [2017] 3 CMLR 42 . . . . D31.15
Alford v Chief Constable of Cambridgeshire [2009] EWCA Civ 100 . . . . D1.5
Alfred Crompton Amusement Machines Ltd v Customs and Excise Commissioners (No. 2)
    [1974] AC 405, [1973] 3 WLR 268, [1973] 2 All ER 1169 . . . . F10.20
Alger v Metropolitan Police Commissioner [2023] EWHC 1582 (KB). D1.25
Ali [1993] Crim LR 396 . . . . B14.48
Ali (Abdulla Ahmed) [2011] 3 All ER 1071, [2011] 2 Cr App R 22 (285), [2012] Crim LR 378,
    [2011] EWCA Crim 1260 . . . . A5.46, A5.49, D11.47, D20.35
Ali (Amir) [2017] EWCA Crim 2321 . . . . E17.10
Ali (Arie) [2019] EWCA Crim 2448, [2020] 1 Cr App R 21 (371) A5.58, B22.52
Ali (Arie) [2023] EWCA Crim 232, [2023] Crim LR 431 . . . . E13.2, E14.3
Ali (Asghar) [2001] EWCA Crim 863 . . . . F20.14
Ali (Faraz) [2008] EWCA Crim 1522, [2009] Crim LR 40. . . . . F19.20
Ali (Hawar Hussein) [2003] EWCA Crim 3214, [2004] 1 Cr App R 39 (501), [2004] Crim LR 300. . . . . F6.39
Ali (Humza) [2018] EWCA Crim 547, [2018] 1 WLR 6105. . . . . A7.11, B10.92
Ali (Israr) [2008] EWCA Crim 716. . . . . A3.46
Ali (Janfor) [2012] EWCA Crim 934. . . . . B12.164
Ali (Karamat) [2017] EWCA Crim 571. . . . . C3.38
Ali (Khalid Mohamed) [2019] EWCA Crim 1527, [2020] 1 Cr App R 1 (1). B10.98, D9.29, D9.58
Ali (Liaquat) [2018] EWCA Crim 2359, [2019] 1 Cr App R (S) 27 (182) E2.26
Ali (Mahboob) [2024] EWCA Crim 77, [2024] 1 Cr App R 22 (344) F16.22
Ali (Maqsud) [1966] 1 QB 688 . . . . F2.1, F8.53, F16.11
Ali (Mohammed) [2010] EWCA Crim 1619 . . . . F13.33
Ali (Mohammed) [2019] EWCA Crim 1263 . . . . B7.9
Ali (Muzaffer) [2019] EWCA Crim 856, [2019] 2 Cr App R (S) 43 (333) E16.7
Ali (Nasir) [2001] EWCA Crim 2874, [2002] 2 Cr App R (S) 32 (115) B22.41
Ali (Nazakat) [2015] EWCA Crim 43, [2015] 1 Cr App R 32 (494). B22.51
Ali (Nogib) [2018] EWCA Crim 405 . . . . B22.49
Ali (Salah) [2014] EWCA Crim 1658, [2015] 1 WLR 841. . . . . E19.84
Ali (Shafaqat) [2014] EWCA Crim 542 . . . . D12.61
Ali (Yasir) [2015] EWCA Crim 1279, [2015] 2 Cr App R (S) 33 (457) B3.30, B22.9
Ali v Best (1997) 161 JP 393 . . . . D8.21
Ali v CPS, West Midlands [2007] EWCA Crim 691 . . . . D3.77, D3.84
Ali v DPP [2020] EWHC 2864 (Admin), [2021] RTR 14 (201), [2020] 4 WLR 146 . . . . C5.44, F3.60
Ali v RCPO [2008] EWCA Crim 1466, (2008) 172 JP 516 . . . . F17.35
Ali v UK (2016) 62 EHRR 7 (274) A7.51
Ali-Ali [2008] EWCA Crim 2186, [2009] 1 WLR 1661, [2009] 1 Cr App R 21 (279) D16.78
Alibhai [2004] EWCA Crim 681 . . . . D9.76
Alison [2021] EWCA Crim 324 . . . . F13.21
Alivon v Furnival (1834) 1 Cr M & R 277, 149 ER 1084, 3 Dowl 202, 4 Tyr 751, 3 LJ Ex 241,
    [1824–34] All ER Rep 705 . . . . F8.12
Alkazraji [2004] EWCA Crim 204, [2004] 2 Cr App R (S) 55 (291), [2004] Crim LR 385. . . . . E13.26
Alkidar [2019] EWCA Crim 330 . . . . E2.5, E20.1
All England Lawn Tennis Club (Championships) Ltd v McKay [2019] EWHC 3065 (QB),
    [2020] 1 WLR 216. . . . . D32.21
All Saints, Worcester (Inhabitants) (1817) 6 M & S 194, 105 ER 1215. . . . . F10.5
Allad [2014] EWCA Crim 421 . . . . F11.1
Alladice (1988) 87 Cr App R 380. . . . . D1.56, D1.62, F2.28, F18.37, F18.42, F18.69
Allamby [1974] 1 WLR 1494, [1974] 3 All ER 126, 59 Cr App R 189,
    [1975] Crim LR 39, 118 SJ 830 . . . . B12.151, B12.157, B12.164
Allan [1965] 1 QB 130, [1963] 3 WLR 677, [1963] 2 All ER 897 . . . . A4.21
Allan [1969] 1 WLR 33, [1969] 1 All ER 91 . . . . F3.49
Allan [1993] Crim LR 538 . . . . A4.21
Allan [2004] EWCA Crim 2236, [2005] Crim LR 716 . . . . F2.24, F18.50
Allan [2017] EWCA Crim 2396 . . . . D3.84, F19.31
Allan v UK (2003) 36 EHRR 12 (143) A7.76, F2.24, F18.50
Allan v Wiseman [1975] RTR 217, [1975] Crim LR 37 . . . . D21.16
Allcock [1999] 2 Cr App R 227, [1999] Crim LR 599. . . . . D11.101

Table of Cases

Allen (1872) LR 1 CCR 367, 41 LJ MC 97, 26 LT 664, 36 JP 820, 20 WR 756,
  [1861–73] All ER Rep Ext 1249, 12 Cox CC 193 .... B2.151
Allen [1965] 2 QB 295, [1964] 3 WLR 1173, [1964] 3 All ER 401, 48 Cr App R 314, 129 JP 7 .... F5.15
Allen [1985] AC 1029, [1985] 3 WLR 107, [1985] 2 All ER 641, 81 Cr App R 200 .... B5.46
Allen [1988] Crim LR 698 .... A3.16
Allen [1992] Crim LR 297 .... F2.11, F18.75
Allen [1995] Crim LR 643 .... F19.4
Allen (1999) 163 JP 841 .... D24.106
Allen [2010] EWCA Crim 846, [2011] 1 Cr App R (S) 10 (92) B6.68
Allen [2013] EWCA Crim 676 .... B13.22
Allen [2019] EWCA Crim 1772 .... B2.98, E2.24, E16.27
Allen [2022] EWCA Crim 750 .... F19.20
Allen (No. 2) [2001] UKHL 45, [2002] 1 AC 509, [2001] 3 WLR 843, [2001] 4 All ER 768,
  [2002] 1 Cr App R 18 (187), [2002] HRLR 4 .... B16.4, F10.12
Allen v Ireland [1984] 1 WLR 903, [1984] Crim LR 500, 79 Cr App R 206 .... B11.20
Allen v UK [2003] Crim LR 280 .... F10.12
Allen v UK (2010) 51 EHRR 22 (555), [2010] ECHR 420 .... D7.94
Allen v West Yorkshire Probation Service [2001] EWHC Admin 2, (2001) 165 JP 313 .... D29.28
Allen v Westley (1629) Het 97, 124 ER 372 .... B14.11
All-Hilly [2014] EWCA Crim 1614, [2014] 2 Cr App R 33 (530) F7.28
Allied Language Solutions [2013] EWCA Crim 326, [2013] 1 WLR 3820, [2013] 2 Cr App R 16 (169),
  [2013] Costs LR 430 .... D33.50
Allington [2019] EWCA Crim 1430, [2020] 1 Cr App R (S) 16 (134) B3.132
Allon [2023] EWCA Crim 204, [2023] 1 WLR 2101 .... E23.3
Allpress [2009] EWCA Crim 8, [2009] 2 Cr App R (S) 58 (399), [2009] Crim LR 363 .... E19.24
Allsop (1976) 64 Cr App R 29 .... A5.68, B7.13
Allsopp [2005] EWCA Crim 703 .... B9.92, F2.34
Allsopp [2019] EWCA Crim 95 .... B5.27
Allyson (1989) 11 Cr App R (S) 60, [1989] Crim LR 522 .... B6.68
Almilhin [2019] EWCA Crim 220, [2019] 2 Cr App R (S) 45 (373) D12.65
Alom [2012] EWCA Crim 736 .... E19.57
Alphacell Ltd v Woodward [1972] AC 824, [1972] 2 WLR 1320, [1972] 2 All ER 475, 70 LGR 455,
  [1972] Crim LR 41 .... A1.39, A2.25, A2.27, A2.30, A6.7
Alshateri [2016] EWCA Crim 1266, [2017] 1 Cr App R (S) 3 (11) B6.101
Alstom Network Ltd [2019] EWCA Crim 1318, [2019] 2 Cr App R 34 (417) A5.51, F17.71
Altham [2006] EWCA Crim 7, [2006] 1 WLR 3287, [2006] 2 Cr App R 8 (127),
  [2006] Crim LR 633 .... A3.52, B16.46, B19.40
Alves [1997] 1 Cr App R 78 (8), [1996] Crim LR 599 .... D26.29
Alvis of Lee [2022] EWCA Crim 1227, [2023] 1 Cr App R (S) 16 (114) B2.69, B2.73
Alyson [2016] EWCA Crim 2253 .... F15.17
Amado-Taylor [2001] EWCA Crim 1898, [2000] 2 Cr App R 189, [2000] Crim LR 618 .... D18.36, F1.14
Amann v Switzerland (2000) 30 EHRR 843 .... A7.25
Amber Services Europe Ltd v Director of Border Revenue [2015] EWHC 3665 (Admin),
  [2016] 1 WLR 1889 .... B16.51
Ambler [1979] RTR 217 .... B4.122, B4.124
Ambrose (1973) 57 Cr App R 538 .... B11.39
Ambrose v Harris [2011] UKSC 43, [2011] 1 WLR 2435 .... D1.55, F18.36
Ameer [1977] Crim LR 104 .... F2.44
Ames [2023] EWCA Crim 1463, [2024] 1 WLR 1860, [2024] 1 Cr App R 17 (268),
  [2024] Crim LR 254 .... B5.8, B5.12
Amey [1983] 1 WLR 345, [1983] 1 All ER 865, [1983] RTR 192, 76 Cr App R 206 .... E6.3
Amin [2015] EWCA Crim 1074 .... C3.19
Amin [2019] EWCA Crim 1583, [2020] 1 Cr App R (S) 36 (263) D24.102
Amirthanathan [2003] EWHC 1107 (Admin) B22.66
Amjad [2016] EWCA Crim 1618, [2017] 1 Cr App R 22 (331) F16.20
Amnott v Lord Advocate [2022] HCJAC 6 .... D31.34
Amos [1999] EWCA Crim 1826 .... B12.45, B12.46
Amrani [2011] EWCA Crim 1517, (2011) 175 JP 437 .... F6.34, F7.72
Amrouchi [2007] EWCA Crim 3019 .... D15.85, D15.87
Anderson (1868) LR 1 CCR 161, 38 LJ MC 12, 19 LT 400, 33 JP 100, 11 Cox CC 198,
  17 WR 208 .... A8.15
Anderson (1929) 21 Cr App R 178, 142 LT 580, 29 Cox CC 102 .... D16.42, F7.55, F18.40
Anderson [1972] 1 QB 304, [1971] 3 WLR 939, [1971] 3 All ER 1152, 56 Cr App R 115 .... B18.8,
                                                                                  B18.9, B18.10, F11.26
Anderson (1983) 78 Cr App R 251 .... D20.112
Anderson [1986] AC 27, [1985] 3 WLR 268, [1985] 2 All ER 961, 81 Cr App R 253 .... A5.55, A5.56, A5.57
Anderson [1991] Crim LR 361 .... D18.33, F3.45
Anderson [1993] Crim LR 447 .... F2.12, F2.28
Anderson (1998) *The Independent*, 13 July 1998 .... D16.72
Anderson [2006] EWCA Crim 738 .... B12.8
Anderson [2006] EWCA Crim 833 .... B12.96
Anderson [2010] EWCA Crim 2553 .... D17.6, D17.12
Anderson [2012] EWCA Crim 1785 .... F11.8
Anderson [2021] EWCA Crim 1796 .... C7.37

Table of Cases

Anderson v Bank of British Columbia (1876) 2 ChD 644, 45 LJ Ch 449, 35 LT 76, 24 WR 624 . . . . F10.29
Anderson v Miller (1976) 64 Cr App R 178, [1976] Crim LR 743, 120 SJ 735. . . . . B12.113
Anderson v The Queen [1972] AC 100, [1971] 3 WLR 718, [1971] 3 All ER 768 . . . . F11.42
Anderson v Whalley (1852) 3 Car & Kir 54, 175 ER 460, 19 LT OS 365. . . . . F6.18
Anderton v Lythgoe [1985] 1 WLR 222, [1985] RTR 395. . . . . C5.43
Anderton v Ryan [1985] AC 560, [1985] 2 WLR 968, [1985] 2 All ER 355, 81 Cr App R 166 . . . . A5.84, B4.171
Anderton v Waring [1986] RTR 74. . . . . C5.44
Andover Justices, ex parte Rhodes [1980] Crim LR 644 . . . . F8.38
Andrade [2015] EWCA Crim 1722 . . . . F7.47, F16.19
Andreous [2014] EWCA Crim 2886 . . . . B3.49
Andrewes [2020] EWCA Crim 1055 . . . . E19.28, E19.60, E19.62
Andrews (1985) 82 Cr App R 148, [1986] Crim LR 124, 129 SJ 869 . . . . D19.75
Andrews [1987] AC 281, [1987] 2 WLR 413, [1987] 1 All ER 513, 84 Cr App R 382. . . . . . F17.50, F17.52, F17.54,
F17.55, F17.57, F17.58, F17.60, F17.65
Andrews [1997] 1 Cr App R (S) 279, [1996] Crim LR 837 . . . . E19.67
Andrews [2002] EWCA Crim 3021, [2003] Crim LR 477 . . . . B1.61
Andrews [2004] EWCA Crim 947 . . . . B19.64
Andrews [2008] EWCA Crim 2394, [2009] Crim LR 289 . . . . D13.13
Andrews [2008] EWCA Crim 2908, [2009] 1 Cr App R 26 (347), [2009] 1 WLR 1947,
  [2009] 2 All ER 898, [2009] Crim LR 739 . . . . D12.42, D12.45, D12.46
Andrews [2012] EWCA Crim 2332, [2013] 2 Cr App R (S) 5 (26) E18.8
Andrews [2015] EWCA Crim 883, [2015] 2 Cr App R (S) 40 (317) B3.27
Andrews [2016] EWHC 1937 (Comm), [2016] 4 Costs LR 705 . . . . D33.39
Andrews [2022] EWCA Crim 1252 . . . . F15.17
Andrews [2022] EWCA Crim 1457 . . . . B3.101
Andrews, Re [1991] 3 WLR 1236 . . . . D8.77
Andrews v Chief Constable of Suffolk [2022] EWHC 3162 (KB) A5.78
Andrews v DPP [1937] AC 576, [1937] 2 All ER 552, 26 Cr App R 34, 106 LJ KB 370, 53 TLR 663,
  35 LGR 429, 101 JP 386, 81 SJ 497 . . . . B1.61, B1.62, B1.80
Andrews v DPP [1992] RTR 1 . . . . C5.14
Andronicou [2010] EWCA Crim 2232 . . . . F13.5
Andronicou v Cyprus (1998) 25 EHRR 491 . . . . A3.60
Angeli [1979] 1 WLR 26, [1978] 3 All ER 950, 68 Cr App R 32 . . . . F3.55, F11.25
Angus v UK Border Agency [2011] EWHC 461 (Admin) D8.22
Anjum [2004] EWCA Crim 977 . . . . D12.97
Ankerson [2015] EWCA Crim 432, (2015) 179 JP 219 . . . . B8.35
Annesley [1976] 1 WLR 106, [1976] 1 All ER 589, (1976) 62 Cr App R 113, [1976] RTR 150,
  [1976] Crim LR 201, 120 SJ 27 . . . . D20.98
Annette-Norman [2023] EWCA Crim 869 . . . . F20.31
Ansari [2000] 1 Cr App R (S) 94 . . . . B6.101
Ansell v Thomas [1974] Crim LR 31 . . . . B2.7
Antar (2004) *The Times* [2004] EWCA Crim 2708,, 4 November 2004 . . . . A3.39
Antill [2002] EWCA Crim 2114 . . . . F1.17
Antoine [2001] 1 AC 340, [2000] 2 WLR 703, [2000] 2 All ER 208, [2000] 2 Cr App R 94,
  [2000] Crim LR 621 . . . . B1.28, D12.11
Antoine [2014] EWCA Crim 1971, [2015] 1 Cr App R 8 (81) D3.91, E18.15, E18.16
Antrim Justices [1895] 2 IR 603 . . . . F1.10
Antypas (1973) 57 Cr App R 207, [1973] Crim LR 130 . . . . E20.2
Anwar [2013] EWCA Crim 1865 . . . . B21.6
Anwar [2016] EWCA Crim 551, [2016] 2 Cr App R 23 (315) A4.11
Anwar [2021] EWCA Crim 1811 . . . . F16.18
Anwoir [2008] EWCA Crim 1354, [2009] 1 WLR 980, [2008] 4 All ER 582,
  [2008] 2 Cr App R 36 (532) B21.3, B21.6, D8.20, F20.51
Apabhai [2011] EWCA Crim 917, (2011) 175 JP 292 . . . . F13.23, F13.75
Apicella (1985) 82 Cr App R 295 . . . . F2.47
Appiah [1998] Crim LR 134 . . . . D13.71
Appleyard (1985) 81 Cr App R 319, [1985] Crim LR 723 . . . . B8.15
Application for a Warrant of Further Detention, Re an [1988] Crim LR 296 . . . . D1.71
Aquila Advisory Ltd v Faichney [2021] UKSC 49, [2021] 1 WLR 5666, [2022] 2 All ER 864,
  [2022] BCC 137, [2022] 1 BCLC 1 . . . . E19.57
Aquilina (1989) 11 Cr App R (S) 431, [1990] Crim LR 134 . . . . D20.113
Aquilina v Malta (2000) 29 EHRR 185 . . . . A7.38
Arab Monetary Fund v Hashim [1989] 1 WLR 565, [1989] 3 All ER 466 . . . . F10.2
Aranyosi (Cases C-404/15 and C-659/15 PPU) [2016] QB 921, [2016] 3 CMLR 13,
  [2016] 3 WLR 807, EU:C:2016:198 . . . . A9.7, D31.34
Arbati [2024] EWCA Crim 589 . . . . B22.37
Archer (1994) 15 Cr App R (S) 387, [1994] Crim LR 80 . . . . D20.19
Archer [2002] EWCA Crim 1996, [2003] Cr App R (S) 86 (446) B14.5
Archer [2012] EWCA Crim 2252 . . . . B2.125
Archer v Governor of Low Newton Prison [2014] EWHC 2407 (Admin) E14.13
Archer v Metropolitan Police Commissioner [2021] EWCA Civ 1662, [2022] 1 Cr App R 14 (239) D2.53
Ardalan [1972] 2 All ER 257, [1972] Crim LR 370 . . . . A5.49, B16.45
Ardani (1983) 77 Cr App R 302 . . . . D26.49
Ardic [2019] EWCA Crim 1836, [2020] 1 Cr App R (S) 59 (457) B2.97, B12.275, E2.26

Table of Cases

Arfan [2012] EWHC 2450 (QB), (2012) 176 JP 682 . . . . D10.62
Argent [1997] 2 Cr App R 27, 161 JP 190, [1997] Crim LR 346. . . . . F20.5, F20.18
Arif (1993) *The Times*, 17 June 1993 . . . . D15.103, F6.29
Arifin [2018] EWCA Crim 145. . . . . B3.28
Ariste v The King [2023] UKPC 18 . . . . F14.26, F18.9
Armas-Rodriguez [2005] EWCA Crim 1981. . . . . D1.84
Armory v Delamirie (1722) 1 Str 505, 93 ER 664, [1558–1774] All ER Rep 121 . . . . F8.45
Armstrong [1989] Crim LR 149. . . . . A1.35
Armstrong [1995] Crim LR 831. . . . . D16.21
Armstrong v Clark [1957] 2 QB 391, [1957] 2 WLR 400, [1957] 1 All ER 433. . . . . C5.60
Armstrong v UK [2014] ECHR 1368 . . . . A7.51, D13.27
Arnold [1997] 4 All ER 1, [1997] Crim LR 833 . . . . B4.15
Arnold [2004] EWCA Crim 1293, [2004] All ER (D) 329 (May), [2005] Crim LR 56 . . . . F17.20
Arnold [2008] EWCA Crim 1034, [2008] 1 WLR 2881, [2009] 1 All ER 1103,
 [2008] 2 Cr App R 37 (544), [2008] RTR 25 (322) D16.79
Arnold v DPP [1999] RTR 99 . . . . C2.13
Arobieke [1988] Crim LR 314 . . . . D26.18
Arrows Ltd (No. 4), Re [1995] 2 AC 75, [1994] 3 WLR 656, [1994] 3 All ER 814, [1995] 1 Cr App R 95 . . . . . F9.33
Arrowsmith [1975] QB 678, [1975] 2 WLR 484, [1975] 1 All ER 463, (1974) 60 Cr App R 211,
 [1975] Crim LR 161. . . . . B9.106
Arrowsmith [2003] EWCA Crim 701, [2003] 2 Cr App R (S) 46 (301), [2003] Crim LR 412 . . . . . E21.2
Arrowsmith v Jenkins [1963] 2 QB 561, [1963] 2 WLR 856, [1963] 2 All ER 210, 61 LGR 312 . . . . D1.27
Arrowsmith v UK (1978) 19 DR 5 . . . . A7.80
Arshad [2012] EWCA Crim 18, [2012] 1 Cr App R (S) 86 (511) C3.32, F11.44
Arthur [2013] EWCA Crim 1852, [2014] Crim LR 229 . . . . D19.40
Arthur v Stringer (1986) 84 Cr App R 361, 8 Cr App R (S) 329, 151 JP 97, [1987] Crim LR 563. . . . D20.116, D20.117
Artico v Italy (1981) 3 EHRR 1. . . . . A7.54
Asan [2019] EWCA Crim 896 . . . . B14.34
Ascroft [2003] EWCA Crim 2365, [2004] 1 Cr App R (S) 56 (326), [2003] Crim LR 894 . . . . . B4.42, B4.43, E19.46
Asfaw [2008] UKHL 31, [2008] 1 AC 1061, [2008] 2 WLR 1178, [2008] 3 All ER 775 . . . . B22.82
Asfi [2016] EWCA Crim 1236 . . . . D25.19, D25.24
Asgodom [2012] EWCA Crim 2054. . . . . D19.16
Ash [1999] RTR 347 . . . . C3.14
Ashburton (Lord) v Pape [1913] 2 Ch 469, 82 LJ Ch 527, 109 LT 381, 29 TLR 623,
 [1911–13] All ER Rep 708. . . . . F2.6, F10.46
Ashby [1998] 2 Cr App R (S) 37 . . . . E21.9
Ashenden v UK (2012) 54 EHRR 13 (433), [2011] ECHR 1323. . . . . A7.68, D33.14
Ashford [2020] EWCA Crim 673, [2020] 2 Cr App R (S) 56 (392). E21.23, E21.30
Ashgar [1995] 1 Cr App R 223, [1994] Crim LR 941 . . . . F5.14
Ashingdane v UK (1985) 7 EHRR 528. . . . . A6.18
Ashiq [2015] EWCA Crim 1617. . . . . B5.56
Ashley (1967) 52 Cr App R 42, [1968] Crim LR 51. . . . . F1.6, F6.7, F8.20
Ashley [2003] EWCA Crim 2571, [2004] 1 WLR 2057, [2004] 1 Cr App R 23 (299), 167 JP 548,
 [2004] Crim LR 297 . . . . D7.109
Ashley v Chief Constable of Sussex Police (Sherwood intervening) [2008] UKHL 25, [2008] 1 AC 962,
 [2008] 2 WLR 975, [2008] 3 All ER 573 . . . . A3.60
Ashman (1858) 1 F & F 88. . . . . B2.79
Ashton [2006] EWCA Crim 794, [2007] 1 WLR 181, [2006] 2 Cr App R 15 (231),
 [2006] Crim LR 1004. . . . . D6.30, D11.5, D12.57, D26.27, D29.40, E19.69
Ashton [2007] EWCA Crim 234. . . . . B12.15
Ashton v CPS [2005] EWHC 2729 (Admin) C6.59, C7.59
Ashton v DPP [1998] RTR 45, 160 JP 336. . . . . C5.44
Ashworth Hospital Authority v MGN [2001] 1 WLR 515, [2001] 1 All ER 991. . . . . F9.27
Asiatic Petroleum Co. Ltd v Anglo-Persian Oil Co. Ltd [1916] 1 KB 822, 85 LJ KB 1075, 114 LT 645,
 32 TLR 637, [1916–17] All ER Rep 637 . . . . F9.11
Asiedu [2015] EWCA Crim 714, [2015] 2 Cr App R 8 (95) D9.69
Asif (1982) 82 Cr App R 123 . . . . D11.62
Asif [2018] EWCA Crim 2297 . . . . B12.146
Asif v Ditta [2021] EWCA Crim 1091, [2021] 2 Cr App R 21 (415). D3.107, D33.47
Aslam [1996] 2 Cr App R (S) 377 . . . . B4.149
Aslam [2014] EWCA Crim 1292 . . . . D27.27
Aslam [2016] EWCA Crim 845, [2016] 2 Cr App R (S) 29 (268) E12.7, E12.33
Asliturk v HM Prison Wandsworth [2010] EWHC 1720 (Admin). D31.6
Asmelash [2013] EWCA Crim 157, [2014] QB 103, [2013] 3 WLR 1056, [2013] 1 All ER 33 (449),
 [2013] Crim LR 599 . . . . B1.40, B1.41
Asmeron [2013] EWCA Crim 435, [2013] 1 WLR 3457, [2013] 2 Cr App R 19 (209) B12.178,
 B12.185, B12.187, B22.64
Aspinall [1999] 2 Cr App R 115, [1999] Crim LR 741 . . . . F18.36, F18.38
Asplin [2021] EWCA Crim 1313. . . . . E19.28, E19.62
Assange v Sweden [2011] EWHC 2849 (Admin) B3.47, B3.52, C3.33, C3.37, D31.19
Assange v Sweden [2012] UKSC 22, [2012] 2 AC 471, [2012] 2 WLR 1275, [2012] 4 All ER 1249 . . . . D31.2
Assange v USA [2024] EWHC 700 (Admin) , [2024] ACD 54 . . . . D31.34
Assani [2008] EWCA Crim 2563, [2009] Crim LR 514 . . . . F13.82, F13.88

Table of Cases

Asset Recovery Agency v Virtosu [2008] EWHC 149 (QB), [2009] 1 WLR 2808, [2008] 3 All ER 637 .... F12.9
Assets Recovery Agency (Jamaica), Re [2015] UKPC 1, [2015] Lloyd's Rep FC 203 .... D8.47
Assim [1966] 2 QB 249, [1966] 3 WLR 55, [1966] 2 All ER 881 .... D11.75, D11.86, D21.46
Associated Octel Co. Ltd [1996] 1 WLR 1543, [1996] 4 All ER 846, [1997] Crim LR 355 .... A6.20, A6.21
Associated Octel Co. Ltd [1997] 1 Cr App R (S) 435, [1997] Crim LR 144 .... D33.25
Associated Provincial Picture Houses Ltd v Wednesbury Corporation [1948] 1 KB 223,
 [1947] 2 All ER 680, [1948] LJR 190, 177 LT 680, 63 TLR 623, 45 LGR 635,
 112 JP 55, 92 SJ 26 .... D1.4, D11.85, D23.40, D26.24, D29.25, F2.7, F5.8, F13.33
Aston (1992) 94 Cr App R 180 .... D16.62
Aswat v UK (2014) 58 EHRR 1 (1) D31.34
Asztaslos v Hungary [2010] EWHC 237 (Admin), [2010] 1 WLR 252, [2011] 1 All ER 1027 .... D31.13
Atakpu [1994] QB 69, [1993] 3 WLR 812, [1993] 4 All ER 215, 98 Cr App R 245,
 [1994] Crim LR 693 .... A8.12, B4.34, B4.36, B4.42, B4.44
Ataou [1988] QB 798, [1988] 2 WLR 1147, [1988] 2 All ER 321, 87 Cr App R 210 .... F10.37
Athwal [2009] EWCA Crim 789, [2009] 1 WLR 2430, [2009] 2 Cr App R 14 (204) ... D3.108, F7.68, F7.70, F7.71
Atkin v DPP [1989] 89 Cr App R 199, 153 JP 383, [1989] Crim LR 581 .... B11.38, B11.41
Atkins [2010] EWCA Crim 1876, [2010] 1 Cr App R 8 (117) F8.58, F11.1, F11.4,
 F11.11, F11.35, F19.23, F19.33
Atkins v DPP [2000] 1 WLR 1427, [2000] 2 All ER 425, [2000] 2 Cr App R 248 .... B3.329
Atkinson [2021] EWCA Crim 153 .... D12.99, D26.9
Atkinson [2022] EWCA Crim 204, [2022] 2 Cr App R 24 (230) E2.17
Atkinson v DPP [2004] EWHC 1457 (Admin), [2005] 1 WLR 96, [2004] 3 All ER 971 .... D21.17
Atkinson v DPP [2011] EWHC 3363 (Admin), [2012] RTR 14 (171), 176 JP 57 .... C2.13
Atkinson v HM Advocate [2010] HCJAC 77 .... B19.51
Atkinson v Sir Alfred McAlpine & Son Ltd (1974) 16 KIR 220, [1974] Crim LR 668, 118 SJ 564 .... A6.7
Atlan [2004] EWCA Crim 1798, [2005] Crim LR 63 .... D19.88, D19.89
Atlan v UK (2002) 34 EHRR 33 (833), [2001] Crim LR 819 .... A7.47, D9.53
Ator [2011] EWCA Crim 769, [2011] 2 Cr App R (S) 108 (618) B11.70
Atraskevic v Lithuania [2015] EWHC 131 (Admin), [2015] 4 All ER 770 .... D31.39
Atta-Dankwa [2018] EWCA Crim 320, [2018] 2 Cr App R 16 (248) D18.24
Attard (1958) 43 Cr App R 90 .... F6.19, F16.15
Atterbury [1996] 2 Cr App R (S) 151 .... E21.9
Attfield [1961] 1 WLR 1135, [1961] 3 All ER 243, 45 Cr App R 309, 125 JP 581, 105 SJ 633 .... D18.36
Attique [2018] EWCA Crim 552, [2019] 1 WLR 66 .... D9.33
Attorney-General for the Isle of Man v Darroch [2019] UKPC 31, [2019] 1 WLR 4211 .... E19.68
Attorney-General for Jersey v Holley [2005] UKPC 23, [2005] 2 AC 580, [2005] 3 WLR 29,
 [2005] 3 All ER 371, [2005] 2 Cr App R 36 (588) B1.38
Attorney-General for Northern Ireland v Gallagher [1963] AC 349, [1961] 3 WLR 619,
 [1961] 3 All ER 299, 45 Cr App R 316 .... A3.22
Attorney-General for South Australia v Brown [1960] AC 432, [1960] 2 WLR 588, [1960] 1 All ER 734, 44 Cr App R
 100, 104 SJ 268 .... D18.20
Attorney-General of the Cayman Islands v Roberts [2002] UKPC 18, [2002] 1 WLR 1842,
 [2002] 2 Cr App R 28 (388), [2002] Crim LR 968 .... B19.10, F1.5
Attorney-General of the Cayman Islands v Tibbetts [2010] UKPC 8, [2010] 3 All ER 95 .... D13.59
Attorney-General of Hong Kong v Le Kwong-kut [1993] AC 951 .... F3.15
Attorney-General of Hong Kong v Nai-Keung [1987] 1 WLR 1339, 86 Cr App R 174 .... B4.15
Attorney-General of Hong Kong v Yip Kai-foon [1988] AC 642, [1988] 2 WLR 326,
 [1988] 1 All ER 153, 86 Cr App R 368 .... B4.176, F3.67
Attorney-General of Jamaica v Williams [1998] AC 351, [1998] 3 WLR 389 .... D1.183
Attorney-General v Able [1984] QB 795, [1983] 3 WLR 845, [1984] 1 All ER 277,
 78 Cr App R 197 .... A4.3, A6.16, A6.21, B1.160
Attorney-General v Antunes [2003] JLR 144 .... B19.51
Attorney-General v Associated Newspapers Ltd [2011] EWHC 418 (Admin), [2011] 1 WLR 2097,
 [2011] 2 Cr App R 9 (97) B14.110, B14.124
Attorney-General v Associated Newspapers Ltd [2012] EWHC 2029 (Admin) B14.124
Attorney-General v Birmingham Post and Mail Ltd [1999] 1 WLR 361, [1998] 4 All ER 49 .... B14.124
Attorney-General v Blake [1997] Ch 84, [1996] 3 WLR 741, [1996] 3 All ER 903 .... B9.54
Attorney-General v British Broadcasting Corporation [1981] AC 303, [1980] 3 WLR 109,
 [1980] 3 All ER 161, 78 LGR 529 .... B14.87
Attorney-General v Butterworth [1963] 1 QB 696, [1962] 3 WLR 819, [1962] 3 All ER 326 .... B14.102
Attorney-General v Clough [1963] 1 QB 773, [1963] 2 WLR 343, [1963] 1 All ER 420 .... F9.31
Attorney-General v Condé Nast Publications Ltd [2015] EWHC 3322 (Admin) B14.123, B14.124
Attorney-General v Crosland [2021] UKSC 15, [2021] 4 WLR 103 .... B14.84, B14.108, B14.110
Attorney General v Crosland [2021] UKSC 58, [2022] 1 Cr App R 15 (277), [2022] 2 All ER 401,
 [2022] Costs LR 65 .... B14.131, B14.132
Attorney-General v Dallas [2012] EWHC 156 (Admin), [2012] 1 WLR 991, [2012] 1 Cr App
 R 32 (436), [2012] Crim LR 694 .... B14.107, D13.21, D13.67, D19.15
Attorney-General v Davey [2013] EWHC 2317 (Admin), [2014] 1 Cr App R 1 (1) D13.21, D13.66
Attorney-General v English [1983] 1 AC 116, [1982] 3 WLR 278, [1982] 2 All ER 903,
 75 Cr App R 302 .... B14.120, B14.127
Attorney-General v Fraill [2011] EWHC 1629 (Admin), [2011] 2 Cr App R 21 (271),
 [2012] Crim LR 286 .... B14.106, B14.133
Attorney-General v Good (1825) M'Cle & Yo 286, 148 ER 421 .... F16.26
Attorney-General v Gordon [2020] EWCA Crim 360, [2020] 4 WLR 49 .... E13.24

Table of Cases

Attorney-General v Guardian Newspapers (1999) *The Independent*, 30 July 1999 . . . . B14.124
Attorney-General v Harkins [2013] EWHC 1455 (Admin) B14.116
Attorney-General v Hislop [1991] 1 QB 514, [1991] 2 WLR 219, [1991] 1 All ER 911 . . . . B14.110,
    B14.120, B14.132
Attorney-General v Hitchcock (1847) 1 Exch 91, 154 ER 38, 2 New Pract Cas 321, 16 LJ Ex 259,
    9 LT OS 270, 11 JP 904, 11 Jur 478 . . . . F1.19, F7.48, F7.58
Attorney-General v Independent Television News Ltd [1995] 2 All ER 370,
    [1995] 1 Cr App R 204 . . . . B14.123, B14.124
Attorney-General v Judd [1995] COD 15. . . . . B14.50, B14.102
Attorney-General v Leveller Magazine Ltd [1979] AC 440, [1979] 2 WLR 247, [1979] 1 All ER 745,
    68 Cr App R 342 . . . . B9.3, D3.124
Attorney-General v MGN Ltd [1997] 1 All ER 456. . . . . B14.124
Attorney-General v MGN Ltd [2011] EWHC 2074 (Admin), [2012] 1 WLR 2408,
    [2012] 1 Cr App R 1 (1) B14.110, B14.123, B14.124
Attorney-General v Malone [2019] EWHC 3726 (QB) B14.112
Attorney-General v Mulholland [1963] 2 QB 477 . . . . F9.31
Attorney-General v News Group Newspapers Ltd (1984) 6 Cr App R (S) 418. . . . . B14.111, B14.112, B14.123
Attorney-General v Newspaper Publishing plc [1988] Ch 333, [1987] 3 WLR 942, [1987] 3 All ER 276. . . . . B14.84,
    B14.120, B14.129, B14.130
Attorney-General v Newspaper Publishing plc [1997] 1 WLR 926, [1997] 3 All ER 159 . . . . B14.110, B14.130
Attorney-General v Paterson [2019] EWHC 1914 (QB). B14.112
Attorney-General v Pritchard [2020] EWHC 607 (QB). B14.113
Attorney-General v Punch [2002] UKHL 50, [2003] 1 AC 1046, [2003] 2 WLR 49, [2003] 1 All ER 289 . . . B14.110
Attorney-General v Scarth [2013] EWHC 194 (Admin). B14.112
Attorney-General v Scotcher [2005] UKHL 36, [2005] 1 WLR 1867, [2005] 3 All ER 1,
    [2005] 2 Cr App R 35 (573) D19.33
Attorney-General v Sport Newspapers Ltd [1991] 1 WLR 1194 . . . . B14.111
Attorney-General v Times Newspapers Ltd (1983) *The Times*, 11 February 1983. . . . . B14.127
Attorney-General v Times Newspapers Ltd [1992] 1 AC 191, [1991] 2 WLR 994, [1991] 2 All ER 398 . . . . . B14.110
Attorney-General v Times Newspapers Ltd [2012] EWHC 3195 (Admin) B14.123
Attorney-General v Unger [1998] 1 Cr App R 308. . . . . B14.123
Attorney-General v Yaxley-Lennon [2019] EWHC 1719 (QB) B14.97, B14.124
Attorney-General's Reference (Clarke) [2018] EWCA Crim 1845. . . . . B2.124
Attorney-General's Reference (Crawford) [2018] EWCA Crim 1892 . . . . B2.94
Attorney-General's Reference (No. 1 of 1974) [1974] QB 744, [1974] 2 WLR 891,
    [1974] 2 All ER 899, 59 Cr App R 203, [1974] Crim LR 427 . . . . B4.169
Attorney-General's Reference (No. 1 of 1975) [1975] QB 773, [1975] 3 WLR 11,
    [1975] 2 All ER 684, 61 Cr App R 118, [1975] RTR 473. . . . . A4.1, C5.32, D28.2
Attorney-General's Reference (No. 1 of 1976) [1977] 1 WLR 646, [1977] 3 All ER 557,
    [1977] RTR 284, 64 Cr App R 222 . . . . C5.24
Attorney-General's Reference (No. 3 of 1977) [1978] 1 WLR 1123, [1978] 3 All ER 1166,
    67 Cr App R 393. . . . . B18.15, B18.16
Attorney-General's Reference (Nos. 1 and 2 of 1979) [1980] QB 180, [1979] 3 WLR 577,
    [1979] 3 All ER 143, 69 Cr App R 266 . . . . B4.64, B4.93
Attorney-General's Reference (No. 3 of 1979) (1979) 69 Cr App R 411, [1979] Crim LR 786 . . . . F6.21
Attorney-General's Reference (No. 4 of 1979) [1981] 1 WLR 667, [1981] 1 All ER 1193,
    71 Cr App R 341. . . . . B4.168, B4.187
Attorney-General's Reference (No. 1 of 1980) [1981] 1 WLR 34, [1981] 1 All ER 366, 72 Cr App R 60. . . . . . . B6.9
Attorney-General's Reference (No. 4 of 1980) [1981] 1 WLR 705, [1981] 2 All ER 617,
    73 Cr App R 40. . . . . A1.9, A1.40
Attorney-General's Reference (No. 5 of 1980) [1981] 1 WLR 88, [1980] 3 All ER 816, 72 Cr App R 71. . . . . . B18.9
Attorney-General's Reference (No. 6 of 1980) [1981] QB 715, [1981] 3 WLR 125,
    [1981] 2 All ER 1057, 73 Cr App R 63 . . . . B2.16, B2.18
Attorney-General's Reference (No. 1 of 1981) [1982] QB 848, [1982] 2 WLR 875, [1982] 2 All ER 417,
    75 Cr App R 45 . . . . B16.44, B16.48
Attorney-General's Reference (No. 1 of 1982) [1983] QB 751, [1983] 3 WLR 72, [1983] 2 All ER 721,
    77 Cr App R 9. . . . . A5.69, A5.70
Attorney-General's Reference (No. 2 of 1982) [1984] QB 624, [1984] 2 WLR 447,
    [1984] 2 All ER 216, 78 Cr App R 131, [1985] Crim LR 241 . . . . B4.21, B4.45, B4.52
Attorney-General's Reference (No. 1 of 1983) [1985] QB 182, [1984] 3 WLR 686,
    [1984] 3 All ER 369, 79 Cr App R 288 . . . . B4.31, B4.32
Attorney-General's Reference (No. 2 of 1983) [1984] QB 456, [1984] 2 WLR 465,
    [1984] 1 All ER 988, 78 Cr App R 183, [1984] Crim LR 289 . . . . B12.265
Attorney-General's Reference (No. 1 of 1985) [1986] QB 491, [1986] 2 WLR 733,
    [1986] 2 All ER 219, 83 Cr App R 70 . . . . B4.22, B4.29
Attorney-General's Reference (No. 4 of 1989) [1990] 1 WLR 41, 90 Cr App R 366,
    11 Cr App R (S) 517 . . . . D28.6
Attorney-General's Reference (No. 1 of 1990) [1992] QB 630, [1992] 3 WLR 9, [1992] 3 All ER 169,
    95 Cr App R 296, 156 JP 693, [1993] Crim LR 37. . . . . D3.74
Attorney-General's Reference (No. 1 of 1991) [1993] QB 94, [1992] 3 WLR 432, [1992] 3 All ER 897 . . . . . . B17.3
Attorney-General's Reference (No. 1 of 1992) [1993] 1 WLR 274, [1993] 2 All ER 190,
    96 Cr App R 298, 157 JP 753, [1993] Crim LR 274 . . . . A5.76, B3.15, B3.53
Attorney-General's Reference (No. 2 of 1992) [1994] QB 91, [1993] 3 WLR 982, [1993] 4 All ER 683,
    97 Cr App R 429, [1994] Crim LR 692. . . . . A1.11, A2.30, A3.12, C1.22

Table of Cases

Attorney-General's Reference (No. 3 of 1992) [1994] 1 WLR 409, [1994] 2 All ER 121,
  98 Cr App R 383, [1994] RTR 122 .... A5.80, B8.22
Attorney-General's Reference (No. 22 of 1992) [1994] 1 All ER 105, 97 Cr App R 275,
  14 Cr App R (S) 435 .... D20.110
Attorney-General's Reference (No. 5 of 1993) (1994) 15 Cr App R (S) 201 .... E6.11
Attorney-General's Reference (No. 3 of 1994) [1996] QB 581, [1996] 2 WLR 412, [1996] 2 All ER 10,
  [1996] 1 Cr App R 351, [1996] Crim LR 268 (CA); [1998] AC 245, [1997] 3 WLR 421,
  [1997] 3 All ER 936, [1997] 1 Cr App R 91, [1997] Crim LR 829 (HL)................... A2.31, B1.18
Attorney-General's Reference (No. 41 of 1994) (1995) 16 Cr App R (S) 792 .... E5.16
Attorney-General's Reference (No. 48 of 1994) (1995) 16 Cr App R (S) 980, [1995] Crim LR 515.......... E13.3
Attorney-General's Reference (No. 1 of 1995) [1996] 1 WLR 970, [1996] 4 All ER 21,
  [1996] 2 Cr App R 320, [1996] Crim LR 575 .... A3.10
Attorney-General's Reference (Nos. 32 and 33 of 1995) [1996] 2 Cr App R (S) 345 .... B4.101
Attorney-General's Reference (Nos. 3 and 4 of 1996) [1997] 1 Cr App R (S) 29,
  [1996] Crim LR 607 .... D20.9, D20.28
Attorney-General's Reference (No. 40 of 1996) [1997] 1 Cr App R (S) 357, [1997] Crim LR 69 .... D12.67, D20.68
Attorney-General's Reference (No. 50 of 1997) [1998] 2 Cr App R (S) 155 .... E23.2
Attorney-General's Reference (No. 3 of 1998) [2000] QB 401, [1999] 3 WLR 1194, [1999] 3 All ER 40,
  [1999] 2 Cr App R 214.. A3.23
Attorney-General's Reference (No. 2 of 1999) [2000] QB 796, [2000] 3 WLR 195, [2000] All ER 182,
  [2000] 2 Cr App R 287, [2000] Crim LR 475.. A6.2, A6.7 B1.79
Attorney-General's Reference (No. 3 of 1999) [2001] 2 AC 91, [2001] 2 WLR 56, [2001] All ER 577,
  [2001] 1 Cr App R 475 (34).. F19.35
Attorney-General's Reference (No. 84 of 1999) (Jennison) [2000] 2 Cr App R (S) 213 .... B1.164
Attorney-General's Reference (Nos. 86 and 87 of 1999) [2001] 1 Cr App R (S) 141 (505),
  [2001] Crim LR 58.. D28.8
Attorney-General's Reference (No. 1 of 2000) [2001] 1 WLR 331, [2001] 1 Cr App R 15 (218),
  [2001] Crim LR 127... B6.31
Attorney-General's Reference (No. 2 of 2000) [2001] 2 Cr App R 36 (503)........................... D3.66
Attorney-General's Reference (No. 3 of 2000) (Loosely) [2001] EWCA Crim 1214,
  [2001] 2 Cr App R 26 (472).. B22.12
Attorney-General's Reference (No. 3 of 2000) (Looseley) [2001] UKHL 53, [2001] 1 WLR 2060,
  [2001] 4 All ER 897, [2002] 1 Cr App R 29 (360), [2002] Crim LR 301............ A7.28, D3.100, D3.102,
                                                                                D9.29, F2.17, F2.21
Attorney-General's Reference (No. 4 of 2000) [2001] EWCA Crim 780, [2001] RTR 27 (415),
  [2001] 2 Cr App R 22 (417), [2001] Crim LR 578 .... A3.12
Attorney-General's Reference (No. 7 of 2000) [2001] EWCA Crim 888, [2001] 1 WLR 1879,
  [2001] 2 Cr App R 19 (286), [2001] Crim LR 736 .... F10.14
Attorney-General's Reference (No. 44 of 2000) [2001] 1 Cr App R 27 (416), [2001] 1 Cr App
  R (S) 132 (460), 165 JP 93, [2001] Crim LR 60.. D28.6
Attorney-General's Reference (No. 82 of 2000) [2001] EWCA Crim 65, [2001] 2 Cr App R (S) 60 (289)..... E16.34
Attorney-General's Reference (No. 82a of 2000) [2002] EWCA Crim 215, [2002] 2 Cr App R 24 (342),
  [2002] 2 Cr App R (S) 75 (334), [2002] Crim LR 328 .... D32.15
Attorney-General's Reference (No. 1 of 2001) [2002] EWCA Crim 1768, [2003] 1 WLR 395,
  [2002] 3 All ER 840, [2003] 1 Cr App R 8 (131), [2002] Crim LR 844................ B5.12, B6.13, B6.33
Attorney-General's Reference (No. 2 of 2001) [2001] EWCA Crim 1568, [2001] 1 WLR 1869,
  [2002] 1 Cr App R 22 (272), [2002] Crim LR 207.. C7.29, E19.76
Attorney-General's Reference (No. 2 of 2001) [2003] UKHL 68, [2004] 2 AC 72, [2004] 2 WLR 1,
  [2004] 1 All ER 1049, [2004] 1 Cr App R 25 (317).. A7.64, D3.75
Attorney-General's Reference (No. 14 of 2001) [2001] EWCA Crim 1235, [2002] 1 Cr App R (S) 25 (106)..... C3.6
Attorney-General's Reference (No. 1 of 2002) [2002] EWCA Crim 2392, [2003] Crim LR 410 .... B14.41
Attorney-General's Reference (No. 2 of 2002) [2002] EWCA Crim 2373, [2003] 1 Cr App R 21 (321),
  [2003] Crim LR 192.. F19.21
Attorney-General's Reference (No. 1 of 2003) [2003] EWCA Crim 1286, [2003] 2 Cr App R 29 (453),
  [2003] Crim LR 547.. F17.56
Attorney-General's Reference (No. 3 of 2003) [2004] EWCA Crim 868, [2005] 1 QB 73,
  [2004] 3 WLR 451, [2005] 4 All ER 303, [2004] 2 Cr App R 23 (366) A2.13, B15.26, B15.30
Attorney-General's Reference (No. 66 of 2003) (Boujettif) [2003] EWCA Crim 3514,
  [2004] 2 Cr App R (S) 22 (106) E12.22
Attorney-General's Reference (No. 1 of 2004) [2004] EWCA Crim 1025, [2004] 1 WLR 2111,
  [2004] 4 All ER 457, [2004] 2 Cr App R 27 (424) B1.43, B7.21, B7.50, B7.61, B7.62, B7.66,
                                                                        B13.8, B13.22, B14.52, F3.26, F3.28, F3.29, F3.30, F3.31
Attorney-General's Reference (No. 3 of 2004) [2004] EWCA Crim 1532,
  [2005] 1 Cr App R (S) 52 (230) E16.35
Attorney-General's Reference (No. 4 of 2004) [2005] EWCA Crim 889, [2005] 1 WLR 2810,
  [2005] 2 Cr App R 26 (391), [2005] Crim LR 799 .... B11.73
Attorney-General's Reference (No. 6 of 2004) (Plakici) [2004] EWCA Crim 1275,
  [2005] 1 Cr App R (S) 19 (83) B22.49
Attorney-General's Reference (No. 9 of 2004) [2005] 2 Cr App R (S) 105 (664),
  [2005] EWCA Crim 812.. B1.56
Attorney-General's Reference (No. 104 of 2004) (Garvey) [2004] EWCA Crim 2672 150,
  [2005] 1 Cr App R (S) 117 (666), [2005] Crim LR B3.21, B3.29
Attorney-General's Reference (No. 106 of 2004) [2004] EWCA Crim 2751, [2005] 1 Cr App
  R (S) 120 (682), [2005] Crim LR 159... E17.7

xxvii

Table of Cases

Attorney-General's Reference (No. 114 of 2004) [2004] EWCA Crim 2954, [2005] 2 Cr App
    R (S) 6 (24), [2005] Crim LR 142. . . . . E18.12
Attorney-General's Reference (No. 19 of 2005) [2006] EWCA Crim 785. D28.4
Attorney-General's Reference (No. 69 of 2005) [2005] EWCA Crim 3050,
    [2006] 1 Cr App R (S) 130 (756) B2.105
Attorney-General's Reference (No. 80 of 2005) [2005] EWCA Crim 3367. . . . . D12.62, D12.65
Attorney-General's Reference (Nos. 14 and 15 of 2006) (French and Webster) [2006] EWCA Crim 1335,
    [2007] 1 All ER 718, [2006] 2 Cr App R (S) 40 (215). D28.5
Attorney-General's Reference (No. 79 of 2006) [2006] EWCA Crim 2626, [2007] 1 Cr App R (S) 122 (752) . . . B3.39
Attorney-General's Reference (No. 85 of 2006) (Workman) [2006] EWCA Crim 2623, [2007] 1 Cr
    App R (S) 104 (637). B1.158
Attorney-General's Reference (No. 96 of 2006) (Miles) [2006] EWCA Crim 3251, [2007] 2 Cr App
    R (S) 30 (170) B3.23
Attorney-General's Reference (No. 101 of 2006) [2006] EWCA Crim 3335. . . . . D20.110
Attorney-General's Reference (No. 126 of 2006) (H) [2007] EWCA Crim 53, [2007] 2 Cr App
    R (S) 59 (362), [2007] 1 All ER 1254, [2007] Crim LR 399 . . . . E17.12
Attorney-General's Reference (No. 1 of 2007) [2007] EWCA Crim 760, [2008] 1 Cr App
    R (S) 86 (544). . . . ., B15.28, C3.19
Attorney-General's Reference (Nos. 38, 39 and 40 of 2007) [2007] EWCA Crim 1692,
    [2008] 1 Cr App R (S) 56 (319). B1.57
Attorney-General's Reference (Nos. 85, 86 and 87 of 2007) (Tsouli) [2007] EWCA Crim 3300,
    [2008] 2 Cr App R (S) 45 (247) B10.76
Attorney-General's Reference (Nos. 1 and 6 of 2008) [2008] EWCA Crim 677, [2008] 2 Cr App
    R (S) 99 (557). B22.42
Attorney-General's Reference (No. 2 of 2008) (Winters) [2008] EWCA Crim 2953 . . . . E19.50
Attorney-General's Reference (No. 24 of 2008) (Sanchez) [2008] EWCA Crim 2936, [2009] 2 Cr App
    R (S) 41 (289), [2009] 3 All ER 839. . . . . E17.3
Attorney-General's Reference (No. 67 of 2008) (SE) [2009] EWCA Crim 132, [2009] 2 Cr App
    R (S) 60 (428). B3.108
Attorney-General's Reference (No. 16 of 2009) (Yates) [2009] EWCA Crim 2439, [2010] 2 Cr App
    R (S) 11 (64) B14.62
Attorney-General's Reference (No. 17 of 2009) (Curtis) [2009] EWCA Crim 1003, [2010] 1 Cr App
    R (S) 12 (62), [2010] RTR 1 (1). C3.12
Attorney-General's Reference (No. 57 of 2009) (Ralphs) [2009] EWCA Crim 2555, [2010] 2 Cr App
    R (S) 30 (190), [2010] Crim LR 318. . . . . B12.146
Attorney-General's Reference (No. 60 of 2009) (Appleby) [2009] EWCA Crim 2693,
    [2010] 2 Cr App R (S) 46 (311) B1.55, B1.57, B1.58, B1.59, B1.98
Attorney-General's Reference (No. 80 of 2009) [2010] EWCA Crim 470 . . . . B2.66
Attorney-General's Ref (No. 30 of 2010) [2010] EWCA Crim 2261, [2011] 1 Cr App R (S) 106 (624). B15.31
Attorney-General's Reference (Nos. 37, 38 and 65 of 2010) [2010] EWCA Crim 2880,
    [2011] 2 Cr App R (S) 31 (186), [2011] Crim LR 336. . . . . B22.48
Attorney-General's Reference (Nos. 48 and 49 of 2010) [2010] EWCA Crim 2521, [2011] 1 Cr App
    R (S) 122 (706), [2011] Crim LR 169 . . . . E18.12
Attorney-General's Reference (No. 74 of 2010) [2011] EWCA Crim 873. . . . . D28.4
Attorney-General's Reference (No. 125 of 2010) [2011] EWCA Crim 640, [2011] 2 Cr App
    R (S) 97 (534), [2011] Crim LR 577. . . . . B1.58
Attorney-General's Reference (No. 5 of 2011) (Troninas) [2011] EWCA Crim 1244, [2012] 1 Cr App
    R (S) 20 (103). E16.28
Attorney-General's Reference (No. 54 of 2011) [2011] EWCA Crim 2276, [2012] 1 Cr App
    R (S) 106 (635), [2012] Crim LR 144. . . . . E22.11
Attorney-General's Reference (Nos. 11 and 12 of 2012) [2012] EWCA Crim 1119, [2013] 1 Cr App
    R (S) 43 (237),
    [2012] Crim LR 719. . . . . B3.85
Attorney-General's Reference (Nos. 15, 16 and 17 of 2012) (Lewis) [2012] EWCA Crim 1414,
    [2013] 1 Cr App R (S) 52 (289), [2012] Crim LR 816. . . . . B19.176, B19.179, E1.6
Attorney-General's Reference (No. 77 of 2012) [2013] EWCA Crim 202 . . . . B3.23
Attorney-General's Reference (Nos. 2, 3, 4 and 5 of 2013) (Connors) [2013] EWCA Crim 234,
    [2013] 2 Cr App R (S) 71 (451), [2013] Crim LR 611. . . . . B22.3
Attorney-General's Reference (No. 27 of 2013) (Burinskas) [2014] EWCA Crim 334, [2014] 1 WLR 4209. . . . B3.25,
    E13.26, E16.12, E16.15, E16.23
Attorney-General's Reference (No. 36 of 2013) (Hall) [2013] EWCA Crim 1450,
    [2014] 1 Cr App R (S) 61 (394) E2.28
Attorney-General's Reference (No. 37 of 2013) (Culpepper) [2013] EWCA Crim 1466,
    [2014] 1 Cr App R (S) 62 (411) E18.15
Attorney-General's Reference (No. 38 of 2013) (Hall) [2013] EWCA Crim 1450, [2014] 1 Cr App
    R (S) 61 (394). B3.13, D28.5, E2.17, E2.28
Attorney-General's Reference (No. 41 of 2013) (M) [2013] EWCA Crim 1729, [2014] 1 Cr App
    R (S) 80 (493). E20.1
Attorney-General's Reference (No. 52 of 2013) [2013] EWCA Crim 1733 . . . . B11.71
Attorney-General's Reference (No. 69 of 2013) (McLoughlin) [2014] EWCA Crim 188,
    [2014] 2 All ER 73, [2014] Crim LR 471. . . . . A7.15, E17.3
Attorney-General's Reference (No. 28 of 2014) [2014] EWCA Crim 1723 . . . . B22.49
Attorney-General's Reference (Nos. 92 and 93 of 2014) [2014] EWCA Crim 2713,
    [2015] 1 Cr App R (S) 44 (323). B2.118, B2.124

Table of Cases

Attorney-General's Reference (No. 94 of 2014) (Baker) [2014] EWCA Crim 2752 .... B3.107, B3.113, B3.132
Attorney-General's Reference (Nos. 102 and 103 of 2014) (Perkins) [2014] EWCA Crim 2922,
  [2015] 1 Cr App R (S) 55 (389) B2.124
Attorney-General's Reference (No. 105 of 2014) (Harrak) [2014] EWCA Crim 2751,
  [2015] 1 Cr App R (S) 45 (330) B3.84
Attorney-General's Reference (No. 106 of 2014) (Burns) [2015] EWCA Crim 379 .... B3.107
Attorney-General's Reference (No. 115 of 2014) [2015] EWCA Crim 200 .... B3.13
Attorney-General's Reference (No. 124 of 2014) (Broni) [2015] EWCA Crim 103 .... B3.107
Attorney-General's Reference (No. 6 of 2015) (Voisey) [2015] EWCA Crim 625,
  [2015] 2 Cr App R (S) 24 (223) B2.94
Attorney-General's Reference (Nos. 12 and 13 of 2015) (McClaren and Whitelaw)
  [2015] EWCA Crim 1223. .... B3.56
Attorney-General's Reference (No. 27 of 2015) [2015] EWCA Crim 1538 .... B3.380
Attorney-General's Reference (No. 36 of 2015) (Nicholles) [2015] EWCA Crim 1174 .... B1.53
Attorney-General's Reference (Nos. 49 and 50 of 2015) (Bakht) [2015] EWCA Crim 1402,
  [2016] 1 Cr App R (S) 4 (14) B22.49
Attorney-General's Reference (No. 51 of 2015) (Whitmore) [2015] EWCA Crim 1699 .... B3.9
Attorney-General's Reference (No. 84 of 2015) (Gabriel) [2015] EWCA Crim 2314 .... B5.50
Attorney-General's Reference (No. 92 of 2015) (Silva) [2015] EWCA Crim 1965. .... A5.75
Attorney-General's Reference (No. 115 of 2015) (Greenfield) [2016] EWCA Crim 765,
  [2016] 2 Cr App R (S) 23 (201) E18.15
Attorney-General's Reference (No. 122 of 2015) (Patton) [2016] EWCA Crim 392 .... B3.9
Attorney-General's Reference (No. 123 of 2015) (Javed) [2016] EWCA Crim 28, [2016] 1 Cr App
  R (S) 64 (479), [2016] Crim LR 444. .... B14.34
Attorney-General's Reference (No. 128 of 2015) [2016] EWCA Crim 54, [2016] 2 Cr App R (S) 12 (72) B12.142
Attorney-General's Reference (No. 133 of 2015) (Senussi) [2016] EWCA Crim 38, [2016] 1 Cr
  App R (S) 70 (518). B3.280
Attorney-General's Reference (No. 150 of 2015) (Freeman) [2016] EWCA Crim 459,
  [2016] 2 Cr App R (S) 16 (147) C3.19
Attorney-General's Reference (No. 323 of 2016) (Abdallah) [2016] EWCA Crim 1868,
  [2017] 1 Cr App R (S) 29 (204) E16.28
Attorney-General's Reference (Nos. 688 of 2019 (McCann) and 5 of 2020 (Sinaga)) [2020] EWCA
  Crim 1676, [2021] 2 Cr App R (S) 12 (82), [2021] 4 WLR 3 .... B3.13, B3.24, B3.26, B3.27, E16.33
Attorney-General's Reference (No. 1 of 2020) [2020] EWCA Crim 1665, [2021] QB 441,
  [2021] 1 Cr App R 15 (291) B3.70
Attorney-General's Reference (No. 1 of 2022) [2022] EWCA Crim 1259, [2023] 2 WLR 651,
  [2023] 1 All ER 549, [2023] 1 Cr App R 1 (1), [2023] HRLR 1, 53 BHRC 436,
  [2023] Crim LR 58. .... A7.20, A7.21, B8.13, D28.2
Attorney-General's Reference (No. 1 of 2023) [2024] EWCA Crim 243, [2024] 2 Cr App R 2 (23),
  [2024] Crim LR 480. .... D8.2, F3.3
Attorney-General's Reference (Paterson) [2015] EWCA Crim 1625 .... B2.98
Attorney-General's Reference (R v D [2017] EWCA Crim 2509,) [2018] 1 Cr App R (S) 47 (356) B3.12
Attuh-Benson [2004] EWCA Crim 3032, [2005] 2 Cr App R (S) 11 (52), [2005] Crim LR 243. ...... B19.173
Attwater [2010] EWCA Crim 2399, [2011] RTR 12 (173). A3.56, C6.53
Atunwa [2006] EWCA Crim 673 .... B6.29
Aubrey (1915) 11 Cr App R 182 .... F3.64
Aughet (1919) 13 Cr App R 101, 118 LT 658, 82 JP 174, 34 TLR 302, 26 Cox CC 232 .... A8.1, D12.25
Auguste [2003] EWCA Crim 3929, [2004] 4 All ER 373, [2004] 1 WLR 917,
  [2004] 2 Cr App R 9 (173). B19.88, B19.97
Augustus Barnett & Sons Ltd, Re [1986] BCLC 170, 1986 PCC 167, 2 BCC 98. .... B7.18
Austin [1996] 2 Cr App R (S) 191, [1996] Crim LR 446 .... E6.6
Austin [2002] EWCA Crim 1796, [2003] Crim LR 426 .... D19.39, D19.75
Austin [2011] EWCA Crim 345, [2012] 1 Cr App R 24 (320). A5.50
Austin [2013] EWCA Crim 1028, [2014] 1 WLR 1045, [2013] 2 Cr App R 33 (383),
  [2013] Crim LR 914 .... D9.61, D9.66
Austin [2020] EWCA Crim 1269, [2021] RTR 21 (344). C7.37
Austin v Metropolitan Police Commissioner [2009] UKHL 5, [2009] 1 AC 564,
  [2009] 2 WLR 372, [2009] 3 All ER 455 .... D1.15, D1.33
Austin v UK (2012) 55 EHRR 14 (359), [2012] ECHR 459 .... A7.33, D1.15
Austin Rover Group Ltd v Inspector of Factories [1990] 1 AC 619, [1989] 3 WLR 520,
  [1989] 2 All ER 1087 .... A6.20
Austria v Italy (1963) 6 Yearbook 740. .... A7.69, A7.70
Auzins v Latvia (No. 2) [2017] EWHC 48 (Admin), [2017] 1 WLR 2981 .... D31.11
Avanzi [2014] EWCA Crim 299, [2014] 2 Cr App R 5 (73). B3.33
Avbunudje [1999] 2 Cr App R (S) 189, [1999] Crim LR 336. .... E22.8
Averill v UK (2001) 31 EHRR 36 (839) A7.35
Avery [2009] EWCA Crim 2670, [2010] 2 Cr App R (S) 33 (209) D25.26
Avery v CPS [2011] EWHC 2388 (Admin), [2012] RTR 8 (87) C1.14
Aves [1950] 2 All ER 330, 34 Cr App R 159, 114 JP 402, 48 LGR 495 .... F3.64
Aveson v Lord Kinnaird (1805) 6 East 188, 102 ER 1258, 2 Smith KB 286 .... F17.62
Avis [1998] 1 Cr App R 420 .... B12.140, B12.141, E18.14
Aviss [2014] EWCA Crim 2210. .... B7.65, D18.45
Awan [2019] EWCA Crim 1456, [2020] 1 Cr App R (S) 25 (198) E21.32
Aworinde [1996] RTR 66, 159 JP 618, [1995] Crim LR 825. .... C4.17

Table of Cases

Awoyemi [2016] EWCA Crim 668, [2016] 2 Cr App R 22 (303) F13.13, F13.14, F13.49
Axen v Germany (1983) 6 EHRR 195. . . . . A7.85
Axworthy [2012] EWCA Crim 2889. . . . . E19.62
Aydin v Turkey (1998) 25 EHRR 251. . . . . A7.23
Ayensu (1982) 4 Cr App R (S) 248, [1982] Crim LR 764. . . . . D20.42, E19.66
Ayensu [2020] EWCA Crim 1569. . . . . E19.40
Ayeva [2009] EWCA Crim 2640, [2010] 2 Cr App R (S) 22 (143). B3.75
Ayhan [2011] EWCA Crim 3184, [2012] 1 WLR 1775, [2012] 1 Cr App R 27 (391),
    [2012] 2 Cr App R (S) 37 (207) D23.58, D23.62
Aylesbury Justices, ex parte Wisbey [1965] 1 WLR 339, [1965] 1 All ER 602, 129 JP 175, 109 SJ 173. . . . . D5.15
Ayliffe v DPP [2005] EWHC 684 (Admin), [2006] QB 227, [2005] 3 WLR 628, [2005] 3 All ER 330,
    [2005] Crim LR 959. . . . . B13.48
Aylott [1996] 2 Cr App R 169, [1996] Crim LR 429. . . . . D13.50, D19.77
Ayo [2022] EWCA Crim 1271, [2022] 4 WLR 95, [2023] 3 All ER 340, [2023] 1 Cr App R (S) 24 (216),
    [2023] Crim LR 95. . . . . B3.24, E13.9, E16.12, E16.26, E16.27
Ayodeji [2001] 1 Cr App R (S) 106 (370) B11.70
Ayres [1984] AC 447, [1984] 2 WLR 257, [1984] 1 All ER 619, 78 Cr App R 232 . . . . D11.113, D11.115, D11.116
Ayu [1958] 1 WLR 1264, [1958] 3 All ER 636, 43 Cr App R 31, 123 JP 76 . . . . E9.8
Azam v Epping Forest District Council [2009] EWHC 3177 (Admin). B16.64, B20.20
Aziz [1996] AC 41, [1995] 3 WLR 53, [1995] 3 All ER 149, [1995] 2 Cr App R 478, 159 JP 669,
    [1995] Crim LR 897. . . . . B19.69, D18.32, F14.1, F14.2, F14.3, F14.4, F14.11, F14.12, F14.15,
                                                             F14.16, F14.17, F14.18, F14.19, F14.20, F18.94, F18.97
Aziz [2012] EWCA Crim 1063 . . . . B19.10, B19.68, B19.106
Aziz [2019] EWCA Crim 1568 . . . . D24.77, E17.7
Azizi-Safa [2024] EWCA Crim 76. . . . . B3.380

B [2000] Crim LR 181 . . . . F5.10
B [2004] EWCA Crim 1254, [2004] 2 Cr App R 34 (570) D11.87
B [2004] EWCA Crim 1481 . . . . F19.12
B [2005] EWCA Crim 805, [2006] Crim LR 54 . . . . D4.9, F7.20
B [2006] EWCA Crim 2945, [2007] 1 WLR 1567, [2007] 1 Cr App R 29 (388) B3.45, B3.52
B [2008] EWCA Crim 1997, [2009] 1 Cr App R 19 (261), [2009] 1 WLR 1545. . . . . D12.8
B [2009] EWCA Crim 2113 . . . . F18.5
B [2012] EWCA Crim 770, [2013] 1 WLR 499, [2012] 2 Cr App R 15 (164), [2012] 3 All ER
    1093, 176 JP 313, [2013] Crim LR 90 . . . . C3.23, D12.11
B [2013] EWCA Crim 291, [2013] 2 Cr App R (S) 69 (443), [2013] Crim LR 614. . . . . B11.104, E2.12
B [2017] EWCA Crim 35, [2017] 1 Cr App R 31 (457) F13.50, F14.8
B (A Minor) v DPP [2000] 2 AC 428, [2000] 2 WLR 452, [2000] 1 All ER 833, [2000] 2 Cr App
    R 65 (HL); reversing [1999] 3 WLR 116, [1999] 4 All ER 265, [1999] 1 Cr App R 163 (DC) A2.18, A2.20,
                                                                A2.30, A2.35, A3.6, A6.12, B2.154
B (A Minor) (Wardship: Medical Treatment), Re [1981] 1 WLR 1421, 80 LGR 107 . . . . A1.21
B and R v DPP [2007] EWHC 739 (Admin), (2007) 171 JP 404 . . . . B4.70
B and S [2008] EWCA Crim 365 . . . . F17.39
B (Children) (sexual abuse: standard of proof), Re [2008] UKHL 35, [2009] 1 AC 11, [2008] 3 WLR 1,
    [2008] 4 All ER 1 . . . . F1.1
B (Children: Police Investigation), Re [2022] EWCA Civ 982 . . . . D14.1
B (F) [2010] EWCA Crim 1857, [2011] 1 WLR 844, [2010] 2 Cr App R 35 (422),
    [2011] Crim LR 81 . . . . D4.4, D4.10
B (JJ) [2012] EWCA Crim 1440, [2012] 1 WLR 3133 . . . . D11.105, D11.107, D19.58
B (MA) [2013] EWCA Crim 3, [2013] 1 Cr App R 36 (481). B3.38
B (MT) [2000] Crim LR 181 . . . . F20.11
B, Re [2008] EWHC 3217 (Admin) E19.82
B (Restraint Order), Re [2008] EWCA Crim 1374, [2009] 1 Cr App R 14 (203). D8.67
B (T) [2006] EWCA Crim 417, [2006] 2 Cr App R 3 (22). F11.37, F11.39, F11.40
B v Auckland District Law Society [2003] UKPC 38, [2003] 2 AC 736, [2003] 3 WLR 859,
    [2004] 4 All ER 269 . . . . F10.19
B v Austria (1991) 13 EHRR 20 . . . . A7.64
B v Chief Constable of the Police Service of Northern Ireland [2015] EWHC 3691 (Admin) D1.25, D1.28
B v DPP [2008] EWHC 1655 (Admin), (2008) 172 JP 449 . . . . B4.73, B19.116, D1.13
B v DPP [2012] EWHC 72 (Admin), [2012] 1 WLR 2357, [2012] 2 Cr App R 2 (9), 176 JP 97. . . . . . . D25.29
B v Leathley [1979] Crim LR 314. . . . . B4.84
B & Q plc [2005] EWCA Crim 2297. . . . . D26.28
BAZ [2022] EWCA Crim 940, [2022] 4 WLR 100, [2022] Crim LR 929. . . . . D20.95
BBGP Managing General Partner Ltd v Babcock & Brown Global Partners [2010] EWHC 2176 (Ch),
    [2011] Ch 296, [2011] 2 WLR 496, [2011] 2 All ER 297 . . . . F10.38
BD [2018] EWCA Crim 154 . . . . B2.118
BH v Norwich Youth Court [2023] EWHC 25 (Admin), [2023] 1 WLR 1927, [2023] 1 Cr App
    R 20 (332), [2023] Crim LR 386, [2023] ACD 38. . . . . D24.71, E15.5
BHQ [2023] EWCA Crim 1018, [2024] 1 WLR 840, [2024] 1 Cr App R 7 (83), [2023] Crim LR 788 . . . . . D15.59
BHR [2023] EWCA Crim 1622, [2024] 1 Cr App R (S) 45 (445) E2.7
BHV [2022] EWCA Crim 1690 . . . . A2.33, A4.11
BJ [2020] NICA 5 . . . . F5.5, F5.9
BJK [2024] EWCA Crim 667 . . . . F15.28
BKI [2023] EWCA Crim 1420 . . . . F20.5

Table of Cases

BKR [2023] EWCA Crim 903, [2024] 1 WLR 1327, [2023] 2 Cr App R 20 (311),
    [2023] Crim LR 731 .... D2.22, D3.66
BKY [2023] EWCA Crim 1095, [2024] Crim LR 85 .... D18.36
BLS [2022] EWCA Crim 1079 .... B22.29
BM [2018] EWCA Crim 560 .... B2.16
BM v Ireland (No. 2) [2020] EWHC 648 (Admin), [2020] 4 WLR 70 .... D31.39
BN [2021] EWCA Crim 1250 .... B3.9
BNE [2023] EWCA Crim 1242, [2024] 1 WLR 2326, [2024] 1 Cr App R 9 (126) B3.114, B3.142
BQC [2021] EWCA Crim 1944 .... F13.68, F14.11
BR [2014] EWCA Crim 1311 .... F13.20
BRM [2022] EWCA Crim 385 .... A3.60, F11.16
BRP [2023] EWCA Crim 40 .... A3.53, B19.24, B22.30
BS v Belgium [2017] EWHC 571 (Admin) D31.42
BSG [2023] EWCA Crim 1041 .... B22.21
BTE [2022] EWCA Crim 1597 .... B22.22, B22.33
BTI 2014 LLC v Sequana SA [2022] UKSC 25, [2022] 3 WLR 709 .... B7.46
BXR [2022] EWCA Crim 1483 .... B22.12
BYA [2022] EWCA Crim 1326, [2023] Crim LR 242 .... B22.29, B22.73
Baballa [2010] EWCA Crim 1950, [2011] 1 Cr App R (S) 50 (329) B20.12
Babbs [2007] EWCA Crim 2737 .... B11.78
Babiak [2017] EWCA Crim 160, [2017] 1 Cr App R (S) 52 (407) E13.19
Backhouse [2010] EWCA Crim 1111 .... C7.37
Backshall [1998] 1 WLR 1506, [1999] 1 Cr App R 35, [1998] RTR 423, [1999] Crim LR 662 ... C6.7
Badawi [2021] EWCA Crim 1729, [2022] 1 Cr App R (S) 57 (464) E2.17
Badea v Romania [2022] EWHC 1025 (Admin), [2022] QB 828, [2022] 3 WLR 536,
    [2022] RTR 28 (473), [2022] ACD 85 .... D31.33
Badham [1987] Crim LR 202 .... D1.144
Baegen v Netherlands Ser. A/327-B (1995) A7.55
Bagnall [2012] EWCA Crim 677, [2013] 1 WLR 204 .... E19.13, E19.27
Bagri v France [2014] EWHC 4066 (Admin) D31.28
Bagshaw [1988] Crim LR 321 .... B4.59, B4.61
Bagshaw [1995] Crim LR 433 .... B19.16
Bagshawe [2013] EWCA Crim 127, [2013] Crim LR 524 .... C3.26
Bahador [2005] EWCA Crim 396 .... F7.32
Bahbahani [2018] EWCA Crim 95, [2018] QB 1099, [2018] 2 WLR 1658, [2018] 1 Cr App
    R 29 (419), [2018] Lloyd's Rep FC 419, [2018] Crim LR 682 .... D23.40, D26.2, E19.62
Bahbahani v Ealing Magistrates' Court [2019] EWHC 1385 (Admin), [2020] QB 478,
    [2019] 3 WLR 901, [2020] 1 Cr App R 2 (16) D33.4, D33.9
Bailey (1961) 66 Cr App R 31 .... F11.42
Bailey [1983] 1 WLR 760, [1983] 2 All ER 503, 77 Cr App R 76 .... A3.13, A3.14, A3.16, C1.22
Bailey [1993] 3 All ER 513, 97 Cr App R 365, [1993] Crim LR 681 .... F2.23, F18.48, F18.49
Bailey [1995] 2 Cr App R 262, [1995] Crim LR 723 .... F18.57, F18.61
Bailey [2004] EWCA Crim 2169 .... B19.32
Bailey [2005] EWCA Crim 3487, [2006] 2 Cr App R (S) 36 (250) B7.28
Bailey [2008] EWCA Crim 817 .... F17.7, F17.88
Bailey [2013] EWCA Crim 1779 .... E2.10, E2.31, E2.32, E2.33
Bailey [2019] EWCA Crim 731, [2019] 2 Cr App R (S) 36 (262) B1.54
Bailey [2020] EWCA Crim 1719, [2021] 2 CR App R (S) 15 (122) D20.99, E2.3, E2.21
Bailey-Mascoll [2019] EWCA Crim 406 .... E17.7
Bain [2020] UKPC 10, [2020] 4 WLR 104 .... D3.117
Bainbridge [1960] 1 QB 129, [1959] 3 WLR 656, [1959] 3 All ER 200, 43 Cr App R 194, 123 JP 499 ... A4.10
Bainbridge (1979) 1 Cr App R (S) 36 .... E3.2, E3.4
Bains [2010] EWCA Crim 873 .... F16.19, F17.38
Baird (1993) 97 Cr App R 308, [1993] Crim LR 778 .... D11.71
Baird [2011] EWCA Crim 459, [2011] 2 Cr App R (S) 78 (451) B14.99
Bajwa [2011] EWCA Crim 1093, [2012] 1 WLR 601, [2012] 1 All ER 348,
    [2012] 1 Cr App R (S) 23 (117) B16.36, B16.44, E19.18, E19.23, E19.27
Baker [1895] 1 QB 797, 64 LJ MC 177, 72 LT 631, 43 WR 654, 11 TLR 342, 15 R 346, 39 SJ 416 ... B14.10
Baker (1912) 7 Cr App R 217, 28 TLR 363 .... D12.99
Baker [1994] Crim LR 444 .... A4.23
Baker [1996] Crim LR 55 .... F9.16
Baker [1997] Crim LR 497 .... A3.36, B8.13
Baker [2008] EWCA Crim 334 .... B14.106
Baker [2009] EWCA Crim 535 .... B19.40, B19.51, B19.54, B19.69
Baker [2014] EWCA Crim 242 .... B3.374
Baker [2019] EWCA Crim 471 .... E15.14
Baker [2020] EWCA Crim 176, [2020] 2 Cr App R (S) 23 (166) E16.29
Baker v CPS [2009] EWHC 299 (Admin), (2009) 173 JP 215 .... D1.176
Baker v Longhurst (E) & Sons Ltd [1933] 2 KB 461, 102 LJ KB 573, 149 LT 264, [1932] All ER Rep 102 ... C2.16
Baker v Quantum Group Ltd [2011] UKSC 17, [2011] 4 All ER 223, [2011] 1 WLR 1003 .... A6.20
Bakewell [2006] EWCA Crim 2, [2006] 2 Cr App R (S) 42 (277), [2006] Crim LR 453 ... E19.14, E19.41
Bakewell [2015] EWCA Crim 1807, [2016] 1 Cr App R (S) 34 (201), [2016] Crim LR 225 ... B19.174
Bala [2016] EWCA Crim 560, [2017] QB 430, [2016] 3 WLR 1379, [2016] 2 Cr App R 14 (171) ... A5.51, F4.15
Balabel v Air India [1988] Ch 317, [1988] 2 WLR 1036, [1988] 2 All ER 246 .... F10.23

xxxi

Table of Cases

Balazs [2014] EWCA Crim 947. . . . . F13.51
Baldwin (1925) 18 Cr App R 175, 133 LT 191, 89 JP 116, 28 Cox CC 17,
    [1925] All ER Rep 402, 69 SJ 429. . . . . F7.16
Baldwin (1931) 23 Cr App R 62 . . . . F4.10
Baldwin [1986] Crim LR 681 . . . . F6.52
Baldwin [2021] EWCA Crim 703, [2022] 1 Cr App R (S) 14 (127) E21.33
Baldwin v DPP [1996] RTR 238, 160 JP 730 . . . . C5.17
Balfour v Balfour [1919] 2 KB 571 . . . . B4.29
Balfour v Foreign and Commonwealth Office [1994] 1 WLR 681, [1994] 2 All ER 588 . . . . F9.11
Ball [1911] AC 47, 6 Cr App R 31, 80 LJ KB 691, 103 LT 738, 75 JP 180, 22 Cox CC 366,
    [1908–10] All ER Rep 111, 55 SJ 139 . . . . F1.19, F1.23, F13.43
Ball [1983] 1 WLR 801, [1983] 2 All ER 1089, 77 Cr App R 131, [1983] Crim LR 546 . . . . F3.65, F13.96
Ball [1989] Crim LR 730 . . . . B1.63, B1.65
Ball (7 October 2015, unreported) B15.27
Ball [2019] EWCA Crim 1260 . . . . E2.4
Ballard [2007] EWCA Crim 751, [2007] 2 Cr App R (S) 94 (608) B2.149
Ballinger [2005] EWCA Crim 1060, [2005] 2 Cr App R 29 (433) D27.12
Balls (1871) LR 1 CCR 328 . . . . B4.3
Balmforth [1992] Crim LR 825 . . . . D16.19
Balogh v St Albans Crown Court [1975] QB 73, [1974] 3 WLR 314, [1974] 3 All ER 283 . . . . B14.86,
    B14.93, B14.119
Balogun [1999] EWCA Crim 2120 . . . . A3.71
Balshaw v CPS [2009] EWCA Crim 470, [2009] 1 WLR 2301, [2009] 2 Cr App R 6 (95),
    [2009] 2 Cr App R (S) 109 (712), 173 JP 242, [2009] Crim LR 532 . . . . D33.25
Balson v The State [2005] UKPC 2 . . . . F14.27
Banach [2020] EWCA Crim 422. . . . . B19.57
Banfield [2013] EWCA Crim 1394, [2014] Crim LR 147 . . . . A4.1, D16.62
Banfield [2014] EWCA Crim 1824. . . . . D32.10, D32.23
Bangar [2019] EWCA Crim 1533 . . . . B8.2
Bani [2021] EWCA Crim 1958 . . . . B22.51, D26.9
Bank Mellat v HM Treasury (No. 2) [2011] EWCA Civ 1, [2012] QB 101, [2011] 3 WLR 714,
    [2011] 2 All ER 802 . . . . A6.17, B10.158
Bank of England v Riley [1992] Ch 475, [1992] 2 WLR 840, [1992] 1 All ER 769. . . . . F10.7
Bank of India v Morris [2005] BCC 739 . . . . B7.10, B7.18
Banks [1916] 2 KB 621, 12 Cr App R 74, 85 LJ KB 1657, 115 LT 457, 80 JP 432, 25 Cox CC 535,
    [1916–17] All ER Rep 356. . . . . D16.3, D16.11
Banks [1972] 1 WLR 346, [1972] 1 All ER 1041, 56 Cr App R 310, [1972] RTR 179 . . . . C5.40
Banks [2023] EWCA Crim 202, [2023] 2 Cr App R (S) 21 (183) B1.58
Banks-Nash [2006] EWCA Crim 1211, [2007] 1 Cr App R (S) 18 (87) B14.75
Bannergee [2020] EWCA Crim 909, [2020] 2 Cr App R 55 (387) E2.4
Bannister [1991] RTR 1 . . . . C7.34, C7.37
Bannister [2009] EWCA Crim 1571, [2010] 1 WLR 870, [2010] RTR 4 (28) C3.11
Bansal [1985] Crim LR 151 . . . . D13.39, D13.40, D15.5
Bansal [1999] Crim LR 484 . . . . D27.18
Bao [2007] EWCA Crim 2781, [2008] 2 Cr App R (S) 10 (61), [2008] Crim LR 234 . . . . E1.6
Baquiri [2010] EWCA Crim 1729 . . . . F14.9
Baranik v NCA [2019] EWHC 3520 (Admin) D31.43
Barber v British Overseas Territory [2021] EWHC 2858 (Admin), [2021] 4 WLR 138 . . . . D31.25
Barber v DPP [2006] EWHC 3137 (Admin), [2007] RTR 25 (300) C2.23
Barbera, Messegue and Jabardo v Spain (1989) 11 EHRR 360 . . . . A7.56, A7.69, A7.70, A7.71
Barbery (1975) 62 Cr App R 248. . . . . F6.40
Barclay [2011] EWCA Crim 32, [2011] 2 Cr App R (S) 67 (385), [2011] Crim LR 409 . . . . D25.23
Barclay v HM Advocate [2020] HCJAC 8 . . . . B19.54
Barclays Bank Plc v Eustice [1995] 1 WLR 1238, [1995] 4 All ER 511 . . . . F10.38
Barclays Bank v WJ Simms & Cook Southern Ltd [1981] QB 677. . . . . B4.16
Barford v Barford and McLeod [1918] P 140, 87 LJ P 68, 118 LT 820, 34 TLR 306. . . . . F11.27
Barham [1997] 2 Cr App R 119, [1996] Crim LR 901 . . . . F17.75, F17.77
Bariana [2021] EWCA Crim 967 . . . . B22.3
Barker (15 December 1996, unreported) E19.41
Barker [1941] 2 KB 381, [1941] 3 All ER 33, 38 Cr App R 52, 110 LJ KB 680, 166 LT 39,
    57 TLR 626 . . . . F2.46, F18.86
Barker (1975) 65 Cr App R 287 . . . . D16.57
Barker [2002] EWCA Crim 1508, [2003] 1 Cr App R (S) 45 (212) E22.4
Barker [2010] EWCA Crim 4, [2011] Crim LR 233 . . . . D14.1, D14.39, D14.74, F4.21, F4.25, F5.16
Barker v RSPCA [2018] EWHC 880 (Admin), [2018] 2 Cr App R (S) 13 (92). B20.21
Barking and Dagenham Justices, ex parte DPP (1995) 159 JP 373 . . . . D22.52, D22.53
Barking and Dagenham London Borough Council v Argos Ltd [2022] EWHC 1398 (Admin) B12.204, D5.8
Barking and Dagenham London Borough Council v Persons Unknown [2021] EWHC 1201 (QB) D25.7
Barkshire [2011] EWCA Crim 1885, [2012] Crim LR 453. . . . . D9.16, F2.20
Barlow Clowes Gilt Managers Ltd, Re [1992] Ch 208, [1992] 2 WLR 36, [1991] 4 All ER 385 . . . . . . F9.33
Barlow Clowes International Ltd v Eurotrust International Ltd [2005] UKPC 37, [2006] 1 WLR 1476,
    [2006] 1 All ER 333, [2006] 1 All ER (Comm) 478, [2006] 1 Lloyd's Rep 225 . . . . B4.55
Barnaby [2012] EWCA Crim 1327, [2013] 1 Cr App R (S) 53 (302), [2012] Crim LR 812 . . . . B1.14
Barnaby v DPP [2015] EWHC 232 (Admin), (2015) 179 JP 143. . . . . F17.56

Table of Cases

Barnard [2019] EWCA Crim 1206. . . . . B14.37, B14.54
Barnard v DPP (1999) *The Times*, 9 November 1999 . . . . B13.48
Barnes (4 July 2003, unreported). F20.17, F20.29
Barnes (1970) 55 Cr App R 100 . . . . D12.101, D26.29
Barnes (1985) 83 Cr App R 38 . . . . D11.68
Barnes [1991] Crim LR 132 . . . . B4.183
Barnes [1995] 2 Cr App R 491 . . . . F19.14
Barnes [2004] EWCA Crim 3246, [2005] 1 WLR 910, [2005] 2 All ER 113, [2005] 1 Cr App
    R 30 (507), [2005] Crim LR 381 . . . . B2.14, B2.81
Barnes [2005] EWCA Crim 1158 . . . . F19.36
Barnes [2012] EWCA Crim 1605 . . . . F11.9, F19.23
Barnes [2020] EWCA Crim 959 . . . . F17.20
Barnes v DPP (1998) 162 JP 126, [1997] 2 Cr App R 505 . . . . D22.48, F19.6
Barnes v Eastenders Cash & Carry plc [2014] UKSC 26, [2015] AC 1, [2014] 2 WLR 1269,
    [2014] 3 All ER 1, [2014] 2 Cr App R 19 (261) D8.78
Barnes v Gevaux (1980) 2 Cr App R (S) 258, [1981] RTR 236 . . . . C7.64
Barnet London Borough Council v Kamyab [2021] EWCA Crim 543, [2021] 2 Cr App R (S) 53 (492) E19.20
Barnet London Borough Council v Kamyab [2021] EWCA Crim 1209, [2022] 1 WLR 57. . . . . E19.83
Barnett [2011] EWCA Crim 2936. . . . . E19.34
Barnett [2002] EWCA Crim 454, [2002] 2 Cr App R 11 (168), 166 JP 407, [2002] Crim LR 489 . . . . F1.30
Barnett v DPP [2009] EWHC 2004 (Admin) E19.75
Barney [2007] EWCA Crim 3181, [2008] 2 Cr App R (S) 37 (208). C3.20
Barney [2014] EWCA Crim 589 . . . . F17.89
Barnfather v Islington Education Authority [2003] EWHC 418 (Admin), [2003] 1 WLR 2318 . . . . A2.28
Barnham [2005] EWCA Crim 1049, [2006] 1 Cr App R (S) 16 (83),
    [2005] Crim LR 657. . . . . E19.38, E19.50, E19.51
Baron de Bode's Case (1845) 8 QB 208, 105 ER 854, 10 Jur 773 . . . . F11.27
Baron v CPS (13 June 2000, unreported). B2.204
Barot [2007] EWCA Crim 1119, [2008] 1 Cr App R (S) 31 (156) A5.48, B10.108
Barr [1978] Crim LR 244. . . . . B4.111, B4.114
Barr [2005] EWCA Crim 1764. . . . . B19.107
Barraclough [2000] Crim LR 324. . . . . D13.74
Barrass [2011] EWCA Crim 2629, [2012] 1 Cr App R (S) 80 (450). B1.59
Barratt [1996] Crim LR 495 . . . . A5.49, F4.23, F4.28
Barratt [2017] EWCA Crim 1603, [2018] 4 WLR 127 . . . . B11.165
Barre [2016] EWCA Crim 216 . . . . B1.4
Barrell (1979) 69 Cr App R 250, [1979] Crim LR 663. . . . . D11.66, D11.67, D11.75
Barrett [2010] EWCA Crim 365, [2010] 2 Cr App R (S) 86 (551). E13.13
Barrett v DPP [2009] EWHC 423 (Admin), [2010] RTR 2 (8) C1.13
Barrington [1981] 1 WLR 419, [1981] 1 All ER 1132, 72 Cr App R 280 . . . . F13.58
Barrister (Wasted Costs Order) (No. 1 of 1991), Re a [1993] QB 293, [1992] 3 WLR 662,
    [1992] 3 All ER 429. . . . . D33.41, D33.42
Barrister (Wasted Costs Order) (No. 4 of 1992), Re a (1994) *The Times*, 15 March 1994 . . . . D33.46
Barrister (Wasted Costs Order) (No. 4 of 1993), Re a (1995) *The Times*, 21 April 1995 . . . . D33.46
Barry [1975] 1 WLR 1190, [1975] 2 All ER 760, 61 Cr App R 172, [1975] Crim LR 473,
    119 SJ 337 . . . . D19.39, D19.40
Barry (1992) 95 Cr App R 384. . . . . F18.18, F18.25
Barry [2010] EWCA Crim 195, [2010] 2 All ER 1004, [2010] 1 Cr App R 32 (466) F20.57
Barry v Birmingham Magistrates' Court [2009] EWHC 2571 (Admin), [2010] 1 Cr App R 13 (160). D3.56
Barsoum [1994] Crim LR 194. . . . . F1.25
Barsted v Jones (1964) 124 JP 400 . . . . D21.49
Bartell [2020] EWCA Crim 625, [2020] 4 WLR 79. . . . . E18.15
Barton [1973] 1 WLR 115, [1972] 2 All ER 1192, [1974] Crim LR 43 . . . . F10.37
Barton (1987) 85 Cr App R 5 . . . . F7.38
Barton [2020] EWCA Crim 575, [2021] QB 685, [2020] 2 Cr App R 7 (93),
    [2020] 3 WLR 1333 . . . . A5.64, A5.69, A6.2, B4.51, B4.54, B4.55, B6.13, B16.3, B16.60, C4.12
Barton v DPP [2001] EWHC Admin 223, (2001) 165 JP 779. . . . . D21.9, D22.39
Bashir [1969] 1 WLR 1303, [1969] 3 All ER 692, 52 Cr App R 1 . . . . F7.53
Bashir [2019] EWCA Crim 1229. . . . . B22.42, B22.49
Basid [1996] 1 Cr App R (S) 421, [1996] Crim LR 67. . . . . E5.6
Baskerville [1916] 2 KB 658, 12 Cr App R 81, 86 LJ KB 28, 115 LT 453, 80 JP 466, 25 Cox CC 524,
    [1916–17] All ER Rep 38, 60 SJ 696. . . . . F5.3
Basra [2002] EWCA Crim 541, [2002] 2 Cr App R (S) 100 (469). B21.16
Bass [1953] 1 QB 680, [1953] 2 WLR 825, [1953] 1 All ER 1064, (1953) 37 Cr App R 51 . . . . F6.26
Bassaragh [2024] EWCA Crim 20, [2024] 2 Cr App R (S) 11 (69), [2024] Crim LR 352 . . . . E2.18, E18.15
Bassett [2008] EWCA Crim 1174, [2009] 1 WLR 1032, [2009] 1 Cr App R 7 (90), 172 JP 491 . . . . B3.304
Bassi [1985] Crim LR 671. . . . . B14.43
Bastable v Little [1907] 1 KB 59 . . . . B2.59
Bat v Germany [2011] EWHC 2029 (Admin), [2013] QB 349, [2012] 3 WLR 180 . . . . A8.25, A8.28
Batchelor [2010] EWCA Crim 1025, [2011] 1 Cr App R (S) 25 (169). D25.59
Batchelor [2013] EWCA Crim 2638 . . . . A3.40, F3.3
Batchelor [2018] EWCA Crim 2506, [2019] 1 Cr App R (S) 32. . . . . E2.18
Bateman (1925) 19 Cr App R 8, 94 LJ KB 791, 133 LT 730, 41 TLR 557, 89 JP 162, 28 Cox CC 33,
    [1925] All ER Rep 45, 69 SJ 622. . . . . B1.71

Table of Cases

Bateman [2012] EWCA Crim 2518, [2013] 1 WLR 1710, [2013] 2 Cr App R (S) 26 (174),
    177 JP 137, [2013] Crim LR 352 . . . . D23.59, D23.60
Bateman [2020] EWCA Crim 1333, [2021] 1 Cr App R (S) 54 (385) B3.326
Bateman v Evans [1964] Crim LR 601, (1964) 108 SJ 522 . . . . C6.42
Bates [2006] EWCA Crim 1015, [2007] 1 Cr App R (S) 2 (9) E19.80
Bates [2024] EWCA Crim 684 . . . . C7.36, E13.28
Bates v Bulman [1979] 1 WLR 1190, [1979] 3 All ER 170, 68 Cr App R 21 . . . . B12.166
Bates v Chief Constable of Avon and Somerset Constabulary [2009] EWHC 942 (Admin),
    (2009) 173 JP 313,. D1.155
Bates v CPS [2015] EWHC 2346 (Admin) D1.137
Bates v DPP (1993) 157 JP 1004. . . . . B20.4
Bates v UK (Commission App No. 15023/89) B20.1
Bateson [1969] 3 All ER 1372, 54 Cr App R 11 . . . . D26.33
Bateson (1991) *The Times*, 10 April 1991 . . . . D18.20
Bath (1990) 154 JP 849, [1990] Crim LR 716. . . . . F19.11
Bathh [1999] EWCA Crim J0528-7 . . . . B12.96
Bathurst [1968] 2 QB 99, [1968] 2 WLR 1092, [1968] 1 All ER 1175, 52 Cr App R 251 . . . . F20.45, F20.54, F20.57
Batt (1994) 158 JP 883, [1994] Crim LR 592 . . . . F1.17
Batt [1996] Crim LR 910. . . . . D17.4
Bauer v DPP [2013] EWHC 634 (Admin), [2013] 1 WLR 3617, 177 JP 297 . . . . B11.33, B13.48
Baugh v Crago [1975] RTR 453, [1976] Crim LR 72, [1976] 1 Lloyd's Rep 563 . . . . C1.27
Baverstock [1993] 1 WLR 202, [1993] 2 All ER 32, 96 Cr App R 436, 14 Cr App R (S) 471,
    157 JP 136, [1993] Crim LR 153 . . . . E13.8
Bawa-Garba [2016] EWCA Crim 1841 . . . . A1.40, B1.78
Baxter [1972] 1 QB 1, [1971] 2 WLR 1138, [1971] 2 All ER 359, 55 Cr App R 214, [1971] Crim LR 281 . . . . A5.82
Baybasin [2013] EWCA Crim 2357, [2014] 1 WLR 2112, [2014] 1 Cr App R 419 (274) D13.20
Bayliss (1993) 98 Cr App R 235, 157 JP 1062, [1994] Crim LR 687. . . . . D1.3
Bazegurore [2020] EWCA Crim 375. . . . . B22.49
Beale [2019] EWCA Crim 665, [2019] 2 Cr App R 19 (194). B14.35
Beales [1991] Crim LR 118 . . . . D1.88
Bealing [2017] EWCA Crim 1262 . . . . C7.37
Beaney [2010] EWCA Crim 2551 . . . . A5.76, B3.15
Beard [1974] 1 WLR 1549, [1975] Crim LR 92 . . . . E8.8
Beard (1987) 85 Cr App R 395 . . . . B2.162
Beard [1998] Crim LR 585 . . . . F7.63
Beard [2002] EWCA Crim 772, [2002] Crim LR 684 . . . . F20.25
Beard (23 May 2016, unreported) D14.49
Beard [2023] EWCA Crim 1015, [2023] 4 WLR 75 . . . . B22.70
Beards [2016] EW Misc B143 (CC) 23 May 2016 . . . . D14.29
Beatrice v DPP [2004] EWHC 2416 (Admin). C5.21
Beattie (1989) 89 Cr App R 302 . . . . F7.55
Beattie [2018] NICA 1. . . . . D1.63
Beattie v CPS [2018] EWHC 787 (Admin) C5.40, C5.43
Beattie-Milligan [2019] EWCA Crim 2367 . . . . B3.137, E2.18
Beatty v Gillbanks (1882) 9 QBD 308, 51 LJ MC 117, 47 LT 194, 46 JP 789, 15 Cox CC 138,
    [1881–5] All ER Rep 559 . . . . B11.150
Beauchamp-Thompson v DPP [1988] RTR 54 . . . . C5.48, C7.54
Beaumont [2014] EWCA Crim 1664, [2015] 1 Cr App R (S) 1 (1) E19.67
Becerra (1975) 62 Cr App R 212. . . . . A4.23
Bech [2018] EWCA Crim 448. . . . . C3.45, F19.32
Beck [1982] 1 WLR 461, [1982] 1 All ER 807, 74 Cr App R 221, [1982] Crim LR 586 . . . . . . D18.32, F5.14, F5.15
Beckett (1913) 8 Cr App R 204, 29 TLR 332 . . . . F11.2, F11.3
Beckett [2020] EWCA Crim 914, [2021] 1 Cr App R (S) 15 (123) E2.21
Beckford (1991) 94 Cr App R 43, [1991] Crim LR 918 . . . . D1.179
Beckford [1996] 1 Cr App R 94, [1995] RTR 251, 159 JP 305 . . . . C1.8
Beckford [2014] EWCA Crim 1299, [2014] 2 Cr App R (S) 34 (285) E17.10
Beckford [2018] EWCA Crim 2997, [2019] 1 Cr App R (S) 40 (274). E2.4, E2.35
Beckford [2020] EWCA Crim 59 . . . . F19.21
Beckford v The Queen [1988] AC 130, [1987] 3 WLR 611, [1987] 3 All ER 425, 85 Cr App R 378,
    [1988] Crim LR 116 . . . . A3.60, A3.67
Beckford v The Queen (1992) 97 Cr App R 409 . . . . F19.3, F19.10
Beckles [1999] Crim LR 148 . . . . F19.12, F20.26
Beckles [2004] EWCA Crim 2766, [2005] 1 WLR 2829, [2005] 1 All ER 705, [2005] 1 Cr App
    R 23 (377), [2005] Crim LR 560 . . . . F20.21
Beckles v UK (2003) 36 EHRR 13 (162) A7.77, F20.9, F20.17, F20.21, F20.28
Becouarn [2005] UKHL 55, [2005] 1 WLR 2589 . . . . F20.54
Beddow (1987) 9 Cr App R (S) 235 . . . . E6.12
Bedford and Sharnbrook Justices, ex parte Ward [1974] Crim LR 109 . . . . D12.26
Bedfordshire County Council v DPP [1996] 1 Cr App R 322, [1995] Crim LR 962 . . . . E10.8
Bedi (1992) 95 Cr App R 21, [1992] Crim LR 299 . . . . F17.32
Beech [2009] EWCA Crim 888. . . . . B3.321
Beech [2016] EWCA Crim 1746, [2017] RTR 8 (111) C7.34
Beech [2020] EWCA Crim 1580, [2021] 2 Cr App R (S) 1 (1) B14.35
Beech v Jones (1848) 5 CB 696, 136 ER 1052. . . . . F6.24

Table of Cases

Beedie [1998] QB 356, [1997] 3 WLR 758, [1997] 2 Cr App R 167, 161 JP 313 . . . . D3.99, D12.24
Beeres v CPS [2014] EWHC 283 (Admin), [2014] 2 Cr App R 8 (101) D1.55, D1.88, F18.9, F18.37
Beesley [2011] EWCA Crim 1021, [2012] 1 Cr App R (S) 15 (71), [2011] Crim LR 668 . . . . D27.25, E16.28
Beeson [1994] Crim LR 190 . . . . B2.81
Beet v UK (2005) 1 EHRR 23 (441) A7.53
Beezadhur v Independent Commission against Corruption [2014] UKPC 27 . . . . F3.15
Beezley (1830) 4 C & P 220, 172 ER 678 . . . . F7.66
Begg [2019] EWCA Crim 1578, [2020] 1 Cr App R (S) 30 (227) E21.25, E21.28, E23.4
Beghal v DPP [2013] EWHC 2573 (Admin), [2014] WLR 150, [2014] 1 All ER 529 . . . . A7.35, F10.7
Beghal v DPP [2015] UKSC 49, [2016] AC 88, [2015] 3 WLR 344,
    [2015] 2 Cr App R 34 (489) A7.37, B10.20, F10.3
Begum [2019] EWCA Crim 323 . . . . B14.62
Begum v Luton Borough Council [2018] EWHC 1044 (Admin) D5.10
Begum v West Midlands Police [2012] EWHC 2304 (Admin), [2013] 1 WLR 3595, [2013] 1 All ER 1261 . . . . D8.22
Behdarvani-Aidi [2021] EWCA Crim 582, [2022] 1 Cr App R (S) 1 (1). B3.9
Behrendt v Burridge [1977] 1 WLR 29, [1976] 3 All ER 285, 63 Cr App R 202. B3.320
Bei Bei Wang [2005] EWCA Crim 293, [2005] 2 Cr App R (S) 13 (492) B22.60, B22.62
Bel [2021] EWCA Crim 1461 . . . . E22.1
Belbin v France [2015] EWHC 149 (Admin) D31.37
Belfon [1976] 1 WLR 741, [1976] 3 All ER 46, 63 Cr App R 59, [1976] Crim LR 449 . . . . A2.4
Belhaj v DPP [2018] UKSC 33, [2019] AC 593, [2018] 3 WLR 435, [2018] 4 All ER 561,
    [2018] 2 Cr App R 33 (528), [2018] Crim LR 1012 . . . . D29.44
Belhaj-Farhat [2022] EWCA Crim 115 . . . . F13.52, F19.32
Belkaid [2018] EWCA Crim 2488 . . . . B6.39
Bell (1984) 78 Cr App R 305 . . . . D11.64
Bell [1992] RTR 335, [1992] Crim LR 176 . . . . A3.52
Bell [2010] EWCA Crim 3, [2010] 1 Cr App R 27 (407) D19.91
Bell [2011] EWCA Crim 6 . . . . B16.45, E19.27
Bell [2013] EWCA Crim 2549 . . . . C7.36
Bell [2015] EWCA Crim 1426, [2016] 1 WLR 1, [2016] 1 Cr App R (S) 16 (113), [2015] Crim LR 1013 . . . . . A7.79
Bell [2019] EWCA Crim 2079 . . . . E14.14
Bellencs v Hungary [2023] EWHC 2235 (Admin), [2023] ACD 124 . . . . B6.31, B6.33, B17.3, B17.4
Bellis (1911) 6 Cr App R 283 . . . . F8.24, F17.47
Bellman [1989] AC 836, [1989] 2 WLR 37, [1989] 1 All ER 22, 88 Cr App R 252 . . . . B4.176, B5.3, D11.67,
    D11.68, D16.61, D16.62
Belton [2010] EWCA Crim 2857, [2011] QB 934, [2011] 2 WLR 1434, [2011] 1 All ER 700,
    [2011] 1 Cr App R 20 (216) B15.27
Belziuk v Poland (2000) 30 EHRR 614 . . . . A7.86
Benabbas [2005] EWCA Crim 2113, [2006] 1 Cr App R (S) 9 (550), [2005] Crim LR 976 . . . . E20.4
Bendt v CPS [2022] EWHC 502 (Admin) C6.35
Benedetto v The Queen [2003] UKPC 27, [2003] 1 WLR 1545, [2003] 2 Cr App R 25 (390),
    [2003] Crim LR 880 . . . . F5.15, F18.69
Beneficent Spiritist Center Uniao Do Vegetal v Secretary of State for the Home Department
    [2017] EWHC 1963 (Admin) B19.20
Benguit [2005] EWCA Crim 1953 . . . . D19.91
Benham v UK (1996) 22 EHRR 293 . . . . A7.41, A7.53
Benjafield [2002] UKHL 2, [2003] 1 AC 1099, [2002] 2 WLR 235, [2002] 1 All ER 815,
    [2002] 2 Cr App R 3 (54),
    [2002] 2 Cr App R (S) 77 (313), [2002] Crim LR 337 . . . . A7.42, E19.34, E19.41
Benjamin (1913) 8 Cr App R 146 . . . . F7.69, F14.5
Benmoukhemis [2021] EWCA Crim 1281 . . . . E16.38
Benn-Landale [2017] EWCA Crim 1321 . . . . D14.53, D14.55
Bennabbou [2012] EWCA Crim 1256 . . . . F13.51
Bennett [1968] 1 WLR 988, [1968] 2 All ER 753, 52 Cr App R 514, 132 JP 365 . . . . D26.49
Bennett (1980) 2 Cr App R (S) 96 . . . . D12.73
Bennett (1989) 153 JP 317, [1988] Crim LR 686 . . . . F12.15
Bennett [1999] EWCA Crim 1486 . . . . A5.66
Bennett [2008] EWCA Crim 248 . . . . F6.47
Bennett [2008] EWCA Crim 1785 . . . . F6.54
Bennett [2012] EWCA Crim 1509, [2013] 1 All ER 349, [2013] 1 Cr App R 2 (14),
    [2013] Crim LR 60 . . . . F17.13
Bennett [2019] EWCA Crim 762 . . . . B15.32
Bennett [2023] EWCA Crim 795, [2024] 1 Cr App R 5 (56) D27.12
Bennett v Chief Constable of Merseyside [2018] EWHC 3591 (Admin) D8.25, D33.10
Bennett and Bond, ex parte Bennet (1908) 72 JP 362, 24 TLR 681, 52 SJ 583 . . . . D12.26
Benney [2010] EWCA Crim 1288 . . . . B3.22
Ben-Rejab [2011] EWCA Crim 1136, [2012] 1 WLR 2364, [2012] 1 Cr App R 4 (35) F7.28
Benson [2012] EWCA Crim 2993 . . . . C7.44
Bent (1986) 8 Cr App R (S) 19, [1986] Crim LR 415 . . . . D20.15
Bentham [1973] QB 357, [1972] 3 WLR 398, [1972] 2 All ER 271, 56 Cr App R 618 . . . . B12.96
Bentham [2005] UKHL 18, [2005] 1 WLR 1057, [2005] 2 Cr App R 11 (175), [2005] 2 All ER 65,
    169 JP 181, [2005] Crim LR 648 . . . . B12.29
Bentley [1991] Crim LR 620 . . . . F19.3, F19.12

Table of Cases

Bentley [2001] 1 Cr App R 21 (307), [1999] Crim LR 330 . . . . A4.23
Bentley v Brudzinski (1982) 75 Cr App R 217, [1982] Crim LR 825 . . . . B2.52
Bentley v Dickinson (1983) 147 JP 526, [1983] RTR 356 . . . . C2.4
Bentum (1989) 153 JP 538 . . . . F19.27
Berberi [2014] EWCA Crim 2961, [2015] 2 Cr App R 2 (11) F11.30
Beresford (1971) 56 Cr App R 143 . . . . D27.29
Beresford v St Albans Justices (1905) 22 TLR 1 . . . . F1.31
Berg (1927) 20 Cr App R 38 . . . . B3.372
Berkeley [2021] EWCA Crim 158 . . . . B5.50
Berkeley Peerage Case (1811) 4 Camp 401, 171 ER 128 . . . . F16.9
Bermingham [2020] EWCA Crim 1662, [2021] 1 Cr App R 24 (472) A5.64, A5.69,
 B5.11, B7.13, B16.34, D13.59, D19.15
Bernard (1908) 1 Cr App R 218 . . . . F20.56
Bernard [1997] 1 Cr App R (S) 135 . . . . E2.18
Bernard-Sewell [2022] EWCA Crim 197 . . . . F13.49
Berner (1953) 37 Cr App R 113 . . . . B16.36
Berriman (1854) 6 Cox CC 388 . . . . B1.147
Berry (1977) 66 Cr App R 156 . . . . D12.5
Berry [1985] AC 246, [1984] 3 WLR 1274, [1984] 3 All ER 1008, 80 Cr App R 98,
 [1984] Crim LR 102 . . . . B6.40, B12.266
Berry (1986) 83 Cr App R 7 . . . . F1.19, F1.24
Berry [1996] 2 Cr App R 226, [1996] Crim LR 574 . . . . B2.140
Berry [2013] EWCA Crim 1389 . . . . F6.35, F7.72
Berry (No. 3) [1995] 1 WLR 7, [1994] 2 All ER 913, 99 Cr App R 88,
 [1994] Crim LR 276 . . . . B12.247, B12.263, B12.265, D27.22
Berryman (1854) 6 Cox CC 388 . . . . F18.88
Bertino v Italy [2024] UKSC 9, [2024] 1 WLR 1483 . . . . D31.31
Beqa [2022] EWCA Crim 1661 . . . . F18.5, F18.97
Best (1979) 70 Cr App R 21 . . . . B19.15, B19.27
Bestel [2013] EWCA Crim 1305, [2014] 1 WLR 457, [2013] 2 Cr App R 30 (317),
 [2014] 1 Cr App R (S) 53, [2014] Crim LR 607 . . . . E19.83
Beswick [1996] 1 Cr App R (S) 343 . . . . D20.11, D20.26
Beswick [2021] EWCA Crim 1269 . . . . C7.47
Betaudier v A-G of Trinidad and Tobago [2021] UKPC 7 . . . . D1.4
Bett [1999] 1 All ER 600, [1999] 1 Cr App R 361, 163 JP 65, [1999] Crim LR 218 . . . . . . B19.24, B19.86, B19.95
Bettaney [1985] Crim LR 104 . . . . B9.6
Betterley (1995) 16 Cr App R (S) 193, [1995] RTR 183, [1994] Crim LR 764 . . . . F12.13
Betts [2001] EWCA Crim 224, [2001] 2 Cr App R 16 (257), [2001] Crim LR 754 . . . . F20.10, F20.17, F20.21
Beuze v Belgium (2019) 69 EHRR 1 (1), [2019] Crim LR 233 . . . . A7.35
Bevan (1993) 98 Cr App R 354 . . . . D17.12, F20.47
Bevan [2011] EWCA Crim 654 . . . . B3.397
Bevans (1987) 87 Cr App R 64 . . . . B5.51
Beveridge (1987) 85 Cr App R 255 . . . . F1.45, F2.8, F2.11, F19.4
Beverley [2006] EWCA Crim 1287 . . . . F13.39, F13.42, F13.49, F13.51, F15.12
Bevis [2001] 2 Cr App R (S) 49 (257) B7.78
Bewley [2012] EWCA Crim 1457, [2013] 1 WLR 137, [2013] 1 All ER 1, [2012] 2 Cr App R 27 (7),
 [2013] Crim LR 57, ... B12.8, B12.11, B12.15, B12.30
Bexley [2019] EWCA Crim 1018 . . . . E18.16
Bezicheri v Italy (1989) 12 EHRR 210 . . . . D7.42
Bezzina [1994] 1 WLR 1057, [1994] 3 All ER 964, 99 Cr App R 356, 158 JP 671 . . . . B20.9
Bhagchandka [2016] EWCA Crim 700 . . . . F1.30, F15.6, F18.82
Bhanji [2011] EWCA Crim 1198 . . . . E19.84
Bhatt [2022] EWCA Crim 926 . . . . F7.11
Bhatt [2022] EWCA Crim 926, [2023] Crim LR 162 . . . . B3.49, D16.33, F7.20
Bhatti [2015] EWCA Crim 1305, [2016] 1 Cr App R 1 (1) D9.73
Bhayani [2015] EWCA Crim 352 . . . . E2.22, E13.13
Bianco [2001] EWCA Crim 2516 . . . . F3.3
Bibby (1972) 56 Cr App R 591, [1972] Crim LR 513 . . . . D20.46
Bibby v Chief Constable of Essex (2000) 164 JP 297 . . . . D1.8, D1.34
Biddis [1993] Crim LR 392 . . . . D11.15
Biddle [2019] EWCA Crim 86, [2019] Crim LR 539 . . . . D14.28, D14.31, D14.74, F20.50
Bielecki v DPP [2011] EWHC 2245 (Admin), (2011) 175 JP 369, [2012] Crim LR 785 . . . . C5.21
Biffa Waste Services Ltd [2020] EWCA Crim 827 . . . . F13.85
Big Brother Watch v UK, Applns. 58170/13, 62322/14 and 24960/15, 13 September 2018 . . . . B9.95
Bilinski (1987) 86 Cr App R 146, 9 Cr App R (S) 360, [1987] Crim LR 782 . . . . D20.16
Billericay Justices, ex parte Harris [1991] Crim LR 472 . . . . D1.158
Billingham [2009] EWCA Crim 19, [2009] 2 Cr App R 20 (341), [2009] Crim LR 529 . . . . . F6.55, F7.56
Billington [2017] EWCA Crim 618, [2017] 4 WLR 114, [2017] 2 Cr App R (S) 22 (171) . . . D3.120, D20.95, E2.21
Bilta (UK) Ltd v Nazir (No. 2) [2013] EWCA Civ 968, [2014] Ch 52, [2013] 3 WLR 1137,
 [2014] 1 All ER 168 . . . . B7.18
Bina [2014] EWCA Crim 1444, [2014] 2 Cr App R 30 (496) B22.56, F11.28
Bingham [1991] Crim LR 433 . . . . A3.29
Bingham [2013] EWCA Crim 823, [2013] 2 Cr App R 29 (307) B3.15, B3.46, B3.78
Binham [1991] Crim LR 774 . . . . F16.26

Table of Cases

Binns [1982] Crim LR 522. . . . . D13.39, D13.40
Binoku [2021] EWCA Crim 48 . . . . F5.13, F7.6
Birbeck v Andorra [2023] EWHC 1740 (Admin) D31.3
Birch (1924) 18 Cr App R 26, 93 LJ KB 385, 88 JP 59, 40 TLR 365, 68 SJ 540. . . . . F7.55
Birch (1990) 90 Cr App R 78, (1989) 11 Cr App R (S) 202, [1989] Crim LR 757. . . . . E22.8, E22.9
Birch (1992) *The Times*, 27 March 1992. . . . . D19.4
Birchall [1999] Crim LR 311. . . . . F20.46
Bircham [1972] Crim LR 430 . . . . F7.8
Bird [1985] 1 WLR 816, [1985] 2 All ER 513, 81 Cr App R 110. . . . . A3.70
Bird [1996] RTR 22, [1995] Crim LR 745 . . . . D11.20
Bird [2004] EWCA Crim 964 . . . . B12.178
Bird [2013] EWCA Crim 1765, [2014] 1 Cr App R (S) 77 (478) B19.174
Bird v Adams [1972] Crim LR 174. . . . . B19.15, F16.30
Bird v Jones (1845) 7 QB 742, 115 ER 668, 15 LJ QB 82, 5 LT OS 406, 10 JP 4, 9 Jur 870 . . . . B2.119
Bird v Keep [1918] 2 KB 692, 87 LJ KB 1119, 118 LT 633, 34 TLR 513, 11 BWCC 133 . . . . F8.24, F17.47
Birdwood (11 April 1995, unreported). B11.87, B11.92, B11.93
Biri v Hungary [2018] EWHC 50 (Admin), [2018] 4 WLR 50 . . . . D31.19
Birmingham [2002] EWCA Crim 2608. . . . . B2.79
Birmingham City Council v Afsar (No. 3) [2019] EWHC 1560 (QB) D25.5, D25.8, D25.9
Birmingham City Council v Dixon [2009] EWHC 761 (Admin), [2010] 1 WLR 32. . . . . D25.7
Birmingham City Council v Pardoe [2016] EWHC 3119 (QB). D25.17
Birmingham City Council v Sharif [2019] EWHC 1268 (QB) D25.9
Birmingham Crown Court, ex parte Bell [1997] 2 Cr App R 363, 161 JP 345 . . . . D15.25, D15.29
Birmingham Crown Court, ex parte Rashid Ali (1999) 163 JP 145, [1999] Crim LR 504 . . . . D7.56
Birmingham Justices, ex parte Lamb [1983] 1 WLR 339, [1983] 3 All ER 23, 147 JP 75,
   [1983] Crim LR 329, 127 SJ 119 . . . . D21.44
Birmingham Justices, ex parte Wyatt [1976] 1 WLR 260, [1975] 3 All ER 897, 61 Cr App R 306 . . . . D20.60
Birmingham Juvenile Court, ex parte H (1992) 156 JP 445 . . . . D33.13
Birtles (1911) 6 Cr App R 177, 75 JP 288, 27 TLR 402 . . . . B2.152, F3.72
Bishop [2018] EWCA Crim 127, [2019] 1 Cr App R 31 (414), [2019] 1 WLR 2489 . . . . D12.45, D12.46
Bishop of Meath v Marquess of Winchester (1836) 3 Bing NC 183, 132 ER 380, 10 Bli NS 330,
   6 ER 125, 4 Cl & F 445, 7 ER 171 . . . . F8.41
Bishopsgate Investment Management Ltd v Maxwell [1993] Ch 1, [1992] 2 WLR 991,
   [1992] 2 All ER 856. . . . . F10.2, F10.7
Black (1922) 16 Cr App R 118. . . . . F17.62, F18.100
Black [1963] 1 WLR 1311, [1963] 3 All ER 682, 48 Cr App R 52, 128 JP 79, 107 SJ 874. . . . . D18.18
Black [2020] EWCA Crim 915. . . . . F20.18, F20.28
Black v Carmichael (1992) *The Times*, 25 June 1992 . . . . B8.13
Blackadder [2024] EWCA Crim 318, [2024] 2 Cr App R (S) 16 (118). D20.108, D20.111
Blackburn [2005] EWCA Crim 1349, [2005] 2 Cr App R 30 (440), *The Times*, 10 June 2005 . F11.20, F18.17, F18.22
Blackburn [2007] EWCA Crim 2290, [2008] 2 All ER 684, [2008] 2 Cr App R (S) 5 (16),
   [2008] Crim LR 147 . . . . E2.7
Blackburn v Bowering [1994] 1 WLR 1324, [1994] 3 All ER 380, [1995] Crim LR 38 . . . . B2.27, B2.54
Blackford (1989) 89 Cr App R 239 . . . . B19.61, D13.60
Blackfriars Crown Court, ex parte Sunworld Ltd [2000] 1 WLR 2102, [2000] 2 All ER 837,
   [2000] Crim LR 593 . . . . D29.19
Blackman [2017] EWCA Crim 190, [2017] Crim LR 557 . . . . B1.30, B1.32, B1.33, B1.51, F11.43
Blackshaw [2011] EWCA Crim 2312, [2012] 1 WLR 1126, [2012] 1 Cr App R (S) 114 (678) A5.38, E1.5
Blackwell [1995] 2 Cr App R 625, [1996] Crim LR 428 . . . . D13.71
Blackwell [1995] 2 Cr App R 641 . . . . F18.40
Blackwood (1974) 59 Cr App R 170, [1974] Crim LR 437 . . . . E22.3
Blackwood [2002] EWCA Crim 3102, [2003] All ER (D) 239 (Jan) B11.12
Blake (1844) 6 QB 126, 115 ER 49, 13 LJ MC 131, 8 Jur 666, 8 JP 596 . . . . F17.74, F17.75, F17.76
Blake (1978) 68 Cr App R 1 . . . . B19.53
Blake [1997] 1 WLR 1167, [1997] 1 All ER 963, [1997] 1 Cr App R 209, [1997] Crim LR 207 . . . . A2.24
Blake [2023] EWCA Crim 1224 . . . . E19.83
Blake v CPS [2017] EWHC 1608 (Admin) B20.8, B20.12
Blake v DPP (1993) 97 Cr App R 169, [1993] Crim LR 283 . . . . F9.18
Blake v Pope [1986] 1 WLR 1152, [1986] 3 All ER 185, [1987] RTR 77. . . . . C5.3
Blakely v DPP [1991] RTR 405, [1991] Crim LR 763 . . . . A4.9, C5.35
Blakemore [1997] 2 Cr App R (S) 255. . . . . B14.57
Bland (1987) 151 JP 857, [1988] Crim LR 41. . . . . B19.32
Blandford Justices, ex parte G [1967] 1 QB 82, [1966] 2 WLR 1232, [1966] 1 All ER 1021,
   130 JP 260. . . . . D29.4
Blankley [1979] Crim LR 166 . . . . B13.7
Blasiak [2010] EWCA Crim 2620 . . . . F5.8, F5.17
Blastland [1986] AC 41, [1985] 3 WLR 345, [1985] 2 All ER 1095, 81 Cr App R 266 . . . . F1.13, F16.5, F16.23,
   F17.18, F17.41, F17.63, F17.64
Blaue [1975] 1 WLR 1411, [1975] 3 All ER 446, 61 Cr App R 271 . . . . A1.30, A1.31
Blaydes [2014] EWCA Crim 798, [2014] 2 Cr App R (S) 55 (447) B4.81
Blayney v Knight (1974) 60 Cr App R 269, [1975] RTR 279, [1975] Crim LR 237 . . . . B4.124
Blenkinsop [1995] 1 Cr App R 7 . . . . F8.58, F19.20
Blick (1966) 50 Cr App R 280, [1966] Crim LR 508, 110 SJ 545 . . . . F1.10, F6.12
Blinkhorn [2006] EWCA Crim 1416 . . . . B11.30
Bliss (1987) 84 Cr App R 1 . . . . D13.49

Table of Cases

Bloomberg LP v ZXC [2022] UKSC 5, [2022] AC 1158, [2022] 2 WLR 424, [2022] 3 All ER 1,
  [2022] 2 Cr App R 2 (60), [2022] EMLR 15, [2022] HRLR 8, 52 BHRC 708,
  [2022] Crim LR 500. . . . . A7.24
Bloomfield [1997] 1 Cr App R 135. . . . . D3.88
Bloxham [1983] 1 AC 109, [1982] 2 WLR 329, [1982] 1 All ER 582, 74 Cr App R 279,
  [1982] RTR 129. . . . . B4.41, B4.172, B4.174
Blue [2008] EWCA Crim 769, [2009] 1 Cr App R (S) 2 (6) E17.8
Blunt v Park Lane Hotel Ltd [1942] 2 KB 253, [1942] 2 All ER 187, 111 LJ KB 706,
  167 LT 359, 58 TLR 356. . . . . F10.2
Boaden [2019] EWCA Crim 2284 . . . . B16.60
Boakye (12 March 1992, unreported) D16.72
Boakye [2012] EWCA Crim 838, [2013] 1 Cr App R (S) 2 (6) E1.6
Boal [1992] QB 591, [1992] 2 WLR 890, [1992] 3 All ER 177, 95 Cr App R 272,
  156 JP 617. . . . . A6.24, B6.14, D26.9
Boardman [2015] EWCA Crim 175, [2015] 1 Cr App R 33 (504). D4.9, D4.16, D9.29
Boateng [2013] EWCA Crim 2306 . . . . B22.70
Bobbe v Poland [2017] EWHC 3161 (Admin) D31.34
Bobin v DPP [1999] RTR 375 . . . . C7.63
Bocking v Roberts [1974] QB 307, [1973] 3 WLR 465, [1973] 3 All ER 962, 67 Cr App R 359 . . . . B19.34
Boddington v British Transport Police [1999] 2 AC 143, [1998] 2 WLR 639,
  [1998] 2 All ER 203, 162 JP 455 . . . . A3.11, A7.21
Bogacki [1973] QB 832, [1973] 2 WLR 937, [1973] 2 All ER 864, 57 Cr App R 593, [1973] RTR 384. . . . . . B4.120
Bogart [2020] EWCA Crim 831 . . . . C7.36
Bogdal [2008] EWCA Crim 1, (2008) 172 JP 178 . . . . B12.185, B20.4
Bogdanovic [2020] EWCA Crim 1229 . . . . F15.24
Boggeln v Williams [1978] 1 WLR 873, [1978] 2 All ER 1061, 67 Cr App R 50 . . . . B4.53, B4.144, B4.145
Boggild [2011] EWCA Crim 1928, [2012] 1 WLR 1298, [2011] 4 All ER 1285,
  [2012] 1 Cr App R (S) 81 (457) D26.1, E21.7
Bogusas v Minister for Health (Ireland) [2022] IEHC 621 . . . . B19.15
Bohm v Romania [2011] EWHC 2671 (Admin) D31.31
Bokkum (7 March 2000, unreported) D16.64
Bolam [2009] EWCA Crim 2462 . . . . C3.19
Boland [2012] EWCA Crim 1953 . . . . E21.36
Bolden [1998] 2 Cr App R 171 . . . . B19.145
Boldizsar v Knight [1980] Crim LR 653 . . . . B4.126
Bolduc and Bird (1967) 63 DLR (2d) 82. . . . . B3.60
Bollom [2003] EWCA Crim 2846, [2004] 2 Cr App R 6 (50) B2.79
Bolton (1991) 94 Cr App R 74, 156 JP 138, [1992] Crim LR 57. . . . . A5.53
Bolton Justices, ex parte Khan [1999] Crim LR 912 . . . . C5.35
Bolton Magistrates' Court, ex parte Scally [1991] 1 QB 537, [1991] 2 WLR 239, [1991] 2 All ER 619,
  [1991] RTR 84, [1991] Crim LR 550 . . . . C5.43
Bond [1906] 2 KB 389, 75 LJ KB 693, 70 JP 424, 21 Cox CC 252, 95 LT 296, 54 WR 586, 22 TLR 633,
  [1904–7] All ER Rep 24 . . . . F1.33, F13.43
Bond [2020] EWCA Crim 1596. . . . . F2.23, F2.24
Bond v Chief Constable of Kent [1983] 1 WLR 40, [1983] 1 All ER 456, 76 Cr App R 56. . . . . E6.4
Bondzie [2016] EWCA Crim 552, [2016] 2 Cr App R (S) 28 (261), [2016] Crim LR 591 . . . . B19.159, B19.171,
  E2.19, E2.26
Bone [1968] 1 WLR 983, [1968] 2 All ER 644, 52 Cr App R 546, 132 JP 420. . . . . F3.42
Boness [2005] EWCA Crim 2395, (2005) 169 JP 621, [2006] 1 Cr App R (S) 120 (690). D25.24, D25.58
Bonner [1970] 1 WLR 838, [1970] 2 All ER 97, 54 Cr App R 257 . . . . B4.22
Bonner [1974] Crim LR 479 . . . . D11.31
Bonnick (1978) 66 Cr App R 266, [1978] Crim LR 246 . . . . D18.35, F3.38, F3.41
Bonsu [2020] EWCA Crim 660 . . . . F20.9
Bonython (1984) 15 ACR 364 . . . . F11.10
Boodhoo (A Solicitor), Re [2007] EWCA Crim 14, [2007] 1 Cr App R (S) 32 (422), [2007] 4 All ER 762,
  [2007] Crim LR 714 . . . . D33.46
Boodram v State of Trinidad and Tobago [2001] UKPC 20, [2002] 1 Cr App R 12 (103),
  [2002] Crim LR 524 . . . . D26.24
Booker (1982) 4 Cr App R (S) 53, [1982] Crim LR 378 . . . . D20.41
Booker [2011] EWCA Crim 7, [2011] 3 All ER 905, [2011] 1 Cr App R 26 (330). D11.73, D11.73, D11.101
Booth (1981) 74 Cr App R 123 . . . . F6.52, F7.52
Booth [1999] Crim LR 144 . . . . A5.46, B8.27
Booth v CPS [2006] EWHC 192 (Admin), (2006) 170 JP 305. . . . . A2.8, B8.10
Boothe (1987) 9 Cr App R (S) 8, [1987] Crim LR 347 . . . . E8.8
Boreman [2000] 1 All ER 307, [2000] 2 Cr App R 17, [2000] Crim LR 409 . . . . A1.40, D18.45
Borrett (1833) 6 C & P 124, 172 ER 1173 . . . . F3.71
Borro [1973] Crim LR 513 . . . . B16.45
Borsodi [2023] EWCA Crim 899 . . . . B2.195
Bostan [2018] EWCA Crim 494, [2018] 2 Cr App R (S) 15 (112) D18.32, E14.12
Boswell [1984] 1 WLR 1047, [1984] 3 All ER 353, [1984] RTR 315, 79 Cr App R 277,
  [1984] Crim LR 502 . . . . D20.43
Botmeh [2001] EWCA Crim 2226, [2002] 1 WLR 531, [2002] 1 Cr App R 28 (345),
  [2002] Crim LR 209 . . . . D9.54
Botmeh v UK (2008) 46 EHRR 31 (659) A7.47

Table of Cases

Bottomley, ex parte [1909] 2 KB 14, 78 LJ KB 547, 100 LT 782, 73 JP 246, 22 Cox CC 106, 25 TLR 371,
  [1908–10] All ER Rep 958 . . . . F6.15
Bottrill, ex parte Kuechenmeister [1947] KB 41, [1946] 2 All ER 434, 115 LJ KB 500 . . . . F1.7
Bott-Walters [2005] EWCA Crim 243, [2005] 2 Cr App R (S) 70 (438) E21.9
Bouch [1983] QB 246, [1982] 3 WLR 673, [1982] 3 All ER 918, 76 Cr App R 11,
  [1982] Crim LR 675 . . . . B12.247, B12.248, B12.249
Bouferache [2015] EWCA Crim 1611, [2016] 1 Cr App R (S) 25 (158) B5.9
Boulden (1957) 41 Cr App R 105 . . . . B2.168
Boultif v Switzerland (2001) 33 EHRR 50 (1179) E20.6
Boulton [2007] EWCA Crim 942 . . . . F17.20
Bounekhla [2006] EWCA Crim 1217 . . . . B3.69
Bourke [2017] EWCA Crim 2150, [2018] 1 Cr App R (S) 42 (298) E16.12, E16.27
Bourne [1939] 1 KB 687, [1938] 3 All ER 615, 108 LJ KB 471 . . . . A3.49, B1.124, B1.132
Bourne (1952) 36 Cr App R 125 . . . . A4.17, A4.18, A4.20
Bournemouth Magistrates' Court, ex parte Cross [1989] Crim LR 207 . . . . D7.54
Bourquain (Case C-297/07) [2008] ECR I-9425 . . . . D12.31
Bovell [2005] EWCA Crim 1091, [2005] 2 Cr App R 27 (401) F13.25, F15.22, F15.24
Bow (1976) 64 Cr App R 54, [1977] RTR 6, [1977] Crim LR 176 . . . . B4.120, B4.121
Bow Street Magistrates' Court, ex parte Welcombe (1992) 156 JP 609 . . . . D6.34, D22.11
Bow Street Metropolitan Stipendiary Magistrate, ex parte Government of the USA [1999] 3 WLR 620,
  [1999] 4 All ER 1, [2000] 1 Cr App R 61 . . . . B17.3, B17.4
Bow Street Metropolitan Stipendiary Magistrate, ex parte Pinochet Ugarte (No. 3) [2000] 1 AC 147,
  [1999] 2 WLR 827, [1999] 2 All ER 97 . . . . A5.61, A8.25, A8.28
Bow Street Metropolitan Stipendiary Magistrate, ex parte South Coast Shipping Co [1993] QB 645,
  [1993] 2 WLR 621, [1993] 1 All ER 219, 96 Cr App R 405 . . . . D3.56, D3.107
Bow Street Stipendiary Magistrate, ex parte DPP (1989) 91 Cr App R 283 . . . . D3.73
Bow Street Stipendiary Magistrate, ex parte Multimedia Screen Ltd (1998) *The Times*, 28 January 1998 . . . . . . D33.26
Bowden (1986) 8 Cr App R (S) 155, [1986] Crim LR 699 . . . . B1.154
Bowden [1993] Crim LR 379 . . . . A2.5, F19.3, F19.10, F19.12
Bowden [1996] 1 WLR 98, [1995] 4 All ER 505, [1996] 1 Cr App R 104, [1996] Crim LR 57 . . . . B15.27
Bowden [1999] 1 WLR 823, [1999] 4 All ER 582, [1999] 2 Cr App R 176, 163 JP 337 . . . . . F10.44, F20.23, F20.24
Bowditch [1991] Crim LR 831 . . . . D18.27
Bowe v R [2001] UKPC 19 . . . . D19.91
Bowen [1997] 1 WLR 372, [1996] 4 All ER 837, [1996] 2 Cr App R 157,
  [1996] Crim LR 577 . . . . A3.38, A3.39, A3.74, B22.31
Bowen v Isle of Wight Council [2021] EWHC 3254 (Ch), [2022] RTR 7 (96) C1.15
Bower [1994] Crim LR 281 . . . . F9.6
Bowers (1994) 15 Cr App R (S) 315 . . . . E8.8
Bowers [1998] Crim LR 817 . . . . F20.10
Bowker [2007] EWCA Crim 1608, [2008] 1 Cr App R (S) 72 (412), [2007] Crim LR 904 . . . . D24.102
Bowles [1992] Crim LR 726 . . . . F6.10
Bowling [2008] EWCA Crim 1148, [2009] 1 Cr App R (S) 23 (122) E21.15
Bowman (1912) 76 JP 271 . . . . B9.106
Bowman [1997] 1 Cr App R (S) 282 . . . . B14.80
Bowman [2014] EWCA Crim 716 . . . . F13.50, F13.51
Bowman v DPP [1991] RTR 263 . . . . C1.16, D22.67
Bowman v Fels [2005] EWCA Civ 226, [2005] 1 WLR 3088, [2005] 4 All ER 609,
  [2005] 2 Cr App R 19 (243) B21.1, B21.12, B21.22
Bown [2003] EWCA Crim 1989, [2004] 1 Cr App R 13 (151), 167 JP 429,
  [2004] Crim LR 69 . . . . B12.175, B12.188
Bowser [2022] EWCA Crim 101, [2022] 2 Cr App R (S) 26 (241) E8.5
Bowskill [2022] EWCA Crim 1358, [2023] 1 Cr App R (S) 12 (77), [2022] 4 WLR 98,
  [2023] Crim LR 153 . . . . A1.35, A1.41, B2.124
Box [1964] 1 QB 430, [1963] 3 WLR 696, [1963] 3 All ER 240, 47 Cr App R 284,
  127 JP 553, 107 SJ 633 . . . . D13.49, D13.68, D19.28
Box [2018] EWCA Crim 542, [2018] 4 WLR 134 . . . . E19.60, E19.64
Boxall [2020] EWCA Crim 688 . . . . F2.7, F15.10
Boxer [2015] EWCA Crim 1684 . . . . D14.38, D14.49
Boyce (1824) 1 Mood CC 29 . . . . B12.271
Boyes (1861) 1 B & S 311, 121 ER 730, 30 LJ QB 301, 5 LT 147, 25 JP 789, 9 Cox CC 32,
  7 Jur NS 1158, 9 WR 690, [1861–73] All ER Rep 172 . . . . F10.3
Boyes [1991] Crim LR 717 . . . . D13.65, D19.85
Boyesen [1982] AC 768, [1982] 2 WLR 882, [1982] 2 All ER 161, 75 Cr App R 51, [1982] Crim LR 596 . . . B19.30,
                                                                                                B19.31, B19.34, B19.35
Boyle [1954] 2 QB 292, [1954] 3 WLR 364, [1954] 2 All ER 721, (1954) 38 Cr App R 111 . . . . D12.53
Boyle [1993] Crim LR 40 . . . . D7.116
Boyle [1995] Crim LR 514 . . . . D33.29
Boyle [2006] EWCA Crim 2101 . . . . F20.30
Boyle [2017] NICA 75 . . . . F13.52
Boyle [2018] EWCA Crim 2035, [2019] 1 Cr App R (S) 9 (65) E18.14
Boyle Transport (Northern Ireland) Ltd [2016] EWCA Crim 19, [2016] 2 Cr App R (S) 11 (43),
  [2016] 4 WLR 63 . . . . E19.30, E19.56
Boyle v Wiseman (1855) 11 Exch 360, 156 ER 870, 24 LJ Ex 284, 25 LT OS 203, 1 Jur NS 894,
  3 WR 577, 3 CLR 1071 . . . . F8.2, F8.48, F10.6

Table of Cases

Boyson [1991] Crim LR 274 . . . . F12.18
Boyton [2005] EWCA Crim 2979. . . . . A5.79
Bozat [1997] 1 Cr App R (S) 270, [1997] Crim LR 840. . . . . E20.3
Bracegirdle v Oxley [1947] KB 349, [1947] 1 All ER 126, [1947] LJR 815, 176 LT 187, 111 JP 131,
    63 TLR 98 . . . . D29.18
Bracewell (1978) 68 Cr App R 44 . . . . F11.12, F13.72, F13.87
Bracknell Justices, ex parte Hughes (1989) 154 JP 98, [1990] Crim LR 266. . . . . D29.27
Bradford [2006] EWCA Crim 2629 . . . . B3.219
Bradford Crown Court, ex parte Bottomley [1994] Crim LR 753 . . . . D29.40
Bradford Metropolitan District Council v Booth (2000) 164 JP 485 . . . . D33.10
Bradford v Wilson (1983) 78 Cr App R 77, [1984] RTR 116, 147 JP 573, [1983] Crim LR 482 . . . . C5.60
Bradish [1990] 1 QB 981, [1990] 2 WLR 223, [1990] 1 All ER 460, 89 Cr App R 271, 154 JP 21 . . . . A2.26,
                                                                           A2.27, B12.45, B12.78
Bradish [2004] EWCA Crim 1340 . . . . B12.112
Bradley (1979) 70 Cr App R 200 . . . . F3.65, F13.98
Bradley v Moss [1974] Crim LR 430 . . . . B12.176
Bradshaw (1985) 82 Cr App R 79 . . . . F11.33, F17.62
Brady [2004] EWCA Crim 1763, [2004] 3 All ER 520, [2005] 1 Cr App R 5 (78), [2005] Crim LR 224 . . . . . . F10.7
Brady [2006] EWCA Crim 2413, [2007] Crim LR 564 . . . . B2.80, B2.81
Bragazon (1998) 10 Cr App R (S) 258 . . . . E19.66
Braham v DPP [1996] RTR 30, 159 JP 527 . . . . C5.47
Brahmbhatt [2014] EWCA Crim 573 . . . . D12.95
Brailey v Rhodesia Consolidated Ltd [1910] 2 Ch 95, 79 LJ Ch 494, 102 LT 805, 17 Mans 222, 54 SJ 475 . . . F11.27
Braim [2022] EWCA Crim 352. . . . . F14.2
Brain (1918) Cr App R 197 . . . . F3.64
Brain [2020] EWCA Crim 457, [2020] 2 Cr App R (S) 34 (237) D25.17, D25.24
Braintree District Council v Thompson [2005] EWCA Civ 178 . . . . D29.18
Braithwaite [2010] EWCA Crim 1082, [2010] 2 Cr App R 18 (128) F15.3, F15.4, F15.10, F15.12, F15.13,
                                                             F15.14, F15.15, F15.21, F15.22, F15.23, F15.24, F15.25
Braithwaite [2019] EWCA Crim 597 . . . . B1.4
Bramblevale Ltd, Re [1970] Ch 128, [1969] 3 WLR 699, [1969] 3 All ER 1062 . . . . B14.85
Branchflower [2004] EWCA Crim 2042, [2005] 1 Cr App R 10 (140), [2005] Crim LR 388 . . . . B4.132
Brand [2009] EWCA Crim 2878. . . . . F13.21
Brandao v Barnett (1846) 12 Cl & F 787, 8 ER 1622, 3 CB 519, 136 ER 207, 7 LT OS 525,
    [1843–60] All ER Rep 719 . . . . F1.7
Brandford [2017] 4 WLR 17, [2017] 2 All ER 43, [2017] 1 Cr App R 14 (197), [2017] Crim LR 554,
    [2016] EWCA Crim 1794 . . . . D27.22
Brants v DPP [2011] EWHC 754 (Admin), (2011) 175 JP 246. . . . . D3.77, D9.29
Bratty v Attorney-General for Northern Ireland [1963] AC 386, [1961] 3 WLR 965,
    [1961] 3 All ER 523, 46 Cr App R 1 . . . . A1.11, A1.12, A3.23, A3.26, F3.5, F3.43, F3.59
Braxton [2005] EWCA Crim 1374, [2005] 1 Cr App R (S) 36 (167) D25.31
Breaks [1998] Crim LR 349 . . . . B4.30
Brècani [2021] EWCA Crim 731, [2021] 2 Cr App R 12 (215) A3.54, B19.24, B22.14, B22.15, B22.16, B22.25,
                                                                                    B22.28, F11.5, F12.24
Breckon v DPP [2007] EWHC 2013 (Admin), [2008] RTR 8 (96) C5.3
Bree [2007] EWCA Crim 804, [2008] QB 131, [2007] 3 WLR 600, [2007] 2 All ER 676,
    [2007] 2 Cr App R 13 (158) B3.33
Brehmer [2021] EWCA Crim 390, [2021] 2 Cr App R (S) 48 (418) B1.52, D19.82
Brennan [2014] EWCA Crim 2387, [2015] 1 WLR 2060, [2015] 1 Cr App R 4 (161) B1.30, B1.33,
                                                                                         C3.29, F11.35, F11.42
Brennan v UK (2002) 34 EHRR 18 (507). A7.35
Brennand [2023] EWCA Crim 1384, [2024] 1 Cr App R 14 (211) D11.83, F13.67, F13.68
Brent [1973] Crim LR 295 . . . . F6.48
Brentford Justices, ex parte Wong [1981] QB 445, [1981] 2 WLR 203, [1981] 1 All ER 884,
    73 Cr App R 67, [1981] RTR 206, [1981] Crim LR 336, 125 SJ 135 . . . . D3.72, D5.13, D21.21
Brentwood Justices, ex parte Nicholls [1992] 1 AC 1, [1991] 3 WLR 201, [1991] 3 All ER 359,
    93 Cr App R 400, [1992] Crim LR 52 . . . . D6.17
Brentwood Justices, ex parte Richardson (1992) 95 Cr App R 187 . . . . C7.20
Bresa [2005] EWCA Crim 1414, [2006] Crim LR 179 . . . . F20.26
Brett v DPP [2009] EWHC 440 (Admin), [2009] 1 WLR 2530. . . . . C5.38, C5.40
Brewer v Secretary of State for Justice [2009] EWHC 987 (QB), [2009] 3 All ER 861 . . . . D33.21
Brewster [2010] EWCA Crim 1194, [2011] 1 WLR 601, [2010] 2 Cr App R 20 (149) F15.2, F15.3,
                                                                          F15.14, F15.16, F15.18, F15.20, F15.25
Brewster v Sewell (1820) 3 B & Ald 296, 106 ER 672 . . . . F8.11
Bricmont v Belgium (1986) 48 DR 106, (1989) 12 EHRR 217. . . . . A7.82
Bridge [2019] EWCA Crim 2220 . . . . D13.40
Bridge v Campbell (1947) 177 LT 444, 63 TLR 470, [1947] WN 223, 91 SJ 459 . . . . B3.320
Bridgend Justices, ex parte Randall [1975] Crim LR 287, 119 SJ 458. . . . . D22.68
Bridger [2006] EWCA Crim 3169. . . . . B11.71
Bridger [2018] EWCA Crim 1678, [2018] 2 Cr App R (S) 44 (369) E13.4
Brigden [1973] Crim LR 579 . . . . F20.56
Briggs (1856) Dears & B 98, 169 ER 933, 26 LJ MC 7, 28 LT OS 108, 20 JP 741, 7 Cox CC 175,
    2 Jur NS 1195, 5 WR 53. . . . . B2.155
Briggs [1977] 1 WLR 605, [1977] 1 All ER 475, 63 Cr App R 215 . . . . A2.8

Table of Cases

Briggs [2003] EWCA Crim 3662, [2004] 1 Cr App R 34 (451), [2004] Crim LR 495. . . . . B4.39, B4.50
Briggs-Price [2009] UKHL 19, [2009] 1 AC 1026, [2009] 2 WLR 1101,
    [2009] 4 All ER 594 . . . . A7.42, E19.11, E19.13, E19.21
Bright [2008] EWCA Crim 462, [2008] 2 Cr App R (S) 102 (578). E2.22, E13.26
Brightling [1991] Crim LR 364. . . . . B2.27
Brighty v Pearson [1938] 4 All ER 127, 159 LT 619, 102 JP 522, 36 LGR 664, 31 Cox CC 177, 82 SJ 910. . . . C6.61
Brima [2006] EWCA Crim 408, [2007] 1 Cr App R 24 (316) F13.60
Brind [2008] EWCA Crim 934 . . . . D26.12
Brindle [2019] EWCA Crim 813. . . . . E13.5
Brine [1992] Crim LR 123. . . . . F2.27, F18.18
Briscoe (1994) 15 Cr App R (S) 699. . . . . E6.14
Brisland [2008] EWCA Crim 2773 . . . . F13.59
Bristol [2007] EWCA Crim 3214, (2008) 172 JP 161. . . . . B19.115, B19.116, D1.13
Bristol Corporation v Cox (1884) 26 ChD 678, 53 LJ Ch 1144, 50 LT 719, 33 WR 255 . . . . F10.21
Bristol Crown Court, ex parte Willets (1985) 149 JP 416, [1985] Crim LR 219. . . . . D11.52
Bristol Justices, ex parte E [1999] 1 WLR 390, [1998] 3 All ER 798, [1999] 1 Cr App R 144,
    163 JP 56, [1999] Crim LR 161. . . . . A5.72, B8.2
Bristol Justices, ex parte Sawyers [1988] Crim LR 754. . . . . D22.29
Bristow [2013] EWCA Crim 1540, [2014] Crim LR 457. . . . . B1.65
Bristow v Sequeville (1850) 5 Exch 275, 155 ER 118, 19 LJ Ex 289, 14 Jur 674 . . . . F11.27
Bristowe [2019] EWCA Crim 2005, [2020] 1 Cr App R (S) 58 (453) E2.31, E19.68
British Broadcasting Corporation, Ex parte; R v F [2016] EWCA Crim 12,
    [2016] 2 Cr App R 13 (157) B14.125, D3.131
British Telecommunications plc v Nottinghamshire County Council [1999] Crim LR 217. . . . . . . D21.19
Brittain (as Enforcement Receiver) v Noskova [2009] EWHC 2884 (Admin) E19.58
Britton [1973] RTR 502, [1973] Crim LR 375 . . . . B14.38
Britton [1987] 1 WLR 539, [1987] 2 All ER 412, 85 Cr App R 14 . . . . F6.16
Britton [1989] Crim LR 144. . . . . D1.139
Britton (1994) 15 Cr App R (S) 482 . . . . B6.68
Brizzalari (2004) *The Times* [2004] EWCA Crim 310,, 3 March 2004 . . . . F20.5, F20.12
Broad (1978) 68 Cr App R 281. . . . . D12.78, D12.88
Broad [1997] Crim LR 666. . . . . A5.58
Broad v Pitt (1828) 3 C & P 518, 172 ER 528, Mood & M 233, 173 ER 1142 . . . . F9.31
Broadbent v High [1985] RTR 359, 149 JP 115. . . . . D21.50
Broadhead [2006] EWCA Crim 1705. . . . . D16.65
Broadhurst [2019] EWCA Crim 2026. . . . . B1.59
Broadwith v DPP [2000] All ER (D) 225, (2000) 3 Arch News 2. . . . . B11.146
Brock [2001] 1 WLR 1159, [2001] 2 Cr App R 3 (31), [2001] 2 Cr App R (S) 48 (249), 165 JP 331 . . . . . B19.95
Brockley [1994] Crim LR 671, [1994] BCC 131, [1994] 1 BCLC 606. . . . . B7.75
Brockwell v Westminster Magistrates' Court [2022] EWHC 1662 (Admin), [2022] 1 WLR 5463,
    [2022] ACD 102 . . . . D31.11
Broderick [1970] Crim LR 155. . . . . D13.25, D13.32, D13.39
Broderick (1994) 15 Cr App R (S) 476, [1994] Crim LR 139 . . . . D20.87
Brodziak v Poland [2013] EWHC 3394 (Admin) D31.27
Brogan v UK (1989) 11 EHRR 117 . . . . A7.38
Bromfield [2002] EWCA Crim 195. . . . . F20.53
Bromley Justices, ex parte Haymills (Contractors) Ltd [1984] Crim LR 235. . . . . D22.68
Bromley Magistrates' Court, ex parte Smith [1995] 1 WLR 944, [1995] 4 All ER 146,
    [1995] 2 Cr App R 285, (1995) 159 JP 251, [1995] Crim LR 248. . . . . F9.5
Brook [1993] Crim LR 455. . . . . B4.179
Brook [2003] EWCA Crim 951, [2003] 1 WLR 2809 . . . . F7.21
Brooke (1819) 2 Stark 472, 171 ER 709 . . . . F7.1
Brooker [2024] EWCA Crim 103, [2024] Crim LR 426 . . . . D4.1, D14.1, D14.55, D14.74, D14.75, D26.24, F4.23
Brooker v DPP [2005] EWHC 1132 (Admin), (2005) *The Times*, 5 May 2005 . . . . B4.81, B12.184
Brookes [1995] Crim LR 630 . . . . B2.86, D12.26
Brooks (1982) 76 Cr App R 66 . . . . B5.45
Brooks [1985] Crim LR 385. . . . . D6.37
Brooks [2001] EWCA Crim 1944. . . . . C3.11
Brooks [2004] EWCA Crim 3021. . . . . F20.29
Brooks [2014] EWCA Crim 562. . . . . F13.8, F13.51
Brooks [2017] EWCA Crim 1066. . . . . E2.10
Brooks [2019] EWCA Crim 2004. . . . . E22.8
Brooks [2021] EWCA Crim 1468. . . . . B3.393
Brooks v Wassell (8 November 1979, unreported) B19.92
Broom v Crowther (1984) 148 JP 592. . . . . B4.40
Broome v Perkins (1987) 85 Cr App R 321, [1987] RTR 321, [1987] Crim LR 271. . . . . A1.11
Broome v Walter [1989] Crim LR 725. . . . . B12.16
Brophy [1982] AC 476, [1981] 3 WLR 103, [1981] 2 All ER 705, 73 Cr App R 287 . . . . D16.41, F18.73
Brotherston v DPP [2012] EWHC 136 (Admin), (2012) 176 JP 153. . . . . C2.23
Broughton [2010] EWCA Crim 549. . . . . F19.29
Broughton [2020] EWCA Crim 1093, [2021] 1 Cr App R 3 (25) A1.40, B1.72, B1.77, F3.50
Brower [1995] Crim LR 746. . . . . D18.36
Brown (1841) Car & M 314. . . . . A1.16
Brown (1870) LR 1 CCR 244, 39 LJ MC 94, 22 LT 484, 34 JP 436, 11 Cox CC 517, 18 WR 792 . . . . B1.148

Table of Cases

Brown [1975] Crim LR 177 . . . . D26.57
Brown [1983] Crim LR 38 . . . . F20.60
Brown (1989) *The Times*, 25 October 1989. . . . . D19.6
Brown (1992) *The Times*, 27 March 1992 . . . . B12.62
Brown [1995] Crim LR 328 . . . . B12.96
Brown [1998] Crim LR 505 . . . . D19.19
Brown (Alan) [2006] EWCA Crim 827, [2006] 2 Cr App R (S) 107 (699) D13.65
Brown (Anthony) (1989) 11 Cr App R (S) 263, [1989] Crim LR 750 . . . . E15.2
Brown (Anthony Joseph) [1994] 1 AC 212, [1993] 2 WLR 556, [1993] 2 All ER 75, 97 Cr App 44,
 157 JP 337, [1993] Crim LR 583 . . . . B2.16, B2.17, B2.18
Brown (Charles James) [2005] EWCA Crim 2868, [2006] 1 Cr App R (S) 124 (727) C3.6
Brown (Christian Thomas) [2004] EWCA Crim 1620, [2004] Crim LR 1034 . . . . D14.14, D14.23
Brown (Cleon Edwin) [2017] EWCA Crim 1870 . . . . A4.12
Brown (Daniel) [1997] 1 Cr App R 112, [1996] Crim LR 659 . . . . D16.20
Brown (Daniel William) (1971) 55 Cr App R 478 . . . . B12.173, F3.10, F3.54
Brown (Davina) [2001] EWCA Crim 961, [2002] 1 Cr App R 5 (46), [2001] Crim LR 675 . . . . D16.72
Brown (Dean Patrick) [2012] EWCA Crim 1152 . . . . E21.32
Brown (Delroy) [2011] EWCA Crim 1606 . . . . D19.58
Brown (Dominic) [2021] EWCA Crim 1963 . . . . C3.38
Brown (Edward) [2015] EWCA Crim 1328, [2016] 1 WLR 1141, [2015] 2 Cr App R 31 (429) F10.41
Brown (James Hugh) [2022] EWCA Crim 6, [2022] 1 Cr App R 18 (348) A3.56, A7.18, B11.33
Brown (Jamie) [1998] Crim LR 196 . . . . D16.72
Brown (Jesse Jones) [2016] EWCA Crim 523 . . . . D19.84
Brown (Kevin) (1983) 79 Cr App R 115 . . . . A1.40, A6.13, B7.29, D18.44
Brown (Merrick) [2011] EWCA Crim 80 . . . . F19.18
Brown (Michael) [2013] EWCA Crim 1726, [2014] 1 Cr App R (S) 84 (518) B19.180
Brown (Michael Thomas Ernest) [1970] 1 QB 105, [1969] 3 WLR 370, [1969] 3 All ER 198,
 53 Cr App R 527 . . . . B4.174
Brown (Milton) [1998] 2 Cr App R 364 . . . . D3.113, D17.8, D17.19, F7.3
Brown (Nico) [2019] EWCA Crim 1143, [2019] 2 Cr App R 25 (271),
 [2019] 1 WLR 672. . . . . D14.78, F17.9, F17.52
Brown (Nico) [2020] EWCA Crim 667 . . . . F16.15
Brown (Richard) [2013] UKSC 43, [2013] 4 All ER 860 . . . . A2.28
Brown (Richard Bartholomew) (1987) 87 Cr App R 52, [1988] Crim LR 239 . . . . F9.19
Brown (Robert Anthony) [2018] EWCA Crim 1775 . . . . C3.19
Brown (Robert Clifford) [2001] EWCA Crim 2828, [2002] Crim LR 409 . . . . D13.59
Brown (Shenae Baffrene) [2014] EWCA Crim 2176 . . . . B2.86, D19.58
Brown (Terence Roy) [2011] EWCA Crim 2751, [2012] 2 Cr App R (S) 10 (39) B10.62, B10.92
Brown (Tyrone) [2016] EWCA Crim 1437 . . . . D25.59
Brown (Vincent) [1985] Crim LR 212 . . . . B4.86
Brown (Vincent John) [2004] EWCA Crim 744 . . . . B14.46
Brown (Winston) [1994] 1 WLR 1599, [1995] 1 Cr App R 191 . . . . F9.6
Brown v CPS [2021] EWHC 3056 (Admin) D29.22
Brown v DPP [2019] EWHC 798 (Admin), [2019] RTR 34 (449), [2019] 2 Cr App R 6 (48) . . . C2.5, D5.5, D21.17
Brown v Fisk [2021] EWHC 2769 (QB) C1.17
Brown v Foster (1857) 1 H & N 736, 156 ER 1397, 26 LJ Ex 249, 3 Jur NS 245, 5 WR 292 . . . . F10.27
Brown v Gallacher [2003] RTR 17 (239) C5.10
Brown v London Borough of Haringey [2015] EWCA Civ 483, [2017] 1 WLR 542 . . . . D32.21
Brown v Matthews [1990] Ch 662, [1990] 2 WLR 879, [1990] 2 All ER 155 . . . . F9.31
Brown v Parole Board for Scotland [2017] UKSC 69, [2018] AC 1, [2017] 3 WLR 1373,
 [2018] 1 All ER 909, 2018 SC (UKSC) 49, 2017 SLT 1207, 2017 SCCR 540, 2018 SCLR 76,
 [2017] HRLR 16 . . . . A7.81
Brown v Stott [2003] 1 AC 681, [2001] 2 WLR 817, [2001] 2 All ER 97,
 [2001] RTR 11 (121) A7.77, C2.14, F10.11
Brown v The Queen [2005] UKPC 18, [2006] 1 AC 1, [2005] 2 WLR 1558 . . . . F14.25
Brown v The Queen [2016] UKPC 6 . . . . D27.25
Brown v UK (1986) 8 EHRR 272 . . . . A7.50
Brown v Woodman (1834) 6 C & P 206, 172 ER 1209 . . . . F8.3
Browne [2018] EWCA Crim 2768 . . . . B19.5
Browne v Dunn (1893) 6 R 67 . . . . F7.8, F7.9
Browne-Morgan [2016] EWCA Crim 1903, [2017] 4 WLR 118, [2017] 1 Cr App R (S) 33 (279) D25.23
Browning (6 November 1998, unreported) A5.58
Browning (1991) 94 Cr App R 109, [1992] RTR 49 . . . . C1.2, F19.11
Browning [1995] Crim LR 227 . . . . F11.8
Browning [2001] EWCA Crim 1831, [2002] 1 Cr App R (S) 88 (377) C3.19
Browning v JWH Watson (Rochester) Ltd [1953] 1 WLR 1172, [1953] 2 All ER 775,
 117 JP 479, 51 LGR 597 . . . . A2.25
Brownlees [2005] EWCA Crim 532 . . . . B7.78
Brozicek v Italy (1990) 12 EHRR 371 . . . . A7.43, A7.56
Brushett [2001] Crim LR 471 . . . . D9.76
Brutus v Cozens [1973] AC 854, [1972] 3 WLR 521, [1972] 2 All ER 1297, 56 Cr App R 799 . . . . . B11.39, B11.57,
 B12.42, B12.184, B12.187, B12.188, B12.189, F1.38
Bruzas [1972] Crim LR 367 . . . . B1.49
Bryan [1998] 2 Cr App R (S) 109 . . . . B14.103
Bryan [2001] EWCA Crim 2550, [2002] Crim LR 240 . . . . D13.72

Table of Cases

Bryan [2008] EWCA Crim 1568, [2009] RTR 4 (29) C5.24
Bryan [2011] EWCA Crim 316, [2011] 2 Cr App R (S) 70 (407) B2.113
Bryan [2015] EWCA Crim 548. . . . . B3.15
Bryan v Mott (1975) 62 Cr App R 71 . . . . B12.164, B12.165, B12.174, B12.176
Bryant [1979] QB 108, [1978] 2 WLR 589, [1978] 2 All ER 689, 67 Cr App R 157,
    [1978] Crim LR 307, 122 SJ 62. . . . . D18.16, D18.17, F14.1
Bryant [2005] EWCA Crim 2079 . . . . D4.9, D9.31
Bryce [1992] 4 All ER 567, 95 Cr App R 320, [1992] Crim LR 728 . . . . F2.18, F2.25, F18.47
Bryce [2004] EWCA Crim 1231, [2004] 2 Cr App R 35 (592), [2004] Crim LR 936. . . . . A4.9
Byrne (1995) 16 Cr App R (S) 140 . . . . B4.82
Byrne [2016] EWCA Crim 2124 . . . . F19.3
Byrne [2021] EWCA Crim 107 . . . . F13.21, F13.75
Bryon [2015] EWCA Crim 997, [2015] 2 Cr App R 21 (299) F19.32
Bryson v Gamage [1907] 2 KB 630 . . . . B12.14
Brzezinski [2012] EWCA Crim 198, [2012] 2 Cr App R (S) 62 (364) E2.26
Buckfield [1998] EWCA Crim 1322 . . . . B12.16
Buckingham (1976) 63 Cr App R 159, [1977] Crim LR 674 . . . . B8.40
Buckingham (1994) 99 Cr App R 303, [1994] Crim LR 283 . . . . F12.12
Buckland [2019] EWCA Crim 952 . . . . B4.80
Buckley (1873) 13 Cox CC 293 . . . . F17.64
Buckley (1979) 69 Cr App R 371 . . . . B19.46
Buckley (1988) 10 Cr App R (S) 477, [1989] Crim LR 386. . . . . C7.34
Buckley (1994) 15 Cr App R (S) 695, [1994] Crim LR 387 . . . . C7.38
Buckley (1999) 163 JP 561 . . . . F19.36
Buckley [2021] EWCA Crim 1484 . . . . B3.113
Buckley v Law Society (No. 2) [1984] 1 WLR 1101, [1984] 3 All ER 313 . . . . F9.12
Buckman [1997] 1 Cr App R (S) 325, [1997] Crim LR 67 . . . . E19.57
Buckoke v Greater London Council [1971] Ch 655, [1971] 2 WLR 760, [1971] 2 All ER 254,
    [1971] RTR 131, 69 LGR 210 . . . . A3.48
Buddington [2015] EWCA Crim 1127 . . . . B12.24, B12.60
Buddo (1982) 4 Cr App R (S) 268, [1982] Crim LR 837 . . . . E8.5
Bukhari [2008] EWCA Crim 2915, [2009] 2 Cr App R (S) 18 (113) D20.107, E19.2
Bullard v The Queen [1957] AC 635, [1957] 3 WLR 656, 121 JP 576, 42 Cr App R 1. . . . . F3.38
Bullas [2012] All ER (D) 21 (Nov) F13.34
Bullen [2008] EWCA Crim 4, [2008] 2 Cr App R 25 (364), [2008] Crim LR 472 . . . . F1.25, F13.2, F13.50
Bullen and Soneji v UK (2009) *The Times*, 2 February 2009, [2009] ECHR 28 . . . . D3.76
Bumper Development Corporation v Metropolitan Police Commissioner [1991] 1 WLR 1362,
    [1991] 4 All ER 638 . . . . F11.27
Bunch [2013] EWCA Crim 2498 . . . . B1.29, B1.30, F11.14
Bundy [1977] 1 WLR 914, [1977] 2 All ER 382, 65 Cr App R 239, [1977] RTR 357 . . . . B4.155
Bunston v Rawlings [1982] 1 WLR 473, [1982] 2 All ER 697, 75 Cr App R 40, [1983] RTR 30 . . . . D33.25
Bunyan [2013] EWCA Crim 1885, [2014] 1 Cr App R (S) 65 (428) B15.27
Bunyard v Hayes [1985] RTR 348 . . . . C5.2
Buono (1992) 95 Cr App R 338 . . . . D19.88
Burchall [1999] Crim LR 311 . . . . F20.53
Burchell [2016] EWCA Crim 1559 . . . . F15.24
Burcombe [2010] EWCA Crim 2818 . . . . D13.59
Burden v Rigler [1911] 1 KB 337, 80 LJ KB 100, 103 LT 758, 75 JP 36, 27 TLR 140, 9 LGR 71 . . . . B11.150
Burdess [2014] EWCA Crim 270 . . . . F13.51
Burdett [2022] EWCA Crim 1475 . . . . F19.22
Burfitt v A & E Kille [1939] 2 KB 743 . . . . B12.24, B12.37
Burfoot (1990) 12 Cr App R (S) 252, [1991] Crim LR 143. . . . . D20.57
Burgan [2020] EWCA Crim 1186, [2021] 1 Cr App R (S) 39 (290) B5.50
Burge [1996] 1 Cr App R 163 . . . . D18.32, F1.26, F1.27, F1.29
Burgess [1991] 2 QB 92, [1991] 2 WLR 1206, [1991] 2 All ER 769, 91 Cr App R 41,
    [1991] Crim LR 548 . . . . A1.11, A3.31, F3.43
Burgess [2001] 2 Cr App R (S) 2 (5) E8.5
Burgess [2008] EWCA Crim 516 . . . . A1.36, B1.70, B2.99
Burgoyne v Phillips (1983) 147 JP 375, [1983] RTR 49 . . . . C1.6
Burke (1985) 82 Cr App R 156 . . . . F2.41
Burke [1991] 1 AC 135, [1990] 2 WLR 1313, [1990] 2 All ER 385, 91 Cr App R 384 . . . . B13.13, B13.17
Burke [2006] EWCA Crim 3122 . . . . D26.28
Burke v DPP [1999] RTR 387 . . . . C5.25
Burke v UK (2006) Appln. 19807/06, 11 July 2006. . . . . A1.22
Burland [2013] EWCA Crim 518 . . . . D13.71
Burles [1970] 2 QB 191 . . . . D12.8
Burley (1994) *The Times*, 9 November 1994 . . . . D27.12
Burley [2000] Crim LR 843 . . . . A3.71
Burmah Oil Co. Ltd v Bank of England [1980] AC 1090, [1979] 3 WLR 722,
    [1979] 3 All ER 700 . . . . F9.2, F9.3, F9.12
Burnett [1973] Crim LR 748 . . . . F2.44
Burnett [2016] EWCA Crim 1941 . . . . F20.50, F20.54
Burns (1973) 58 Cr App R 364, [1975] Crim LR 155 . . . . F3.43
Burns (1984) 79 Cr App R 173 . . . . A5.51

Table of Cases

Burns [2006] EWCA Crim 617, [2006] 1 WLR 1273, [2006] 2 Cr App R 16 (264), 170 JP 428,
 [2006] Crim LR 832 .... F12.1, F12.3, F13.6
Burns [2010] EWCA Crim 1023, [2010] 1 WLR 2694, [2010] 2 Cr App R 16 (117) A3.66, A3.69
Burns [2015] EWCA Crim 2542 .... F17.39
Burns [2017] EWCA Crim 1466 .... A8.5, B11.83, B11.89
Burns v Bidder [1967] 2 QB 227, [1966] 3 WLR 99, [1966] 3 All ER 29, 130 JP 342 .... A3.12, C1.8
Burns v Currell [1963] 2 QB 433, [1963] 2 WLR 1106, [1963] 2 All ER 297, 61 LGR 356 .... C1.10
Burns v HM Advocate 1995 SLT 1090 .... A3.71
Burns v HM Advocate [2008] UKPC 63, [2009] 1 AC 720, [2009] 2 WLR 935 .... A7.64, D3.75
Burrell v Harmer [1967] Crim LR 169 .... B2.15
Burridge [2010] EWCA Crim 2847, [2011] 2 Cr App R (S) 27 (148) D26.19
Burrows [1970] Crim LR 419 .... D19.79
Burrows [2000] Crim LR 48 .... F5.13
Burrows [2019] EWCA Crim 889 .... D6.28
Burt (2004) *The Independent*, 3 December 2004 .... D27.3
Burton [2011] EWCA Crim 1990, (2011) 175 JP 385, [2011] Crim LR 956 .... D14.36, F17.37
Burton [2015] EWCA Crim 1307, [2015] 1 Cr App R 7 (97) D19.91
Burton upon Trent Justices, ex parte Wooley [1995] RTR 139, 159 JP 165 .... C5.19, C5.24
Burton v Gilbert [1984] RTR 162 .... C6.61
Busby (1981) 75 Cr App R 79, [1982] Crim LR 232 .... F6.12, F7.48, F7.49
Busby (1992) 13 Cr App R (S) 291 .... E15.8
Bush [2019] EWCA Crim 29 .... A5.69, B5.11, B5.12, B6.13
Bushell (1980) 2 Cr App R (S) 77, [1980] Crim LR 444 .... D33.29, D33.30
Bussey v DPP [1999] 1 Cr App R (S) 125, [1998] Crim LR 908 .... D29.8
Buswell [1972] 1 WLR 64, [1972] 1 All ER 75 .... B19.31
Butler [1988] Crim LR 695 .... B12.161
Butler (1993) 14 Cr App R (S) 537 .... E19.38
Butler [2015] EWCA Crim 854 .... D9.29
Butler [2023] EWCA Crim 676, [2023] 2 Cr App R (S) 46 (429), [2024] Crim LR 81 .... D20.95
Butler [2023] EWCA Crim 800, [2023] 2 Cr App R (S) 50 (469), [2024] Crim LR 83 .... B2.3, B2.195
Butler v Board of Trade [1971] Ch 680, [1970] 3 WLR 822, [1970] 3 All ER 593 .... F2.6, F10.38, F10.46
Butler v DPP [1990] RTR 377 .... C5.43
Butler v DPP [2001] RTR 28 (430), [2001] Crim LR 580 .... C5.24
Butler v Leeds Magistrates' Court [2023] EWHC 3420 (Admin), [2024] ACD 24 .... E19.75
Butt [2006] EWCA Crim 137, [2006] 2 Cr App R (S) 44 (295) B7.34
Butt [2018] EWCA Crim 1617, [2019] 1 Cr App R (S) 4 (27) E5.23, E14.6
Butt [2023] EWCA Crim 1131, [2024] 3 All ER 156, [2024] 1 Cr App R (S) 26 (230),
 [2024] Crim LR 73 .... D3.22, D23.62
Butters (1971) 55 Cr App R 515 .... E14.6
Buttes Gas and Oil Co. v Hammer (No. 3) [1981] QB 223, [1980] 3 WLR 668, [1980] 3 All ER 475 .... F9.11
Button [2005] EWCA Crim 516, [2005] Crim LR 571 .... F14.11
Buxton [2010] EWCA Crim 2923, [2011] 1 WLR 857, [2011] 2 Cr App R (S) 23 (121) E21.32
Buzalek [1991] Crim LR 115, [1991] Crim LR 116 .... F14.11
Byas (1995) 16 Cr App R (S) 869, 159 JP 458, [1995] Crim LR 439 .... B14.99, E5.6
Byatt [2006] EWCA Crim 904, [2006] 2 Cr App R (S) 116 (779) E19.23
Bye [2005] EWCA Crim 1230, [2006] 1 Cr App R 27 (157) E21.11
Bykov v Russia [2010] ECHR 1517, [2010] Crim LR 413 .... F2.24
Byrne [1960] 2 QB 396, [1960] 3 WLR 440, [1960] 3 All ER 1, 44 Cr App R 246 .... B1.29, F11.14
Byrne [2002] EWCA Crim 632, [2002] 2 Cr App R 21 (311), [2002] Crim LR 487 .... F1.11
Byrne [2003] EWCA Crim 3253, [2004] Crim LR 582 .... B12.164
Byrne [2004] EWCA Crim 979 .... D1.133
Byrne [2012] EWCA Crim 418 .... E2.10
Byrne [2016] All ER (S) 129 (Nov) F19.5
Byrne [2021] EWCA Crim 107 .... F11.4, F11.36
Byrne v UK [1998] EHRLR 626 .... A7.68
Bywater [2014] EWCA Crim 405 .... B11.34

C (1990) *The Times*, 9 November 1990 .... B2.123
C (1993) *The Times*, 4 February 1993 .... D11.71
C [2004] EWCA Crim 292, [2004] 1 WLR 2098, [2004] 3 All ER 1, [2004] 2 Cr
 App R 15 (253) B3.36, B3.385
C [2006] EWCA Crim 1079, [2006] 1 WLR 2994, [2006] 3 All ER 689, [2006] 2 Cr App
 R 28 (412), 171 JP 108, [2006] Crim LR 1058 .... F13.20, F17.15, F17.88
C [2007] EWCA Crim 1757 .... B20.4
C [2007] EWCA Crim 1862 .... C1.22, D16.55
C [2007] EWCA Crim 2581, [2008] 1 WLR 966, [2008] 1 Cr App R 22 (311) B5.3
C [2008] EWCA Crim 1155, [2009] 1 Cr App R 15 (211) B3.33
C [2008] EWCA Crim 3228 .... D14.79
C [2010] EWCA Crim 72 .... F17.37
C [2010] EWCA Crim 2971, [2011] 1 WLR 1942, [2011] 1 Cr App R 17 (222) F6.4, F12.20, F13.6
C [2012] EWCA Crim 1478 .... F11.22
C [2012] EWCA Crim 2034, [2011] 1 Cr App R (S) 28 (186) B3.30, F13.40
C [2012] EWCA Crim 2380 .... D14.39
C [2016] EWCA Crim 1631 .... F7.43

Table of Cases

C [2019] EWCA Crim 623, [2019] 2 Cr App R 11 (88)......F17.11, F17.35, F17.91
C [2022] EWCA Crim 614......B3.24
C (A Minor) v DPP [1996] AC 1, [1995] 2 WLR 383, [1995] 2 All ER 43, [1995] 2 Cr App R 166,
  [1995] RTR 261, 159 JP 269......A3.73
C (Adult: Refusal of Treatment), Re [1994] 1 WLR 290, [1994] 1 All ER 819......A1.21
C (GA) [2013] EWCA Crim 1472......A3.46, F11.19
C (RA) [2015] EWCA Crim 1856......B3.21
C v CPS [2008] EWHC 148 (Admin)......B2.204, B2.209, B2.210
C v DPP [2001] EWHC Admin 453, [2002] 1 Cr App R (S) 45 (189), [2002] Crim LR 322......B12.165, E15.17
C v Italy (1988) 56 DR 40......A7.56
C v S [1988] QB 135, [1987] 2 WLR 1108, [1987] 1 All ER 1230......B1.122
CB [2020] EWCA Crim 790, [2020] 2 Cr App R 20 (305)......D3.84, F7.43, F7.46, F15.28
CC [2019] EWCA Crim 2101, [2020] 1 Cr App R 15 (258)......D26.10
CE [2012] EWCA Crim 1324......B3.49
CG v UK (2002) 34 EHRR 31 (789)......A7.49
CN [2020] EWCA Crim 1028......F13.50
CN v France (2013) 56 EHRR 24......B22.4
COL v DPP [2022] EWHC 601 (Admin)......B22.9
CPS (10 July 2008, unreported)......B19.110
CPS v Bate [2004] EWHC 2811 (Admin)......C5.25
CPS v C [2009] EWCA Crim 2614......D16.77, D16.79
CPS v Campbell [2009] EWCA Crim 997, [2010] 1 WLR 650......D8.74
CPS v Doran [2015] EWCA Crim 384......B16.13, E19.27
CPS v Grimes [2003] 2 FLR 510......D8.66
CPS v M [2009] EWCA Crim 2615, [2011] 1 WLR 822, [2010] 4 All ER 51,
  [2010] 2 Cr App R 33 (383)......A2.20, A2.23, A2.25
CPS v Mattu [2009] EWCA Crim 1483, [2010] Crim LR 229......D3.90
CPS v Nelson [2009] EWCA Crim 1573, [2010] 2 WLR 788, [2010] 4 All ER 666,
  [2010] 1 Cr App R (S) 82 (530)......E19.63
CPS v Newcastle-upon-Tyne Youth Court [2010] EWHC 2773 (Admin)......D24.32
CPS v P [2007] EWHC 946 (Admin), [2008] 1 WLR 1005, [2007] 4 All ER 628, 171 JP 349......D21.52, D24.94, D24.95
CPS v Picton [2006] EWHC 1108 (Admin), (2006) 170 JP 567......D5.23
CPS v Piper [2011] EWHC 3570 (Admin)......E19.57
CPS v Richards [2006] EWCA Civ 849......D8.66, E19.58
CPS v Thompson [2007] EWHC 1841 (Admin), [2008] RTR 5 (70)......C5.51
CPS v Uxbridge Magistrates [2007] EWHC 205 (Admin), (2007) 171 JP 279......F17.14
CPS v Walker-Scarlett [2024] EWHC 1266 (KB)......D10.62
CS [2021] EWCA Crim 134......A3.53, A3.54, B19.24, B22.24
Cabot Global Ltd v Barkingside Magistrates' Court [2015] EWHC 1458 (Admin),
  [2015] 2 Cr App R 26 (355)......D1.172
Caceres [2013] EWCA Crim 924, [2014] 1 Cr App R (S) 33 (128)......B2.66
Cadder v HM Advocate [2010] UKSC 43, [2010] 1 WLR 2601......D1.60, D1.62, F18.36
Cadette [1995] Crim LR 229......F2.25
Cadman [2012] EWCA Crim 611, [2012] 2 Cr App R (S) 88 (525)......E21.9
Caetano v Metropolitan Police Commissioner [2013] EWHC 375 (Admin), (2013) 177 JP 314......D2.24
Cafferata v Wilson [1936] 3 All ER 149, 155 LT 510, 34 LGR 546, 100 JP 489, 30 Cox CC 475,
  53 TLR 34, 80 SJ 856......B12.11
Cahill [1993] Crim LR 141......B4.59
Cain [1976] QB 496, [1975] 3 WLR 131, [1975] 2 All ER 900, 61 Cr App R 186,
  [1975] Crim LR 460......D2.18, D12.102
Cain [1983] Crim LR 802......B4.162, D26.27
Cain [1994] 1 WLR 1449, [1994] 2 All ER 398, (1994) 99 Cr App R 208......F14.24
Cain [2006] EWCA Crim 3233, [2007] 2 Cr App R (S) 25 (135), [2007] Crim LR 310......D20.6
Caine [2024] EWCA Crim 225......F12.20, F13.6
Caines [2006] EWCA Crim 2915, [2007] 1 WLR 1109, [2007] 2 All ER 584......D26.48
Caippara (1987) 87 Cr App R 316......B16.45
Cairns [1992] 2 Cr App R 137......A3.37, B22.52
Cairns [1997] 1 Cr App R (S) 118......B2.149
Cairns [1998] 2 Cr App R (S) 434......E13.3
Cairns [2002] EWCA Crim 2838, [2003] 1 WLR 796, [2003] 1 Cr App R 38 (662)
  [2003] Crim LR 403......D9.31, D16.21, F6.48
Cakmak [2002] EWCA Crim 500, [2002] 2 Cr App R 10 (158), [2002] Crim LR 581......B8.35
Calcraft v Guest [1898] 1 QB 759, 67 LJ QB 505, 78 LT 283, 46 WR 420,
  [1895–9] All ER Rep 346......F2.6, F10.45, F10.46
Calcutt (1985) 7 Cr App R (S) 385, [1986] Crim LR 266......E7.2
Calder and Boyars Ltd [1969] 1 QB 151, [1968] 3 WLR 974, [1968] 3 All ER 644......B18.7, B18.8, B18.16
Calder Justices, ex parte Kennedy (1992) 156 JP 716, [1992] Crim LR 496......D7.72
Calderdale Magistrates' Court, ex parte Donahue and Cutler [2001] Crim LR 141......D5.20
Caldwell (1994) 99 Cr App R 73, [1993] Crim LR 862......F19.20
Caley-Knowles [2006] EWCA Crim 1611, [2006] 1 WLR 3181, [2007] 1 Cr App R 13 (197)......D18.41
Calhaem [1985] QB 808, [1985] 2 WLR 826, [1985] 2 All ER 266, 81 Cr App R 131......A4.3
Callaghan [2023] EWCA Crim 98......B7.9
Callan (1994) 15 Cr App R (S) 574, [1994] Crim LR 384......E19.66

Table of Cases

Calland [2017] EWCA Crim 2308 . . . . F11.8
Callender [1998] Crim LR 337 . . . . F17.65
Callie [2009] EWCA Crim 283 . . . . D1.138
Callis v Gunn [1964] 1 QB 495, [1963] 3 WLR 931, [1963] 3 All ER 677, 48 Cr App R 36 . . . . F2.43
Callister (1992) 156 JP 893, [1993] RTR 70 . . . . C7.11
Callow v Tillstone (1900) 83 LT 411, 64 JP 823, 19 Cox CC 576 . . . . A4.6
Calvert v Flower (1836) 7 C & P 386, 173 ER 172 . . . . F7.24
Camara [2022] EWCA Crim 542, [2022] 2 Cr App R (S) 48 (398), [2022] Crim LR 782 . . . . E16.30
Camaras v Romania [2016] EWHC 1766 (Admin), [2018] 1 WLR 1174 . . . . D31.37
Camberwell Green Stipendiary Magistrate, ex parte Christie [1978] QB 602, [1978] 2 WLR 794,
    [1978] 2 All ER 377, 67 Cr App R 39. . . . . D11.75
Camberwell Green Youth Court, ex parte D [2005] UKHL 4, [2005] 1 WLR 393, [2005] 1 All ER 999,
    [2005] 2 Cr App R 1 (1), 169 JP 105 . . . . D14.25, D14.33
Cambray [2007] EWCA Crim 1708, [2007] RTR 10 (128) C2.10, D19.61
Cambridge [2011] EWCA Crim 2009, [2012] Crim LR 373 . . . . F13.13, F13.63
Cambridge Justices, ex parte Peacock (1992) 156 JP 895, [1993] Crim LR 219 . . . . D1.8
Camelot Group plc v Centaur Communications Ltd [1999] QB 124, [1998] 2 WLR 379,
    [1998] 1 All ER 251 . . . . F9.26
Camenzind v Switzerland (1999) 28 EHRR 458 . . . . A7.30
Cameron [1973] Crim LR 520 . . . . F3.47
Cameron [2010] EWCA Crim 1282, [2011] 1 Cr App R (S) 24 (163) E17.8
Campaign Against Anti-Semitism v DPP [2019] EWHC 9 (Admin) B11.53, D2.23
Campbell (1911) 6 Cr App R 131, 75 JP 216, 27 TLR 256, 55 SJ 273 . . . . D20.46
Campbell [1976] Crim LR 508, 120 SJ 352 . . . . D18.21
Campbell [1982] Crim LR 595 . . . . B19.92, B19.93
Campbell (1983) 78 Cr App R 95 . . . . B7.75
Campbell (1984) 80 Cr App R 47 . . . . B6.33, B6.40
Campbell (1986) 84 Cr App R 255 . . . . F3.9
Campbell (1991) 93 Cr App R 350, [1991] Crim LR 268 . . . . A5.76, A5.77, A5.78
Campbell [1995] 1 Cr App R 522, [1995] Crim LR 157 . . . . F18.57
Campbell [1996] Crim LR 500 . . . . F19.7
Campbell [1997] Crim LR 495 . . . . B1.28, B1.49
Campbell [2004] EWCA Crim 2309 . . . . B12.265
Campbell [2007] EWCA Crim 1472, [2007] 1 WLR 2798, [2007] 2 Cr App R 28 (361), 171 JP 525,
    [2008] Crim LR 303 . . . . D18.32, F13.29, F13.33, F13.35, F13.36, F13.37, F13.55,
                                                                    F13.64, F13.78, F13.81, F15.31
Campbell [2009] EWCA Crim 50 . . . . A4.24
Campbell [2009] EWCA Crim 1076, [2009] Crim LR 822 . . . . D18.31
Campbell [2009] EWCA Crim 2459, [2010] 2 Cr App R (S) 28 (175), [2010] RTR 27 (295),
    174 JP 73 . . . . C7.20
Campbell [2017] EWCA Crim 213, [2017] 1 Cr App R (S) 57 (440) B21.16
Campbell [2018] EWCA Crim 802, [2018] 2 Cr App R (S) 24 (222) E2.6
Campbell [2022] EWCA Crim 282 . . . . B4.81
Campbell v CPS [2020] EWHC 3868 (Admin) B2.49, D1.19
Campbell v DPP [2002] EWHC 1314 (Admin), (2002) 166 JP 742, [2003] Crim LR 118 . . . . C5.29, F2.29
Campbell v Wallsend Slipway and Engineering Co. Ltd [1978] ICR 1015 . . . . F3.71
Campbell and Fell v UK (1985) 7 EHRR 165 . . . . A7.49, A7.52
Campbell-Brown v Central Criminal Court [2015] EWHC 202 (Admin), [2015] 1 Cr App R 34 (516),
    179 JP 170, [2015] Crim LR 523 . . . . D15.23, D15.26, D15.33
Campeanu [2020] EWCA Crim 362 . . . . A3.21
Canale [1990] 2 All ER 187, 91 Cr App R 1, 154 JP 286, [1990] Crim LR 329 . . . . D1.90,
                                                                    F2.26, F18.33, F18.42, F18.55
Canavan [1998] 1 Cr App R (S) 243, [1998] 1 WLR 604, [1998] 1 All ER 42, [1998] 1 Cr App R 79,
    (1997) 161 JP 709, [1997] Crim LR 766 . . . . D11.35, D11.36, D20.57, E13.8
Candlish v DPP [2022] EWHC 842 (Admin) B4.2, D6.28
Cannan (1991) 92 Cr App R 16, [1990] Crim LR 869 . . . . D11.84, D11.85
Cannan [1998] Crim LR 284 . . . . F7.8
Cannings [2004] EWCA Crim 1, [2004] 1 WLR 2607, [2004] 1 All ER 725,
    [2004] 2 Cr App R 7 (63) F5.18, F5.19, F11.9
Canns [2005] EWCA Crim 2264 . . . . A3.63
Canny (1945) 30 Cr App R 143 . . . . D18.39, D26.34
Cano-Uribe [2015] EWCA Crim 1824, [2016] 1 Cr App R (S) 36 (210) B6.39
Canterbury and St Augustine Justices, ex parte Klisiak [1982] QB 398, [1981] 3 WLR 60,
    [1981] 2 All ER 129, 72 Cr App R 250 . . . . D3.60, D6.24, D6.36
Cantor [1991] Crim LR 481 . . . . D12.97
Cape [1996] 1 Cr App R 191 . . . . F19.3
Capo [2020] EWCA Crim 1713 . . . . B19.159
Capper v Chaney and Metropolitan Police Commissioner [2010] EWHC 1704 (Ch), (2010) 174 JP 377 . . . . . . D8.17
Capron v The Queen [2006] UKPC 34 . . . . F19.3
Carass [2001] EWCA Crim 2845, [2002] 1 WLR 1714, [2002] 2 Cr App R 4 (77),
    [2002] Crim LR 316 . . . . B7.47, F3.26, F3.27
Cardiff Crown Court, ex parte Kellam (1993) *The Times*, 3 May 1993 . . . . D1.153
Cardiff Magistrates' Court, ex parte Cardiff City Council (1987) *The Times*, 24 February 1987 . . . . . . D12.21, D29.29

Table of Cases

Carey [2000] 1 Cr App R (S) 179 .... B12.144
Carey [2006] EWCA Crim 17, [2006] Crim LR 842 .... B1.60, B1.65
Carey [2006] EWCA Crim 604.. A1.30
Carl Zeiss Stiftung v Rayner & Keeler Ltd (No. 2) [1967] 1 AC 853, [1966] 3 WLR 125,
    [1966] 2 All ER 536, [1967] RPC 497 .... F1.7
Carmichael v Wilson 1993 JC 83 .... C5.46
Carmona [2006] EWCA Crim 508, [2006] 1 WLR 2264, [2006] 2 Cr App R (S) 102 (662) E20.4, E20.6
Carneiro [2007] EWCA Crim 2170, [2008] 1 Cr App R (S) 95 (571) B22.70
Carpenter [2011] EWCA Crim 2568, [2012] QB 722, [2012] 2 WLR 1414, [2011] Cr App R 11 (14) A4.14
Carr [2000] 2 Cr App R 149, [2000] Crim LR 193..................................... D18.45
Carr [2016] EWCA Crim 2259... B16.7, B16.11, B16.54
Carr [2022] EWCA Crim 286... E8.7
Carr-Briant [1943] KB 607, [1943] 2 All ER 156, 29 Cr App R 76, 112 LJ KB 581, 107 JP 167,
    41 LGR 183, 169 LT 175, 59 TLR 300.. F3.2, F3.5, F3.54, F12.6
Carrera [2002] EWCA Crim 2527.. B19.107, B19.109
Carrington (1994) 99 Cr App R 376, [1994] Crim LR 438 .... F17.32
Carrington [2014] EWCA Crim 325, [2014] 2 Cr App R (S) 41 (337)....... E6.12
Carrington Carr v Leicestershire County Council [1993] Crim LR 938, (1994) 158 JP 570 .... D21.8
Carroll (1994) 99 Cr App R 381, [1993] Crim LR 613.............................. B14.16
Carroll [2014] EWCA Crim 2818, [2015] 1 Cr App R (S) 54 (381)............ B3.20
Carroll v DPP [2009] EWHC 554 (Admin), (2009) 173 JP 285 .... B11.67, B11.68
Carson (1990) 92 Cr App R 236, 154 JP 794, [1990] Crim LR 729 .... B2.201, B2.217, B11.18, D16.69
Carstairs v Hamilton 1997 SCCR 311 .... C3.14
Carswell [2009] EWCA Crim 1848 .... C3.19
Carter (1960) 44 Cr App R 225 .... D17.18
Carter [1964] 2 QB 1, [1964] 2 WLR 266, [1964] 1 All ER 187, 48 Cr App R 122,
    128 JP 172, 108 SJ 57... D19.66, D19.76
Carter (1994) 98 Cr App R 106... D27.21
Carter [2007] EWCA Crim 1307.. F13.6
Carter [2010] EWCA Crim 201, [2010] 1 Cr App R 33 (475), [2010] WLR 1577 .... D13.56
Carter [2021] EWCA Crim 667, [2022] 1 Cr App R (S) 2 (7) B5.9
Carter v DPP [2006] EWHC 3328 (Admin), [2007] RTR 22 (257) C5.42
Carter v Richardson [1974] RTR 314 .... C5.35
Cartwright (1914) 10 Cr App R 219 .... F6.38
Cartwright [2020] EWCA Crim 369, [2020] Lloyd's Rep FC 547 .... B7.17
Cartwright [2022] EWCA Crim 1799.. B3.132
Carty [2011] EWCA Crim 2087, (2011) 175 JP 424.................................. D16.31, D17.9, D22.36
Carver [1955] 1 WLR 181, [1955] 1 All ER 413, 39 Cr App R 27.............. E5.4
Carver [1978] QB 472, [1978] 2 WLR 842, [1978] 3 All ER 60, 67 Cr App R 352 .... B19.34
Carver [2023] EWCA Crim 872.. F15.22
Case [1991] Crim LR 192... F17.16
Case [2015] EWCA Crim 2080... B12.44, B19.30, B19.32
Cash [1985] QB 801, [1985] 2 WLR 735, [1985] 2 All ER 128, 80 Cr App R 314............ B4.176, F3.66, F3.67
Cassell v The Queen (Montserrat) [2016] UKPC 19, [2017] Crim LR 137................. A5.69
Casserly [2024] EWCA Crim 25, [2024] 1 Cr App R 18 (285), [2024] Crim LR 336 .... A7.22, B18.34
Cassidy [2010] EWCA Crim 3146, [2011] 2 Cr App R (S) 40 (240) E14.12
Castillo [2011] EWCA Crim 3173, [2012] 2 Cr App R (S) 36 (201) E19.74
Castle [1989] Crim LR 567.. F12.12
Castle v Cross [1984] 1 WLR 1372, [1985] 1 All ER 87, [1985] RTR 62 .... C5.38, C6.61, F16.12
Castorina v Chief Constable of Surrey (1988) 138 NLJ 180..................... D1.4
Castro, Skipworth's and the Defendant's Case (1873) LR 9 QB 230, 28 LT 227, 12 Cox CC 371 .... B14.119
Cato [1976] 1 WLR 110, [1976] 1 All ER 260, 62 Cr App R 41................ B2.105, B2.108
Catt [2013] EWCA Crim 1187, [2014] 1 Cr App R (S) 35 (210)............... B1.128
Caurti v DPP [2001] EWHC Admin 867, [2002] Crim LR 131................ B2.205, B2.221
Causley [1999] Crim LR 572... F5.17
Cavanagh [1972] 1 WLR 676, [1972] 2 All ER 704, 56 Cr App R 407, [1972] Crim LR 389 .... D16.22
Cawley (1994) 15 Cr App R (S) 25 .... E13.8
Cawley [2007] EWCA Crim 2030, [2008] 1 Cr App R (S) 59 (341) B4.81
Cawley v DPP [2001] EWHC Admin 83 .... C5.32
Cawthorn v DPP [2000] RTR 45, 164 JP 527.. C6.52
Cawthorne [1996] 2 Cr App R (S) 445, [1996] Crim LR 526.................... D19.81
Central Criminal Court, ex parte Abu-Wardeh [1987] 1 WLR 1083, [1999] 1 Cr App R 43,
    [1997] 1 All ER 159, 161 JP 142.. D15.25
Central Criminal Court, ex parte AJD Holdings [1992] Crim LR 669..... D1.162
Central Criminal Court, ex parte Behbehari [1994] Crim LR 352 .... D15.29, D15.37
Central Criminal Court, ex parte Bennett (1999) *The Times*, 25 January 1999 .... D15.27
Central Criminal Court, ex parte Francis [1989] AC 346, [1988] 3 WLR 989,
    [1988] 3 All ER 775, 88 Cr App R 213... F10.34, F10.39
Central Criminal Court, ex parte Garnier [1988] RTR 42......................... D18.5
Central Criminal Court, ex parte Guney [1996] AC 616, [1996] 2 WLR 675, [1996] 2 All ER 705,
    [1996] 2 Cr App R 352, [1996] Crim LR 896...................................... D7.101
Central Criminal Court, ex parte Hutchinson [1996] COD 14 .... D1.165
Central Criminal Court, ex parte Johnson [1999] 2 Cr App R 51 .... D15.30

Table of Cases

Central Criminal Court, ex parte Porter [1992] Crim LR 121 . . . . D7.63
Central Criminal Court, ex parte Randle [1991] 1 WLR 1087, [1992] 1 All ER 370, 92 Cr App R 323,
  [1991] Crim LR 551 . . . . D3.77
Central Criminal Court, ex parte Raymond [1986] 1 WLR 710, [1986] 2 All ER 379, 83 Cr App R 94,
  [1986] Crim LR 623 . . . . D12.82, D12.83, D12.84, D29.40
Central Criminal Court, ex parte S [1999] 163 JP 776, [1999] Crim LR 159. . . . . D24.76
Chada [2016] EWCA Crim 1955 . . . . B16.5
Chadwick (1934) 24 Cr App R 138 . . . . F1.44
Chahal [2014] EWCA Crim 101, [2014] 2 Cr App R (S) 35 (288) E19.20, E19.34
Chahal [2015] EWCA Crim 816 . . . . E19.62
Chahal v DPP [2010] EWHC 439 (Admin), [2010] 2 Cr App R 5 (33) B12.178
Chal [2007] EWCA Crim 2647, [2008] 1 Cr App R 18 (247), 172 JP 17 . . . . D12.10, F13.1, F17.1
Chalk [2015] EWCA Crim 1053. . . . . F17.13
Chalk [2022] EWCA Crim 433 . . . . D3.22
Chalkley [1998] QB 848, [1998] 3 WLR 146, [1998] 2 All ER 155, [1998] 2 Cr App R 79 . . . . D1.6, D1.16,
                                                                                              D26.9, F2.7, F2.13, F2.14, F2.17
Chalkley v UK (2003) 37 EHRR 30 (680), [2003] Crim LR 51 . . . . F2.24
Chall [2019] EWCA Crim 865, [2019] 2 Cr App R (S) 44 (344) B3.8, E2.27, E2.28
Challen [2019] EWCA Crim 916 . . . . B1.27, D27.25
Challenger [1994] Crim LR 202 . . . . F14.13
Chalupa v CPS [2009] EWHC 3082 (Admin), (2010) 174 JP 111 . . . . C5.13, C5.29, D1.60
Chamberlain (1992) 13 Cr App R (S) 525, 156 JP 440, [1992] Crim LR 380 . . . . D23.17
Chamberlain v Lindon [1998] 1 WLR 1252, [1998] 2 All ER 538 . . . . B8.14
Chamberlin [2017] EWCA Crim 39, [2017] 1 Cr App R (S) 46 (369) A5.72, B4.7, D4.2, E2.10
Chambers (1983) 5 Cr App R (S) 190 . . . . B1.48
Chambers (1989) 153 JP 544, [1989] Crim LR 367 . . . . D17.17
Chambers [2008] EWCA Crim 2467 . . . . B16.13, E19.27
Chambers v DPP [1995] Crim LR 896 . . . . B11.57, B11.59, B11.62, F1.38
Chambers v DPP [2012] EWHC 2157 (Admin), [2013] 1 All ER 149, [2013] 1 Cr App R 1 (1),
  176 JP 737 . . . . B18.29
Champ (1982) 73 Cr App R 367. . . . . B19.77
Chan Man-sin v The Queen [1988] 1 WLR 196, [1988] 1 All ER 1, 86 Cr App R 303 . . . . B4.16, B4.46, B4.60
Chan Wai Keung v The Queen [1995] 1 WLR 251, [1995] 2 All ER 438, [1995] 2 Cr App R 194,
  [1995] Crim LR 566. . . . . D12.77, F5.14, F18.78
Chan Wing-Siu v The Queen [1985] AC 168, [1984] 3 WLR 677, [1984] 3 All ER 877,
  80 Cr App R 117. . . . . A4.11, A4.12
Chan-Fook [1994] 1 WLR 689, [1994] 2 All ER 552, [1994] Crim LR 432 . . . . B2.43, F11.15
Chandler [1976] 1 WLR 585, [1976] 3 All ER 105, 63 Cr App R 1 . . . . F18.100, F20.7, F20.36, F20.37
Chandler [1993] Crim LR 394. . . . . D19.11
Chandler [2015] EWCA Crim 1825, [2016] 1 Cr App R (S) 37 (223) E21.8
Chandler (No. 2) [1964] 2 QB 322, [1964] 2 WLR 689, [1964] 1 All ER 321, 53 Cr App R 336 . . . D13.32, D13.33,
                                                                                                      D13.36
Chandler v DPP [1964] AC 763, [1962] 3 WLR 694, [1962] 3 All ER 142, 46 Cr App R 347 . . . . B9.6, B9.6
Chandrasekera v The King [1937] AC 220, [1936] 3 All ER 865, 106 LJ PC 30, 156 LT 204,
  53 TLR 137, 30 Cox CC 546, 80 SJ 1012. . . . . F16.8
Chaney [2009] EWCA Crim 21, [2009] 1 Cr App R 35 (512), [2009] Crim LR 437 . . . . B3.1
Chang [2022] EWCA Crim 463 . . . . B12.51
Channel 4 Television Corporation v Metropolitan Police Commissioner [2019] 1 Costs LR 67. . . . . . D33.34
Channer [2021] EWCA Crim 696, [2022] 1 Cr App R (S) 3 (15) E5.22
Chantrey Martin & Co v Martin [1953] 2 QB 286 . . . . F9.31
Chaplin [2015] EWCA Crim 1491, [2016] 1 Cr App R (S) 10 (63), [2016] Crim LR 73 . . . . E18.13
Chapman (1976) 63 Cr App R 75, [1976] Crim LR 581 . . . . D13.47, D13.48
Chapman [1980] Crim LR 42 . . . . F4.32
Chapman [1991] Crim LR 44 . . . . F12.8, F12.16
Chapman [2012] EWCA Crim 1011, [2013] 1 Cr App R (S) 22 (117). B14.107
Chapman [2015] EWCA Crim 539, [2015] QB 883, [2015] 2 Cr App R 10 (161) A4.5, B15.26, B15.29, B15.30
Chapman [2017] EWCA Crim 1743, [2018] 1 Cr App R 9 (122) B19.3, B19.5, B19.16, B19.124, B19.126
Chapman v DPP (1988) 89 Cr App R 190 . . . . D1.4
Chapman v O'Hagan [1949] 2 All ER 690, 113 JP 518. . . . . C7.59
Chappell (1984) 80 Cr App R 31, 6 Cr App R (S) 342, [1984] Crim LR 574, 128 SJ 629 . . . . E6.4
Chappell v DPP (1988) 89 Cr App R 82 . . . . B11.58, B11.59, F19.36
Charambous (1984) 6 Cr App R (S) 389, [1985] Crim LR 328 . . . . E5.19
Chard (1971) 56 Cr App R 268. . . . . F11.16
Chard v Chard [1956] P 259, [1955] 3 WLR 954, [1955] 3 All ER 721 . . . . F3.73
Chargot Ltd (t/a Contract Services) [2008] UKHL 73, [2009] 1 WLR 1, [2009] 2 All ER 645 . . . . A6.13, A6.20,
                                                                                                 A6.24, D11.25, F3.37
Charisma [2009] EWCA Crim 2345, (2009) 173 JP 633 . . . . F20.51
Charles (1892) 17 Cox CC 499. . . . . B12.247
Charles (1976) 68 Cr App R 334 . . . . D18.13, D18.37, F5.4
Charles [2001] EWCA Crim 129, [2001] 2 Cr App R 15 (233), [2001] Crim LR 732 . . . . D26.14
Charles [2009] EWCA Crim 1570, [2010] 1 WLR 644, [2010] 4 All ER 553,
  [2010] 1 Cr App R 2 (38). D25.29
Charles [2012] EWHC 2581 (Admin), [2013] Crim LR 229 . . . . D7.15
Charles v DPP [2009] EWHC 3521 (Admin), [2010] RTR 34 (402) C5.34, D1.84, D1.93

Table of Cases

Charlton [2016] EWCA Crim 52 .... D26.19, F18.13, F18.32
Charlton [2021] EWCA Crim 2006, [2022] 2 Cr App R (S) 18 (182) E2.18
Chase Manhattan Bank NA v Israel-British Bank (London) Ltd [1981] Ch 105, [1980] 2 WLR 202,
    [1979] 3 All ER 1025 .... B4.24
Chassagnou v France (2000) 29 EHRR 615 .... A7.6
Chatha [2008] EWCA Crim 2597 .... E19.48
Chatroodi [2001] EWCA Crim 585, [2001] All ER (D) 259 (Feb) F20.47
Chattaway (1922) 17 Cr App R 7 .... A1.18
Chatters v Burke [1986] 1 WLR 1321, [1986] 3 All ER 168, 8 Cr App R (S) 222,
    [1986] RTR 396, 150 JP 581 .... C7.60
Chatterton v Secretary of State for India in Council [1895] 2 QB 189, 64 LJ QB 67 6,
    72 LT 858, 59 JP 596, 11 TLR 462, 14 R 504, [1895–9] All ER Rep 1035 .... F9.11
Chattoo [2012] EWCA Crim 190 .... D27.25
Chatwood [1980] 1 WLR 874, [1980] 1 All ER 467, 70 Cr App R 39,
    [1980] Crim LR 46 .... B19.16, B19.88, F16.30
Chauhan (1981) 73 Cr App R 323 .... F5.11
Chauhan [2000] 2 Cr App R (S) 230 .... B7.28
Chawla v India [2020] EWHC 102 (Admin), [2020] 1 WLR 1609 .... D31.45
Chaytor [2011] EWCA Crim 929, [2011] 2 Cr App R (S) 114 (653), [2011] Crim LR 656 .... B6.6
Cheema [1994] 1 WLR 147, [1994] 1 All ER 639, 98 Cr App R 195, [1994] Crim LR 206 .... F5.13
Cheema [2002] EWCA Crim 325, [2002] 2 Cr App R (S) 79 (356) B22.70
Cheeseman [2019] EWCA Crim 149, [2019] 1 Cr App R 34 (488) A3.64
Chelmsford Crown Court, ex parte Birchall (1989) 11 Cr App R (S) 510, [1990] RTR 80, 154 JP 197,
    [1990] Crim LR 352 .... E5.17
Chelmsford Crown Court, ex parte Mills (2000) 164 JP 1 .... D15.35
Chelsea Justices, ex parte DPP [1963] 1 WLR 1138, [1963] 3 All ER 657 .... D24.72
Cheltenham Justices, ex parte Secretary of State for Trade [1977] 1 WLR 95, [1977] 1 All ER 460 .... D16.30
Chen [2009] EWCA Crim 2669, [2010] 2 Cr App R (S) 34 (221), [2010] Crim LR 315 ...... E19.52
Chen v DPP (4 March 1997, unreported, Administrative Court) B12.153
Cheng (1976) 63 Cr App R 20, [1976] Crim LR 379, 120 SJ 198 .... F6.21
Chenia [2002] EWCA Crim 2345, [2003] 2 Cr App R 6 (83), [2004] 1 All ER 543 .... D1.150, F19.25,
    F20.9, F20.11, F20.27
Cheong [2006] EWCA Crim 524, [2006] Crim LR 1088 .... D12.24
Cherpion v DPP [2013] EWHC 615 (Admin) C5.24
Cherry (1871) 12 Cox 32 .... B7.54
Cheshire [1991] 1 WLR 844, [1991] 3 All ER 670, 93 Cr App R 251, [1991] Crim LR 709 .... A1.34
Cheshire County Council Trading Standards Department, ex parte Alan & Sons (Bolton) Ltd
    [1991] Crim LR 210 .... A2.25
Cheshire County Council v Clegg (1991) 89 LGR 600 .... A2.25
Chester Crown Court, ex parte Cheshire County Council [1996] Crim LR 336 .... D29.40
Chester Magistrates' Court, ex parte Ball (1999) 163 JP 813 .... D32.7
Chesterfield Justices, ex parte Bramley [2000] QB 576, [2000] 2 WLR 409, [2000] 1 All ER 411,
    [2000] 1 Cr App R 486, [2000] Crim LR 385 .... D1.183
Chevannes [2009] EWCA Crim 2725 .... B4.106
Chevron [2005] EWCA Crim 303, [2005] All ER (D) 91 (Feb) B3.354
Cheyne [2019] EWCA Crim 182, [2019] 2 Cr App R (S) 14 (105) E21.26
Chichester Justices, ex parte DPP [1994] RTR 175, 157 JP 1049 .... C5.25, D22.81
Chief Constable of Avon and Somerset, ex parte Robinson [1989] 1 WLR 793, [1989] 2 All ER 15,
    90 Cr App R 27 .... D1.57
Chief Constable of Avon and Somerset Constabulary v F (A Juvenile) [1987] RTR 378 .... C1.10
Chief Constable of Avon and Somerset Constabulary v Shimmen (1986) 84 Cr App R 7 .... A2.9, A3.4
Chief Constable of Avon and Somerset Constabulary v Singh [1988] RTR 107 .... C5.7, C5.21
Chief Constable of Bedfordshire Police v Golding [2015] EWHC 1875 (QB) D25.5
Chief Constable of Cheshire Constabulary v Hunt (1983) 147 JP 567 .... B19.30
Chief Constable of Cleveland Police v McGrogan [2002] EWCA Civ 86 .... D1.34
Chief Constable of Cleveland v Vaughan [2009] EWHC 2831 (Admin) D29.19
Chief Constable of Essex v Carter [2024] EWHC 126 (KB), [2024] 2 Cr App R 3 (40),
    [2024] Crim LR 490 .... D1.97
Chief Constable of Gwent v Dash [1986] RTR 41, [1985] Crim LR 674 .... C5.3
Chief Constable of Kent, ex parte L (1991) 93 Cr App R 416 .... D2.22, D24.3
Chief Constable of Merseyside v Hickman [2006] EWHC 451 (Admin) D8.16
Chief Constable of Merseyside Police v Doyle [2019] EWHC 2180 (Admin) B20.11, B20.14
Chief Constable of Merseyside Police v Harrison [2006] EWHC 1106 (Admin), [2007] QB 79,
    [2006] 3 WLR 171, 170 JP 523 .... D25.50
Chief Constable of Merseyside Police v Owens [2012] EWHC 1515 (Admin), (2012) 176 JP 688 ... D1.187
Chief Constable of Norfolk v Clayton [1983] 2 AC 473, [1983] 2 WLR 555, [1983] 1 All ER 984,
    77 Cr App R 24 .... D21.46, D22.3
Chief Constable of South Wales, ex parte Merrick [1994] 1 WLR 663, [1994] 2 All ER 560,
    [1994] Crim LR 852 .... D1.55
Chief Constable of Staffordshire v Lees [1981] RTR 506 .... C1.1
Chief Constable of Sussex v Taylor [2013] EWHC 1616 (Admin) D33.10
Chief Constable of Warwickshire, ex parte Fitzpatrick [1999] 1 WLR 564, [1998] 1 All ER 65,
    [1999] Crim LR 290 .... D1.158
Chief Constable of Warwickshire Police v MT [2015] EWHC 2303 (Admin), (2015) 179 JP 454 .... D33.10

Table of Cases

Chief Constable of Warwickshire Police v Young [2014] EWHC 4213 (Admin), (2015) 179 JP 49 . . . . D33.10
Chief Constable of West Midlands Police, ex parte Wiley [1995] 1 AC 274, [1994] 3 WLR 433,
 [1994] 3 All ER 420, [1995] 1 Cr App R 342 . . . . F9.13
Chief Constable of West Midlands Police v Billingham [1979] 1 WLR 747, [1979] 2 All ER 182,
 [1979] RTR 446, [1979] Crim LR 256 . . . . C1.1
Chief Constable of Wiltshire Constabulary v McDonagh [2008] EWHC 654 (QB) D1.187
Childs [2014] EWCA Crim 1884 . . . . F11.20
Chilvers [2021] EWCA Crim 1311, [2022] 1 Cr App R 2 (12) D18.42
Chin-Charles [2019] EWCA Crim 1140, [2020] 1 Cr App R (S) 6 (40) D20.99, E2.21
Chinn [2012] EWCA Crim 501, [2012] 2 Cr App R 4 (39), [2012] 3 All ER 502, 176 JP 209 . . . . F6.17, F6.23,
F6.24, F6.37, F6.47, F19.8
Chipchase v Chipchase [1939] P 31, [1939] 3 All ER 895, 108 LJ P 154, 55 TLR 1067 . . . . F3.73
Chippenham Magistrates' Court, ex parte Thompson (1995) *The Times*, 6 December 1995 . . . . D21.56
Chipunza [2021] EWCA Crim 597, [2021] 2 Cr App R 6 (103) B4.85, D18.29
Chisam (1963) 47 Cr App R 130 . . . . A3.67
Chisholm [2010] EWCA Crim 258 . . . . D9.61, D14.79
Chisholm v Doulton (1889) 22 QBD 736, 16 Cox 675, 5 TLR 437 . . . . A6.10
Chivers [2011] EWCA Crim 1212 . . . . F20.10
Choi [1999] EWCA Crim 1279 . . . . B3.355
Chopra [2006] EWCA Crim 2133, [2007] 1 Cr App R 16 (225), [2007] Crim LR 380 . . . . . . F13.2, F13.48, F13.67
Chorazewicz v Poland [2014] EWHC 2781 (Admin) D31.18
Choudary [2016] EWCA Crim 1436, [2018] 1 WLR 695 . . . . B10.33
Choudhry [2017] EWCA Crim 1325 . . . . D27.25
Choudhry v Birmingham Crown Court [2007] EWHC 2764 (Admin),
 (2008) 172 JP 33 . . . . D7.101, D7.126, D7.127
Choudhury [2008] EWCA Crim 3179 . . . . B19.31, B19.107, B19.110
Chowdhury [2016] EWCA Crim 1341, [2016] 2 Cr App R (S) 41 (452) E16.27, E16.28
Chowdhury v Greece (2017) Appln. 21884/15, 30 March 2017 . . . . B22.4
Chrastny [1991] 1 WLR 1385, [1992] 1 All ER 189, 94 Cr App R 283, 155 JP 850,
 [1991] Crim LR 721 . . . . A5.49, A5.51
Chrastny (No. 2) [1991] 1 WLR 1385, [1992] 1 All ER 189, 94 Cr App R 283, 155 JP 850,
 [1991] Crim LR 721 . . . . E19.36
Christian [2015] EWCA Crim 1582 . . . . D14.49
Christie [1914] AC 545, 10 Cr App R 141, 83 LJ KB 1097, 111 LT 220, 78 JP 321, 24 Cox CC 249,
 30 TLR 471, [1914–15] All ER Rep 63, 58 SJ 515 . . . . F1.34, F6.37, F18.99, F18.100, F18.101, F20.36
Christie [2012] EWCA Crim 35, [2012] 2 Cr App R (S) 46 (273), [2012] All ER (S) 44 (Jan) C6.12
Christie v Leachinsky [1947] AC 573, [1947] 1 All ER 567, [1947] LJR 757, 176 LT 443,
 111 JP 224, 63 TLR 231 . . . . D1.18, D1.19
Christou [1992] QB 979, [1992] 3 WLR 228, [1992] 4 All ER 559,
 [1992] Crim LR 729 . . . . F2.7, F2.18, F2.20, F2.25, F18.47
Christou [1997] AC 117, [1996] 2 WLR 620, [1996] 2 All ER 927, [1996] 2 Cr App R 360,
 160 JP 345, [1996] Crim LR 911 . . . . D11.85
Chrysostomou [2010] EWCA Crim 1403, [2010] Crim LR 942 . . . . F13.94, F16.19
Chung (1991) 92 Cr App R 314 . . . . F18.23
Chuni [2002] EWCA Crim 453, [2002] 2 Cr App R (S) 82 (371), [2002] Crim LR 420 . . . . E19.70
Chuong [2019] EWCA Crim 1650, [2020] 1 Cr App R (S) 13 (117) E21.24
Church (12 November 1999, unreported) B11.20
Church [1966] 1 QB 59, [1965] 2 WLR 1220, [1965] 2 All ER 72, 49 Cr App R, 129 JP 366 . . . . A1.9, B1.64
Church (1970) 55 Cr App R 65 . . . . E7.2
Churcher (1986) 8 Cr App R (S) 94 . . . . E8.8
Churchill [1989] Crim LR 226 . . . . D1.96
Churchill [2017] EWCA Crim 841 . . . . B5.4
Churchill v Walton [1967] 2 AC 224, [1967] 2 WLR 682, [1967] 1 All ER 497,
 51 Cr App R 212, 131 JP 277 . . . . A5.58
Ciantar [2005] EWCA Crim 3559 . . . . F19.22
Ciccarelli [2011] EWCA Crim 2665, [2012] 1 Cr App R 15 (190) B3.42
Cichon v DPP [1994] Crim LR 918 . . . . B20.4
Cifci v CPS [2022] EWHC 1676 (Admin), [2022] ACD 103 . . . . B10.20
Cimieri v Italy [2017] EWHC 3048 (Admin) D31.22
Cina [2021] EWCA Crim 140 . . . . B12.153
Cisse [2020] EWCA Crim 962 . . . . B6.68
Citak [2017] EWCA Crim 1738 . . . . F7.31
City and County of Swansea v Swansea Crown Court [2016] EWHC 1389 (Admin) D12.13
Clancy [2012] EWCA Crim 8, (2012) 176 JP 111, [2012] Crim LR 550 . . . . B12.175, B12.178, B12.188
Clare [1995] 2 Cr App R 333, [1995] Crim LR 726 . . . . F11.8, F19.21
Clarence (1888) 22 QBD 23, 58 LJ MC 10, 59 LT 780, 53 JP 149, 16 Cox CC 511, 5 TLR 61,
 37 WR 166, [1886–90] All ER Rep 133 . . . . B2.15, B2.80, B3.386
Claridge [2013] EWCA Crim 203 . . . . F17.21
Clark (1918) 82 JP 295, 26 Cox CC 138 . . . . B14.55
Clark [1992] 13 Cr App R (S) 124, [1991] Crim LR 724 . . . . E6.15
Clark [1993] 14 Cr App R (S) 360 . . . . D33.31
Clark [1996] 2 Cr App R 282, [1996] 2 Cr App R (S) 351, [1996] Crim LR 448 . . . . D20.57
Clark [2001] EWCA Crim 884, [2002] 1 Cr App R 14 (141), [2001] Crim LR 572 . . . . B4.15

Table of Cases

Clark [2003] EWCA Crim 991, [2003] 2 Cr App R 23 (363), [2003] RTR 27 (411), [2003] Crim LR 558 ... B14.39
Clark [2003] EWCA Crim 1020 ... F11.47
Clark [2006] EWCA Crim 231 ... F11.24
Clark [2008] EWCA Crim 3221 ... D12.62
Clark [2011] EWCA Crim 15, [2011] 2 Cr App R (S) 55 (319), [2011] Crim LR 412 ... E19.25
Clark [2014] EWCA Crim 1053 ... F13.95
Clark [2016] EWCA Crim 2192, [2016] 1 Cr App R (S) 52 (332) ... D14.3, E22.3
Clark [2023] EWCA Crim 309, [2023] 4 WLR 31, [2023] 2 Cr App R 4 (48),
    [2023] Crim LR 477 ... D6.30, D23.45, D23.62
Clark (Procurator Fiscal) v Kelly [2003] UKPC D 1, [2004] 1 AC 681, [2003] 2 WLR 1586,
    [2003] 1 All ER 1106, 2003 SC (PC) 77, 2003 SLT 308, 2003 SCCR 194, [2003] HRLR 17,
    [2003] UKHRR 1167, 14 BHRC 369 ... A7.49
Clarke (1931) 22 Cr App R 58 ... D9.25, D16.28
Clarke [1969] 2 QB 91, [1969] 2 WLR 505, [1969] 1 All ER 924, 53 Cr App R 251 ... C5.5, F8.18
Clarke [1972] 1 All ER 219, 56 Cr App R 225 ... A3.23, A3.28
Clarke [1986] 1 WLR 209, [1986] 1 All ER 846, 82 Cr App R 308 ... B12.11, B12.62, B12.63
Clarke [1995] 2 Cr App R 425 ... F11.9
Clarke [1996] Crim LR 824 ... B4.15, B5.11
Clarke [1997] 2 Cr App R (S) 163 ... E11.25, E12.33, E12.34
Clarke [2006] EWCA Crim 1196, [2006] Crim LR 1011 ... D11.5
Clarke [2007] EWCA Crim 2532, [2008] 1 Cr App R 33 (403) ... D16.75
Clarke [2008] UKHL 8, [2008] 1 WLR 338, [2008] 2 All ER 665, [2008] 2 Cr App R 2 (18) ... D11.4, D11.5,
    D11.11, D11.62, D12.57, D26.27
Clarke [2009] EWCA Crim 921, [2010] 1 Cr App R (S) 26 (158) ... C3.19
Clarke [2010] EWCA Crim 684 ... F6.40
Clarke [2011] EWCA Crim 939, (2011) 175 JP 281, [2011] Crim LR 642 ... F13.94
Clarke [2012] EWCA Crim 9 ... B3.374, F13.51
Clarke [2012] EWCA Crim 2354 ... F17.17
Clarke [2013] EWCA Crim 162 ... F11.4
Clarke [2015] EWCA Crim 350, [2015] 2 Cr App R 6 (74) ... D11.24, D11.25, D11.116
Clarke [2016] EWCA Crim 2030 ... F15.28
Clarke [2016] EWCA Crim 2228 ... B19.110
Clarke [2017] EWCA Crim 37, [2017] 1 Cr App R 28 (421) ... D9.54, D9.60
Clarke [2017] EWCA Crim 393, [2017] 1 WLR 3851, [2018] 2 All ER 333, [2017] 2 Cr App
    R (S) 18 (140), [2017] Crim LR 572 ... B3.14, B3.381, E2.18, E16.38
Clarke [2018] EWCA Crim 2201 ... E14.12
Clarke, ex parte Crippen (1910) 103 LT 636, 27 TLR 32, [1908–10] All ER Rep 915 ... B14.110
Clarke v Chief Constable of North Wales Police [2000] All ER (D) 477, (2000) *The Independent*,
    22 May 2000 ... D1.5, D1.18
Clarke v CPS [2013] EWHC 366 (Admin), (2014) 178 JP 7 ... C2.23
Clarke v DPP (1992) 156 JP 605 ... C1.2
Clarke v Kato [1998] 1 WLR 1647, [1998] 4 All ER 417 ... C1.13
Clarkson [1971] 1 WLR 1402, [1971] 3 All ER 344, (1971) 55 Cr App R 445, (1971) 115 SJ 654 ... A4.9
Clay [2014] EWHC 321 (Admin) ... D3.86
Claydon [2004] 1 WLR 1575, [2004] 1 Cr App R 36 (474), [2004] Crim LR 476 ... D15.58, D15.59
Clayton [1963] 1 QB 163, [1962] 3 WLR 815, [1962] 3 All ER 500, 46 Cr App R 450 ... B18.9
Clayton (1980) 72 Cr App R 135, [1981] Crim LR 186 ... C4.12
Clayton-Wright [1948] 2 All ER 763, 33 Cr App R 22, [1949] LJR 380, 47 LGR 48, 112 JP 428,
    64 TLR 543, 82 Ll L Rep 7, 92 SJ 648 ... D11.69
Cleal [1942] 1 All ER 203 ... F5.16
Clear [1968] 1 QB 670, [1968] 2 WLR 122, [1968] 1 All ER 74, 52 Cr App R 58 ... B5.55
Cleator [2016] EWCA Crim 1361 ... B11.131
Cleaver [2011] EWCA Crim 983 ... B11.69, B12.113
Cleere (1983) 5 Cr App R (S) 465 ... D20.104
Cleere [2020] EWCA Crim 1360 ... F13.84
Clegg (1868) 19 LT 47 ... B14.8
Clegg [1995] 1 AC 482, [1995] 2 WLR 80, [1995] 1 All ER 334, [1995] 1 Cr App R 507,
    [1995] Crim LR 418 ... A3.57, A3.65
Cleghorn [1938] 3 All ER 398, 82 SJ 731 ... C4.17
Cleghorn [1967] 2 QB 584, [1967] 2 WLR 1421, [1967] 1 All ER 996, 51 Cr App R 291 ... D18.11
Clements [2019] EWCA Crim 2253 ... B6.101, B6.104
Cleobury [2012] EWCA Crim 17, [2012] Crim LR 615 ... D27.25
Clerk to Highbury Corner Justices, ex parte Hussein [1986] 1 WLR 1266, 84 Cr App R 112,
    150 JP 444, [1986] Crim LR 812, 130 SJ 713 ... D29.6, D29.7
Clerkenwell Stipendiary Magistrate, ex parte Bell [1991] Crim LR 468, (1991) 159 JP 669 ... D3.110
Cleveland v USA [2019] EWHC 619 (Admin), [2019] 1 WLR 4392 ... D31.19
Cleveland County Council v F [1995] 1 WLR 785, [1995] 2 All ER 236 ... F10.9
Clewes (1830) 4 C & P 221, 172 ER 678 ... F18.94
Cliburn (1898) 62 JP 232 ... D18.12, F7.7
Cliff [2004] EWCA Crim 3139, [2005] 2 Cr App R (S) 22 (118), [2005] Crim LR 250 ... E21.11
Clifford [2007] EWCA Crim 2442, [2008] 1 Cr App R (S) 100 (593) ... B4.131
Clifford [2014] EWCA Crim 2245, [2015] 1 Cr App R (S) 32 (242),
    [2015] Crim LR 167 ... B3.374, B3.380, D20.57, E2.17

Table of Cases

Clifford v Bloom [1977] RTR 351 . . . . C4.12
Clift [2012] EWCA Crim 2750, [2013] 1 WLR 2093, [2013] 2 All ER 776, [2013] 1 Cr App
   R 15 (225), [2012] Crim LR 506 . . . . F12.19
Clinton [1993] 1 WLR 1181, [1993] 2 All ER 998, 97 Cr App R 320, [1993] Crim LR 582 . . . . D17.12, D26.24
Clinton [2012] EWCA Crim 2, [2013] QB 1, [2012] 3 WLR 515, [2012] 2 All ER 947,
   [2012] 1 Cr App R 26 (362) B1.35, B1.39, B1.42, D18.33, F1.44
Clipston [2011] EWCA Crim 446, [2011] 2 Cr App R (S) 101 (569) E19.13
Clooth v Belgium (1992) 14 EHRR 717 . . . . D7.40
Closs (1857) Dears & B 460, 169 ER 1082, 27 LJ MC 54, 30 LT OS 235, 7 Cox CC 494,
   3 Jur NS 1309, 6 WR 109 . . . . B6.27
Clotworthy [1981] RTR 477, [1981] Crim LR 501 . . . . B4.124
Cloud [2022] EWCA Crim 1668, [2023] 1 Cr App R 19 (322) D11.66, D11.81, F13.10, F13.52
Clouden [1987] Crim LR 56 . . . . B4.73
Clough [2023] EWCA Crim 107 . . . . B3.101
Clow [1965] 1 QB 598, [1963] 3 WLR 84, [1963] 2 All ER 216, (1963) 47 Cr App R 136, 127 JP 371 . . . . . D11.61
Clowes [1992] 3 All ER 440, 95 Cr App R 440 . . . . F9.9, F9.33, F17.26
Clowes (No. 2) [1994] 2 All ER 316 . . . . B4.24, B4.56
Cluase [2014] 120 SASR 268 . . . . F17.78
Clube (1857) 3 Jur NS 698 . . . . F8.9
Coalter v HM Advocate [2013] HCJAC 115 . . . . B19.115
Coates [2004] EWCA Crim 2253, [2004] 1 WLR 3043, [2004] 4 All ER 1150,
   [2005] 1 Cr App R 14 (199), [2005] Crim LR 308 . . . . D26.6
Coates [2007] EWCA Crim 1471, [2008] 1 Cr App R 3 (52), [2007] Crim LR 887 . . . . B3.33, F7.56
Coates [2022] EWCA Crim 1603, [2023] 2 Cr App R (S) 4 (34) E12.3, E12.10
Coates v CPS [2011] EWHC 2032 (Admin), (2011) 175 JP 401 . . . . C1.10
Coatman [2017] EWCA Crim 392 . . . . B3.2
Cobb v Whorton [1971] RTR 392 . . . . C1.9
Coburn [2021] EWCA Crim 621 . . . . E21.32
Cochrane [1993] Crim LR 48 . . . . F8.49
Cochrane v HM Advocate (13 May 1999, C-566/98) B19.51
Cockburn [2008] EWCA Crim 316, [2008] 2 WLR 1274, [2008] 2 All ER 1153,
   [2008] 2 Cr App R 4 (47) B2.11
Cocks (1976) 63 Cr App R 79 . . . . B4.57, D18.13, D18.23
Codere (1916) 12 Cr App R 21 . . . . A3.32, A3.33
Coe [2009] EWCA Crim 1452, [2010] 3 All ER 83 . . . . C3.22, C5.42
Coe [2015] EWCA Crim 169 . . . . C3.32
Coelho [2008] EWCA Crim 627 . . . . F2.29, F18.38
Coffey (1976) 74 Cr App R 168 . . . . D12.77
Coffey [1987] Crim LR 498 . . . . B4.57, B4.61
Coffin v Smith (1980) 71 Cr App R 221 . . . . B2.53
Cogan [1976] QB 217, [1975] 3 WLR 316, [1975] 2 All ER 1059, 63 Cr App R 217 . . . . A4.17, A4.18, A4.20, B3.29
Cohen [1951] 1 KB 505, [1951] 1 All ER 203, 34 Cr App R 239, 115 JP 91, [1951] 1 TLR 251,
   49 LGR 216, 95 SJ 124 . . . . B16.47
Cohen (1992) The Independent, 29 July 1992 . . . . D11.25, D11.97
Coid [1998] Crim LR 199 . . . . B19.93
Cojan [2014] EWCA Crim 2152, [2015] 2 Cr App R 20 (294) D18.17, F14.32
Coker [2019] EWCA Crim 420, [2019] 2 Cr App R 10 (81), [2019] 4 WLR 41 . . . . B19.43, B19.51,
   B19.52, B19.54, B19.55
Colchester Magistrates' Court, ex parte Abbott (2001) 165 JP 386, [2001] Crim LR D6.22
Cole (1941) 28 Cr App R 43, 165 LT 125, 39 LGR 262, 105 JP 279 . . . . D16.43
Cole [1993] Crim LR 300 . . . . D18.22
Cole [1994] Crim LR 582 . . . . A3.50
Cole [1997] 1 Cr App R (S) 228 . . . . B14.107
Cole [1998] BCC 87 . . . . B7.55
Cole [2008] EWCA Crim 3234 . . . . D26.29
Cole [2019] EWCA Crim 1856 . . . . E21.27
Cole [2022] EWCA Crim 1017 . . . . F13.51
Cole and Keet [2007] EWCA Crim 1924, [2007] 1 WLR 2716, [2008] 1 Cr App R 5 (81) F17.91
Colecozy-Rogers [2021] EWCA Crim 1111 . . . . F13.92
Coleman (1987) The Times, 21 November 1987 . . . . D18.12
Coleman [2013] EWCA Crim 544, [2013] 2 Cr App R (S) 79 (514), [2013] Crim LR 694 . . . . E18.8
Coleman [2016] EWCA Crim 1665 . . . . D33.33
Coles [1995] 1 Cr App R 157, [1994] Crim LR 820 . . . . F11.16
Coles [2018] EWCA Crim 407 . . . . F19.13
Coles v East Penwith Justices (1998) 162 JP 687 . . . . D23.23
Coley [2013] EWCA Crim 223 . . . . A1.11, A3.12, A3.14, A3.18, A3.31, B8.22
Coley [2022] EWCA Crim 1400, [2023] 1 Cr App R (S) 25 (244) E21.32
Colister (1955) 39 Cr App R 100 . . . . B5.52
Coll (1889) 24 LR Ir 522 . . . . F6.39, F7.68
Collett v Bromsgrove District Council (1996) The Times, 15 July 1996 . . . . D29.24
Colliard [2008] EWCA Crim 1175 . . . . F13.49, F13.51
Collier [2004] EWCA Crim 1411, [2005] 1 WLR 843 . . . . B3.332
Collier [2013] EWCA Crim 1038 . . . . B3.21
Collins [1947] KB 560, [1947] 1 All ER 147, 111 JP 154, [1948] LJR 6, 63 TLR 90, 91 SJ 133 . . . . D20.54

Table of Cases

Collins (1960) 44 Cr App R 170 . . . . F8.3, F8.7, F8.9
Collins [1973] QB 100, [1972] 3 WLR 243, [1972] 2 All ER 1105, 56 Cr App R 554 . . . . B4.86, B4.88
Collins [2004] EWCA Crim 83, [2004] 1 WLR 1705, [2004] 2 Cr App R 11 (199) F20.37
Collins [2007] EWCA Crim 854 . . . . D16.71
Collins [2015] EWCA Crim 915, [2015] 2 Cr App R (S) 50 (368) B3.132
Collins [2016] EWCA Crim 682 . . . . B14.106, B14.107
Collins [2018] EWCA Crim 113 . . . . C3.19
Collins [2018] EWCA Crim 1713 . . . . B5.4
Collins [2022] EWCA Crim 742, [2022] 4 WLR 99, [2023] 1 Cr App R (S) 4 (18), [2022] 4 All ER 348 . . . . B15.32
Collins v Carnegie (1834) 1 A & E 695, 110 ER 1373, 3 Nev & M KB 703, 3 LJ KB 196 . . . . F17.43
Collins v DPP (1987) *The Times*, 20 October 1987 . . . . B4.144
Collins v DPP [2021] EWHC 634 (Admin), [2021] 1 WLR 3391 . . . . E19.75
Collins v Wilcock [1984] 1 WLR 1172, [1984] 3 All ER 374, 79 Cr App R 229, 148 JP 692,
    [1984] Crim LR 481, 81 LSG 2140, 128 SJ 660. . . . . B2.9, B2.53
Collison (1980) 71 Cr App R 249, [1980] Crim LR 591 . . . . D11.107, D19.65, D19.68
Colman [2004] EWCA Crim 3252, [2005] QB 996, [2005] 3 WLR 379,
    [2005] 2 Cr App R 7 (118) F1.20, F12.22
Colmer (1864) 9 Cox CC 506. . . . . B1.147
Colohan [2001] EWCA Crim 1251 . . . . B2.209, B2.210
Colozza v Italy (1985) 7 EHRR 516 . . . . A7.56
Coltman [2018] EWCA Crim 2059 . . . . B9.47, B17.6
Colyer [1974] Crim LR 243 . . . . B19.35
Comerford [1998] 1 WLR 191, [1998] 1 All ER 823, [1998] 1 Cr App R 235, [1998] Crim LR 285 . . . . D13.20
Commission for Racial Equality v Dutton [1989] QB 783, [1989] 2 WLR 17, [1989] 1 All ER 306 . . . . B11.73
Commissioners of Customs and Excise v Duffy (2002) *The Times*, 5 April 2002 . . . . D8.13
Commissioners of Customs and Excise v T (1998) 162 JP 162. . . . . D8.21
Commonwealth Shipping Representative v Peninsular and Oriental Branch Service [1923] AC 191,
    92 LJ KB 142, 128 LT 546, 16 Asp 33, 39 TLR 133, 28 Com Cas 296, [1922] All ER Rep 207 . . . . F1.4
Competition and Markets Authority v Concordia International RX (UK) Ltd [2019] EWCA Civ 1881,
    [2019] 1 All ER 699. . . . . D1.171
Compton [2002] EWCA Civ 1720 . . . . D8.66
Compton [2002] EWCA Crim 2835 . . . . F20.41
Comptroller of Customs v Western Lectric Co. Ltd [1966] AC 367, [1965] 3 WLR 1229,
    [1965] 3 All ER 599 . . . . F16.15, F16.30
Conaghan [2017] EWCA Crim 597, [2017] 2 Cr App R 19 (240). D3.119
Conde (1867) 10 Cox CC 547. . . . . F17.63
Condron [1997] 1 WLR 827, [1997] 1 Cr App R 185, 161 JP 1,
    [1997] Crim LR 215 . . . . F10.43, F20.21, F20.23, F20.26
Condron v UK (2001) 31 EHRR 1 (1), [2000] Crim LR 679 . . . A7.77, A7.88, F20.2, F20.6, F20.17, F20.21, F20.23
Conerney v Jacklin [1985] Crim LR 234, 129 SJ 285. . . . . F9.13
Coney (1882) 8 QBD 534, 51 LJ MC 66, 46 LT 307, 46 JP 404, 15 Cox CC 46, 30 WR 678 . . . . A4.21
Conlan v Oxford (1984) 79 Cr App R 157, 5 Cr App R (S) 237. . . . . E9.6
Connell v DPP [2011] EWHC 158 (Admin), (2011) 175 JP 151 . . . . C2.23
Connelly (1991) 156 JP 406 . . . . B19.56
Connolly (10 June 1994, unreported) F20.41, F20.43
Connelly [2017] EWCA Crim 1569, [2018] 1 Cr App R (S) 19 (127) E1.6
Connolly v Dale [1996] QB 120, [1995] 3 WLR 786, [1996] 1 All ER 224, [1996] 1 Cr App R 200 . . . . B14.102
Connelly v DPP [1964] AC 1254, [1964] 2 WLR 1145, [1964] 2 All ER 401, 48 Cr App R 183, 128 JP 418 . . . B1.4,
    D12.22, D12.23, D12.24, D12.29, D12.34, D12.82, D21.50, F12.22
Connolly v DPP [2007] EWHC 237 (Admin), [2008] 1 WLR 276, [2007] 2 All ER 1012,
    [2007] 2 Cr App R 5 (43), [2007] HRLR 17, [2007] Crim LR 729 . . . . B18.34
Connor (1985) *The Times*, 26 June 1985. . . . . D19.19
Connor (13 March 2000, unreported) B11.24
Connor [2019] EWCA Crim 96. . . . . D9.58
Connor v Chief Constable of Merseyside [2006] EWCA Civ 1549 . . . . D1.159
Conroy [2017] EWCA Crim 81, [2017] 2 Cr App R 26 (371) B1.29
Considine (1980) 70 Cr App R 239, [1980] Crim LR 179 . . . . D11.19
Considine [2007] EWCA Crim 1166, [2008] 1 WLR 414, [2007] All ER 621, [2008] 1 Cr App
    R (S) 41 (215), [2007] Crim LR 824. . . . . E16.28
Constantine [2010] EWCA Crim 2406, [2011] 1 WLR 1086, [2011] 3 All ER 767, [2011] 1 Cr App
    R (S) 124 (718) D33.24
Constantinou (1989) 91 Cr App R 74, [1989] Crim LR 571 . . . . F8.61, F8.62
Constanza [1997] 2 Cr App R 492, [1997] Crim LR 576 . . . . B2.5
Conway [1989] QB 290, [1988] 3 WLR 1238, [1988] 3 All ER 1025, 88 Cr App R 159,
    [1989] RTR 35 . . . . A3.50
Conway (1990) 91 Cr App R 143, [1990] Crim LR 402. . . . . D1.133, F19.3
Conway [1994] Crim LR 826, [1994] EWCA Crim J0520 . . . . B19.32
Conway v Rimmer [1968] AC 910, [1968] 2 WLR 998, [1968] 1 All ER 874 . . . . D9.51, F9.2, F9.3, F9.13
Cook (1696) 13 St Tr 311, sub nom. Anon. 1 Salk 153, 91 ER 141. . . . . D13.26
Cook [1959] 2 QB 340, [1959] 2 WLR 616, [1959] 2 All ER 97, 43 Cr App R 138, 123 JP 271 . . . . F2.41
Cook (1980) 71 Cr App R 205 . . . . F16.15
Cook [1987] QB 417, [1987] 2 WLR 775, [1987] 1 All ER 1049, 84 Cr App R 369 . . . . F8.61, F16.11
Cook [2005] EWCA Crim 2011 . . . . F6.14

Table of Cases

Cook [2010] EWCA Crim 121 . . . . C7.37
Cook [2018] EWCA Crim 530, [2018] 2 Cr App R (S) 16 (117) B3.113
Cook [2023] EWCA Crim 452 . . . . B2.195
Cook v DPP [2001] Crim LR 321 . . . . C5.39, F6.5
Cooke [1971] Crim LR 44 . . . . C3.66
Cooke (1986) 84 Cr App R 286 . . . . F1.20
Cooke [1986] AC 909, [1986] 3 WLR 327, [1986] 2 All ER 985, 83 Cr App R 339 . . . . A5.45, A5.68, B5.21
Cooke [1995] 1 Cr App R 318, [1995] Crim LR 497 . . . . F2.14
Cooke [2015] EWCA Crim 1414 . . . . B11.71
Cooke [2017] EWCA Crim 1272 . . . . A5.48
Cooke v Austria (2001) 31 EHRR 11 (338) A7.86
Cooke v DPP (1992) 95 Cr App R 233, 156 JP 497, [1992] Crim LR 746 . . . . D3.60
Cooke v Tanswell (1818) 8 Taunt 450, 129 ER 458, 2 Moore CP 513 . . . . F8.41
Cookson [2023] EWCA Crim 10, [2023] 2 Cr App R (S) 12 (98) E17.2
Coolledge [1996] Crim LR 748 . . . . D15.82
Coombes v DPP [2006] EWHC 3263 (Admin), [2007] RTR 31 (383) C6.59
Coonan [2011] EWCA Crim 5 . . . . E17.9
Cooper [1969] 1 QB 267, [1968] 3 WLR 1225, [1969] 1 All ER 32, 53 Cr App R 82 . . . . D26.17
Cooper (1985) 82 Cr App R 74 . . . . F7.25
Cooper [1994] Crim LR 531 . . . . B3.29
Cooper [2003] EWCA Crim 3277, [2004] 2 Cr App R (S) 16 (82) B11.70
Cooper [2009] UKHL 42, [2009] 1 WLR 1786, [2009] 4 All ER 33, [2010] 1 Cr App R 7 (104) B3.33
Cooper [2010] EWCA Crim 979, [2010] 2 Cr App R 13 (93) B14.16, F5.3
Cooper [2013] EWCA Crim 2703 . . . . B7.23
Cooper [2014] EWCA Crim 946 . . . . B3.21
Cooper [2018] EWCA Crim 1454 . . . . F1.30
Cooper [2019] EWCA Crim 43 . . . . B2.162, B2.168, D26.17
Cooper [2022] EWCA Crim 166 . . . . F1.22
Cooper [2023] EWCA Crim 945, [2024] 1 WLR 1433, [2024] 1 Cr App R (S) 14 (112),
   [2023] Crim LR 751 . . . . B21.16
Cooper v New Forest District Council [1992] Crim LR 877 . . . . D12.34, D29.4
Cooper v Rowlands [1971] RTR 291, [1972] Crim LR 53 . . . . C5.5, F3.71
Coote (1873) LR 4 PC 599, 9 Moore PCC NS 463, 42 LJ PC 45, 29 LT 111, 37 JP 708, 12 Cox CC 557,
   21 WR 553, [1861–73] All ER Rep Ext 1113 . . . . F10.6
Copeland [2020] UKSC 8,, [2021] AC 815, [2020] 2 Cr App R 4 (54), [2020] 2 WLR 681 . . . . B12.266
Copeland v Metropolitan Police Commissioner [2014] EWCA Civ 1014 . . . . D1.15
Coppen v Moore (No. 2) [1898] 2 QB 306 . . . . A6.10
Copsey [2008] EWCA Crim 2043 . . . . D26.29
Copus v DPP [1989] Crim LR 577 . . . . B12.160
Corbett [1996] Crim LR 594 . . . . A1.35
Corbin (1984) 6 Cr App R (S) 17, [1984] Crim LR 302 . . . . E21.8
Corcoran (1986) 8 Cr App R (S) 118, [1986] Crim LR 568 . . . . D26.51
Corcoran v Anderton (1980) 71 Cr App R 104, [1980] Crim LR 385 . . . . B4.46, B4.73
Corcoran v Whent [1977] Crim LR 52 . . . . B4.25
Cordingley [2007] EWCA Crim 2174, [2008] Crim LR 299 . . . . D26.29
Corelli [2001] EWCA Crim 974, [2001] Crim LR 913 . . . . F13.100
Cornelius [2012] EWCA Crim 500 . . . . B5.4
Cornfield [2006] EWCA Crim 2909, [2007] 1 Cr App R (S) 124 (771) E19.52
Cornick [2014] EWHC 3623 (QB), [2015] 1 Cr App R (S) 69 (483) D24.76, E17.12
Cornish [2016] EWHC 779 (QB) D33.36
Cornwall [2009] EWCA Crim 2458, [2010] Crim LR 504 . . . . D13.5
Corran [2005] EWCA Crim 192, [2005] 2 Cr App R (S) 73 (253), [2005] Crim LR 404 . . . . B3.84
Corrie (1904) 20 TLR 365 . . . . F20.56
Cort [2003] EWCA Crim 2149,[2004] QB 388, [2003] 3 WLR 1300, [2004] 4 All ER 137,
   [2004] 1 Cr App R 18 (199), 167 JP 504, [2004] Crim LR 64 . . . . B2.126
Cosar v Governor of HM Prison Wandsworth [2020] EWHC 1142 (Admin) D31.46
Cosburn [2013] EWCA Crim 1815 . . . . B3.381
Cosby [2020] EWCA Crim 69 . . . . C3.51
Cosco [2005] EWCA Crim 207, [2005] 2 Cr App R (S) 66 (405) B3.354
Cosford [2013] EWCA Crim 466 . . . . B15.27
Cosgrove v DPP [1997] RTR 153 . . . . C5.29
Costanzo [2021] EWCA Crim 615 . . . . F7.45, F7.46
Costello [2010] EWCA Crim 371, [2011] 1 WLR 638, [2010] 3 All ER 490,
   [2010] 2 Cr App R (S) 94 (608) E13.19
Costelloe v Camden London Borough Council [1986] Crim LR 249 . . . . B13.3, B13.11
Costley (1989) 11 Cr App R (S) 357, [1989] Crim LR 913 . . . . D20.18, D26.55
Cotswold Geotechnical Holdings Ltd [2011] EWCA Crim 1337, [2012] 1 Cr App R (S) 26 (153) B1.89
Cotter [2002] EWCA Crim 1033, [2003] QB 951, [2003] 2 WLR 115, [2002] 2 Cr App R 29 (405),
   [2002] Crim LR 824 . . . . B14.46, B14.80
Cotton [2008] EWCA Crim 1279 . . . . B19.40
Cottrell [2007] EWCA Crim 2016, [2007] 1 WLR 3262, [2008] 1 Cr App 7 (107),
   [2008] Crim LR 50 . . . . B3.395, D28.10, D28.1
Cottrill [1997] Crim LR 56 . . . . F10.45
Coudrat v Commissioners of Her Majesty's Revenue and Customs [2005] EWCA Civ 616 . . . . D1.4

Table of Cases

Coughlan (1976) 63 Cr App R 33, [1976] Crim LR 628...D12.34
Coughlan (12 May 1997, unreported)..B16.45
Coughtrey [1997] 2 Cr App R (S) 269...B14.75, B14.76
Coull v Guild 1985 SLT 184...B12.157
Coulson [1997] Crim LR 886..F1.1
Coulson [2013] EWCA Crim 1026, [2014] 1 WLR 1119, [2013] 4 All ER 999,
  [2013] 2 Cr App R 32 (365), 177 JP 513..B9.92
Coulson v Disborough [1894] 2 QB 316, 70 LT 617, 58 JP 784, 42 WR 449, 10 TLR 429,
  9 R 390, 38 SJ 416..F7.7
Coulson v News Group Newspapers Ltd [2012] EWCA Civ 1547...D33.6
Council for the Regulation of Health Care Professionals v General Medical Council
  [2006] EWHC 2784 (Admin), [2007] 1 WLR 3094...D3.103
Countrywide Banking Corporation Ltd v Dean [1998] AC 338..B7.49
Court [1989] AC 28, [1988] 2 WLR 1071, [1988] 2 All ER 221, 87 Cr App R 144,
  [1988] Crim LR 537...B3.59, B3.391, F1.24
Court [2012] EWCA Crim 133, [2012] 1 WLR 2260, [2012] 1 Cr App R 36 (499).......................B3.372
Court [2021] EWCA Crim 242...E19.83
Courtie [1984] AC 463, [1984] 2 WLR 330, [1984] 1 All ER 740, 78 Cr App R 292 ..... A2.32, B3.1, B3.76,
               B3.102, B4.75, B4.127, B19.24, B19.43, B19.58, B19.65, B19.146, D20.42
Courtnell [1990] Crim LR 115..F19.3
Courtney (1987) 9 Cr App R (S) 404, [1988] Crim LR 130..E22.8
Courtney [1995] Crim LR 63...F18.40
Cousins [1982] QB 526, [1982] 2 WLR 621, [1982] 2 All ER 115, 74 Cr App R 363 .... A3.67, B1.165, B5.56
Cousins [2021] EWCA Crim 1664, [2022] 1 Cr App R 11 (165)........................F7.68, F20.17, F20.20
Coutts [2005] EWCA Crim 52, [2005] 1 WLR 1605, [2005] 1 Cr App R 31 (517),
  [2005] Crim LR 784...D19.63
Coutts [2006] UKHL 39, [2006] 1 WLR 2154, [2006] 4 All ER 353, [2007] 1 Cr App R 6 (60),
  [2006] Crim LR 1065..B1.4, D19.58, D19.63, D19.64
Couzens [1992] Crim LR 822...F1.38, F20.59
Coventry City Council v Vassell [2011] EWHC 1542 (Admin).............................B16.60, B16.62
Coventry Justices, ex parte Bullard (1992) 95 Cr App R 175.........................F16.13, F16.32
Coventry Justices, ex parte Sayers [1979] RTR 22, [1978] Crim LR 364..................C2.9, C6.8
Cowan [1996] QB 373, [1995] 3 WLR 881, [1995] 4 All ER 939, [1995] 2 Cr App R 513 ....D18.30, F20.26,
                                                                              F20.46, F20.53, F20.54
Cowan v Condon [2000] 1 WLR 254, [2000] 1 All ER 504...D1.182
Cowan v DPP [2013] EWHC 192 (Admin), (2013) 177 JP 474..C1.17
Coward (1979) 70 Cr App R 70...D12.78, D12.90
Cowell [1940] 2 KB 49, [1940] 2 All ER 599, 27 Cr App R 191, 109 LJ KB 667, 163 LT 158,
  38 LGR 273, 104 JP 237, 56 TLR 629..F4.10
Cowell [2023] EWCA Crim 162...E14.3
Cowley-Hurlock [2014] EWCA Crim 1702...B7.75
Cowper v DPP [2009] EWHC 2165 (Admin)...D1.60
Cox (18 September 1992, unreported)..A1.18
Cox [1898] 1 QB 179, 67 LJ QB 293, 77 LT 534, 18 Cox CC 672, 14 TLR 122,
  [1895–9] All ER Rep 1285, 42 SJ 135..D11.75, F8.24, F11.2
Cox [1968] 1 WLR 308, [1968] 1 All ER 386..B1.33
Cox [1982] 75 Cr App R 291, [1983] BCLC 169, [1983] Crim LR 167..................................B7.13
Cox [1986] 8 Cr App R (S) 384..E8.8
Cox [1991] Crim LR 276...F18.17
Cox (1993) 96 Cr App R 464, 157 JP 785, [1993] Crim LR 382.....................................F18.39
Cox [1995] 2 Cr App R 513, [1995] Crim LR 741...D18.23
Cox [1998] Crim LR 810..B2.5, B2.42
Cox [1999] 2 Cr App R 6...D27.11
Cox [2012] EWCA Crim 549, [2012] 2 Cr App R 6 (63), 176 JP 549,
  [2012] Crim LR 621..D14.3, D14.29, D14.49
Cox [2013] EWCA Crim 1025..F20.47
Cox [2014] EWCA Crim 804..F13.52
Cox [2017] EWCA Crim 1366, [2018] 1 Cr App R (S) 3 (15)................................B8.46, B11.70
Cox [2018] EWCA Crim 1871..C6.49
Cox v Army Council [1963] AC 48, [1962] 2 WLR 950, [1962] 1 All ER 880,
  (1962) 46 Cr App R 258, (1962) 106 SJ 305..A8.2, A8.19, A8.21
Cox v DPP [2009] EWHC 3595 (Admin)..C5.21
Cox v Riley (1986) 83 Cr App R 54, [1986] Crim LR 460.....................................B8.6, B8.7
Coxhead [1986] RTR 411..B14.45
Cozens [1996] 2 Cr App R (S) 321, [1996] Crim LR 522...E13.26
Crabtree [1952] 2 All ER 974, 36 Cr App R 161, 117 JP 6, [1952] 2 TLR 717, [1952] WN 487,
  96 SJ 765..D20.46
Cracknell v Willis [1988] AC 450, [1987] 3 WLR 1082, [1987] 3 All ER 801, [1988] RTR 1,
  86 Cr App R 196, 154 JP 728...C5.36
Craggy v Chief Constable of Cleveland Police [2009] EWCA Civ 1128..............................C6.27
Craig [2007] EWCA Crim 2913...B21.6
Cramer (1992) 13 Cr App R (S) 390..E19.50
Cramp (1880) 5 QBD 307, 39 LJ MC 44, 42 LT 442, 44 JP 411, 14 Cox CC 401,
  28 WR 701...B1.131

lv

Table of Cases

Crampton (1991) 92 Cr App R 369, [1991] Crim LR 277 . . . . F18.19, F18.25
Crampton [2020] EWCA Crim 1334. . . . . D1.131, D1.149, F19.19
Crane v DPP [1921] 2 AC 299, 15 Cr App R 183, 90 LJ KB 1160, 125 LT 642, 85 JP 245,
   27 Cox CC 43, 37 TLR 788, [1921] All ER Rep 19 . . . . D13.75, D26.2
Crann v CPS [2013] EWHC 552 (Admin) D21.15
Cranston (1993) 14 Cr App R (S) 103, [1992] Crim LR 831. . . . . D20.29
Crawford (1845) 2 Car & Kir 129. . . . . B12.276
Crawford (1993) 98 Cr App R 297, 14 Cr App R (S) 782, 157 JP 667, [1993] Crim LR 539 . . . . E13.8
Crawford [1997] 1 WLR 1329, [1998] 1 Cr App R 338, 161 JP 681, [1997] Crim LR 749 . . . . D11.87
Crawford v Haughton [1972] 1 WLR 572, [1972] 1 All ER 535, [1972] RTR 125 . . . . C1.29
Crawley [2014] EWCA Crim 1028, [2014] 2 Cr App R 16 (214). A7.65, D3.66, D3.108
Crawley Justices, ex parte DPP (1991) 155 JP 841. . . . . D3.110
Crayden [1978] 1 WLR 604, [1978] 2 All ER 700, 67 Cr App R 1. . . . . F17.32
Credland v Knowler (1951) 35 Cr App R 48 . . . . F5.10
Creed [2011] EWCA Crim 144, [2011] Crim LR 644 . . . . D12.10, F13.1
Creed v Scott [1976] RTR 488 . . . . C2.19
Crees [1996] Crim LR 830 . . . . D19.14
Cremin [2007] EWCA Crim 666 . . . . B12.45
Crescent Farm (Sidcup) Sports Ltd v Sterling Offices Ltd [1972] Ch 553, [1972] 2 WLR 91,
   [1971] 3 All ER 1192 . . . . F10.38
Cresswell (1873) 1 QBD 446, 45 LJ MC 77, 33 LT 760, 13 Cox CC 126, 40 JP 536, 24 WR 281 . . . . F3.71
Cresswell v DPP [2006] EWHC 3379 (Admin), (2007) 171 JP 233. . . . . B4.17
Crick (1981) 3 Cr App R (S) 275, [1982] Crim LR 129. . . . . B6.68
Crilly [2018] EWCA Crim 168. . . . . A4.15
Crimes [2019] EWCA Crim 1108, [2019] 2 Cr App R (S) 56 (454). A5.42
Criminal Injuries Compensation Authority v First-Tier (Social Entitlement Chamber)
   [2014] EWCA Civ 1554, [2015] QB 459, [2014] 2 WLR 463, [2015] 4 All ER 60,
   [2015] 1 Cr App R 19 (246 . . . . B1.18, B2.105
Cripps [2012] EWCA Crim 806, [2013] 1 Cr App R (S) 7 (43). B2.96
Crociani v Italy (1980) 22 DR 147 . . . . A7.60
Crocker v Devon and Cornwall Police [2020] EWHC 2838 (Admin), [2021] 1 WLR 569 . . . . D25.53
Croft [2023] EWCA Crim 1538 . . . . B20.12
Croissant v Germany (1993) 16 EHRR 135 . . . . A7.55
Crosdale v The Queen [1995] 1 WLR 864, [1995] 2 All ER 500, [1995] Crim LR 958 . . . . D16.66
Cross [1971] 3 All ER 641, 55 Cr App R 540 . . . . B14.61, D19.51
Cross [1987] Crim LR 43 . . . . B16.52
Cross (1990) 91 Cr App R 115 . . . . F7.25
Cross [2017] EWCA Crim 1036 . . . . F20.13
Crossan [1939] NI 106. . . . . C7.53
Crossland [2013] EWCA Crim 2313 . . . . F7.47
Crossland v DPP [1988] 3 All ER 712, [1988] RTR 417 . . . . C6.61
Croston v Vaughan [1938] 1 KB 540, [1937] 4 All ER 249, 107 LJ KB 182, 158 LT 221,
   36 LGR 1, 101 JP 11, 53 TLR 54 . . . . C2.16
Crouch (1850) 4 Cox CC 163. . . . . F11.25
Croucher [2021] EWCA Crim 1273 . . . . B3.113
Crow [2021] EWCA Crim 617 . . . . D1.150, F19.25
Crowhurst (1978) CSP B9–43A01, [1979] Crim LR 399. . . . . B2.149
Crown Court at Lewes, ex parte Hill (1991) 93 Cr App R 60, [1991] Crim LR 376 . . . . D1.161,
                                                                                                                                                                                D1.162, D1.163, D1.166
Crown Court at Maidstone, ex parte Harrow London Borough Council [2000] QB 719,
   [2000] 2 WLR 237, [1999] 3 All ER 542, [1999] Crim LR 838. . . . . A3.23
Crown Court at Wood Green, ex parte Howe [1992] 1 WLR 702, 93 Cr App R 213 . . . . D7.122
Crown Prosecution Service . . . . see CPS
Crown Suppliers (Property Services Agency) v Dawkins [1993] ICR 517, [1993] IRLR 284 . . . . B11.73
Crowther v UK (2005) *The Times*, 11 February 2005. . . . . E19.76
Croydon Crown Court, ex parte Bernard [1981] 1 WLR 116, [1980] 3 All ER 106,
   72 Cr App R 29, 2 Cr App R (S) 144 . . . . D23.45
Croydon Crown Court, ex parte Clair [1986] 1 WLR 746, [1986] 2 All ER 716,
   (1986) 83 Cr App R 202, (1986) 150 JP 291 . . . . D29.14
Croydon Crown Court, ex parte Lewis (1994) 158 JP 886, [1995] Crim LR 44 . . . . D7.44, D15.20
Croydon Crown Court, ex parte Miller (1986) 85 Cr App R 152. . . . . D29.30
Croydon Justices, ex parte Dean [1993] QB 769, [1993] 3 WLR 198, [1993] 3 All ER 129,
   98 Cr App R 76, 157 JP 975, [1993] Crim LR 759. . . . . D3.88
Croydon Justices, ex parte Holmberg (1993) 157 JP 277, [1992] Crim LR 892 . . . . D3.42
Croydon London Borough Council v Pinch a Pound (UK) Ltd [2010] EWHC 3283 (Admin),
   [2011] 1 WLR 1189 . . . . A6.21, B12.213
Croydon London Borough Council v Shahahan [2010] EWCA Crim 98, (2010) 174 JP 172 . . . . B16.60
Croydon Youth Court, ex parte DPP [1997] 2 Cr App R 41 . . . . D22.72, D22.75
Crozier (1990) 12 Cr App R (S) 206, [1991] Crim LR 138 . . . . D26.49
Cruickshank [2001] EWCA Crim 98, [2001] 2 Cr App R (S) 57 (278) B11.140
Crutchley (1994) 15 Cr App R (S) 627, [1994] Crim LR 309 . . . . E6.2, E19.12
Cruttenden [1991] 2 QB 66, [1991] 2 WLR 921, [1991] 3 All ER 242, 93 Cr App R 119,
   155 JP 798, [1991] Crim LR 539 . . . . F4.20
Cuciurean v CPS [2024] EWHC 848 (Admin), [2024] 2 Cr App R 7 (164), [2024] ACD 64. . . . . D29.3, D29.18

Table of Cases

Cugullere [1961] 1 WLR 858, [1961] 2 All ER 343, (1961) 45 Cr App R 108,
  (1961) 125 JP 414 . . . . B12.168, B12.170
Cullen (1974, unreported) B4.29
Cullinane [1984] Crim LR 420 . . . . F5.4
Cullinane [2007] EWCA Crim 2682 . . . . B14.112
Cumberbatch v CPS [2009] EWHC 3353 (Admin), (2010) 174 JP 149 . . . . D1.19
Cumberworth (1989) 89 Cr App R 187, [1989] Crim LR 591 . . . . A8.16, D12.50, D12.51
Cummerson [1968] 2 QB 534, [1968] 2 WLR 1486, [1968] 2 All ER 863, (1968) 52 Cr App R 519 . . . . C4.20
Cummings v Chief Constable of Northumbria Police [2003] EWCA Civ 1844, (2003) *The Times*,
  17 December 2003 . . . . D1.5
Cummings v CPS [2016] EWHC 3624 (Admin) F6.20
Cummings v DPP (1999) *The Times*, 26 March 1999 . . . . B20.4
Cummings-John [1997] Crim LR 660 . . . . B6.9
Cundell [2009] EWCA Crim 2072 . . . . F5.12, F13.30, F13.51
Cuni [2018] EWCA Crim 600 . . . . B19.171, B19.172
Cunliffe [1986] Crim LR 547 . . . . B19.13
Cunnah [1996] 1 Cr App R (S) 393, [1996] Crim LR 64 . . . . D20.74
Cunningham [1957] 2 QB 396, [1957] 3 WLR 76, [1957] 2 All ER 412, 41 Cr App R 155,
  121 JP 451 . . . . A2.6, A2.7, A2.12, A2.13, B2.12, B2.120, B12.251
Cunningham [1982] AC 566, [1981] 3 WLR 23, [1981] 2 All ER 863, 73 Cr App R 253 . . . . . . B1.22, B2.79, B2.81
Cunningham [1985] Crim LR 374 . . . . D16.46
Cunningham [2007] EWCA Crim 524, [2007] 2 Cr App R (S) 61 (376) B14.6
Curgerwen (1865) LR 1 CCR 1, 35 LJ MC 58, 13 LT 383, 29 JP 820, 10 Cox CC 152,
  11 Jur NS 984, 14 WR 55, [1861–73] All ER Rep Ext 1368 . . . . B2.155
Curley [2004] EWCA Crim 2395 . . . . F6.40
Curr [1968] 2 QB 944, [1967] 2 WLR 595, [1967] 1 All ER 478, 51 Cr App R 113, 131 JP 245 . . . . . . A5.14
Curran [2021] EWCA Crim 1999 . . . . B1.32
Currie [2007] EWCA Crim 926, [2007] 2 Cr App R 18 (246), 172 JP 6 . . . . C1.1, C2.4
Curry [1988] Crim LR 527 . . . . F12.16
Curry [1993] Crim LR 737 . . . . F19.12
Curtin [1996] Crim LR 831 . . . . D18.23, D18.38
Curtis [1984] 6 Cr App R (S) 250 . . . . E5.19
Curtis [2010] EWCA Crim 123, [2010] 3 All ER 849, [2010] 1 Cr App R (S) 31 (193),
  [2010] Crim LR 638 . . . . B2.207, C3.69, E21.7
Curtis [2012] EWCA Crim 945, [2013] 1 Cr App R (S) 28 (147) B14.103
Cuscani v UK (2003) 36 EHRR 2 (11) A7.58
Cushing [2006] EWCA Crim 1221 . . . . F13.59
Custers v Denmark (2008) 47 EHRR 28 (665) A7.66
Customs and Excise Commissioners, ex parte Claus (1987) 86 Cr App R 189, [1987] Crim LR 756 . . . . A2.24
Customs and Excise Commissioners, ex parte Wagstsaff [1998] Crim LR 287 . . . . B16.23
Customs and Excise Commissioners v A [2002] EWCA Civ 1039, [2003] 2 WLR 210 . . . . D8.66, E19.58
Customs and Excise Commissioners v Brunt (1999) 163 JP 161, [1998] CLY 1026 . . . . B16.23
Customs and Excise Commissioners v Tan [1977] AC 650, [1977] 2 WLR 181, [1977] 1 All ER 432,
  64 Cr App R 129 . . . . B16.47
Customs and Excise Commissioners v Thorpe (18 November 1996, unreported) D8.21
Cuthbertson [1981] AC 470, [1980] 3 WLR 89, [1980] 2 All ER 401, (1980) 71 Cr App R 148,
  [1980] Crim LR 583 . . . . E8.8
Cuthbertson [2020] EWCA Crim 1883, [2021] 2 Cr App R (S) 14 (117) E2.35
Cwik v Poland (2021) 72 EHRR 19 (540) A7.75
Czach v Poland [2016] EWHC 1993 (Admin) D31.41

D [1984] AC 778, [1984] 2 WLR 112, [1984] 1 All ER 574, 78 Cr App R 219 . . . . B2.14, B2.125, B2.127
D (1995) 16 Cr App R (S) 564, [1995] Crim LR 172 . . . . D26.44
D [2001] 1 Cr App R 13 (194), Crim LR 160 . . . . D18.45
D [2002] EWCA Crim 990, [2003] QB 90, [2002] 3 WLR 997, [2002] 2 Cr App R 36 (601),
  166 JP 489, [2003] Crim LR 274 . . . . F17.23
D [2007] EWCA Crim 684 . . . . F1.20, F12.21
D [2007] EWCA Crim 2485 . . . . D18.37
D [2008] EWCA Crim 2557, [2009] Crim LR 289 . . . . F1.15, F7.21
D [2009] EWCA Crim 584 . . . . A5.49
D [2009] EWCA Crim 2137 . . . . F7.28
D [2011] EWCA Crim 1474, [2013] 1 WLR 676, [2011] 4 All ER 568, [2012] 1 Cr App R 8 (97),
  176 JP 11 . . . . F13.51, F13.84
D [2012] EWCA Crim 19, [2012] 1 Cr App R 33 (448), 176 JP 188 . . . . F14.11, F14.17
D [2012] EWCA Crim 2163 . . . . F13.32, F13.83
D [2012] EWCA Crim 2181 . . . . D16.58
D [2012] EWCA Crim 2370, [2013] 1 Cr App R (S) 127 (674) B3.374
D [2014] EWCA Crim 2340, [2014] 1 Cr App R (S) 23 (168) E16.30
D [2016] EWCA Crim 454, [2016] 2 Cr App R 18 (241), [2016] Crim LR 569 . . . . D11.115
D [2018] EWCA Crim 2995 . . . . B22.18, B22.22
D [2019] EWCA Crim 45, [2019] 1 Cr App R 33 (482) B12.182
D [2019] EWCA Crim 209, [2019] 2 Cr App R 15 (135) B5.19
D (Acquitted person: Retrial), Re [2006] EWCA Crim 828, [2006] 1 WLR 1998,
  [2006] 2 Cr App R 18 (286) D12.47
D (E) [2010] EWCA Crim 1213, (2010) 174 JP 289, [2010] Crim LR 862 . . . . F17.37

Table of Cases

D (Infants), Re [1970] 1 WLR 599, [1970] 1 All ER 1086..F9.12
D, Re (28 October 1992, unreported)..D8.74
D and G v Germany (Cases C-358/13 and C-181/13) (CJEU, 10 July 2014).....................B19.3
D v DPP (1995) 16 Cr App R (S) 1040, (1996) 160 JP 275..E10.8
D v DPP [2010] EWHC 3400 (Admin), [2011] 1 WLR 882..B2.53
D v National Society for the Prevention of Cruelty to Children [1978] AC 171, [1977] 2 WLR 201,
    [1977] 1 All ER 589, 76 LGR 5............................F6.30, F9.12, F9.14, F9.31, F9.32
D Ltd v A [2017] EWCA Crim 1604.......................D3.40, D3.67, D3.107, D33.24, D33.32
DA [2023] EWCA Crim 1428, [2024] 1 Cr App R 24 (324), [2024] Crim LR 197..........B3.316
DB [2016] EWCA Crim 474, [2016] 2 Cr App R 25 (333)..B3.349
DB [2024] EWCA Crim 881...F13.68
DE v Chief Constable of West Midlands Police [2023] EWHC 146 (KB)..........................D1.28
DEFRA v Keam [2005] EWHC 1582 (Admin), (2005) 169 JP 512...................................A6.19
DH [2017] EWCA Crim 2503, [2018] 2 Cr App R (S) 2 (8).............................B2.39, B2.77
DJ [2015] EWCA Crim 563, [2015] 2 Cr App R (S) 16 (164), [2015] Crim LR 650..........B3.24
DL [2011] EWCA Crim 1259, [2011] 2 Cr App R 14 (159)..B15.27
DLA Piper UK LLP v BDO LLP [2013] EWHC 3970 (Admin), [2014] 1 WLR 4425..........D33.3
DM [2011] EWCA Crim 2752, [2012] Crim LR 789..B3.330
DM [2023] EWCA Crim 150...B20.21
DN v Netherlands (26 May 1975) Appln. 6170/73...A7.77
DP [2022] EWCA Crim 57...B3.9, B3.85
DPP, ex parte C [1995] 1 Cr App R 136...D2.23
DPP, ex parte Hallas (1987) 87 Cr App R 340..D3.57
DPP, ex parte Kebilene [2000] 2 AC 326, [1999] 3 WLR 175, [1999] 4 All ER 801,
    [2000] 1 Cr App R 275, [2000] Crim LR 994..A7.8, D2.22
DPP, ex parte Lee [1999] 1 WLR 1950, [1999] 2 All ER 737, [1999] 2 Cr App R 304,
    163 JP 569...D7.42, D9.2, D9.15, D9.23
DPP, ex parte Manning [2001] QB 330, [2000] 3 WLR 463..D2.23
DPP, ex parte Warby (1994) 158 JP 190, [1994] Crim LR 281......................................F9.5
DPP v A [2001] Crim LR 140...A2.12
DPP v A and B C Chewing Gum Ltd [1968] 1 QB 159, [1967] 3 WLR 493,
    [1967] 2 All ER 504...B18.10, F11.26, F11.35
DPP v Ahmed [2021] EWHC 2122 (Admin), [2022] 1 Cr App R 1 (1)................B2.49, D1.15
DPP v Alderton [2003] EWHC 2917 (Admin), [2004] RTR 23 (367), [2003] All ER (D) 360 (Nov).........C1.6
DPP v Alexander [2010] EWHC 2266 (Admin), [2011] 1 WLR 653, [2011] RTR 8 (91),
    174 JP 519...D3.94, D12.21
DPP v Ambrose [1992] RTR 285, (1992) 156 JP 493..C5.28
DPP v Anderson [1978] AC 964, [1978] 2 All ER 512, 67 Cr App R 185, [1978] Crim LR 568..........D11.37
DPP v Armstrong [2000] Crim LR 379..A5.7
DPP v Aylesbury Crown Court [2017] EWHC 2987 (Admin), [2018] 1 Cr App R 22 (325)..........D7.89
DPP v B [2008] EWHC 201 (Admin), [2008] Crim LR 707..D3.90
DPP v Bailey [1995] 1 Cr App R 257, [1995] Crim LR 313..............................A3.55, B19.109
DPP v Bailey [2022] EWHC 3302 (Admin), [2023] 1 Cr App R 22 (370), [2023] 2 WLR 1140,
    [2023] Crim LR 411, [2023] ACD 35..A2.21, B13.47
DPP v Baillie [1995] Crim LR 426...B11.144, B11.146
DPP v Baker [2004] EWHC 2782 (Admin), (2005) 169 JP 140....................B2.187, B2.201, C6.42
DPP v Baldwin [2000] RTR 314, 164 JP 606..C5.20
DPP v Barber (1999) 163 JP 457...C5.39
DPP v Barker [2004] EWHC 2502 (Admin), (2004) 168 JP 617, [2006] Crim LR 140..........C7.34, F3.23
DPP v Barreto [2019] EWHC 2044 (Admin), [2020] RTR 2 (15)..................C3.12, C6.5, C6.35
DPP v Barton [2024] EWHC 1350 (Admin)...D3.105
DPP v Bayer [2003] EWHC 2567 (Admin), [2004] 1 WLR 2856, [2004] 1 Cr App R 38 (493)..........A3.69, B13.45
DPP v Bayliff [2003] EWHC 539 (Admin)..C2.19
DPP v Beard [1920] AC 479, 14 Cr App R 159, 89 LJ KB 437, 122 LT 625, 84 JP 129,
    26 Cox CC 573, 36 TLR 379, [1920] All ER Rep 21..................................A3.17
DPP v Beate Uhse (UK) Ltd [1974] QB 158, [1974] 2 WLR 50, [1974] 1 All ER 753,
    [1974] Crim LR 106..B18.26
DPP v Beaumont [2008] EWHC 523 (Admin), [2008] 1 WLR 2186, [2008] 2 Cr App
    R (S) 98 (549)..E21.5
DPP v Beech [1992] RTR 239, 156 JP 311, [1992] Crim LR 64..................................C5.21
DPP v Bell [1992] RTR 335, [1992] Crim LR 176..A3.50
DPP v Bennett [1993] RTR 176...C6.52
DPP v Bhagwan [1972] AC 60, [1970] 3 WLR 501, [1970] 3 All ER 97, 54 Cr App R 460..........D26.27
DPP v Bignell [1998] 1 Cr App R 1, 161 JP 541, [1998] Crim LR 53..........................B17.4
DPP v Billington [1988] 1 WLR 535, [1988] 1 All ER 435, 87 Cr App R 68, [1988] RTR 231,
    152 JP 1, [1987] Crim LR 772...C5.29, D1.60
DPP v Blake [1989] 1 WLR 432, 89 Cr App R 179, (1989) 153 JP 425................D1.62, F18.23
DPP v Boardman [1975] AC 421, [1974] 3 WLR 673, [1974] 3 All ER 887, 60 Cr App R 165..........D11.80,
    D11.81, D11.84, D11.85, F2.37, F13.19, F13.67
DPP v Bolah [2011] UKPC 44, [2012] 1 WLR 1737..B21.6
DPP v Braun (1999) 163 JP 271, [1999] Crim LR 416..A3.63
DPP v Briedis [2021] EWHC 3155 (Admin)...D8.6, E19.21
DPP v Bristow [1998] RTR 100, 161 JP 35..C7.56
DPP v Brodzky [1997] RTR 425n...C5.27

Table of Cases

DPP v Brooks [1974] AC 862, [1974] 2 WLR 899, [1974] 2 All ER 840,
   59 Cr App R 185 .... B12.44, B19.29, B19.30, B19.35
DPP v Broomfield [2002] EWHC 1962 (Admin), [2003] RTR 5 (108), 166 JP 736 .... C2.13
DPP v Brown [2001] EWHC 931 (Admin), [2002] RTR 23 (395), 166 JP 1 .... C5.44
DPP v Buckley [2007] IEHC 150 .... B19.16
DPP v Bull [1995] QB 88, [1994] 3 WLR 1196, [1994] 4 All ER 411, [1995] 1 Cr App R 413,
   158 JP 1005, [1994] Crim LR 762 .... B3.320
DPP v Bulmer [2015] EWHC 2323 (Admin), [2015] 1 WLR 5159, [2016] 1 Cr App R (S) 12 (74),
   179 JP 519, [2015] Crim LR 986 .... D25.23, D25.24
DPP v Bury Magistrates' Court [2007] EWHC 3256 (Admin) D33.37
DPP v Butler [2010] EWHC 669 (Admin) C6.60
DPP v Butterworth [1995] 1 AC 381, [1994] 3 WLR 538, [1994] 3 All ER 289, [1995] 1 Cr App R 38,
   [1995] Crim LR 71 .... C5.25, C5.32
DPP v Camp [2017] EWHC 3119 (Admin) C5.25, C5.28
DPP v Camplin [1978] AC 705, [1978] 2 WLR 679, 67 Cr App R 14, [1978] 2 All ER 168,
   [1978] Crim LR 432 .... B1.38, F11.17
DPP v Carey [1970] AC 1072 .... C5.4
DPP v Cargo Handling Ltd [1992] RTR 318, 156 JP 486 .... C1.15
DPP v Carless [2005] EWHC 3234 (Admin) C5.45
DPP v Chajed [2013] EWHC 188 (Admin), [2013] 2 Cr App R 6 (60), 177 JP 350,
   [2013] Crim LR 603 .... D22.72
DPP v Chand [2007] EWHC 90 (Admin), (2007) 171 JP 285 .... F13.48, F13.52
DPP v Channel Four Television Co Ltd [1993] 2 All ER 517, [1993] Crim LR 279 .... B14.88
DPP v Charlesworth [2022] EWHC 2835, [2023] 1 WLR 628, [2023] 1 Cr App R (S) 39 (348) ... E21.21
DPP v Chivers [2010] EWHC 1814 (Admin), [2011] 1 WLR 2324, [2011] 1 All ER 367 ..... B13.47, B13.73
DPP v Christof [2015] EWHC 4096 (Admin), [2016] 2 Cr App R 6 (56) B12.154
DPP v Clarke (1991) 94 Cr App R 359, 156 JP 267, [1992] Crim LR 60 .... B11.39, B11.62, B11.63
DPP v Collins [2006] UKHL 40, [2006] 1 WLR 2223, [2006] 4 All ER 602,
   [2007] 1 Cr App R 5 (49), 170 JP 712 .... B5.15, B18.29
DPP v Cook [2022] EWHC 2963 (Admin), [2023] 1 Cr App R 15 (238), [2023] Crim LR 321 ... B18.28, D21.19
DPP v Corcoran (1990-91) 12 Cr App R (S) 652, 155 JP 597, [1991] RTR 329 .... C7.61
DPP v Cornell [1990] RTR 254, 153 JP 605 .... C5.29
DPP v Cotcher (1992) *The Times*, 29 December 1992 .... B11.30
DPP v Coulman [1993] RTR 230 .... C1.17
DPP v Coulter [2005] EWHC 1533 (Admin) C5.10
DPP v Cox (1993) 157 JP 1044 .... C6.3
DPP v Cox [1996] RTR 123 .... C7.58
DPP v Coyle [1996] RTR 287 .... C5.29
DPP v Crofton [1994] RTR 279 .... C5.27, C5.28
DPP v Cuciurean [2022] EWHC 736 (Admin) A7.8, A7.19, A7.20, A7.21, B13.47, B13.48
DPP v Curley [1991] COD 186 .... B3.360
DPP v Curtis [1993] RTR 72, 157 JP 899 .... C5.25, C5.28
DPP v D [2006] EWHC 314 (Admin), [2006] RTR 38 (461), 170 JP 421 .... C3.71
DPP v D [2017] EWHC 2244 (Admin), [2017] 4 WLR 177, [2018] 1 Cr App R 13 (204),
   (2018) 182 JP 1, [2018] Crim LR 170 .... B11.41, B11.61
DPP v D (a Juvenile) (1992) 94 Cr App R 185, [1992] RTR 246, [1991] Crim LR 911 .... D1.82
DPP v Daley [1980] AC 237, [1979] 2 WLR 239, (1979) 69 Cr App R 39, [1979] Crim LR 182,
   (1978) 122 SJ 861 .... A1.35
DPP v Darwen [2007] EWHC 337 (Admin) C5.25
DPP v Davis [1994] Crim LR 600 .... A3.52
DPP v Denning [1991] 2 QB 532, [1991] 3 WLR 235, [1991] 3 All ER 439, 94 Cr App R 272,
   [1991] RTR 271, 155 JP 1003, [1991] Crim LR 699 .... D33.36
DPP v Doot [1973] AC 807, [1973] 2 WLR 532, [1973] 1 All ER 940, 57 Cr App R 600 .... D16.67
DPP v Drury (1989) 153 JP 417, [1989] RTR 165 .... C6.53
DPP v Dukolli [2009] EWHC 3097 (Admin) C5.50
DPP v Dykes [2008] EWHC 2775 (Admin), (2009) 173 JP 88, [2009] Crim LR 449 .... B11.76
DPP v Dziurzynski (2002) 166 JP 545 .... B2.205
DPP v Eastburn [2023] EWHC 1063 (Admin) A7.20, B11.146
DPP v Eddowes [1991] RTR 35, [1990] Crim LR 428 .... C5.28
DPP v Ellery [2005] EWHC 2513 (Admin) C5.49
DPP v Elstob [1992] RTR 45, 157 JP 229, [1992] Crim LR 518 .... C5.43
DPP v Enston [1996] RTR 324 .... C7.59
DPP v Fell [2013] EWHC 562 (Admin) D3.86
DPP v Fisher [1992] RTR 93, [1991] Crim LR 787 .... C1.27, C6.47
DPP v Frost (1989) 153 JP 405, [1989] RTR 11, [1989] Crim LR 154 .... C5.51
DPP v Furby [2000] RTR 181 .... C5.26
DPP v Gane (1991) 155 JP 846, [1991] Crim LR 711 .... D22.71
DPP v Garrett [1995] RTR 302, 159 JP 561 .... C5.20
DPP v Gibbons [2001] EWHC 385 (Admin), (2001) 165 JP 812 .... C5.20
DPP v Giles [2019] EWHC 2015 (Admin), [2020] 1 Cr App R (S) 20 (156) E2.12, E2.13,
   .... E2.14, E2.15, E2.16, E18.18
DPP v Goddard [1998] RTR 463 .... C7.55
DPP v Godwin [1991] RTR 303, 156 JP 643 .... C5.2
DPP v Goodchild [1978] 1 WLR 578, [1978] 2 All ER 161, 67 Cr App R 56 .... B19.11, B19.12, B19.13, B19.15

Table of Cases

DPP v Gowing [2013] EWHC 4614 (Admin), (2014) 178 JP 181 . . . . D3.70, D9.29
DPP v Greenacre [2007] EWHC 1193 (Admin), [2008] 1 WLR 438, 171 JP 411 . . . . E19.75
DPP v Grundy [2006] EWHC 1157 (Admin). C5.27
DPP v H [1997] 1 WLR 1406, 161 JP 697, [1997] Crim LR 796 . . . . A3.24, C5.51
DPP v Hall [2005] EWHC 2612 (Admin), [2006] 1 WLR 1000, [2006] 3 All ER 170, 170 JP 11 . . . . E21.34
DPP v Hammerton [2009] EWHC 921 (Admin), [2010] QB 79, [2009] 3 WLR 1085,
    [2009] 2 Cr App R 18 (322). D6.36
DPP v Hastings [1993] RTR 205, 158 JP 118. . . . . C1.5
DPP v Hawkins [1988] 1 WLR 1166, [1988] 3 All ER 673, 88 Cr App R 166, [1988] RTR 380,
    [1988] Crim LR 741 . . . . D1.18
DPP v Hay [2005] EWHC 1395 (Admin), [2006] RTR 3 (32), 169 JP 429 . . . . C6.47, C6.53
DPP v Heritage [2002] EWHC 2139 (Admin), (2002) 166 JP 772 . . . . C7.60
DPP v Hester [1973] AC 296, [1972] 3 WLR 910, [1972] 3 All ER 1056, 57 Cr App R 212,
    [1973] Crim LR 43. . . . . F5.3
DPP v Highbury Corner Magistrates' Court [2022] EWHC 3207 (Admin), [2023] 4 WLR 22,
    [2023] 1 Cr App R 21 (355) B13.48
DPP v Howard [2008] EWHC 608 (Admin) B11.75, B11.76
DPP v Humphries (2000) 164 JP 502, [2000] RTR 52, [2000] 2 Cr App R (S) 1. . . . . C7.60
DPP v Humphrys [1977] AC 1, [1976] 2 WLR 857, [1976] 2 All ER 497, 63 Cr App R 95,
    [1976] RTR 339 . . . . B14.14, D3.66, D12.29, F12.22
DPP v Hynde [1998] 1 WLR 1222, [1998] 1 All ER 649, [1998] 1 Cr App R 288, 161 JP 671,
    [1998] Crim LR 72 . . . . B12.154, B12.157
DPP v Issler [2014] EWHC 669 (Admin), [2014] 1 WLR 3686 . . . . C6.27, C6.34, C6.59
DPP v Jackson [1999] 1 AC 406, [1998] 3 WLR 514, [1998] 3 All ER 769, [1999] 1 Cr App R 204,
    [1998] RTR 397 . . . . C5.18, C5.24
DPP v Jarman [2013] EWHC 4391 (Admin), (2014) 178 JP 89 . . . . D12.21, D12.26, D21.50, D22.22
DPP v Johnson [1995] 1 WLR 728, [1995] 4 All ER 53, [1995] RTR 9, 158 JP 891, [1994] Crim LR 601 . . . . C5.34
DPP v Jones [1990] RTR 33 . . . . A3.52
DPP v Jones [2020] EWHC 859 (QB) B2.1
DPP v Jordan [1977] AC 699, [1976] 3 WLR 887, [1976] 3 All ER 775, 64 Cr App R 33 . . . . B18.16
DPP v K (A Minor) [1990] 1 WLR 1067, [1990] 1 All ER 331, 91 Cr App R 23, 154 JP 192 . . . . B2.10
DPP v K and B [1997] 1 Cr App R 36, [1997] Crim LR 121. . . . . A4.18
DPP v Karamouzis [2006] EWHC 2634 (Admin). C5.3
DPP v Kavaz [1999] RTR 40 . . . . C6.47
DPP v Kay [1999] RTR 109, 163 JP 108 . . . . C5.4
DPP v Kellett (1994) 158 JP 1138, [1994] Crim LR 916, [1995] COD 32, (1994) 158 JPN 587. . . . . B20.3
DPP v Khan [1997] RTR 82 . . . . C2.10, C3.30, C3.47, C6.8
DPP v Kilbourne [1973] AC 729, [1983] 2 WLR 254, [1973] 1 All ER 440, 57 Cr App R 381 . . . . F1.12, F1.22, F5.3
DPP v Kinnersley (1993) 14 Cr App R (S) 516, [1993] RTR 105. . . . . C7.54, C7.63
DPP v Knight [1994] RTR 374n C7.58
DPP v L [1999] Crim LR 752 . . . . D1.47
DPP v LB [2019] EWHC 825 (Admin) D22.51, D22.53
DPP v Lavender [1994] Crim LR 297. . . . . B4.59
DPP v Lawrence [2007] EWHC 2154 (Admin), [2008] 1 Cr App R 10 (147), 171 JP 656,
    [2008] Crim LR 383 . . . . D1.87, F1.48
DPP v Leigh [2010] EWHC 345 (Admin) C2.14, F16.31
DPP v Lennon [2006] EWHC 1202 (Admin), (2006) 170 JP 532. . . . . B17.12
DPP v Lonsdale [2001] EWHC Admin 95, [2001] RTR 29 (444), [2001] Crim LR 659 . . . . C5.26
DPP v Lowden [1993] RTR 349. . . . . C5.50
DPP v Luton Crown Court [2023] EWHC 2464 (Admin), [2024] ACD 15 . . . . D23.62
DPP v M [2004] EWHC 1453 (Admin), [2004] 1 WLR 2758, [2005] Crim LR 392. . . . . B11.73
DPP v M [2020] EWHC 3422 (Admin), [2021] 1 WLR 1669 . . . . B22.25, F11.5
DPP v McCabe (1993) JP 443, [1992] Crim LR 885 . . . . D11.51
DPP v McCarthy [1999] RTR 323, 163 JP 585 . . . . C6.52
DPP v McFarlane [2019] EWHC 1895 (Admin), [2020] 1 Cr App R 4 (112), [2019] Crim LR 982 . . . . D5.5
DPP v McGladrigan [1991] RTR 297, 155 JP 785, [1991] Crim LR 851. . . . . F2.27
DPP v McKeown [1997] 1 WLR 295, [1997] 1 All ER 737, [1997] 2 Cr App R 155,
    [1997] RTR 162, 161 JP 356, [1997] Crim LR 522 . . . . C5.39, F16.12
DPP v Majewski [1977] AC 443, [1976] 2 WLR 623, [1976] 2 All ER 142, 62 Cr App R 262 . . . . A2.8,
    A3.14, A3.17, A3.20, A4.9, B2.80
DPP v Manchester and Salford Magistrates' Court [2017] EWHC 3719 (Admin) D9.37
DPP v Mansfield [1997] RTR 96, 160 JP 472. . . . . C6.41
DPP v Marrable [2020] EWHC 566 (Admin) C6.60, F3.60
DPP v Marshall [1988] 3 All ER 683, [1988] Crim LR 750 . . . . F2.16, F2.20, F2.21
DPP v Meaden [2003] EWHC 3005 (Admin), [2004] 1 WLR 945, [2004] 4 All ER 75,
    [2004] Crim LR 587. . . . . B19.110, B19.116, D1.159, D1.166
DPP v Meller [2002] EWHC 733 (Admin), [2002] All ER (D) 33 (Apr) C5.28
DPP v Memery [2002] EWHC 1720 (Admin), [2003] RTR 18 (249). C5.44
DPP v Merriman [1973] AC 584, [1972] 3 WLR 545, [1972] 3 All ER 42, 56 Cr App R 766 . . . . B4.3, B4.162,
    D11.48, D11.49, D11.52, D11.57, D11.73, D11.73, D11.74, D11.74
DPP v Milton [2006] EWHC 242 (Admin), [2006] RTR 21 (264), (2006) 170 JP 319 . . . . C3.11
DPP v Mooney [1997] RTR 434, [1997] Crim LR 137. . . . . C6.41
DPP v Morgan [1976] AC 182, [1975] 2 WLR 913, [1975] 2 All ER 347, 61 Cr App R 136 . . . . A2.1, A2.35,
    A3.2, A3.5, A3.60, B2.154, B3.37, B3.38, B3.383
DPP v Mukandiwa [2005] EWHC 2977 (Admin), [2006] RTR 24 (304), (2006) 170 JP 17 . . . . C5.27

Table of Cases

DPP v Mullally [2006] EWHC 3448 (Admin)..A3.52
DPP v Murray [2001] EWHC 848 (Admin), [2001] All ER (D) 378 (Oct)..........................C7.62
DPP v Nasralla [1967] 2 AC 238, [1967] 3 WLR 13, [1967] 2 All ER 161..........................D19.68
DPP v Newbury [1977] AC 500, [1976] 2 WLR 918, [1976] 2 All ER 365, 62 Cr App R 291............B1.64
DPP v Nock [1978] AC 979, [1978] 3 WLR 57, [1978] 2 All ER 654, 67 Cr App R 116....A5.60
DPP v Noe [2000] RTR 351..C5.29
DPP v O'Connor [1992] RTR 66, 95 Cr App R 135...C5.50, C7.54, C7.57
DPP v P [1991] 2 AC 447, [1991] 3 WLR 161, [1991] 3 All ER 337, 93 Cr App R 267, 156 JP 125,
    [1992] Crim LR 41...D11.85, F7.43, F13.58
DPP v Parker [1989] RTR 413..C6.4
DPP v Patterson [2004] EWHC 2744 (Admin)...B12.157, B12.175
DPP v Pearman [1992] RTR 407, 157 JP 883...C5.28
DPP v Petrie [2015] EWHC 48 (Admin)..D3.87, D5.24, D5.32
DPP v Pidhajeckyj [1991] RTR 136, 155 JP 318, [1991] Crim LR 471...................................C2.4
DPP v Ping Lin [1976] AC 574, [1975] 3 WLR 419, [1975] 3 All ER 175, 62 Cr App R 14........F18.1
DPP v Porthouse (1988) 89 Cr App R 21, [1989] RTR 177, [1989] Crim LR 224..............D12.26
DPP v Potts [2000] RTR 1..C6.30
DPP v Powell [1993] RTR 266...C7.62
DPP v R [2007] EWHC 1842 (Admin)...F4.21
DPP v RP [2012] EWHC 1657 (Admin), [2013] 1 Cr App R 7 (109), [2013] Crim LR 151.....B4.73
DPP v Radford [1995] RTR 86..C5.25, C5.28
DPP v Radziwilowicz [2014] EWHC 2283 (Admin), (2014) 178 JP 432.............................D21.40
DPP v Ramos [2000] Crim LR 768..B11.43
DPP v Ramsdale [2001] EWHC 106 (Admin)...B2.207
DPP v Ray [1974] AC 370, [1973] 3 WLR 359, [1973] 3 All ER 131, 58 Cr App R 130....B5.16
DPP v Richards [1988] QB 701, [1988] 3 WLR 153, [1988] 3 All ER 406, 88 Cr App R 97....D7.101
DPP v Robson [2001] EWHC 496 (Admin)...C7.62
DPP v Rogers [1998] Crim LR 202...A3.37
DPP v Rous (1992) 94 Cr App R 185, [1992] RTR 246, [1991] Crim LR 911.....................C5.30
DPP v Ryan (1991) 155 JP 456, [1992] RTR 13..C1.11
DPP v Saddington [2001] RTR 15 (227), 165 JP 122, [2001] Crim LR 41.........................C1.10
DPP v Santa-Bermudez [2003] EWHC 2908 (Admin), (2004) 168 JP 373.........................B2.10
DPP v Scarlett [2000] 1 WLR 515...D8.62
DPP v Schildkamp [1971] 1 AC 1...B7.8
DPP v Scott (1995) 16 Cr App R (S) 292, [1995] RTR 40, 159 JP 261................................E6.6
DPP v Seawheel (1994) 158 JP 444, [1993] Crim LR 707...C1.29
DPP v Selvanayaga (1999) *The Times*, 23 June 1999.....................................B2.207, B2.211
DPP v Short [2001] EWHC 885 (Admin), (2002) 166 JP 474..........................D5.14, D21.13
DPP v Shuttleworth [2002] EWHC 621 (Admin), (2002) 166 JP 417..............................D22.22
DPP v Sikondar [1993] RTR 90, 157 JP 659, [1993] Crim LR 76.....................................C6.48
DPP v Singh [1988] RTR 209..C5.50
DPP v SK [2016] EWHC 837 (Admin), (2017) 181 JP 197, [2017] Crim LR 226...........B14.44
DPP v Skinner [1990] RTR 231, 153 JP 605..C5.29
DPP v Smith [1961] AC 290, [1960] 3 WLR 546, [1960] 3 All ER 161, 44 Cr App R 261,
    124 JP 473...A2.34, B1.22, B1.23, B2.79, F3.63
DPP v Smith [2000] RTR 341...C5.15
DPP v Smith [2002] EWHC 1151 (Admin), [2002] Crim LR 970.....................................C2.10
DPP v Smith [2006] EWHC 94 (Admin), [2006] 1 WLR 1571, [2006] 2 All ER 16,
    [2006] 2 Cr App R 1 (1), 170 JP 45, [2006] Crim LR 528...B2.42
DPP v Smith [2017] EWHC 3193 (Admin)...B11.62
DPP v Spriggs [1994] RTR 1, 157 JP 1143, [1993] Crim LR 622...................................B4.121
DPP v Spurrier [2000] RTR 60, 164 JP 369..C5.15, C5.45
DPP v Stanley [2022] EWHC 3187 (Admin), [2023] 1 Cr App R (S) 41.........................D25.85
DPP v Stephens [2006] EWHC 1860 (Admin)...C5.40
DPP v Stoke on Trent Magistrates' Court [2003] EWHC 1593 (Admin), [2003] 3 All ER 1096,
    [2004] 1 Cr App R 4 (55), 167 JP 436, [2003] Crim LR 804.....................................B11.168
DPP v Stonehouse [1978] AC 55, [1977] 3 WLR 143, [1977] 2 All ER 909, 65 Cr App R 192,
    [1977] Crim LR 544..A5.76, A5.82, A8.5, D18.41
DPP v Sugden [2018] EWHC 544 (Admin), [2018] 2 Cr App R 8 (101)...........F1.36, F6.22, F8.2
DPP v Swan [2004] EWHC 2432 (QB)..C5.5, C5.25
DPP v T [2006] EWHC 728 (Admin), [2007] 1 WLR 209, [2006] 3 All ER 471, 170 JP 470....D25.29
DPP v Taylor [1992] QB 645, [1992] 2 WLR 460, [1992] 1 All ER 299, 95 Cr App R 28, 155 JP 713,
    [1991] Crim LR 900...B2.1
DPP v Thornley [2006] EWHC 312 (Admin), (2006) 170 JP 385....................................C2.22
DPP v Tipton (1992) 156 JP 172...C6.4
DPP v Tooze [2007] EWHC 2186 (Admin)...C5.49
DPP v Upchurch [1994] RTR 366..C7.58
DPP v Varlack [2008] UKPC 56..F14.14
DPP v Varley (1999) 163 JP 443, [1999] Crim LR 753...C5.29
DPP v Vivier [1991] 4 All ER 18, [1991] RTR 205, 155 JP 970, [1991] Crim LR 637........C1.16, C1.17
DPP v W [2006] EWHC 92 (Admin)..B2.81
DPP v Waller [2018] EWHC 3303 (Admin)..C6.6
DPP v Walsall Magistrates' Court [2019] EWHC 3317 (Admin), [2020] RTR 14 (170)..........C5.44,
    D4.16, D9.37, F11.36

DPP v Warren [1993] AC 319, [1992] 3 WLR 884, [1992] 4 All ER 865, 157 JP 297 . . . . C5.17, C5.24
DPP v Watkins [1989] QB 821, [1989] 2 WLR 966, [1989] 1 All ER 1126, 89 Cr App R 112,
    [1989] RTR 324. . . . . C5.36
DPP v Weeks (2000) *The Independent*, 17 July 2000 . . . . B11.49
DPP v Wells [2007] EWHC 3259 (Admin), [2008] RTR 23 (288) C6.60
DPP v Welsh (1997) 161 JP 57. . . . . C5.43
DPP v Whalley [1991] RTR 161, 156 JP 661, [1991] Crim LR 211 . . . . C5.32
DPP v Whittaker [2015] EWHC 1850 (Admin), [2015] RTR 30 (363) C6.47
DPP v Whittle [1996] RTR 154. . . . . C7.59
DPP v Whyte [1972] AC 849, [1972] 3 WLR 410, [1972] 3 All ER 12, 57 Cr App R 74 . . . . B18.7
DPP v Wilson [1991] RTR 284, [1991] Crim LR 441. . . . . C5.3, D1.5
DPP v Wilson [2001] EWHC Admin 198, [2002] RTR 6 (37) C2.14
DPP v Wilson [2009] EWHC 1988 (Admin), [2009] RTR 29 (375) C5.46
DPP v Withers [1975] AC 842, [1974] 3 WLR 751, [1974] 3 All ER 984, 60 Cr App R 85,
    [1975] Crim LR 95. . . . . A5.64, B4.2
DPP v Wood [2006] EWHC 32 (Admin), (2006) 170 JP 177 . . . . C5.44, D9.27, D9.41, D9.72
DPP v Woods [2017] EWHC 1070 (Admin) D5.26
DPP v Wright [2009] EWHC 105 (Admin), [2010] QB 224, [2010] 2 WLR 497,
    [2009] 3 All ER 726, 173 JP 169 . . . . F3.17, F3.31
DPP v Wynne [2001] EWHC 21 (Admin), (2001) *The Independent*, 19 February 2001 . . . . F11.42
DPP v Young (1991) 155 JP 14, [1991] RTR 56. . . . . C6.34
DPP v Ziegler [2019] EWHC 71 (Admin), [2020] QB 253, [2019] 1 Cr App R 32 (454). A7.17, A7.18
DPP v Ziegler [2021] UKSC 23, [2022] AC 408, [2021] 3 WLR 179, [2021] 4 All ER 985,
    [2021] 2 Cr App R 19 (349), [2021] LLR 643, [2021] Crim LR 968 . . . . A3.56, A7.18, A7.20, A7.21
DPP (Jamaica) v Bailey [1995] 1 Cr App R 257, [1995] Crim LR 313 . . . . F3.38
DPP for Northern Ireland v Lynch [1975] AC 653, [1975] 2 WLR 641, [1975] 1 All ER,
    61 Cr App R 6 . . . . A3.34, A3.42, A3.44, A4.8
DPP for Northern Ireland v Maxwell [1978] 1 WLR 1350, [1978] 3 All ER 1140, 68 Cr App R 128,
    [1978] NI 42 at 59, [1978] Crim LR 40; affirming (sub nom. R v Maxwell), [1978] 1 WLR 1363,
    [1978] NI 42. . . . . A4.1, A4.10
DS [1999] Crim LR 911. . . . . F13.86
DS [2020] EWCA Crim 285, [2021] 1 WLR 303 . . . . B19.24, B22.14, D3.97
DT [2009] EWCA Crim 1213, (2009) 173 JP 425. . . . . F17.14, F17.15, F17.16
DXB v Persons Unknown [2020] EWHC 134 (QB) D24.77
Da Costa [2009] EWCA Crim 482, [2009] 2 Cr App R (S) 98 (647) B1.14, B1.152
Da Costa [2022] EWCA Crim 1262 . . . . F17.6
Da Cruz v Portugal [2024] EWHC 417 (Admin) D31.42
Da Silva [1990] 1 WLR 31, [1990] 1 All ER 29, 90 Cr App R 233. . . . . F6.30
Da Silva [2006] EWCA Crim 1654, [2007] 1 WLR 303, [2006] 4 All ER 900,
    [2006] 2 Cr App R 35 (517). B21.5, B21.20
Da Silva v UK (2016) 63 EHRR 12 (589) A3.60, A7.23, D2.11
Dabas v Spain [2007] UKHL 6, [2007] 1 AC 31, [2007] 2 WLR 254, [2007] 2 All ER 641. . . . . . . D31.18, D31.19
Dabhade [1993] QB 329, [1993] 2 WLR 129, [1992] 4 All ER 796, 96 Cr App R 146, 157 JP 234,
    [1993] Crim LR 67 . . . . D12.26, D21.50
Dabycharun [2021] EWCA Crim 1923 . . . . F1.30, F13.40, F20.30
Dadson (1850) 2 Den CC 35, 169 ER 407, T & M 385, Prid & Co 431, 20 LJ MC 57,
    16 LT OS 514, 14 JP 754, 4 Cox CC 358, 14 Jur 1051. . . . . A3.72
Dadson (1983) 77 Cr App R 91, [1983] Crim LR 540, 127 SJ 306 . . . . F8.35, F17.83
Dadson [2013] EWCA Crim 1887 . . . . C7.37
Daghir [1994] Crim LR 945. . . . . B16.36
Dagistan [2023] EWCA Crim 636, [2023] 2 Cr App R (S) 44 (396) B5.7
Dahner, Re [2010] EWHC 3397 (Admin). E19.77
Daines [1961] 1 All ER 290, (1961) 45 Cr App R 57, [1961] 1 WLR 52. . . . . D30.3
Dalby [1982] 1 WLR 425, [1982] 1 All ER 916, 74 Cr App R 348. . . . . A1.35, B1.66, B1.67, B1.68
Dalby [2005] EWCA Crim 1292, [2006] 1 Cr App R (S) 38 (216), [2005] Crim LR 730. . . . . E15.14
Dalby [2012] EWCA Crim 701. . . . . F14.8
Dale (1852) 6 Cox CC 14. . . . . B2.105
Dale [2022] EWCA Crim 207 . . . . D20.92, E2.3
Daley [2017] EWCA Crim 1971 . . . . F17.4, F17.96
Daley [2019] EWCA Crim 627. . . . . A4.14
Daley v The Queen [1994] 1 AC 117, [1993] 3 WLR 666, [1993] 4 All ER 86,
    98 Cr App R 447. . . . . D16.59, F19.18
Dallagher [2002] EWCA Crim 1903, [2003] 1 Cr App R 12 (195), [2002] Crim LR 821 . . . . . . F11.9, F11.11, F19.38
Dallison v Caffery [1965] 1 QB 348, [1964] 3 WLR 385, [1964] 2 All ER 610. D1.20
Dalloway (1847) 2 Cox CC 273 . . . . A1.26
Dalloz (1908) 1 Cr App R 258 . . . . F1.31
Daltel Europe Ltd v Makki [2006] EWCA Civ 94, [2006] 1 WLR 2704 . . . . B14.96
Daly [1999] Crim LR 88 . . . . D18.43
Daly [2001] EWCA Crim 2643, [2002] 2 Cr App R 14 (201), [2002] Crim LR 237 . . . . F20.17, F20.20
Daly [2014] EWCA Crim 2117, (2015) 179 JP 114 . . . . F13.70, F13.71
Damji [2020] EWCA Crim 1774, [2021] 1 Cr App R 18 (337). A2.27, A3.6, B2.212
Dana [2021] EWCA Crim 1414. . . . . C7.9
Dance [2014] EWCA Crim 1412, [2014] 1 Cr App R (S) 51 (304) B4.81
Dando [1996] 1 Cr App R (S) 155, [1995] Crim LR 750. . . . . E6.12
Dane (15 August 2000, unreported, CA). B7.20

Table of Cases

Dang [2014] EWCA Crim 348, [2014] 1 WLR 3797, [2014] 2 Cr App R 3 (23), [2014] 2 Cr App R (S) 49 (391), [2014] Crim LR 675 . . . . A4.20, A5.52, B19.69, B19.181
Danga [1992] QB 476, [1992] 2 WLR 277, [1992] 1 All ER 624, 94 Cr App R 252, 13 Cr App R (S) 408, [1992] Crim LR 219 . . . . D23.48, D24.100, D24.102, E13.23, E15.10
Daniel [1998] 2 Cr App R 373, 162 JP 578, [1998] Crim LR 818 . . . . F20.26
Daniel v Wilkin (1852) 7 Exch 429, 155 ER 1016, 21 LJ Ex 236 . . . . F17.44
Daniels [2010] EWCA Crim 2740, [2011] 1 Cr App R 18 (228), [2011] Crim LR 556 . . . . F2.9, F5.14
Daniels [2019] EWCA Crim 948 . . . . B3.24
Daniels [2021] EWCA Crim 44 . . . . D17.4
Daniels v DPP (1992) 13 Cr App R (S) 482, 156 JP 543, [1992] RTR 140 . . . . C7.61
Danison v UK (1998) Appln. 45042/98, 7 September 1999 . . . . E19.57
Dann [1997] Crim LR 46 . . . . D17.4
Dantes [2016] EWCA Crim 733, [2016] 2 Cr App R (S) 25 (212) B1.51
Danvers [1982] Crim LR 680 . . . . D13.25, D13.39, D13.40
Dao [2012] EWCA Crim 1717, [2013] Crim LR 234 . . . . A3.36
Darays [2009] EWCA Crim 2654 . . . . B22.50
Darbo v DPP [1992] Crim LR 56 . . . . B18.17
Darby [1989] Crim LR 817 . . . . F6.51
Dare v CPS [2012] EWHC 2074 (Admin), (2013) 177 JP 37 . . . . B21.21
Darling [2009] EWCA Crim 1610, [2010] 1 Cr App R (S) 63 (420) E2.4, E18.6, E18.11, E18.21
Darnley [2012] EWCA Crim 1148 . . . . F13.52, F19.32
Darrigan [2017] EWCA Crim 169, [2017] 1 Cr App R (S) 50 (397) E2.10
Darroch v A-G for the Isle of Man [2019] UKPC 31, [2019] 1 WLR 4211 . . . . D33.23
Darroch v Football Association Premier League Ltd [2016] EWCA Civ 1220, [2017] 4 WLR 6 . . . . D3.4
Darroux [2018] EWCA Crim 1009 . . . . B4.48, B4.50
Dastjerdi [2011] EWCA Crim 365 . . . . D26.9
Dat [1998] Crim LR 488 . . . . F6.49
Datson [2022] EWCA Crim 1248, [2023] 1 Cr App R 6 (105), [2022] 4 WLR 102, [2023] Crim LR 68 . . . . A3.10, B16.43, B19.15, B19.71, B19.107, F3.19
Datsun [2013] EWCA Crim 964, [2014] 1 Cr App R (S) 25 (137) E1.6
Daubert v Merrell Dow Pharmaceuticals 509 US 579 (1993) F11.10
Daubney (2000) 164 JP 519 . . . . B12.168
Daud v Portugal (2000) 30 EHRR 400 . . . . A7.54
Davarifar [2009] EWCA Crim 2294 . . . . F7.30, F7.31
Davenport [2005] EWHC 2828 (QB) D10.62
Davenport [2015] EWCA Crim 1731, [2016] 1 Cr App R (S) 41 (248), [2016] 1 WLR 1400 . . . . E19.67
Davey [2017] EWCA Crim 1062 . . . . D13.71
Davey v Harrow Corporation [1958] 1 QB 60, [1957] 2 WLR 941, [1957] 2 All ER 305 . . . . F1.7
Davids [2019] EWCA Crim 553, [2019] 2 Cr App R (S) 33 (243) E2.3
Davidson v Chief Constable of North Wales [1994] 2 All ER 597 . . . . D1.5
Davidson-Acres [1980] Crim LR 50 . . . . B13.12
Davie v Magistrates of Edinburgh 1953 SC 34, 1953 SLT 54 . . . . F11.21, F11.34, F11.42
Davies [1962] 1 WLR 1111, [1962] 3 All ER 97 . . . . F11.2, F11.3
Davies (1974) 59 Cr App R 311 . . . . B14.5
Davies (1981) 72 Cr App R 262, (1980) 2 Cr App R (S) 364 . . . . D23.45
Davies [2002] EWCA Crim 85, (2002) 166 JP 243 . . . . F10.33
Davies [2004] EWCA Crim 2521 . . . . F19.25
Davies [2006] EWCA Crim 2643, [2007] 2 All ER 1070 . . . . F17.17
Davies [2008] EWCA Crim 1055, [2009] 1 Cr App R (S) 15 (79), [2008] Crim LR 733 . . . . E17.7
Davies [2010] EWCA Crim 1923, (2010) 174 JP 514 . . . . B20.12
Davies [2011] EWCA Crim 1177, [2011] Crim LR 732 . . . . D14.35
Davies [2013] EWCA Crim 1592 . . . . D26.17
Davies [2015] EWCA Crim 930, [2015] 2 Cr App R (S) 57 (404) D12.62
Davies [2023] EWCA Crim 732 . . . . B10.27
Davies [2023] EWCA Crim 1617, [2024] 2 Cr App R (S) 4 (17) C3.68
Davies v Chief Constable of Merseyside Police [2015] EWCA Civ 114 . . . . D1.97
Davies v DPP [1989] RTR 391, 154 JP 336 . . . . C5.14
Davies v Health and Safety Executive [2002] EWCA Crim 2949, (2002) *The Times*, 27 December 2002 . . . . F3.37
Davies v Leighton (1978) 68 Cr App R 4 . . . . B4.25
Davis (19 April 1996, unreported) C3.17
Davis (1975) 62 Cr App R 194 . . . . D19.13
Davis (1986) 8 Cr App R (S) 64 . . . . D7.116
Davis (1988) 88 Cr App R 347 . . . . B4.11, B4.33
Davis [1990] Crim LR 860 . . . . F18.63, F18.67, F18.72
Davis [1993] 1 WLR 613, [1993] 2 All ER 643, 97 Cr App R 110 . . . . D9.52, D9.58
Davis [1998] Crim LR 564 . . . . B12.184
Davis [1998] Crim LR 659 . . . . F16.24, F20.24
Davis [2001] 1 Cr App R 8 (115), [2000] Crim LR 1012 . . . . D13.67
Davis [2006] EWCA Crim 1155, [2006] 1 WLR 3130, [2006] 4 All ER 648, [2006] 2 Cr App R 32 (444), [2007] Crim LR 70, ... D14.77
Davis [2006] EWCA Crim 2015 . . . . D18.32
Davis [2008] UKHL 36, [2008] 1 AC 1128, [2008] 3 WLR 125, [2008] 3 All ER 461, [2008] 2 Cr App R 33 (462) A7.76, D14.77, D14.82, D14.83
Davis [2008] EWCA Crim 1156, (2008) 172 JP 358, [2009] 2 Cr App R 17 (306) F13.31, F13.39, F13.40

Table of Cases

Davis (No. 2) (1960) 44 Cr App R 235. . . . . D19.6
Davis v Alexander (1970) 54 Cr App R 398 . . . . B12.155, B12.161, F3.10
Davis v Chief Constable of Leicestershire [2012] EWHC 3388 (Admin) D8.25
Davis v Lisle [1936] 2 KB 434, 100 JP 280 . . . . B2.53
Davison [1972] 1 WLR 1540, [1972] 3 All ER 1121, 57 Cr App R 113, [1972] Crim LR 786. . . . . C4.17
Davison [1988] Crim LR 442. . . . . D1.62
Davison [1992] Crim LR 31 . . . . B11.24, B11.30
Davy [2003] EWCA Crim 781, [2003] 2 Cr App R (S) 101 (603), [2003] Crim LR 482 . . . . E19.29
Dawes [2013] EWCA Crim 322, [2013] 3 All ER 308, [2014] 1 WLR 947, [2013] 2 Cr App R 3 (24),
    [2013] Crim LR 770 . . . . B1.36, B1.37, B1.42, F3.40
Dawes [2019] EWCA Crim 848, [2020] 1 Cr App R (S) 1 (1), [2020] 1 Cr App R (S) 1 (1). E14.4
Dawes [2021] EWCA Crim 760 . . . . F1.47
Dawes v DPP [1995] 1 Cr App R 65, [1994] RTR 209, [1994] Crim LR 604 . . . . B4.132
Dawson (1976) 64 Cr App R 170 . . . . B4.73
Dawson (1984) *The Times*, 28 June 1984 . . . . D26.42
Dawson (1985) 81 Cr App R 150. . . . . A1.30, B1.65
Dawson [2017] EWCA Crim 2244 . . . . E18.14
Dawson [2021] EWCA Crim 40 . . . . B1.42
Dawson v Lunn [1986] RTR 234n C5.50
Dawson v McKenzie [1908] 45 SLR 473 . . . . F5.10
Dawson-Damer v Taylor Wessing LLP [2017] EWCA Civ 74, [2017] 1 WLR 3255 . . . . F10.17
Day [1940] 1 All ER 402, 27 Cr App R 168, 104 JP 181, 38 LGR 155, 162 LT 407, 31 Cox CC 391 . . . . . F6.12
Day [2001] EWCA Crim 1594, [2001] Crim LR 984 . . . . A4.21
Day [2003] EWCA Crim 1060. . . . . D26.24
Day [2009] EWCA Crim 2445, [2010] 2 Cr App R (S) 12 (73) B14.35
Day [2014] EWCA Crim 2683, [2015] 1 Cr App R (S) 53 (364) E5.19
Day [2015] EWCA Crim 1646 . . . . A3.64, A3.66
Day [2019] EWCA Crim 935. . . . . F13.51, F19.13
Dayle [1974] 1 WLR 181, [1973] 3 All ER 1151, 58 Cr App R 100 . . . . B12.164, B12.165
De Beéche v South American Stores (Gath and Chaves) Ltd [1935] AC 148, 104 LJ KB 101,
    152 LT 309, 51 TLR 189, 40 Com Cas 157, [1934] All ER Rep 284 . . . . F11.27
De Brito [2013] EWCA Crim 1134, [2014] 1 Cr App R (S) 38 (223) E12.35
De Courcy [1964] 1 WLR 1245, [1964] 3 All ER 251, 48 Cr App R 323 . . . . D27.3
De Court, Re (1997) *The Times*, 27 November 1997 . . . . B14.104
De Freitas v DPP [1993] RTR 98, 157 JP 413, [1992] Crim LR 894 . . . . C5.28, C7.63
De Jesus [2015] EWCA Crim 1118, [2015] 2 Cr App R (S) 44 (343) E8.5
De Oliveira [2009] EWCA Crim 378. . . . . D18.33, F12.9
De Salvador Torres v Spain (1996) 23 EHRR 601 . . . . A7.87
De Silva [2002] EWCA Crim 2673, [2003] Crim LR 474, [2003] 2 Cr App R 5 (74) F18.53
De Vos [2006] EWCA Crim 1688. . . . . F13.74
De Zorzi v France [2019] EWHC 2062 (Admin),
    [2019] 1 WLR 6249. . . . . D31.25
Deakin [1972] 1 WLR 1618, [1972] 3 All ER 803, 56 Cr App R 841, [1972] Crim LR 781. . . . . B4.161
Deakin [2012] EWCA Crim 2637, (2013) 177 JP 158 . . . . F19.5, F19.19
Dean [1998] 2 Cr App R 171 . . . . B19.144
Dean [2021] EWCA Crim 1157, [2022] QB 140 . . . . B2.125
Dear [1996] Crim LR 595 . . . . A1.37
Dear v DPP [1988] RTR 148, 87 Cr App R 181 . . . . C5.43
Debnath [2005] EWCA Crim 3472, [2006] 2 Cr App R (S) 25 (169), [2006] Crim LR 451 . . . . E21.34
Deboussi [2007] EWCA Crim 684 . . . . F1.20
Dee [1884] 14 LR Ir 468. . . . . B3.386
Deegan [1998] 2 Cr App R 12, [1998] Crim LR 562. . . . . B12.184, B12.187, B12.187
Deenik [1992] Crim LR 578 . . . . F2.8, F11.2
Defalco [2021] EWCA Crim 725, [2021] 2 Cr App R (S) 50 (435) E2.2
Deghayes [2023] EWCA Crim 97. . . . . B10.84
Dehai v CPS [2005] EWHC 2154 (Admin) D2.22
Dehar [1969] NZLR 763 . . . . F1.25
Del Basso [2010] EWCA Crim 1119, [2011] 1 Cr App E (S) 41 (268) E19.28, E19.63
Del-Valle [2004] EWCA Crim 1013 . . . . F14.31
Delahaye-Bryan [2015] EWCA Crim 1987 . . . . B3.87
Delaney (1988) 88 Cr App R 338 . . . . F2.14, F18.23, F18.33
Delaney [2010] EWCA Crim 988, [2011] 1 Cr App R (S) 16 (117). B4.82
Delay [2006] EWCA Crim 1110, (2006) 170 JP 581 . . . . D4.16
Delcourt v Belgium (1979–80) 1 EHRR 355 . . . . A7.49, A7.82
Delgado [1984] 1 WLR 89, [1984] 1 All ER 449, 78 Cr App R 175. . . . . B19.47
Dellaway [2001] 1 Cr App R (S) 77 (265), [2000] Crim LR 1031 . . . . E19.37
Deller (1952) 36 Cr App R 184. . . . . B5.4
Demetriou v DPP [2012] EWHC 2443 (Admin) D1.33
Demir [2018] EWCA Crim 1116 . . . . B6.101
Dempsey (1985) 82 Cr App R 291 . . . . B19.39, B19.47
Dempsey v USA [2020] EWHC 603 (Admin), [2020] 1 WLR 3103 . . . . D31.45
Denham [2016] EWCA Crim 1048, [2017] 1 Cr App R 7 (64) F12.13, F12.16
Denham v Scott (1984) 77 Cr App R 90, 147 JP 521, [1983] Crim LR 568 . . . . B4.191
Denneny v Harding [1986] RTR 350 . . . . C5.39

Table of Cases

Denness [1996] 1 Cr App R (S) 159, [1995] Crim LR 750 . . . . E6.4
Dennis [1924] KB 867 . . . . D13.75
Dennis v AJ White & Co. [1916] 2 KB 1 . . . . F1.5
Denslow [1998] Crim LR 566 . . . . B19.46
Densu [1998] 1 Cr App R 400, 162 JP 55, [1998] Crim LR 345 . . . . . . B6.57, B12.114, B12.169, B12.175, B12.176
Denton [1981] 1 WLR 1446, [1982] 1 All ER 65, 74 Cr App R 81 . . . . B8.15
Denton [2020] EWCA Crim 410 . . . . F15.6, F15.7
Deokinanan v The Queen [1969] 1 AC 20, [1968] 3 WLR 83, [1968] 2 All ER 346,
   52 Cr App R 241 . . . . F18.1
Department of Agriculture, Environment and Rural Affairs v McClure [2023] NICA 64 . . . . A2.25
Department of Environment, Food and Rural Affairs v Atkinson [2002] EWHC 2028 (Admin) F17.27
Department for Work and Pensions v Courts [2006] EWHC 1156 (Admin) B16.60, B16.64
Depiets v France (2006) 43 EHRR 55 (1206) A7.50
Depledge (1979) 1 Cr App R (S) 183, [1979] Crim LR 733 . . . . D20.36, D20.37, D20.39
Deprince [2004] EWCA Crim 524, [2004] 2 Cr App R (S) 91 (483), [2004] Crim LR 482 . . . . E19.42
Der Heijden v The Netherlands [2013] 1 FCR 123, (2013) 57 EHRR 13 (377) F4.15
Derby (1990) 12 Cr App R (S) 502 . . . . E6.4
Derby Magistrates' Court, ex parte B [1996] AC 487, [1995] 3 WLR 681, [1995] 4 All ER 526,
   159 JP 785 . . . . D1.161, D21.28, F7.51, F10.37
Dervish [2001] EWCA Crim 2789, [2002] 2 Cr App R 6 (105) F20.16
Derwentside Justices, ex parte Heaviside [1996] RTR 384, 160 JP 317 . . . . C6.41
Derwentside Justices, ex parte Swift [1997] RTR 89, 160 JP 468 . . . . C6.41
Desai (1992) *The Times*, 3 February 1992 . . . . B13.22
Descombre [2013] EWCA Crim 72, [2013] 2 Cr App R (S) 51 (345) B19.181
Desir [2022] EWCA Crim 1071 . . . . D18.27, F3.49
Desouza [2020] EWCA Crim 804 . . . . C7.37
Devani [2007] EWCA Crim 1926, [2008] 1 Cr App R 4 (65) D1.3, D1.84, F2.30
Devani v Kenya [2015] EWHC 3535 (Admin) D31.32
Devichand [1991] Crim LR 446 . . . . D19.16
Devine (1990) 12 Cr App R (S) 235 . . . . E21.14
Devito [1975] Crim LR 175 . . . . B14.44
Devlin v Armstrong [1971] NI 13 . . . . A3.68
Devon County Council v Kirk [2016] EWCA Civ 1221, [2017] 4 WLR 36 . . . . B14.85, D32.21
Devon Justices, ex parte DPP [1924] 1 KB 503 . . . . A8.15
Devonald [2008] EWCA Crim 527 . . . . B3.15, B3.46, B3.78
Devonport [1996] 1 Cr App R 221, [1996] Crim LR 255 . . . . F17.75
Dewing v Cummings [1971] RTR 295 . . . . D29.18
Deyemi [2007] EWCA Crim 2060, [2008] 1 Cr App R 25 (345), [2008] Crim LR 327 . . . . A2.26, B12.45,
                                                                                                                                                   B12.78, B19.31, B19.36
Dhaliwal [2006] EWCA Crim 1139, [2006] 2 Cr App R 24 (348) A1.38, B2.43, B2.79
Dhall [2013] EWCA Crim 1610 . . . . B22.51
Dhesi v Chief Constable of West Midlands Police (2000) *The Times*, 9 May 2000 . . . . D1.18
Dhillon [2000] Crim LR 760 . . . . B19.50
Dhillon [2005] EWCA Crim 2996, [2006] 1 WLR 1535, [2006] 1 Cr App R 15 (237) B14.74
Dhindsa [2005] EWCA Crim 1198 . . . . B12.153
Dhorajiwala [2010] EWCA Crim 1237, [2010] 2 Cr App R 21 (161), 174 JP 401 . . . . F18.64
Dias [2001] EWCA Crim 2986, [2002] 2 Cr App R 5 (96), [2002] Crim LR 490 . . . . B1.68
Dibden v France [2014] EWHC 3074 (Admin) D31.28
Dica [2004] EWCA Crim 1103, [2004] QB 1257, [2004] 3 WLR 213, [2004] 3 All ER 593,
   [2004] 2 Cr App R 28 (467) B2.15, B2.18, B2.80, B3.51
Dickens [2005] EWCA Crim 2017, [2006] Crim LR 267 . . . . F3.41
Dickens [2020] EWCA Crim 1661, [2021] 1 WLR 2275 . . . . D1.142, F19.14
Dickinson [2017] EWCA Crim 2067 . . . . B19.175
Dickinson v DPP [1989] Crim LR 741 . . . . C5.29
Dickman (1910) 5 Cr App R 135, 74 JP 449, 26 TLR 640 . . . . F20.60
Dicks [2013] EWCA Crim 429 . . . . D13.62
Dickson [2023] EWCA Crim 1002 . . . . F11.9
Diedrich [1997] 1 Cr App R 361, [1997] Crim LR 58 . . . . D15.49
Dietschmann [2003] UKHL 10, [2003] 1 AC 1209, [2003] 2 WLR 613, [2003] 1 All ER 897,
   [2003] 2 Cr App R 4 (54), [2003] Crim LR 550 . . . . B1.32
Diggin (1980) 72 Cr App R 204, [1981] RTR 83 . . . . B4.125, B4.126
Digital Rights Ireland Ltd (Joined Cases C-293/12 and C-594/12) [2015] QB 127,
   [2014] 3 WLR 1607, [2014] 2 All ER (Comm) 1, [2014] 3 CMLR 44, [2014] All ER (EC) 77 . . . . B9.95
Dillon [2015] EWCA Crim 3, [2015] 1 Cr App R (S) 62 (434), [2015] Crim LR 383 . . . . E17.10
Dillon [2017] EWCA Crim 2671, [2019] 1 Cr App R (S) 22 (155) D24.104, E4.1
Dillon v The Queen [1982] AC 484, [1982] 2 WLR 538, [1982] 1 All ER 1017, 74 Cr App R 274 . . . . B14.74
Dimsey [2000] 2 All ER 142, [2000] 1 Cr App R (S) 497, [2000] Crim LR 199 . . . . E19.26
Dinc [2017] EWCA Crim 1206 . . . . D14.75, D14.76, F7.14
Director of the Assets Recovery Agency v Green [2005] EWHC 3168 (Admin) D8.20
Director of the Assets Recovery Agency v Singh [2005] EWCA Civ 580, [2005] 1 WLR 3747,
   [2005] Crim LR 665 . . . . D8.8
Director of Legal Aid Casework v Southwark Crown Court [2021] EWHC 397 (Admin),
   [2021] 1 WLR 2779 . . . . D32.8
Director of Public Prosecutions . . . . *see* DPP

Table of Cases

Director of Revenue and Customs Prosecutions v NE Plastics Ltd [2008] EWHC 3560 (Admin),
 [2009] 2 Cr App R 21 (358), 173 JP 624. . . . . B16.16
Director of the SFO, ex parte Johnson [1993] COD 58. . . . . D1.94
Director of the SFO v Airline Services Ltd [2021] Lloyd's Rep FC 42 . . . . B15.22
Director of the SFO v Bluu Solutions Ltd [2024] EWHC 500 (KB) D3.136
Director of the SFO v Eurasian Natural Resources Corporation Ltd [2017] EWHC 1017 (QB),
 [2017] 2 Cr App R 24 (296). D1.94, F10.18, F10.22, F10.25
Director of the SFO v Eurasian Natural Resources Corporation Ltd [2018] EWCA Civ 2006,
 [2019] 1 WLR 791, [2019] 1 All ER 1026, [2019] Crim LR 44. . . . . A6.26, F10.23, F10.25
Director of the SFO v O'Brien [2014] UKSC 23, [2014] AC 1246, [2014] 2 WLR 902,
 [2014] 2 All ER 798. . . . . B14.84, B14.85, D8.76, D31.18
Director of the SFO v Saunders [1988] Crim LR 837 . . . . D1.3
Dirie [2023] EWCA Crim 341 . . . . F1.44, F8.6, F18.62, F18.76
Dix (1981) 74 Cr App R 306. . . . . F11.14
Dixon (1991) 92 Cr App R 43, [1990] Crim LR 335. . . . . D11.85, D11.104
Dixon [1993] Crim LR 579 . . . . B11.29
Dixon (2001) 164 JP 721. . . . . D18.32
Dixon [2013] EWCA Crim 465, [2014] 1 WLR 525, [2013] 3 All ER 242, (2013) 177 JP 361,
 [2014] Crim LR 141. . . . . D24.92, F20.50, F20.51
Dixon [2023] EWCA Crim 280 . . . . B2.69, B2.90, B2.91
Dixon-Kenton [2021] EWCA Crim 673 . . . . F11.9, F13.21
Dixon-Nash [2019] EWCA Crim 1173, [2020] 1 Cr App R (S) 9 (74). B12.142
Dixon v CPS [2018] EWHC 3154 (Admin). B2.47, B2.52, B2.53, B2.54, D1.19
Dizaei [2013] EWCA Crim 88, [2013] 1 WLR 2257, [2013] 1 Cr App R 31 (411) F13.16,
 F13.29, F15.24, F15.27
Djahit [1999] 2 Cr App R (S) 142. . . . . B19.174
Dlugosz [2013] EWCA Crim 2, [2013] 1 Cr App R 32 (425), [2013] Crim LR 684 . . . . F11.10,
 F11.11, F19.28, F19.33
Doab [1983] Crim LR 569. . . . . D26.55
Dobby [2017] EWCA Crim 775, [2017] 2 Cr App R (S) 27 (216), [2017] 1 WLR 145 . . . . B1.82
Dobson [2000] EWCA Crim 1606. . . . . D3.83
Dobson [2011] EWCA Crim 1256. . . . . D12.45
Dobson [2017] EWCA Crim 2435, [2018] 1 Cr App R (S) 37 (260) B16.31
Dobson [2018] EWCA Crim 2402 . . . . E16.28
Dobson v General Accident Fire and Life Assurance Corporation plc [1990] 1 QB 274,
 [1989] 3 WLR 1066, [1989] 3 All ER 927, [1989] 2 Lloyd's Rep 549 . . . . B4.25, B4.38
Dobson v North Tyneside Health Authority [1997] 1 WLR 596, [1996] 4 All ER 474 . . . . B4.18
Docherty [2014] EWCA Crim 1197, [2014] 2 Cr App R (S) 76 (601). A7.79
Docherty [2014] EWCA Crim 1969 . . . . B12.184
Docherty [2016] UKSC 62, [2017] 1 WLR 181, [2017] 1 Cr App R (S) 31 (234) A7.79
Dodd (1981) 74 Cr App R 50 . . . . D12.94, D12.97, F18.15
Dodd [2013] EWCA Crim 660. . . . . B3.329
Dodds [2013] EWCA Crim 22, [2013] 2 Cr App R (S) 54 (358) B2.77
Dodge [1972] 1 QB 416, [1971] 3 WLR 366, [1971] 2 All ER 1523, 55 Cr App R 440. . . . . B6.8
Dodson [1984] 1 WLR 971, 79 Cr App R 220. . . . . F8.58, F16.11, F19.20
Dodsworth v Chief Constable of Yorkshire [2019] EWHC 330 (Admin) B20.11
Doe (1995) 16 Cr App R (S) 718 . . . . E2.28
Doe d Gilbert v Ross (1840) 7 M & W 102, 151 ER 696, 10 LJ Ex 201, 4 Jur 321. . . . . F8.3
Doe d Mudd v Suckermore (1836) 5 A & E 703, 111 ER 1331, 2 Nev & P KB
 16, Will Woll & Dav 405, 7 LJ KB 33 . . . . F8.42, F11.2, F11.25
Doe d Tatum v Catomore (1851) 16 QB 745, 117 ER 1066, 20 LJ QB 364, 15 Jur 728 . . . . F8.43
Doerga v Netherlands (2004) 41 EHRR 4 (45) A7.25
Doforo [2018] EWCA Crim 1506. . . . . B19.174
Dogra [2019] EWCA Crim 145, [2019] 2 Cr App R (S) 9 (60) B3.11
Doherty [1971] 1 WLR 1454, [1971] 3 All ER 622, 55 Cr App R 548 . . . . D27.10
Doheny [1997] 1 Cr App 369, [1997] Crim LR 669 . . . . F19.31, F19.32
Doherty [1997] 2 Cr App R 218, [1997] Crim LR 520 . . . . D26.25
Doherty [2006] EWCA Crim 2716, (2007) 171 JP 79 . . . . F17.21, F17.22
Doherty [2016] EWCA Crim 246 . . . . F19.19
Dolan (1975) 62 Cr App R 36 . . . . D26.41
Doldur [2000] Crim LR 178. . . . . F20.9
Dolgellau Justices, ex parte Cartledge [1996] RTR 207, [1996] Crim LR 337. . . . . C5.19
Domi v Italy [2021] EWHC 923 (Admin) D31.31
Donahue v DPP [1993] RTR 156. . . . . C7.56
Donald (1986) 83 Cr App R 49. . . . . B14.64
Donaldson (1976) 64 Cr App R 59 . . . . F6.40, F18.95, F18.97
Donat (1985) 82 Cr App R 173. . . . . F17.76
Doncaster [2008] EWCA Crim 5, (2008) 172 JP 202, [2008] Crim LR 709 . . . . D1.3, F14.14, F18.41
Donnelly [1984] 1 WLR 1017, 79 Cr App R 76, [1984] Crim LR 490 . . . . B6.31
Donnelly [1998] Crim LR 131 . . . . D11.62, D11.111
Donnelly v Jackman [1970] 1 WLR 562, [1970] 1 All ER 987, 54 Cr App R 229. . . . . B2.53
Donoghue (1987) 86 Cr App R 267, [1988] Crim LR 60 . . . . D18.23, D18.27, D26.31

Table of Cases

Donovan [1934] 2 KB 498, 25 Cr App R 1, 103 LJ KB 683, 152 LT 46, 98 JP 409,
   32 LGR 439, 30 Cox CC 187, 50 TLR 566, [1934] All ER Rep 207 . . . . B1.165, B2.14, F3.7
Donovan (1981) 3 Cr App R (S) 192, [1981] Crim LR 723 . . . . E6.14
Donovan [2012] EWCA Crim 2749 . . . . D14.78, D14.82
Donovan v Gavin [1965] 2 QB 648, [1965] 3 WLR 352, [1965] 2 All ER 611, (1965) 129 JP 404 . . . . B3.360
Doodeward v Spence (1907) 6 CLR 406, 15 ALR 105, 9 SR (NSW) 107 . . . . B4.18
Doody [2008] EWCA Crim 2394 . . . . B3.49
Doolan [1988] Crim LR 747 . . . . F18.23
Dooley [2005] EWCA Crim 3093, [2006] 1 WLR 775, [2006] 1 Cr App R 21 (349), [2006] Crim LR 544 . . . B3.330
Doolin (1832) 1 Jebb CC 123 . . . . F7.7
Doorgashurn (1988) 10 Cr App R (S) 195 . . . . B18.6
Doorson v Netherlands (1996) 22 EHRR 330 . . . . A7.76, D14.83
Doran (1972) 56 Cr App R 429, [1972] Crim LR 392 . . . . D18.4, F6.6
Doring [2002] EWCA Crim 1695, [2002] BCC 838, [2003] 1 Cr App R 9 (143), [2002] BPIR 1204,
   [2002] Crim LR 817, (2002) 99 (33) LSG 21, (2002) 146 SJLB 184 . . . . B7.55
Dorking Justices, ex parte Harrington [1984] AC 743, [1984] 3 WLR 142, [1984] 2 All ER 474,
   79 Cr App R 305 . . . . D21.50, D29.29
Dosanjh [2013] EWCA Crim 2366, [2014] 1 WLR 1780 . . . . A5.48, B16.3
Doski [2011] EWCA Crim 987, [2011] Crim LR 712 . . . . D27.25
Dossett [2013] EWCA Crim 710 . . . . F13.51, F13.59, F19.13
Dossi (1918) 13 Cr App R 158, 87 LJ KB 1024, 37 TLR 498 . . . . D11.29, D11.31, D11.113
Dossiter [1999] 2 Cr App R (S) 248 . . . . B6.68
Dost Aly Khan, In the goods of (1889) 6 PD 6, 49 LJ P 78, 29 WR 80 . . . . F11.27
Douce [1972] Crim LR 105 . . . . B6.27
Dougall [2010] EWCA Crim 1048, [2011] 1 Cr App R (S) 37 (227) E2.7
Dougall v CPS [2018] EWHC 1367 (Admin) D21.15
Douglas [2021] EWCA Crim 1193, [2022] 1 Cr App R (S) 5 (70) D12.26
Douglas [2023] EWCA Crim 1709, [2024] 1 Cr App R (S) 49 (489) E13.22
Doukas [1978] 1 WLR 372, [1978] 1 All ER 1071, 66 Cr App R 228 . . . . B4.156, B5.21
Dover and East Kent Justices, ex parte Dean (1992) 156 JP 357, [1992] Crim LR 33 . . . . D7.72
Dover Justices, ex parte Pamment (1994) 15 Cr App R (S) 778 . . . . D23.33
Dover Youth Court, ex parte K [1999] 1 WLR 27, [1998] 4 All ER 24, [1999] 1 Cr App R (S) 263,
   [1999] Crim LR 168 . . . . E13.23
Dowdall (1992) 13 Cr App R (S) 441, [1992] Crim LR 314 . . . . D20.35
Dowds [2012] EWCA Crim 281, [2012] 1 WLR 2576, [2012] 3 All ER 154, [2012] 1 Cr App
   R 35 (455) A1.28, B1.29, B1.40
Dowler v MerseyRail [2009] EWHC 558 (Admin), (2009) 173 JP 332 . . . . D33.13
Dowling (1848) 7 St Tr NS 382, 12 JP 678, 3 Cox CC 509 . . . . D13.32
Dowling (1988) 88 Cr App R 88 . . . . D20.105
Downes (1875) 13 Cox CC 111 . . . . A1.17
Downes (1983) 77 Cr App R 260, 57 TC 681, 147 JP 729, [1983] Crim LR 819 . . . . B4.59
Downes [1984] Crim LR 552 . . . . B19.63
Downes (1993) *The Independent*, 25 October 1993 . . . . F18.94
Downes (1994) 15 Cr App R (S) 435 . . . . B2.122
Downes [2020] EWCA Crim 1773 . . . . C7.37
Downes v RSPCA [2017] EWHC 3622 (Admin) B20.20, D21.19, D29.18
Downey [1970] RTR 257, [1970] Crim LR 287 . . . . C5.7
Downey [1971] NI 224 . . . . B12.247
Downey [1995] 1 Cr App R 547, [1995] Crim LR 414 . . . . F8.58
Dowse [2017] EWCA Crim 598, [2017] 2 Cr App R (S) 26 (208) B7.23
Dowsett v UK [2003] Crim LR 890 . . . . D9.53
Dowty [2011] EWCA Crim 3138 . . . . D3.92
Doyle [2010] EWCA Crim 119 . . . . B3.31
Doyle [2012] EWCA Crim 995, [2013] 1 Cr App R (S) 36 (197), 176 JP 337 . . . . E21.3, E21.4
Doyle [2018] EWCA Crim 2198 . . . . F16.18
Dragjoshi v Croydon Magistrates' Courts [2017] EWHC 2840 (QB) B11.30
Dragut v Westminster Magistrates' Court [2020] EWHC 3163 (Admin) D31.4
Drake [1996] Crim LR 109 . . . . F1.27
Drake [2023] EWCA Crim 1454, [2024] 1 Cr App R 11 (151), [2024] Crim LR 265 . . . . B1.42, F3.40
Drake v DPP [1994] RTR 411, 158 JP 828 . . . . C5.36, C5.51
Drayton [2005] EWCA Crim 2013, (2005) 169 JP 593, [2006] Crim LR 243 . . . . B8.27
Dreszer [2018] EWCA Crim 454, [2019] Crim LR 624 . . . . A4.12
Drew [1985] 1 WLR 914, [1985] 2 All ER 1061, 81 Cr App R 190 . . . . D12.97, D12.98
Drew [2000] 1 Cr App R 91, [1999] Crim LR 581 . . . . A5.44, B19.56
Drew [2003] UKHL 25, [2003] 1 WLR 1213, [2003] 4 All ER 557, [2004] 2 Cr App R (S) 24 (65) E22.9
Drinkwater [2016] EWCA Crim 16, [2016] 1 Cr App R 30 (471) F2.32, F17.95
Driscoll v The Queen (1977) 137 CLR 517, 51 ALJR 731, 15 ALR 47 . . . . F6.56
Drozd and Janousek v France and Spain (1992) 14 EHRR 745 . . . . A7.32
Druce (1993) 14 Cr App R (S) 691, [1993] Crim LR 469 . . . . D20.42
Druce [2013] EWCA Crim 40 . . . . E19.50
Drummond [2002] EWCA Crim 527, [2002] RTR 21 (371), [2002] Cr App R 21 (352),
   [2002] Crim LR 666 . . . . C5.48, C5.49, F3.22
Drummond [2020] EWCA Crim 267 . . . . D22.42, F1.1

lxvii

Table of Cases

Drury (1971) 56 Cr App R 104 . . . . D26.28
Druzyc [2019] EWCA Crim 1076. . . . . B7.45
Dryzner [2014] EWCA Crim 2438, (2015) 179 JP 29 . . . . B18.44
D'Souza v DPP [1992] 1 WLR 1073, [1992] 4 All ER 545, 96 Cr App R 278 . . . . D1.178
Dubai Aluminium v Al Alawi [1999] 1 WLR 832, [1999] 1 All ER 703 . . . . F10.38
Dubai Bank Ltd v Galadari [1990] Ch 98, [1989] 3 WLR 1044, [1989] 3 All ER 769 . . . . F10.29
Dubai Bank Ltd v Galadari (No. 7) [1992] 1 WLR 106, [1992] 1 All ER 658 . . . . F10.29
Dubar [1994] 1 WLR 1484, [1995] 1 All ER 781, [1995] 1 Cr App R 280 . . . . B4.30
Dubarry (1977) 64 Cr App R 7 . . . . D13.65
Duchess of Kingston's Case (1776) 20 St Tr 355 . . . . F9.31
Dudko v Russia [2010] EWHC 1125 (Admin) D31.16
Dudley [1989] Crim LR 57 . . . . B8.23
Dudley [2004] EWCA Crim 3336 . . . . F11.9
Dudley Magistrates' Court, ex parte Power City Stores Ltd (1990) 154 JP 654 . . . . D33.20
Dudley MBC v Debenhams (1994) 159 JP 18 . . . . D1.3
Dudley and Stephens (1884) 14 QBD 273, 54 LJ MC 32, 52 LT 107, 49 JP 69,
 15 Cox CC 624, 1 TLR 118, 33 WR 347 . . . . A3.48, A8.22
Duesbury [2019] EWCA Crim 1555 . . . . B2.98
Duff [2002] EWCA Crim 2117, [2003] 1 Cr App R (S) 88 (466) B21.35
Duff v DPP [2009] EWHC 675 (Admin) C2.13
Duff Development Co Ltd v Government of Kelantan [1924] AC 797, 93 LJ Ch 343,
 [1924] All ER Rep 1 . . . . F1.7
Duffas (1994) 158 JP 224 . . . . F13.97
Duffin [2003] EWCA Crim 3064 . . . . D19.86
Duffy [1967] 1 QB 63, [1966] 2 WLR 229, [1966] 1 All ER 62, 50 Cr App R 68, 130 JP 137 . . . . A3.68
Duggan [1992] Crim LR 513 . . . . D19.84
Duggan [2014] EWHC 3343 (Admin) A3.60
Duglosz [2013] EWCA Crim 2, [2013] 1 Cr App R 32 (425) F11.10
Duguid (1906) 21 Cox CC 200 . . . . A5.51
Duke of Wellington, Re [1947] Ch 506, [1947] 2 All ER 854, [1947] LJR 1451, 63 TLR 295 . . . . F11.27
Dulgheriu v Ealing London Borough Council [2018] EWHC 1667 (Admin), [2018] 4 All ER 881 . . . . . D25.44
Dulgheriu v Ealing London Borough Council [2019] EWCA Civ 1490, [2020] 1 WLR 609 . . . . D25.44
Dunbar [1958] 1 QB 1, [1957] 3 WLR 330, [1957] 2 All ER 737, 41 Cr App R 182,
 121 JP 506 . . . . B1.28, F3.9, F3.54
Dunbar [1981] 1 WLR 1536, [1982] 1 All ER 188, 74 Cr App R 88 . . . . B19.25
Dunbar (1987) 9 Cr App R (S) 393 . . . . B11.135
Dunbar [2017] EWCA Crim 469 . . . . B3.31
Duncan (1981) 73 Cr App R 359, [1981] Crim LR 560 . . . . F6.40, F14.19, F18.94, F18.95, F18.96
Duncan [2008] EWCA Crim 1055, [2007] 1 Cr App R (S) 26 (127) E17.2
Duncan, Re [1968] P 306, [1968] 2 WLR 1479, [1968] 2 All ER 395 . . . . F10.20
Duncan v Cammell Laird & Co. Ltd [1942] AC 624, [1942] 1 All ER 587, 111 LJ KB 406,
 166 LT 366, 58 TLR 242, 86 SJ 287 . . . . D9.51, F9.2, F9.11
Duncan v Jones [1936] 1 KB 218, 105 LJ KB 71, 154 LT 110, 99 JP 399, 52 TLR 26,
 33 LGR 491, 30 Cox CC 279, [1935] All ER Rep 710, 79 SJ 903 . . . . B11.150
Duncan v Spain [2016] EWHC 3466 (Admin), [2016] 1 WLR 1351 . . . . D31.10, D31.33
Duncanson [2016] EWCA Crim 1537 . . . . E2.19
Dunford (1990) 91 Cr App R 150, [1991] Crim LR 370 . . . . F2.28, F18.37, F18.45
Dunham [1996] 1 Cr App R (S) 438, (1996) 160 JP 302 . . . . D20.10
Dunleavy [2021] EWCA Crim 39 . . . . B10.64, F11.40
Dunlop [2006] EWCA Crim 1354, [2007] 1 WLR 1657 . . . . D12.46
Dunmill v DPP [2004] EWHC 1700 (Admin), (2004) *The Times*, 15 July 2004 . . . . C1.14
Dunn [2008] EWCA Crim 2308 . . . . B19.69
Dunn [2010] EWCA Crim 1823, [2011] 1 WLR 958, [2010] 2 Cr App R 30 (337),
 [2011] Crim LR 229 . . . . D30.1, D30.3
Dunn [2010] EWCA Crim 2935, [2011] 1 Cr App R 34 (425) B2.180, F3.48
Dunn [2015] EWCA Crim 724 . . . . B3.393
Dunne (1998) 162 JP 399 . . . . A2.14, B16.48
Dunphy (1993) 98 Cr App R 393 . . . . F2.13
Dunster [2021] EWCA Crim 1555, [2022] 1 Cr App R 12 (174) D19.12, F6.6
Dunstuan [2023] EWCA Crim 1632, [2024] Crim LR 494 . . . . F13.84
Durante [1972] 1 WLR 1612, [1972] 3 All ER 962, 56 Cr App R 708 . . . . A3.18, D19.79, D26.28
Durbin [1995] 2 Cr App R 84 . . . . F14.8, F14.11
Dures [1997] 2 Cr App R 247, [1997] Crim LR 673 . . . . D1.90, F2.7, F18.32
Durham Justices, ex parte Laurent [1945] KB 33, [1944] 2 All ER 530, 114 LJ KB 125,
 172 LT 243, 43 LGR 8, 109 JP 21, 61 TLR 73, 89 SJ 46 . . . . E9.7
Durham Quarter Sessions, ex parte Virgo [1952] 2 QB 1, [1952] 1 All ER 466, 116 JP 157,
 [1952] 1 TLR 516 . . . . D22.4, D29.4
Durkin [1973] QB 786, [1973] 2 WLR 741, [1973] 2 All ER 872, 57 Cr App R 637 . . . . B4.113
Durose [2004] EWCA Crim 2188 . . . . D33.32
Durrant v Chief Constable of Avon and Somerset Constabulary [2014] EWHC 2922 (QB) D1.16
Durrant v MacLaren [1956] 2 Lloyd's Rep 70 . . . . C6.48
Duru [1974] 1 WLR 2, [1973] 3 All ER 715, 58 Cr App R 151 . . . . B4.57, B4.59
Duxbury [1997] Costs LR (Core Vol) 423 . . . . D33.19
Dybicz [2020] EWCA Crim 1047 . . . . F20.17, F20.28

Table of Cases

Dwyer [2012] EWCA Crim 10. . . . . D12.24
Dwyer v Collins (1852) 7 Exch 639, 155 ER 1104, 21 LJ Ex 225, 16 Jur 569. . . . . F10.27
Dyer [2013] EWCA Crim 2114, [2014] 2 Cr App R (S) 11 (61) E1.5
Dyke [2001] EWCA Crim 2184, [2002] 1 Cr App R 30 (404), [2002] Crim LR 153. . . . . B4.28
Dytham [1979] QB 722, [1979] 3 WLR 467, [1979] 3 All ER 641, 69 Cr App R 387 . . . . A1.19, B15.28

E [2004] EWCA Crim 1243, [2004] 1 WLR 3279, [2004] 2 Cr App R 29 (484). B9.92
E [2004] EWCA Crim 1313, [2005] Crim LR 227 . . . . F7.28
E [2009] EWCA Crim 2668 . . . . F7.28
E [2012] EWCA Crim 791. . . . . D3.69
E [2018] EWCA Crim 2426. . . . . D3.84, D9.9, D9.29
ER [2010] EWCA Crim 2522. . . . . B3.49
ES [2024] EWCA Crim 753 . . . . E16.38
ET (1999) 163 JP 349, [1999] Crim LR 749. . . . . B3.230
Eades [1972] Crim LR 99 . . . . F7.64
Ealing Justices, ex parte Dixon [1990] 2 QB 91, [1989] 3 WLR 1098, [1989] 2 All ER 1050,
 [1989] Crim LR 835, [1989] Crim LR 656. . . . . D3.41, D5.9
Ealing Justices, ex parte Scrafield [1994] RTR 195. . . . . C7.38
Ealing Justices, ex parte Woodman (1994) 158 JP 997, [1994] Crim LR 372. . . . . D29.19
Ealing London Borough Council v Race Relations Board [1972] AC 342, [1972] 1 All ER 105,
 [1972] 2 WLR 71. . . . . B11.73
Ealing London Borough Council v Woolworths plc [1995] Crim LR 58. F2.20
Ealing Magistrates' Court, ex parte Sahota (1998) 162 JP 73 . . . . D22.76
Ealing Magistrates' Court, ex parte Woodman [1994] RTR 181, 158 JP 997, [1994] Crim LR 372. . . C5.60
Earl Russell [1901] AC 446, 70 LJ KB 998, 85 LT 253, 17 TLR 685, 20 Cox CC 51 . . . . B2.150
Early [2002] EWCA Crim 1904, [2003] 1 Cr App R 19 (288). F9.5
Easom [1971] 2 QB 315, [1971] 3 WLR 82, [1971] 2 All ER 945, 55 Cr App R 410. . . . . B4.64
East [1990] Crim LR 413 . . . . B12.96
East Riding of Yorkshire Council v Dearlove [2012] EWHC 278 (Admin), [2012] RTR 29 (388). . . F2.21
Eastap [1997] 2 Cr App R (S) 55, [1997] Crim LR 241 . . . . B4.100
Eastlake [2007] EWCA Crim 603. . . . . F13.34, F13.59
Eaton [2020] EWCA Crim 595 . . . . D13.68
Eatough [1989] Crim LR 289 . . . . F2.37
Ebanks v The Queen [2006] UKPC 16, [2006] 1 WLR 1827 . . . . D17.2, D17.12
Ebcin [2005] EWCA Crim 2006 . . . . D9.61
Eccles Justices, ex parte Farrelly (1993) 157 JP 77 . . . . D22.82
Eccleston [2008] EWCA Crim 1100, [2008] 2 Cr App R (S) 56 (339). B4.70
Eckle v Germany (1983) 5 EHRR 1 . . . . A7.64
Eddishaw [2014] EWCA Crim 2783, [2015] Lloyd's Rep FC 212 . . . . E19.29
Eddy v Niman (1981) 73 Cr App R 237, [1981] Crim LR 502 . . . . B4.38
Eden (1971) 55 Cr App R 193 . . . . B5.12, B6.8, B6.13
Eden DC v Braid [1999] RTR 329 . . . . A3.41
Eden v Mitchell [1975] RTR 425, [1975] Crim LR 467 . . . . C1.30
Edge v DPP [1993] RTR 146 . . . . C5.19
Edgington [2013] EWCA Crim 2185, [2014] 1 Cr App R 24 (334) D18.20
Edirin-Etareri [2014] EWCA Crim 1536, [2014] 2 Cr App R (S) 82 (641) B6.68, B6.70
Edkins v Knowles [1973] QB 748, [1973] 2 WLR 977, [1973] 2 All ER 503, [1973] RTR 257,
 57 Cr App R 751. . . . . C1.4
Edmond v DPP [2006] EWHC 463 (Admin), [2006] RTR 18 (229). C5.21
Edmonds [1963] 2 QB 142, [1963] 2 WLR 715, [1963] 1 All ER 828, (1963) 47 Cr App R 114 . . . B12.164, B12.171
Edmunds [2000] 2 Cr App R (S) 62 . . . . C7.45
Edutanu v Romania [2016] EWHC 124 (Admin), [2016] 1 WLR 2933 . . . . D31.14, D31.27
Edwards (1872) 12 Cox CC 230 . . . . F17.63
Edwards [1975] QB 27, [1974] 3 WLR 285, [1974] 2 All ER 1085, 59 Cr App R 213. . . . F3.11, F3.15, F3.16, F3.17
Edwards [1983] 77 Cr App R 5, 147 JP 316, [1983] Crim LR 484. . . . . D18.23, D18.27, D26.31
Edwards [1991] 1 WLR 207, [1991] 2 All ER 266, 93 Cr App R 48, [1991] Crim LR 372 . . . . A5.55,
 F1.20, F7.48, F7.49, F7.62
Edwards [1992] Crim LR 576. . . . . F17.53
Edwards [1997] Crim LR 348. . . . . F18.47
Edwards [1998] Crim LR 207. . . . . F1.17
Edwards [1998] 2 Cr App R (S) 213, [1998] Crim LR 298 . . . . E21.8
Edwards [1998] Crim LR 756 . . . . D11.87
Edwards [2001] EWCA Crim 2185 . . . . F11.34
Edwards [2004] All ER (D) 324 (Nov) D19.8
Edwards [2004] EWCA Crim 2923, [2005] 2 Cr App R (S) 29 (160) D16.64, E19.26
Edwards [2005] EWCA Crim 1813, [2006] 1 Cr App R 3 (31) F13.74, F15.21
Edwards [2005] EWCA Crim 3244, [2006] 1 WLR 1524, [2006] 3 All ER 882, [2006] 2 Cr App
 R 4 (62), [2006] Crim LR 531. . . . . F13.16
Edwards [2006] EWCA Crim 3362, [2007] 1 Cr App R (S) 106 (646). E16.35
Edwards [2010] EWCA Crim 1682. . . . . B7.65
Edwards [2011] EWCA Crim 3028, [2012] Crim LR 563. . . . . D14.55, F4.23, F7.14
Edwards [2018] EWCA Crim 424 . . . . F15.10, F15.12, F15.17
Edwards [2018] EWCA Crim 595, [2018] 4 WLR 64, [2018] 2 Cr App R (S) 17 (120) B1.50,
 E22.4, E22.11, E22.14

Table of Cases

Edwards [2022] UKPC 11 . . . . D12.56
Edwards v DPP (1993) 97 Cr App R 301, [1993] Crim LR 854. . . . . B2.59
Edwards v The Queen [2006] UKPC 23 . . . . F19.6
Edwards v Toombs [1983] Crim LR 43. . . . . B6.2, B6.9, B6.10
Edwards v UK (1993) 15 EHRR 417 . . . . A7.45, A7.88
Edwards v UK (2003) 15 BHRC 1589, [2003] Crim LR 891 . . . . D9.61
Edwards v UK (2005) 40 EHRR 24 (593). A7.49
Edwards v USA [2013] EWHC 1906 (Admin), [2013] 4 All ER 871, [2014] 1 WLR 1532 . . . . . . D31.36
Effik (1992) 95 Cr App R 427, 156 JP 830, [1992] Crim LR 580 . . . . F18.54
Efionayi (1995) 16 Cr App R (S) 380, [1994] Crim LR 870 . . . . D20.31, D20.35
Ehi-Palmer [2016] EWCA Crim 1844 . . . . D12.9
Eiseman-Renyard v UK (2019) 68 EHRR SE12 (205). D1.33
Ekaireb [2015] EWCA Crim 1936 . . . . D18.18, D18.20, D26.24
Ekbetani v Sweden (1991) 13 EHRR 504. . . . . A7.56, A7.85
Ekkebus v Her Majesty's Advocate [2002] ScotHC 77 . . . . B19.143
Ekwuyasi [1981] Crim LR 574 . . . . D19.83
El Delbi [2003] EWCA Crim 1767, [2003] All ER (D) 281 (Jun) F14.8
El Mashta [2010] EWCA Crim 2595 . . . . B5.20
El Sheikh [2015] EWCA Crim 718 . . . . E18.16, E18.19
El-Faisal [2004] EWCA Crim 456 . . . . B1.153, B10.109
El-Hakkaoui [1975] 1 WLR 396, [1975] 2 All ER 146, 60 Cr App R 281, 139 JP 467. . . . . B12.96
El-Khouri v USA [2023] EWHC 1878 (Admin) D31.19
El-Kurd [2001] Crim LR 234 . . . . B21.6
Elahi v UK (2007) 44 EHRR 30 (645) A7.26
Elbekkay [1995] Crim LR 163 . . . . B3.386
Electronic Collar Manufacturers Association v Secretary of State for Environment, Food and
    Rural Affairs [2019] EWHC 2813 (Admin). B20.19
Elicin [2008] EWCA Crim 2249, [2009] 1 Cr App R (S) 98 (561) D20.26
Elitestone Ltd v Morris [1997] 1 WLR 687, [1997] 2 All ER 513. . . . . B4.14
Eljack [2019] EWCA Crim 1038. . . . . F17.13
Elkington [2015] EWCA Crim 659. . . . . E13.14
Elkington v DPP [2012] EWHC 3398 (Admin) B2.53, D1.15
Elkins [2005] EWCA Crim 2711 . . . . A5.50, A5.68
Elkins v Cartlidge [1947] 1 All ER 829, 177 LT 519, 45 LGR 329, 91 SJ 573 . . . . B3.320
Ellames [1974] 1 WLR 1391, [1974] 3 All ER 130, 60 Cr App R 7. . . . . B4.158, B5.22
Elleray [2003] EWCA Crim 553, [2003] 2 Cr App R 11 (165), 167 JP 325 . . . . F2.44, F9.31, F18.53
Ellerman's Wilson Line Ltd v Webster [1952] 1 Lloyd's Rep 179. . . . . B4.26
Elliot (1986) The Times, 8 August 1986. . . . . F19.11
Elliott (1984) 81 Cr App R 115, [1985] Crim LR 310 . . . . B12.245, B12.249
Elliott [1996] 1 Cr App R 432, [1996] Crim LR 264. . . . . B18.8
Elliott [2002] EWCA Crim 931 . . . . F20.15
Elliott (2003) The Times [2003] EWCA Crim 1695,, 15 May 2003 . . . . F17.13
Elliott [2007] EWCA Crim 1002, [2007] 2 Cr App R (S) 68 (430) E21.4
Elliott [2010] EWCA Crim 2378, (2011) 175 JP 39 . . . . F13.59
Elliott v C [1983] 1 WLR 939, [1983] 2 All ER 1005, 77 Cr App R 103 . . . . B8.9, B8.10
Elliott v Grey [1960] 1 QB 367, [1959] 3 WLR 956, [1959] 3 All ER 733. . . . . C1.30
Ellis [1899] 1 QB 230, 62 JP 838 . . . . B7.71
Ellis (1973) 57 Cr App R 571, [1973] Crim LR 389 . . . . D12.57, D12.71
Ellis (1986) 84 Cr App R 235 . . . . A2.32, B16.48, B19.24
Ellis (1991) 95 Cr App R 52 . . . . B12.250, D19.16
Ellis [1996] 2 Cr App R (S) 403, [1996] Crim LR 444. . . . . E19.74
Ellis [2010] EWCA Crim 163 . . . . F13.34
Ellis [2014] EWCA Crim 593. . . . . C3.38
Ellis v UK [2012] 55 EHRR SE3 . . . . D14.83
Ellis v Deheer, Simms and Martin [1922] KB 113. . . . . D19.28
Elmi [2022] EWCA Crim 1428, [2023] 1 WLR 1211, [2023] 1 Cr App R 7 (128) B22.83
Elphicke [2021] EWCA Crim 407 . . . . B3.12
Elrington (1861) 1 B & S 688 . . . . D12.24
Elsayed [2014] EWCA Crim 333, [2014] 1 WLR 3916 . . . . E19.47
Elworthy (1867) LR 1 CCR 103, 37 LJ MC 3, 17 LT 293, 32 JP 54, 16 WR 209,
    10 Cox CC 597. . . . . F8.2, F8.9
Ely Justices, ex parte Burgess (1993) 157 JP 484, [1992] Crim LR 888 . . . . F8.50
Embaye [2005] EWCA Crim 2865 . . . . B22.62
Emmanuel [1998] Crim LR 347 . . . . B12.187
Emmerson (1991) 92 Cr App R 284, [1991] Crim LR 194 . . . . D1.88, D19.17, F8.56, F18.12
Emmett (1999) The Times, 15 October 1999 . . . . B2.18, D33.25
Emohare v Thames Magistrates' Court (2009) 179 JP 303. . . . . D33.9
Enfield London Borough Council v Castles Estate Agents Ltd (1996) 160 JP 618. . . . . B6.114
Engel v Netherlands (1979–80) 1 EHRR 647. . . . . A7.41, A7.78, D7.38
Engelke v Musmann [1928] AC 433, 97 LJ KB 789, 139 LT 586, 44 TLR 731, [1928] All ER 18 . . . . . . F1.7
England (1990) 12 Cr App R (S) 98 . . . . B1.53
English [1999] 1 AC 1, [1997] 3 WLR 959, [1997] 4 All ER 545, [1998] 1 Cr App R 261, 162 JP 1,
    [1998] Crim LR 48. . . . . A4.12
Enrieu [2011] All ER (D) 96 (Oct) F14.22

Table of Cases

Ensor [1989] 1 WLR 497, [1989] 2 All ER 586, 89 Cr App R 139, [1989] Crim LR 562 . . . . D26.24
Ensor [2009] EWCA Crim 2519, [2010] 1 Cr App R 18 (255) D4.16, D9.69, D15.78, F11.46, F20.51
Ensslin v Germany (1978) 14 DR 64 . . . . A7.56, A7.60
Environment Agency v Empress Car Co (Abertillery) Ltd [1999] 2 AC 22, [1998] 2 WLR 350,
 [1998] 1 All ER 481 . . . . A1.28, A1.33, A1.36, A1.39
Environment Agency v Hennessy [2016] EWHC 539 (QB) D10.62
Environment Agency v M E Foley Contractors [2002] EWHC 258 (Admin), [2002] 1 WLR 1756 . . . . F3.13
Epping and Harlow Justices, ex parte Massaro [1973] QB 433, [1973] 2 WLR 158,
 [1973] 1 All ER 1011, 57 Cr App R 499 . . . . D16.20, D16.25
Epping and Ongar Justices, ex parte Manby [1986] Crim LR 555 . . . . D22.43, F1.47
Epping Justices, ex parte Quy [1998] RTR 158n, [1993] Crim LR 970 . . . . C5.18
Epton [2009] EWCA Crim 515, [2009] 2 Cr App R (S) 96 (639) B7.23
Ernest [2014] Lloyd's Rep FC 595 . . . . E19.37
Errington v Errington [1952] 1 KB 290, [1952] 1 All ER 149 . . . . B19.92
Erskine [2009] EWCA Crim 1425, [2010] 1 WLR 183, [2010] 1 All ER 1196,
 [2009] 2 Cr App R 29 (461) D27.23, D27.25
Erwood [2016] EWCA Crim 839 . . . . F15.21
Escobar v DPP [2008] EWHC 422 (Admin), [2009] 1 WLR 64 . . . . E19.79
Escoubet v Belgium (2001) 31 EHRR 46 (1034) A7.42
Esimu [2007] EWCA Crim 1380, (2007) 171 JP 452 . . . . F20.10
Essa [2009] EWCA Crim 43 . . . . D9.45, F20.22
Essa [2023] EWCA Crim 608 . . . . D13.51
Essen v DPP [2005] EWHC 1077 (Admin) D25.31, D29.43
Essex Justices, ex parte Final [1963] 2 QB 816, [1963] 2 WLR 38, [1962] 3 All ER 924, 127 JP 39 . . . . D22.57
Estemirova v Russia (2022) 74 EHRR 11 . . . . A7.23
Euro Foods Group v Cumbria County Council [2013] EWHC 2659 (Admin), (2013) 177 JP 614 . . . . D21.8
Euro Wines (C&C) Ltd v Revenue and Customs Commissioners [2018] EWCA Civ 46,
 [2018] 1 WLR 3248 . . . . B16.18
Evangelou (18 July 2019, unreported, CA) E19.62
Evans [1963] 1 QB 979, [1961] 2 WLR 213, [1961] 1 All ER 313 . . . . E3.5
Evans (1977) 64 Cr App R 237, [1977] Crim LR 230 . . . . B19.101
Evans [1981] Crim LR 699 . . . . F17.67, F17.68
Evans [1986] Crim LR 470 . . . . A5.4
Evans [1995] Crim LR 245 . . . . D11.38
Evans [2005] EWCA Crim 1811, [2006] 1 Cr App R (S) 64 (346), [2005] Crim LR 876 . . . . E18.15
Evans [2009] EWCA Crim 650, [2009] 1 WLR 1999, [2010] 1 All ER 13, [2009] 2 Cr App
 R 10 (156) A1.20, A1.36, B1.70, B1.73, F1.42
Evans [2011] EWCA Crim 2842, [2012] 1 WLR 1192, [2012] 2 Cr App R 22 (279),
 176 JP 139 . . . . D7.58, D7.101, D7.120
Evans [2012] EWCA Crim 2559 . . . . B3.35
Evans [2014] 1 WLR 2817 . . . . A5.68
Evans [2016] EWCA Crim 452, [2016] 4 WLR 169, [2017] 1 Cr App R 13 (181),
 [2017] Crim LR 406 . . . . F7.33, F7.43, F7.45
Evans [2019] EWCA Crim 2358, [2020] RTR 32 (464) C3.32, C7.37
Evans v Chief Constable of Surrey [1988] QB 588, [1988] 3 WLR 127, [1989] 2 All ER 594 . . . . F9.13
Evans v Hughes [1972] 1 WLR 1452, [1972] 3 All ER 412, 56 Cr App R 813 . . . . B12.176
Evans v SFO [2015] EWHC 263 (QB), [2015] 1 WLR 3595 . . . . D33.34, D33.35
Evans v Walkden [1956] 1 WLR 1019, [1956] 3 All ER 64, 120 JP 495 . . . . C1.2
Evans v Wright [1964] Crim LR 466 . . . . B12.176
Evening Standard Co. Ltd [1954] 1 QB 578, [1954] 2 WLR 861, [1954] 1 All ER 1026 . . . . B14.86, B14.125
Everett [1988] Crim LR 826 . . . . F18.21
Everingham v Roundell (1838) 2 Mood & R 138, 174 ER 241 . . . . F8.3
Everson [2021] EWCA Crim 1178 . . . . F13.49
Evesham Justices, ex parte McDonagh [1988] QB 553, [1988] 2 WLR 227,
 [1988] 1 All ER 371, 87 Cr App R 28 . . . . B14.117
Evwierhowa [2011] EWCA Crim 572, [2011] 2 Cr App R (S) 77 (442), [2011] Crim LR 498 . . . . E19.2
Ewens [1967] 1 QB 322, [1966] 2 WLR 1372, [1966] 2 All ER 470, [1966] 50 Cr App R 171 . . . . F3.15
Ewer v Ambrose (1825) 3 B & C 746, 107 ER 910, 5 Dow & Ry KB 629, 3 LJ OS KB 115 . . . . F6.48, F6.52
Ewing [1983] QB 1039, [1983] 3 WLR 1, [1983] 2 All ER 645, 77 Cr App R 47 . . . . F3.55, F11.25
Ewing v Davis [2007] EWHC 1730 (Admin), [2007] 1 WLR 3223, 171 JP 645 . . . . D3.40
Ewing v DPP [2010] EWCA Civ 70 . . . . D3.64
Ewing v UK (1988) 10 EHRR 141 . . . . A7.64
Exall (1866) 4 F & F 922, 176 ER 850 . . . . F1.22
Eyeson v Milton Keynes Council [2005] EWHC 1160 (Admin) B16.64

F [1998] Crim LR 307 . . . . D26.17
F [2005] EWCA Crim 493, [2005] 1 WLR 2848, [2005] 2 Cr App R 13 (187),
 [2005] Crim LR 564 . . . . F7.33, F7.35, F7.39, F7.45, F7.46
F [2007] EWCA Crim 243, [2007] QB 960, [2007] 3 WLR 164, [2007] 2 All ER 193,
 [2007] 2 Cr App R 3 (20), [2008] Crim LR 160 . . . . B10.2, B10.63
F [2008] EWCA Crim 994 . . . . B3.1
F [2008] EWCA Crim 1868, [2009] Crim LR 45 . . . . B21.6
F [2008] EWCA Crim 2859 . . . . F7.37, F7.46
F [2009] EWCA Crim 805 . . . . D13.55

Table of Cases

F [2009] EWCA Crim 1639. . . . . D16.75, D16.86
F [2011] EWCA Crim 940. . . . . D14.38
F [2013] EWCA Crim 424, [2013] 1 WLR 2143, [2013] 2 Cr App R 13 (137),
   177 JP 406. . . . . D14.3, D14.74, F4.6, F4.23, F4.24
F [2014] EWCA Crim 878. . . . . B3.37
F [2018] EWCA Crim 2693. . . . . D15.89
F (A) (A Minor) (Publication of Information), Re [1977] Fam 58, [1976] 3 WLR 813,
   [1977] 1 All ER 114 . . . . B14.129
F Howe & Son (Engineers) Ltd [1999] 2 All ER 249, [1999] 2 Cr App R (S) 37, 163 JP 359,
   [1999] Crim LR 238. . . . . A6.22, E5.19
F (J) [2015] EWCA Crim 351 . . . . B1.60, B1.64
F (S) [2011] EWCA Crim 1844, [2012] QB 703, [2012] 2 WLR 1038, [2012] 1 All ER 565,
   [2011] 2 Cr App R 28 (383), [2012] Crim LR 282 . . . . D3.81, D3.82, D14.76
F (TB) [2011] EWCA Crim 726, [2011] 2 Cr App R 13 (145) D3.82
F v Chief Constable of Kent [1982] Crim LR 682 . . . . D22.43, F1.47
F v West Berkshire Health Authority [1990] 2 AC 1, [1989] 2 WLR 1025, [1989] 2 All ER 545,
   [1989] 2 FLR 376. . . . . A3.49
FCA v Avacade Ltd [2021] EWCA Civ 1206. . . . . B7.22
FCA v Ferreira [2022] EWCA Civ 397, [2022] 1 WLR 2958, [2022] 2 BCLC 451 . . . . . . B16.6, F7.26
FCA v NatWest Bank plc (13 December 2021) A6.7
FCA v Wealthtek LLP [2024] EWHC 424 (Ch) D8.65
FK v Germany [2017] EWHC 2160 (Admin) D31.43
FNC [2015] EWCA Crim 1732, [2016] 1 Cr App R 12 (176), [2016] 1 WLR 980. . . . . . . F19.28, F19.31, F19.32
FS [2019] EWCA Crim 2389 . . . . B3.113
FW [2019] EWCA Crim 275 . . . . B2.165
Fagan [2012] EWCA Crim 2248 . . . . F17.20, F17.21
Fagan v Metropolitan Police Commissioner [1969] 1 QB 439, [1968] 3 WLR 1120, [1968] 3 All ER 442,
   52 Cr App R 700. . . . . A1.8, A1.24, B2.1, B2.10
Fahiya [2020] EWCA Crim 1546 . . . . E12.3
Fairbanks [1986] 1 WLR 1202, 83 Cr App R 251, [1986] RTR 308 . . . . D19.60, D19.61, D19.66
Fairclough v Whipp (1951) 35 Cr App R 138 . . . . B3.393
Fairford Justices, ex parte Brewster [1976] QB 600, [1975] 3 WLR 59, [1975] 2 All ER 757 . . . . D5.13
Fairgrieve v Newman (1985) 82 Cr App R 60 . . . . D29.7
Fairhead [1975] 2 All ER 737, 61 Cr App R 102, [1976] RTR 155, [1975] Crim LR 351 . . . . . . D20.112
Fairley [2003] EWCA Crim 1625. . . . . D12.13
Faithful [1950] 2 All ER 1251, 34 Cr App R 220, 115 JP 20, 49 LGR 141, 66 TLR (Pt 2) 1044 . . . . D23.45
Falconer-Atlee (1973) 58 Cr App R 348 . . . . B4.51, D16.71, D18.40, F14.21
Fallon [1994] Crim LR 519. . . . . A5.79, B1.24, F5.4
Fanning [2016] EWCA Crim 550. . . . . D19.79, D26.28
Fannon (1922) SR (NSW) 427, 39 WN (NSW) 139 . . . . F6.37
Fanta [2021] EWCA Crim 564 . . . . F13.71
Faraz [2012] EWCA Crim 2820, [2013] 1 WLR 2615, [2013] 1 Cr App R 29 (381) B10.92
Fareham Youth Court and Morey, ex parte CPS (1999) 163 JP 812, [1999] Crim LR 325 . . . . D10.35
Farmer [2010] EWCA Crim 2851. . . . . C3.19
Farnham Justices, ex parte Gibson [1991] RTR 309, 155 JP 792, [1991] Crim LR 642 . . . . F4.11
Farookh v Germany [2020] EWHC 3143 (Admin) D31.36
Farooki (1983) 77 Cr App R 257, [1983] Crim LR 620. . . . . D11.110
Farooq [1995] Crim LR 169. . . . . D13.71, D19.11
Farooqi [2013] EWCA Crim 1649, [2014] 1 Cr App R 8 (69), [2014] Crim LR 239 . . . . D18.20, F20.47
Farquhar [2008] EWCA Crim 806, [2008] 2 Cr App R (S) 104 (601), [2008] Crim LR 645 . . . . . . E19.44, E19.63
Farquharson v The Queen (1993) 98 Cr App R 398. . . . . F19.10
Farr [1982] Crim LR 745 . . . . B19.69
Farrell [2004] EWCA Crim 597 . . . . F18.52
Favell [2010] EWCA Crim 2948 . . . . E6.12
Fawcett (1983) 5 Cr App R (S) 158 . . . . D26.57
Fawcett [2013] EWCA Crim 1399 . . . . D12.26
Fazal [1999] 1 Cr App R (S) 152. . . . . C7.38
Fazal [2009] EWCA Crim 1697, [2010] 1 WLR 694, [2010] 1 Cr App R 6 (97) B21.17
Fearn [2019] EWCA Crim 1232. . . . . B4.80
Featherstone [1942] 2 All ER 672, 28 Cr App R 176, 168 LT 64, 41 LGR 72, 107 JP 28, 59 TLR 30,
   87 SJ 103. . . . . D13.64
Fedrick [1990] Crim LR 403 . . . . D12.93, D13.65, F12.13
Feeley [2012] EWCA Crim 720, [2012] 1 WLR 3133, [2012] 2 Cr App R 13 (145) D11.73, D11.104
Feely [1973] QB 530, [1973] 2 WLR 201, [1973] 1 All ER 341, 57 Cr App R 312 . . . . F1.38
Feest [1987] Crim LR 766. . . . . F17.32
Fegan (1971) 78 Cr App R 189 . . . . B12.257, B12.264, B12.265, B12.266
Fehily v Governor of Wandsworth Prison [2003] 1 Cr App R 10 (153), [2003] Crim LR 133,
   [2002] EWHC 1295 (Admin) D10.19
Fehmi v DPP (1992) 96 Cr App R 235 . . . . B12.184
Feld [1999] 1 Cr App R (S) 1 . . . . B7.28
Fellowes v DPP (1993) 157 JP 936, [1993] Crim LR 523 . . . . B20.4
Fellows [1997] 2 All ER 548, [1997] 1 Cr App R 244, [1997] Crim LR 524 . . . . B3.330, B18.9
Felstead v Post Office Ltd [2021] EWCA Crim 25 . . . . B14.91, B14.95, B14.108
Feltham Justices, ex parte Rees [2001] 2 Cr App R (S) 1 (1), [2001] Crim LR 47 . . . . D23.37

Table of Cases

Fender [2018] EWCA Crim 2829. . . . . F11.5, F13.85
Fenlon (1980) 71 Cr App R 307, [1980] Crim LR 573 . . . . F7.8
Fennell [2000] 1 WLR 2011, [2000] 2 Cr App R 318, 164 JP 386. . . . . B8.3, D11.19
Fennell v Jerome Property Maintenance Ltd (1986) *The Times*, 26 November 1986. . . . . F11.24
Fenton v Spain [2017] EWHC 1161 (Admin). D31.22
Fenwick v Valentine 1994 SLT 485 . . . . C5.35
Ferati [2020] EWCA Crim 1313 . . . . F10.2
Ferdinand [2014] EWCA Crim 1243, [2014] 2 Cr App R 23 (331). F11.11, F13.27, F15.26, F17.91, F19.23
Fergus (1993) 98 Cr App R 313, [1992] Crim LR 363 . . . . D1.133, D15.102, F19.18
Ferguson [1970] 1 WLR 1246, [1970] 2 All ER 820, 54 Cr App R 410 . . . . E7.3
Ferguson (1970) 54 Cr App R 415, [1970] RTR 395, [1970] Crim LR 652. . . . . C5.6
Ferguson [2008] EWCA Crim 2940, [2009] 2 Cr App (S) 8 (39). B3.354
Ferguson [2013] EWCA Crim 1089 . . . . B7.70
Ferguson v Weaving [1951] 1 KB 814, [1951] 1 All ER 412, 49 LGR 339, 115 JP 142,
  [1951] 1 TLR 465. . . . . A4.4, D11.42
Fernandes [1996] 1 Cr App R 175. . . . . B4.59
Fernandez [1970] Crim LR 277. . . . . B19.32
Fernandez [1997] 1 Cr App R 123, [1996] Crim LR 753 . . . . D19.72
Fernandez [2014] EWCA Crim 2405, [2015] 1 Cr App R (S) 35 (268). E16.23, E16.36
Fernandez, ex parte (1861) 10 CB NS 3, 142 ER 349, 30 LJ CP 321, 4 LT 324, 7 Jur NS 571, 9 WR 832 . . . F4.4
Fernandez v Singapore [1971] 1 WLR 987, [1971] 2 All ER 691. . . . . D31.24
Ferrara (1984, unreported). B19.56
Ferrell [2010] UKPC 20, [2011] 1 All ER 95 . . . . D11.71
Ferriter [2012] EWCA Crim 2211 . . . . A5.76, B3.15
Fethney [2010] EWCA Crim 3096 . . . . B3.397
Fiak [2005] EWCA Crim 2381 . . . . B8.6
Fichardo [2020] EWCA Crim 667 . . . . F7.30, F7.31, F15.14, F15.31
Field (1943) 29 Cr App R 151 . . . . D12.99
Field (1993) 97 Cr App R 357, 157 JP 31, [1993] Crim LR 456 . . . . D19.48
Field [2021] EWCA Crim 380, [2021] 2 Cr App R 14 (267) A1.35, A1.40
Field [2022] EWCA Crim 316, [2022] 1 WLR 3495, [2022] 4 All ER 234, [2022] 2 Cr App R 3 (101),
  [2022] Crim LR 688. . . . . A1.35, D26.6, D26.10
Field, ex parte White (1895) 64 LJ MC 158, 11 TLR 240 . . . . F1.9
Fields [1991] Crim LR 38. . . . . D17.15
Filmer v DPP [2006] EWHC 3450 (Admin), [2007] RTR 28 (330) C1.17
Financial Reporting Council Ltd v Sports Direct International plc [2020] EWCA Civ 177,
  [2020] 2 WLR 1256 . . . . F10.34
Financial Services Authority v Fox Hayes [2009] EWCA Civ 76. . . . . A6.15
Finch (1962) 47 Cr App R 58, 106 SJ 961. . . . . E9.7
Finch (1993) 14 Cr App R (S) 226, [1992] Crim LR 901 . . . . D20.34, E19.29
Finch [2007] EWCA Crim 36, [2007] 1 WLR 1645, [2007] 1 Cr App R 33 (439) F17.35, F17.41,
  F18.5, F18.28, F18.93
Finch [2021] EWCA Crim 377, [2021] 2 Cr App R (S) 45 (349). B9.63
Findlay [1992] Crim LR 372 . . . . D11.96, F18.40
Findlay v UK (1997) 24 EHRR 221 . . . . D3.32
Finlay [2003] EWCA Crim 3868 . . . . A1.36, B1.69
Finlay [2015] EWCA Crim 328 . . . . E12.16
Finley [1993] Crim LR 50. . . . . F19.5
Finnemore [2019] EWCA Crim 1585 . . . . B8.46
Firetto [1991] Crim LR 208 . . . . B14.41
Firmston (1984) 6 Cr App R (S) 189, [1984] Crim LR 575. . . . . D33.29
Firth (1989) 91 Cr App R 217. . . . . B5.19
Fisher [2004] EWCA Crim 1190, [2004] Crim LR 98 . . . . B12.109
Fisher [2019] EWCA Crim 1066 . . . . B1.50, C7.47, E22.2, E22.11
Fitt v UK (2000) 30 EHRR 480 . . . . A7.47, D9.54
Fitton [2001] EWCA Crim 215. . . . . F14.20
Fitzgerald [1998] 4 Arch News 2 . . . . F20.24
Fitzgerald [2006] EWCA Crim 1565 . . . . D27.25
Fitzgerald [2017] EWCA Crim 514 . . . . B20.12
Fitzgerald [2017] EWCA Crim 556 . . . . F13.90
Fitzimmons [2022] NICC 27 . . . . D1.150. F19.27
Fitzpatrick [1977] NI 20. . . . . A3.44
Fitzpatrick [1999] Crim LR 832 . . . . F11.42
Fitzpatrick [2015] EWCA Crim 1286 . . . . F14.10
Fitzpatrick, Wilkey and Thomas, Body and White (a firm) v Metropolitan Police Commissioner
  [2012] EWHC 12 (Admin) D1.25
Flack [2008] EWCA Crim 204, [2008] 2 Cr App R (S) 70 (395) B20.12
Flack [2013] EWCA Crim 115, [2013] 2 Cr App R (S) 56 (366), [2013] Crim LR 521 . . . . . . B4.80, B4.85, E18.8
Flack v Baldry [1988] 1 WLR 393, [1988] 1 All ER 673, 87 Cr App R 130 . . . . B12.73
Flaherty (1847) 2 Car & Kir 782, 175 ER 328. . . . . B2.152
Flanagan v Fahy [1918] 2 IR 361. . . . . F7.69
Flannagan v Shaw [1920] 3 KB 96, 89 LJ KB 168, 122 LT 177, 18 LGR 29, 84 JP 45, 36 TLR 34 . . . D29.24
Flatman v Light [1946] KB 414, [1946] 2 All ER 368, 115 LJ KB 353, 175 LT 408, 110 JP 273,
  62 TLR 456, 44 LGR 199, 90 SJ 346. . . . . D12.34

Table of Cases

Flatt [1996] Crim LR 576. . . . . A3.39
Flattery (1877) 2 QBD 410, 46 LJ MC 130, 36 LT 32, 13 Cox CC 388, 25 WR 398 . . . . B3.45, B3.386
Fleming (1989) 153 JP 517. . . . . B11.4, B11.17, B11.20
Fleming [1989] Crim LR 71 . . . . B12.164
Fleming [2022] EWCA Crim 250 . . . . B2.98, E1.5
Flemming (1987) 86 Cr App R 32, [1987] Crim LR 690 . . . . D16.44, D27.13, F1.46
Fletcher [2017] EWCA Crim 1778 . . . . D19.79, D26.28
Fletcher v Chief Constable of Lancashire Constabulary [2013] EWHC 3357 (Admin) D8.22
Flicker [1995] Crim LR 493 . . . . F1.33
Flint [2020] EWCA Crim 1266, [2021] 1 Cr App R 8 (168) B12.266
Flinton [2007] EWCA Crim 2322, [2008] 1 Cr App R (S) 96 (575) E6.3
Flook [2009] EWCA Crim 682, [2010] 1 Cr App R 30 (434), [2010] Crim LR 148 . . . . D9.72
Flounders [2002] EWCA Crim 1325. . . . . B11.25
Flower [1966] 1 QB 146, [1965] 3 WLR 1202, [1965] 3 All ER 669, 50 Cr App R 22,
    129 JP 597. . . . . D26.38, D27.21
Floyd v Bush [1953] 1 WLR 242, [1953] 1 All ER 265 . . . . C1.9
Flynn (1958) 42 Cr App R 15 . . . . D18.7, F6.12
Flynn (1985) 82 Cr App R 319 . . . . B12.151
Flynn [2001] EWCA Crim 1633 . . . . F20.15
Flynn [2008] EWCA Crim 970, [2008] 2 Cr App R 20 (266), [2008] Crim LR 799 . . . . D1.150,
    F11.2, F11.6, F19.25, F19.27
Foggon [2003] EWCA Crim 270, [2003] 2 Cr App R (S) 85 (507) E19.26
Folan [2003] EWCA Crim 908. . . . . D1.131
Follen [1994] Crim LR 225 . . . . D13.50
Follett [1989] QB 338, [1989] 2 WLR 512, [1989] 1 All ER 995, 88 Cr App R 310 . . . . . D11.22, D11.64, D11.112
Food Standards Agency v Bakers of Nailsea Ltd [2020] EWHC 3632 (Admin). D5.8, D29.24
Football Association Premier League v Lord Chancellor [2021] EWHC 755 (QB),
    [2021] 2 Cr App R 16 (309) D33.23
Foote [1964] Crim LR 405 . . . . F3.44
Foote [1993] RTR 171 . . . . C6.8
Foote [2023] EWCA Crim 1203 . . . . D19.4
Forbes (1865) 10 Cox CC 362 . . . . B2.54
Forbes [2001] 1 AC 473, [2001] 2 WLR 1, [2001] 1 All ER 686, [2001] 1 Cr App R 31 (430),
    165 JP 61, [2001] Crim LR 649 . . . . D1.138, F19.3, F19.5
Forbes [2001] UKHL 40, [2002] 2 AC 512, [2001] 3 WLR 428, [2001] 4 All ER 97,
    [2002] 1 Cr App R 1 (1), [2001] Crim LR 906 . . . . B16.48
Forbes [2005] EWCA Crim 2069 . . . . C6.45
Forbes [2016] EWCA Crim 1388, [2017] 1 WLR 53, [2016] 2 Cr App R (S) 44 (472),
    [2016] Crim LR 946 . . . . A7.79, B3.4, B3.8, B3.12, B3.374, B3.375, B3.376,
    B3.377, B3.379, B3.380, B3.396, B6.8, E13.3
Forbes [2022] EWHC 1541 (SCCO) D32.8
Ford [1989] QB 868, [1989] 3 WLR 762, [1989] 3 All ER 445 . . . . D13.25, D13.34,
    D13.36, D13.38, D13.40, D15.5
Ford [2008] EWCA Crim 966, [2009] 1 Cr App R (S) 13 (68), [2008] Crim LR 648. . . . . E19.52
Ford [2010] EWCA Crim 2250, [2011] Crim LR 475 . . . . D14.83, F17.9F17.40
Ford [2015] EWCA Crim 561, [2015] 2 Cr App R (S) 17 (177) B5.50
Ford [2018] EWCA Crim 1751 . . . . D24.71
Forde (1985) 81 Cr App R 19 . . . . B19.116
Forde [2013] EWCA Crim 2548 . . . . B6.70
Fordham [1970] 1 QB 77 . . . . B12.115
Foreman [1991] Crim LR 702. . . . . B4.177
Forest Justices, ex parte Hartman [1991] Crim LR 641. . . . . B13.37
Forest Magistrates' Court, ex parte Spicer [1988] Crim LR 619 . . . . D6.34
Forest of Dean Justices, ex parte Farley [1990] RTR 228, [1990] Crim LR 568 . . . . D12.24
Formosa [1991] 2 QB 1, [1990] 3 WLR 1179, [1991] 1 All ER 131, 92 Cr App R 11,
    155 JP 97, [1990] Crim LR 868. . . . . B12.13, B12.73
Forrester [1992] Crim LR 793 . . . . B4.51, B4.69
Forsyth [1997] 2 Cr App R 299, [1997] Crim LR 581 . . . . B4.164, B4.174, B4.180, F20.59
Fort [2013] EWCA Crim 2332 . . . . E22.13
Forte [2020] EWCA Crim 1455, [2021] 4 WLR 26 . . . . E19.58, E19.83
Fortean [2009] EWCA Crim 437, [2009] Crim LR 798 . . . . D26.12
Foster [1987] Crim LR 821. . . . . F2.27
Foster [2003] EWCA Crim 178. . . . . F18.57
Foster [2007] EWCA Crim 2869, [2008] 1 WLR 1615, [2008] 2 All ER 597, [2008] 1 Cr App
    R 38 (470), [2008] Crim LR 463 . . . . D19.64, D19.65, D19.68
Foster [2009] EWCA Crim 2214 . . . . D19.58
Foster [2015] EWCA Crim 916, [2015] 2 Cr App R (S) 45 (348) B2.95
Foster [2023] EWCA Crim 1196, [2024] 1 Cr App R (S) 29 (282), [2024] Crim LR 123 . . . . . B1.128, B1.133, E13.11
Foster v DPP [2004] EWHC 2955 (Admin), [2005] 1 WLR 1400. . . . . B2.139
Foster v DPP [2013] EWHC 2039 (Admin), (2014) 178 JP 15 . . . . C2.13
Foster-Taylor v Italy [2019] EWHC 2938 (Admin) D31.31
Fothergill [2019] EWCA Crim 2236, [2020] 2 Cr App R (S) 4 (21) B4.8, E2.10
Fotheringham (1989) 88 Cr App R 206 . . . . A3.18, B3.39
Foulder [1973] Crim LR 45. . . . . F2.44

Table of Cases

Foulger [2012] EWCA Crim 1516. . . . . F11.1
Foulkes v Chief Constable of Merseyside Police [1998] 3 All ER 705 . . . . D1.33
Fowden [1982] Crim LR 588 . . . . F16.11, F19.20
Fowkes (1856) *The Times*, 8 March 1856 . . . . F6.46
Fowler (1988) 86 Cr App R 219, [1987] Crim LR 769. . . . . F13.98
Fox [1986] AC 281, [1985] 1 WLR 1126, [1985] 3 All ER 392, 82 Cr App R 105,
    [1985] RTR 337, 150 JP 97, [1986] Crim LR 59 . . . . C5.2, C5.46, F2.9, F2.48, F2.26
Fox [2009] EWCA Crim 653, [2009] Crim LR 881 . . . . B3.329, F13.13
Fox [2010] EWCA Crim 1280 . . . . D14.83
Fox, Campbell and Hartley v UK (1991) 13 EHRR 157 . . . . A7.33, A7.34, F18.38
Fox v General Medical Council [1960] 1 WLR 1017, [1960] 3 All ER 225, 124 JP 467 . . . . F7.68
Foxley [1995] 2 Cr App R 523, (1995) 16 Cr App R (S) 879, [1995] Crim LR 636 . . . . E19.46, F17.27
Foy [2020] EWCA Crim 270 . . . . B1.32, D27.25
Foye [2013] EWCA Crim 475, (2013) 177 JP 449, [2013] Crim LR 839 . . . . B1.28, F3.9, F17.29
France [2012] UKPC 28, [2013] Crim LR 237 . . . . D1.133, F19.6, F19.10
France [2016] EWCA Crim 1588, [2016] 4 WLR 175, [2017] 1 Cr App R 19 (296) B15.29
France v Dewsbury Magistrates' Court (1988) 152 JP 301, [1988] Crim LR 295 . . . . D7.113
France v The Queen [2012] UKPC 28 . . . . F19.6, F19.10
Francis (20 April 2005, unreported, Canterbury Crown Court) B19.16
Francis (1874) LR 2 CCR 128, 43 LJ MC 97, 38 JP 469, 12 Cox CC 612, 30 LT 503,
    22 WR 663, [1874–80] All ER Rep Ext 2028 . . . . F1.36, F8.45
Francis [1990] 1 WLR 1264, [1991] 1 All ER 225, 91 Cr App R 271, 154 JP 358,
    [1990] Crim LR 431 . . . . F6.9, F6.10
Francis [2006] EWCA Crim 3323, [2007] 1 WLR 1021, [2007] 1 Cr App R 36 (469),
    [2007] Crim LR 574 . . . . B11.41, B11.48
Francis [2011] EWCA Crim 877 . . . . A3.66
Francis [2013] EWCA Crim 2312 . . . . F11.4, F11.30, F15.17
Francis v DPP [1997] RTR 113 . . . . C5.23
Francis v DPP [2004] EWHC 591 (Admin), (2004) 168 JP 492 . . . . C2.13
Frank Truman Export Ltd v Metropolitan Police Commissioner [1977] QB 952, [1977] 3 WLR 257,
    [1977] 3 All ER 431, 64 Cr App R 248 . . . . F10.34
Frankland v The Queen [1987] AC 576, [1987] 2 WLR 1251, 86 Cr App R 116 . . . . A2.34, B1.22
Franklin (1883) 15 Cox CC 163 . . . . B1.60
Franklin [1989] Crim LR 499 . . . . F5.11
Franklin [2013] EWCA Crim 84 . . . . F13.51
Franklin [2018] EWCA Crim 1080 . . . . E21.25
Franklin v Langdown [1971] 3 All ER 662, [1971] Crim LR 471 . . . . C6.57
Franks [2023] EWCA Crim 319, [2023] 2 Cr App R (S) 29 (251) B1.152
Frankum (1983) 5 Cr App R (S) 259, [1984] Crim LR 434. . . . . D19.81
Fraser (1956) 40 Cr App R 160 . . . . F6.50
Fraser (1982) 4 Cr App R (S) 254, [1982] Crim LR 841 . . . . D26.58
Frazer [1987] Crim LR 418 . . . . D13.40
Free [2013] EWCA Crim 589 . . . . B19.9
Freeman [1970] 1 WLR 788, [1970] 2 All ER 413, 54 Cr App R 251 . . . . B12.11
Freeman [2008] EWCA Crim 1863, [2009] 1 WLR 2723, [2009] 2 All ER 18,
    [2009] 1 Cr App R 11 (137) D11.85, F13.68
Freeman [2011] EWCA Crim 2534, [2012] Cr App R (S) 105 (629) B7.9
Freeman v DPP [2013] EWHC 610 (Admin) B11.30
Freemantle v The Queen [1994] 1 WLR 437, [1994] 3 All ER 225, [1995] 1 Cr App R 1,
    [1994] Crim LR 930 . . . . F19.10
French [1973] Crim LR 632 . . . . B4.163
French (1982) 75 Cr App R 1, 4 Cr App R (S) 57, [1982] Crim LR 380 . . . . B4.68
French (1993) 97 Cr App R 421 . . . . F17.14, F17.90
Frenchay Healthcare NHS Trust v S [1994] 1 WLR 601, [1994] 2 All ER 403 . . . . A1.22
Fresh View Swift Properties Ltd v Westminster Magistrates' Court [2023] EWHC 605 (Admin) D8.6
Fricker (1999) *The Times*, 13 July 1999 . . . . D19.15
Frickey [1956] Crim LR 421 . . . . B14.22
Friel [2012] EWCA Crim 2871 . . . . F16.6, F17.7, F17.89
Friend [1997] 1 WLR 1433, [1997] 2 All ER 1011, [1997] 2 Cr App R 231,
    [1997] Crim LR 817 . . . . F11.9, F20.50, F20.51
Friend [2004] EWCA Crim 2661 . . . . F20.50
Friswell v Chief Constable of Essex Police [2004] EWHC 3009 (QB) D1.178
Fritschy [1985] Crim LR 745 . . . . B4.38, B4.42, B4.43
Froggatt v Allcock [1975] RTR 372n C5.48
Frost (1839) 4 St Tr NS 85, 9 C & P 129, 173 ER 771, [1835–42] All ER Rep 106 . . . . D18.2, F6.12
Frost (1964) 48 Cr App R 284, 108 SJ 321 . . . . B4.173
Frost [2001] 2 Cr App R (S) 26 (124), [2001] Crim LR 143 . . . . E18.6
Frost [2009] EWCA Crim 1737, [2010] 1 Cr App R (S) 73 (485) E19.25
Frota [2007] EWCA Crim 2602 . . . . E16.9
Fruen [2016] EWCA Crim 561, [2016] 2 Cr App R (S) 30 (271) B10.60
Frye v USA 293 F. 1013 (1923) F11.21
Fulcher [1995] 2 Cr App R 251, [1995] Crim LR 883 . . . . F14.3
Fuller (1797) 2 Leach 790 . . . . B9.106
Fuller [2005] EWCA Crim 1029, [2006] 1 Cr App R (S) 8 (52) E21.37

Table of Cases

Fulling [1987] QB 426, [1987] 2 WLR 923, [1987] 2 All ER 65, 85 Cr App R 136 . . . . F18.11, F18.12, F18.15, F18.18
Fulton [2017] EWCA Crim 308, [2018] 4 WLR 25, [2017] 2 Cr App R (S) 11 (63) B21.16
Fulton [2019] EWCA Crim 163 . . . . E19.25
Funderburk [1990] 1 WLR 587, [1990] 2 All ER 482, 90 Cr App R 466,
   [1990] Crim LR 405 . . . . F7.21, F7.36, F7.49, F7.50, F7.53
Funke v France (1993) 16 EHRR 297 . . . . A7.30, A7.37, A7.76, F10.7, F10.13
Furcht v Germany (2015) 61 EHRR 25 (704) A7.28
Furlong [1950] 1 All ER 636, 34 Cr App R 79, 114 JP 201, 48 LGR 296, [1950] WN 129,
   66 TLR (Pt 1) 558, 94 SJ 256 . . . . D19.20, D19.26, D19.69
Fuseon Ltd v Senior Courts Costs Office [2020] EWHC 126 (Admin), [2020] 2 Cr App R 2 (12) D33.23
Fyffe [1992] Crim LR 442 . . . . D11.103
Fyle [2011] EWCA Crim 1213 . . . . F13.51

G [1998] Crim LR 483 . . . . D26.28
G [2003] UKHL 50, [2004] 1 AC 1034, [2003] 3 WLR 1060, [2003] 4 All ER 765, [2004] 1 Cr App
   R 21 (237), 167 JP 621, [2004] Crim LR 369 . . . . A2.2, A2.6, A2.7, A2.8, A2.11,
                                                                             A2.13, B1.79, B8.9, B8.10, B8.22, B12.251, B16.52
G [2004] EWCA Crim 1240, [2004] 2 Cr App R 38 (638) F11.4
G [2004] EWCA Crim 1368, [2004] 1 WLR 2932, [2004] 2 Cr App R 37 (630) D9.59
G [2006] EWCA Crim 821, [2006] 1 WLR 2052, [2006] 2 Cr App R 17 (270) B3.87
G [2008] UKHL 37, [2009] 1 AC 92, [2008] 1 WLR 1379, [2008] 3 All ER 1071,
   [2009] 1 Cr App R 8 (97) A2.28, B3.87
G [2009] UKHL 13, [2010] 1 AC 43, [2009] 2 WLR 724, [2009] 2 All ER 209,
   [2009] 2 Cr App R 6 (260) B10.56, B10.62, B10.64, B10.68, B10.69, B12.175, B12.247, B12.264, F3.47
G [2010] EWCA Crim 1693, [2011] Crim LR 339 . . . . B3.138
G [2012] EWCA Crim 1756, [2013] Crim LR 678 . . . . B3.53
G [2016] EWCA Crim 1633, [2017] 1 Cr App R 27 (413) F7.43
G [2018] EWCA Crim 1393, [2018] 2 Cr App R 26 (413) D18.21
G (A Minor) (Social Worker: Disclosure), Re [1997] 1 WLR 1407, [1996] 2 All ER 65 . . . . F10.9
G (A Minor) v Jarrett [1981] RTR 186, [1980] Crim LR 652 . . . . C1.11
G (An Infant) v Coltart [1967] 1 QB 432, [1967] 2 WLR 333, [1967] 1 All ER 271 . . . . F12.22
G and T v DPP [2004] EWHC 183 (Admin), (2004) 168 JP 313 . . . . B11.76
G (S) [2017] EWCA Crim 617, [2017] 2 Cr App R (S) 20 (256), [2017] 4 WLR 119 . . . . D14.74
G (T) [2017] EWCA Crim 1774, [2018] 1 Cr App R 14 (218) F1.14, F14.2
G v DPP [1989] Crim LR 150 . . . . D1.27
G v DPP [1998] QB 919, [1998] 2 WLR 609, [1997] 2 All ER 755, [1997] 2 Cr App R 78,
   161 JP 498 . . . . D14.38, F4.23
G v DPP [2012] EWHC 3174 (Admin) D21.52, D24.95
G v UK (1984) 34 DR 75 . . . . A7.37
G v UK (2011) 53 EHRR SE25 (237), [2011] ECHR 1308 . . . . A2.28, B3.87
GB [2015] EWCA Crim 1501, [2016] 1 Cr App R (S) 17 (127) B3.120
GB [2020] EWCA Crim 2 . . . . A3.53, B22.16, B22.29
GF [2000] 2 Cr App R (S) 364, [2000] Crim LR 608 . . . . E15.17
GG [2018] EWCA Crim 1161 . . . . B2.165
GH [2015] UKSC 24, [2015] 1 WLR 2126, [2015] 2 Cr App R 12 (195) B4.177, B21.4, B21.5,
                                                                                                                   B21.7, B21.11, B21.31
GJB v R [2011] EWCA Crim 867 . . . . F14.22
GK [2020] EWCA Crim 197 . . . . B3.9
GR [2020] EWCA Crim 1742 . . . . F7.30, F7.34, F15.24
GS [2012] EWCA Crim 398, [2012] 1 WLR 3368, [2012] 2 Cr App R 14 (154) B18.8, B18.11
GS [2018] EWCA Crim 1824, [2019] 1 Cr App R 7 (84) A3.53, B22.12, B22.16, B22.29
GS v UK (2021) Appln 7604/19, 23 November 2021 . . . . B22.29
GSM v Austria (1983) 34 DR 119 . . . . A7.43
Gabbai [2019] EWCA Crim 2287, [2020] 4 WLR 65 . . . . B3.40, F7.30, F7.38, F7.42, F13.10, F15.28
Gabbana [2020] EWCA Crim 1473, [2020] 4 WLR 160 . . . . D18.32, F3.56, F13.9, F13.85
Gabriel [2006] EWCA Crim 229, [2007] 1 WLR 2272, [2007] 2 Cr App R 11 (139),
   [2006] Crim LR 852 . . . . B21.6, B21.7, B21.27, E19.26
Gabriel [2020] EWCA Crim 998 . . . . D13.51, F19.31
Gadd [2014] EWHC 3307 (QB) D3.65, D10.62, D12.84
Gadd [2015] All ER (D) 141 (Nov) D3.65
Gadsby [2001] EWCA Crim 1824, [2002] 1 Cr App R (S) 97 (423), [2001] Crim LR 828 . . . . E19.70
Gadsby [2006] EWCA Crim 3206 . . . . F1.13
Gäfgen v Germany (2009) 48 EHRR 13 (253) F2.1
Gage v Jones [1983] RTR 508 . . . . C5.5
Gainsborough Justices, ex parte Green (1984) 78 Cr App R 9 . . . . F6.11
Galbraith [1981] 1 WLR 1039, [1981] 2 All ER 1060, 73 Cr App R 124, [1981] Crim LR 648, 125 SJ 442 . . . D3.81,
                                                                          D14.76, D16.54, D16.55, D16.56, D16.57, D16.59,
                                                                          D16.64, D22.52, F6.54, F11.43, F17.99, F18.60, F19.18
Gale [1994] Crim LR 208 . . . . D18.19
Gall (1989) 90 Cr App R 64 . . . . D1.140, F19.5
Gallagher [1974] 1 WLR 1204, [1974] 3 All ER 118, 59 Cr App R 239 . . . . D18.31, F20.59
Gallagher, Re [2019] UKSC 3, [2020] AC 185, [2019] 2 WLR 509 . . . . E24.5
Galluccio [2014] EWCA Crim 766 . . . . C4.13

Table of Cases

Gamble [1989] NI 268 .... A4.12
Gammans (13 November 1998, unreported) D18.24
Gammon (Hong Kong) Ltd v Attorney-General of Hong Kong [1985] AC 1, [1984] 3 WLR 437,
  [1984] 2 All ER 503, 80 Cr App R 194, 26 BLR 159, [1984] Crim LR 479 ...... A2.23, A2.24, A2.25, B16.32
Gander [1997] EWCA Crim 1452 .... B12.97
Gandy (1989) 11 Cr App R (S) 564, [1990] Crim LR 346 .... D20.24, D20.28, D20.35, D20.38
Gangar [2008] EWCA Crim 2987 .... D7.102, D7.108
Gangar [2012] EWCA Crim 1378, [2013] 1 WLR 147, [2012] 4 All ER 972,
  [2013] 1 Cr App R (S) 67 (372) E19.50
Ganley [2001] 1 Cr App R (S) 17 (60), [2000] Crim LR 866 .... E15.14
Gannon (1987) 87 Cr App R 254, [1988] RTR 49 .... B4.124
Gantz [2004] EWCA Crim 2862, [2005] 1 Cr App R (S) 104 (587) B2.107, B2.114
Garaxo [2005] EWCA Crim 1170, [2005] Crim LR 883 .... F7.28
Garbett (1847) 1 Den CC 236, 169 ER 227, 2 Car & Kir 474, 175 ER 196, 9 LT OS 51,
  13 JP 602, 2 Cox CC 448 .... F10.3, F10.6
Garcia (1988) 87 Cr App R 175, [1988] Crim LR 115 .... B6.32, B6.40
Gardiner [1967] 1 WLR 464, [1967] 1 All ER 895, 51 Cr App R 187 .... E22.10
Gardiner (1982) 2 SCR 368 .... A7.78
Gardiner [1994] Crim LR 455 .... F3.46
Gardner [2004] EWCA Crim 1639 .... F19.7, F19.22
Gardner v New Forest Magistrates' Court (5 June 1998, unreported) F13.96
Garfield v Maddocks [1974] QB 7, [1973] 2 WLR 888, [1973] 2 All ER 303, 57 Cr App R 372,
  [1973] Crim LR 231 .... D21.11, D29.7
Garjo [2011] EWCA Crim 1169 .... B19.115, B19.116
Garland [2008] EWCA Crim 3276 .... D14.14
Garland [2016] EWCA Crim 1743, [2017] 4 WLR 117 .... D9.29, D26.19
Garner v Burr [1951] 1 KB 31, [1950] 1 All ER 683, 49 LGR 30, 114 JP 484, 66 TLR (Pt 2) 768 .... C1.18
Garner v DPP [1990] RTR 208, 90 Cr App R 178, 154 JP 277 .... C5.38
Garnham [2008] EWCA Crim 266 .... F15.19
Garrett v Arthur Churchill (Glass) Ltd [1970] 1 QB 92, [1969] 3 WLR 6, [1969] 2 All ER 1141 .... B16.36
Garrett v Hooper [1973] Crim LR 61, [1973] RTR 1 .... C1.29
Garrity [1994] Crim LR 828 .... F12.16
Garrod [1997] Crim LR 445 .... F18.98
Garry v CPS [2019] EWHC 636 (Admin), [2019] 2 Cr App R 4 (32),
  [2019] 1 WLR 3630 .... B12.157, B12.175, B12.240
Garth [1949] 1 All ER 773, 33 Cr App R 100, 113 JP 222, 47 LGR 527 .... F3.64
Garthwaite [2019] EWCA Crim 2357 .... D23.17, D23.58
Garton v Hunter [1969] 2 QB 37, [1968] 2 WLR 86, [1969] 1 All ER 451, 133 JP 162,
  67 LGR 229, 15 RRC 145 .... F1.36
Garvin Trustees Ltd v Pensions Regulator [2015] Pens LR 1 .... F10.32
Garwood [1987] 1 WLR 319, [1987] 1 All ER 1032, 85 Cr App R 85 .... B5.55, F1.38
Garwood [2017] EWCA Crim 59, [2017] 1 Cr App R 30 (451) A4.13, D28.10, D30.3
Gascoigne [1988] Crim LR 317 .... D19.22
Gasparini (Case C-467/04) [2006] ECR I-9199 .... D12.31
Gassman [2017] EWCA Crim 2061, [2018] 1 Cr App R 18 (267) B1.38
Gates [2021] EWCA Crim 66 .... A5.50, D26.28
Gateshead Justices, ex parte Smith (1985) 149 JP 681 .... D3.73, D21.21
Gateway Foodmarkets Ltd [1997] 3 All ER 78, [1997] 2 Cr App R 40 .... A6.20
Gatland v Metropolitan Police Commissioner [1968] 2 QB 279, [1968] 2 WLR 1263,
  [1968] 2 All ER 100, 66 LGR 519 .... F3.13
Gaughran v UK (2020) Appln. 45245/15, 13 February 2020 .... D1.114, D1.116
Gauthier Can Cr L Digest 42887 .... B3.60
Gavin [2010] EWCA Crim 2727, [2011] 1 Cr App R (S) 126 (731), [2011] Crim LR 239 .... E19.84
Gayle [1994] Crim LR 679 .... F2.44
Gayle [1999] 2 Cr App R 130, [1999] Crim LR 502 .... F19.2, F20.15
Geale [2012] EWCA Crim 2663, [2013] 2 Cr App R (S) 17 (74), [2013] Crim LR 350 .... C7.37
Gearing v DPP [2008] EWHC 1695 (Admin), [2009] RTR 7 (72) C5.29, D1.58
Gebru [2011] EWCA Crim 3321 .... E20.1
Geddes [1997] Crim LR 894 .... A5.77, A5.78
Gedminintaite [2008] EWCA Crim 814 .... B20.8
General Dental Council v Williams [2023] EWCA Civ 481 .... B4.56
General Medical Council v British Broadcasting Corporation [1998] 1 WLR 1573, [1998] 3 All ER 426 .... B14.87
General Medical Council v Krishnan [2017] EWHC 2892 (Admin) B4.56
Genus [1996] Crim LR 502 .... F1.28
George (December 2009, unreported) D9.72
George (1868) 11 Cox CC 41 .... B1.148
George [1956] Crim LR 52 .... B3.59
George (1960) 128 CCC 289 .... A3.17
George [1981] Crim LR 185 .... B16.26
George [1984] 1 WLR 1082, [1984] 3 All ER 13, 79 Cr App R 26, 6 Cr App R (S) 211,
  [1984] Crim LR 505 .... D20.111, D20.112, D20.113
George [2002] EWCA Crim 1923, [2003] Crim LR 282 .... D1.146, F19.2, F19.18
George [2007] EWCA Crim 2722 .... F11.9
George [2015] EWCA Crim 2507, [2015] 1 Cr App R 15 (183) D27.25, F11.9

Table of Cases

George [2015] EWCA Crim 1096, [2015] 2 Cr App R (S) 58 (409)..................................E2.35
George v DPP [1989] RTR 217...C5.32
George Maxwell (Developments) Ltd [1980] 2 All ER 99, 71 Cr App R 83, [1980] Crim LR 321..........D3.112
Georgiades [1989] 1 WLR 759, 89 Cr App R 206, [1989] Crim LR 574..........................B12.99
Georgiou (1969) 53 Cr App R 428, [1969] Crim LR 391, 113 SJ 365....................D18.43, D19.40
Georgiou (1988) 87 Cr App R 207, 10 Cr App R (S) 137, [1988] Crim LR 472....................E21.8
Gerald Cooper Chemicals Ltd, Re [1978] Ch 262, [1978] 2 WLR 866, [1978] 2 All ER 49.....B7.14, B7.15, B7.18
Germany v Altun [2011] EWHC 397 (Admin)...D31.23
Geyseghem v Belgium (2001) 32 EHRR 24 (554)...A7.56
Ghadami [1998] 1 Cr App R (S) 42, [1997] Crim LR 606...............................D33.27, E19.57
Ghafoor [2002] EWCA Crim 1857, [2003] 1 Cr App R (S) 84 (428), 166 JP 601,
  [2002] Crim LR 739,...D24.102, E15.3
Ghaidan v Ghodin-Mendoza [2004] UKHL 30, [2004] 2 AC 557, [2004] 3 WLR 113,
  [2004] 3 All ER 411...A7.11
Ghasanfer [2018] EWCA Crim 1083..C3.68
Ghorbani [2015] EWCA Crim 275..B22.84
Ghori [2012] EWCA Crim 1115...E19.57
Ghosh [1982] QB 1053, [1982] 3 WLR 110, [1982] 2 All ER 689, 75 Cr App R 154,
  [1982] Crim LR 608.........A5.69, A5.70, A6.2, B4.51, B4.54, B4.55, B4.56, B4.145, B5.11, B5.19, B6.13
Ghulam [2010] EWCA Crim 2285, [2010] 1 WLR 891, [2010] 1 Cr App R 12 (153)...................D12.9
Ghulam [2018] EWCA Crim 1691, [2019] 1 WLR 534..E19.12
Gian v CPS [2009] EWCA Crim 2553, [2010] Crim LR 409...F11.12
Giannetto [1997] 1 Cr App R 1, [1996] Crim LR 722, (1996) 140 SJLB 167...A1.40, A4.1, A5.36, D18.45, F13.43
Gibbins (1919) 13 Cr App R 134, 82 JP 287..A1.17
Gibbins v Skinner [1951] 2 KB 379, [1951] 1 All ER 1049, [1951] 1 TLR 1159..................F3.71
Gibbon (1862) Le & Ca 109, 169 ER 1324, 31 LJ MC 98, 5 LT 805, 26 JP 149, 8 Jur NS 159,
  9 Cr App R 105, 10 WR 350..B14.10
Gibbons (1823) 1 C & P 97..F9.31
Gibbons (1987) 9 Cr App R (S) 21, [1987] Crim LR 349...C7.37
Gibbons [2008] EWCA Crim 1574, (2009) 173 JP 260, [2009] Crim LR 197.....................F6.54
Gibbons v DPP (12 December 2000, unreported)...D22.67, F8.50
Gibson (1984) 80 Cr App R 24, [1984] Crim LR 615..D16.62
Gibson [1990] 2 QB 619, [1990] 3 WLR 595, [1991] 1 All ER 439, 91 Cr App R 341, 155 JP 126,
  [1990] Crim LR 738...B18.3
Gibson (1991) 93 Cr App R 9, 155 JP 126, [1991] Crim LR 705....................................F14.24
Gibson [1993] Crim LR 453...F7.53
Gibson v Dalton [1980] RTR 410..C2.2
Gibson v RCPO [2008] EWCA Civ 645, [2009] QB 348, [2009] 2 WLR 471....................E19.59
Gibson v Secretary of State for Justice [2018] UKSC 2, [2018] 1 WLR 629, [2018] 2 All ER 478,
  [2018] 1 Cr App R (S) 51 (389)..E19.75
Gibson v Wales [1983] 1 WLR 393, [1983] 1 All ER 869, 76 Cr App R 60, [1983] Crim LR 113.....B12.157
Gidden v Chief Constable of Humberside [2009] EWHC 2924 (Admin), [2010] 2 All ER 75, 173 JP 609......C2.3
Giddins (1842) Car & M 634, 174 ER 667...D11.53
Giga [2007] EWCA Crim 345, [2007] Crim LR 571...F19.3, F19.10
Giga [2008] EWCA Crim 703, [2008] 2 Cr App R (S) 112 (638), [2008] Crim LR 579......E2.22, E13.26
Gijkokaj [2014] EWCA Crim 386..F18.98
Gilbert (1974) [1975] 1 WLR 1012, [1975] 1 All ER 742, 60 Cr App R 220, [1975] Crim LR 179........E9.7
Gilbert [2012] EWCA Crim 2392...B5.12
Gilbert v R [2006] UKPC 15, [2006] 1 WLR 2108...F14.27
Giles [2003] EWCA Crim 1287...B12.188
Giles [2011] EWCA Crim 2259...D9.64
Gilfoyle [1996] 3 All ER 883, [1996] 1 Cr App R 302, [1996] Crim LR 198......................F17.63
Gilfoyle [2001] 2 Cr App R 5 (57), [2001] Crim LR 312...F11.11, F11.21
Gilheaney [2016] EWCA Crim 2059...B8.41
Gilks [1972] 1 WLR 1341, [1972] 3 All ER 280, 56 Cr App R 734, [1972] Crim LR 585............B4.32
Gill [1963] 1 WLR 841, [1963] 2 All ER 688, 47 Cr App R 166, 127 JP 429....................D1.3, F3.42
Gill (1993) 97 Cr App R 215...B19.50
Gill [2001] 1 Cr App R 111 (160), [2000] Crim LR 922..F20.27
Gill [2003] EWCA Crim 2256, [2004] 1 WLR 469, [2003] 4 All ER 681, [2004] 1 Cr App R 20 (214),
  [2003] Crim LR 883..F2.30, F18.39
Gill [2010] EWCA Crim 324..B6.101
Gill [2023] EWCA Crim 259, [2024] Crim LR 114..A3.64
Gillam (1980) 2 Cr App R (S) 267, [1981] Crim LR 55.......D20.63, D20.64, D20.65, D20.66, D23.37, D26.56
Gillan v DPP [2007] EWHC 380 (Admin), [2007] 1 WLR 2214, [2007] 2 Cr App R 12,
  [2007] 2 Cr App R (S) 75, 171 JP 330, [2007] Crim LR 486.................................D23.47
Gillan v UK (2010) EHRR 45 (1105)..A7.29
Gillard (1988) 87 Cr App R 189, [1988] Crim LR 531.................................B2.11, B2.105
Gillard (1991) 92 Cr App R 61, 155 JP 352, [1991] Crim LR 280..................................F18.55
Gillespie (1967) 51 Cr App R 172, [1967] Crim LR 238..F7.25
Gillespie [1998] 2 Cr App R (S) 61, [1998] Crim LR 139..D20.42
Gillespie [2011] EWCA Crim 3152, [2012] 2 Cr App R (S) 24 (127)..............................F13.40
Gillick v West Norfolk and Wisbech Area Health Authority [1986] AC 112, [1985] 3 WLR 830,
  [1985] 3 All ER 402, [1986] Crim LR 113..A4.8
Gillies [1965] Crim LR 664, 109 SJ 737..E5.19

Table of Cases

Gilligan [2022] EWCA Crim 1846 . . . . B11.164
Gillooley [2009] EWCA Crim 671 . . . . F6.33, F17.38
Gilmartin [1983] QB 953, [1983] 2 WLR 547, [1983] 1 All ER 829, 76 Cr App R 238,
    [1983] Crim LR 330. . . . . B5.17
Gilmour [2000] 2 Cr App R 407, [2000] Crim LR 763 . . . . A4.13, A4.14
Gilworth [2021] EWCA Crim 648, [2022] 1 Cr App R (S) 8 (81), [2022] Crim LR 173 . . . . B4.71
Gimbert [2018] EWCA Crim 2190. . . . . B4.13
Ginar [2023] EWCA Crim 1121, [2024] 1 WLR 1264, [2024] 2 All ER 767, [2024] 1 Cr App
    R (S) 25 (222) B22.37, B22.49
Gingell [2000] 1 Cr App R 88, 163 JP 648 . . . . B4.174, B19.56
Giorgianni v The Queen (1985) 156 CLR 473, 59 ALJR 461, 58 ALR 641,
    16 A Crim R 163, 4 IPR 97, 2 MVR 97 . . . . A4.6
Girdler [2009] EWCA Crim 2666, [2009] RTR 28 (307). A1.32, C5.13
Girma [2009] EWCA Crim 912, [2010] 1 Cr App R (S) 28 (172). B10.41, F12.18
Girolami v Italy (1991) A/196-E A7.65
Gittins [2007] EWCA Crim 806, [2007] 4 Costs LR 549 . . . . D33.21
Gjikola [2024] EWCA Crim 207 . . . . B22.27
Gjoni [2014] EWCA Crim 691 . . . . F7.38
Glaves [1993] Crim LR 685 . . . . F18.24
Glaves v CPS [2011] EWCA Civ 69 . . . . E19.50, E19.81
Gleed v Stroud (1962) 26 JCL 161 . . . . F6.18
Gleeson [2003] EWCA Crim 3357, [2004] 1 Cr App R 29 (406), [2004] Crim LR 579 . . . . . D9.31, D22.35, D22.56
Glendinning v Guild 1987 SCCR 304. . . . . B12.175
Glidewell (1999) 163 JP 557, [1999] EWCA Crim 1221 . . . . B6.57, B12.178
Glinski v McIver [1962] AC 726, [1962] 2 WLR 832, [1962] 1 All ER 696 . . . . F16.27
Glossop (1981) 3 Cr App R (S) 347, [1982] Crim LR 244 . . . . D20.112
Gloster (1888) 16 Cox CC 471 . . . . F17.61
Gloucester Crown Court, ex parte Betteridge (1997) 161 JP 721, [1998] Crim LR 218 . . . . D29.13
Gloucester Crown Court, ex parte Chester [1998] COD 365 . . . . D29.40
Glover [1991] Crim LR 48 . . . . F17.54
Glynn v Simmonds [1952] 2 All ER 47, [1952] 1 TLR 1442, [1952] WN 289 . . . . B3.320
Gnango [2011] UKSC 59, [2012] 1 AC 827, [2012] 2 WLR 17, [2012] 2 All ER 129,
    [2012] 1 Cr App R 18 (219) A2.31, A2.33, A4.9, A4.25, A5.16, A5.51
Goddard [2012] EWCA Crim 1756. . . . . A5.55, D16.64, F13.50, F15.19
Goddi v Italy (1984) 6 EHRR 457 . . . . A7.44, A7.56
Godfrey (1993) 14 Cr App R (S) 804, [1993] Crim LR 540 . . . . E13.8
Godfrey (1994) 15 Cr App R (S) 536 . . . . E6.4
Godir [2018] EWCA Crim 2294 . . . . A1.14, B16.6
Godward [1998] 1 Cr App R (S) 385. . . . . B14.57
Godwin (1980) 71 Cr App R 97, [1980] Crim LR 426 . . . . B7.71
Godwin v DPP (1992) 96 Cr App R 244, 157 JP 197 . . . . B12.187
Göfgen v Germany (2009) 48 EHRR 13 (253) F2.5
Gogana (1999) *The Times*, 12 July 1999 . . . . D27.29
Gohil [2018] EWCA Crim 140, [2018] 1 Cr App R 30 (432) D9.2, D9.17, D9.25, D9.29, D26.10
Gojra [2010] EWCA Crim 1939, [2011] Crim LR 311 . . . . D1.138, F19.5
Gokal v SFO [2001] EWCA Civ 368 . . . . E19.81
Golam-Rassoude [2020] EWCA Crim 704 . . . . F1.20
Golamaully [2017] EWCA Crim 898 . . . . B10.116
Gold [1988] AC 1063, [1988] 2 WLR 984, [1988] 2 All ER 186, 87 Cr App R 257, 152 JP 445,
    [1988] Crim LR 437 . . . . B6.27, B6.35
Gold [2023] EWCA Crim 22 . . . . F8.60
Gold Star Publications Ltd v DPP [1981] 1 WLR 732, [1981] 2 All ER 257, 73 Cr App R 141,
    [1981] Crim LR 634 . . . . B18.17
Goldcorp Exchange Ltd, Re [1995] 1 AC 74, [1994] 3 WLR 199, [1994] 2 All ER 806 . . . . B4.24
Goldenberg (1988) 88 Cr App R 285, 152 JP 557, [1988] Crim LR 678 . . . . F18.19
Golder [1960] 1 WLR 1169, [1960] 3 All ER 457, 45 Cr App R 5, 124 JP 505 . . . . F6.56, F12.11
Golder v UK (1979–80) 1 EHRR 524. . . . . A7.4
Golding [2007] EWCA Crim 118, [2007] 2 Cr App R (S) 49 (309) B14.75
Golding [2014] EWCA Crim 889 . . . . B2.15, B2.79, B2.80
Golds [2014] EWCA Crim 748, [2015] 1 WLR 1030, [2014] 4 All ER 64, [2014] 2 Cr App R 17 (229) F13.40
Golds [2016] UKSC 61, [2016] 1 WLR 5231, [2017] 1 All ER 1055, [2017] 1 Cr App R 18 (273),
    [2017] MHLR 99, [2017] Crim LR 316 . . . . B1.30, B1.33, C3.29, F1.38, F11.43, F13.40
Goldsborough [2015] EWCA Crim 1278, [2015] 1 WLR 4921, [2015] 2 Cr App R 29 (407) B12.71
Goldshield Group plc [2008] UKHL 17, [2009] WLR 458, [2009] 1 Cr App R 33 (491) A5.64, A5.66
Goldsmith [2009] EWCA Crim 1840 . . . . B5.1
Goldsmith v DPP [2009] EWHC 3010 (Admin), [2010] RTR 20 (219), 174 JP 84 . . . . C5.48
Golechha [1989] 1 WLR 1050, [1989] 3 All ER 908, 90 Cr App R 241, [1990] Crim LR 865 . . . . B5.12, B6.13
Golizadeh [1995] Crim LR 232 . . . . F11.32
Goluchowski [2006] EWCA Crim 1972 . . . . B12.102
Goluchowski v Poland [2016] UKSC 36, [2016] 1 WLR 2665, [2017] 2 All ER 887, [2016] 3 CMLR 39 . . . D31.14, D31.15
Gomes v Trinidad and Tobago [2009] UKHL 21, [2009] 1 WLR 1038, [2009] 3 All ER 549, ... D31.25
Gomez [1993] AC 442, [1992] 3 WLR 1067, [1993] 1 All ER 1, 96 Cr App R 359, 157 JP 1,
    [1993] Crim LR 304 . . . . A1.4, B4.25, B4.34, B4.35, B4.36, B4.37, B4.38, B4.39, B4.43, B4.45, B6.8

Table of Cases

Gomulka v Poland [2024] EWHC 460 (Admin) D31.34
Gonez [1999] All ER (D) 674. . . . . D16.3, D18.19
Gonzales [2004] EWCA Crim 2117 . . . . F14.17
Good [2008] EWCA Crim 2923, (2009) 173 JP 1. . . . . F13.84
Good [2016] EWCA Crim 1869 . . . . D17.12
Goodard [1992] Crim LR 588. . . . . B19.50
Goodfellow (1986) 83 Cr App R 23, [1986] Crim LR 468. . . . . B1.60, B1.64, B1.67
Goodings [2012] EWCA Crim 2586. . . . . B22.70
Goodman [1993] 2 All ER 789, (1993) 97 Cr App R 210, (1992) 14 Cr App R (S) 147,
  [1992] Crim LR 676. . . . . E21.8
Goodman [2021] EWCA Crim 1466 . . . . E2.22
Goodson [1975] 1 WLR 549, [1975] 1 All ER 760, 60 Cr App R 266, [1975] Crim LR 656 . . . . D19.11
Goodway [1993] 4 All ER 894, 98 Cr App R 11, [1993] Crim LR 948 . . . . F1.25, F1.27, F6.56, F19.15
Goodwin [2005] EWCA Crim 3184, [2006] 1 WLR 546, [2006] 2 All ER 519,
  [2006] 2 All ER (Comm) 281, [2006] 1 Lloyd's Rep 432, [2006] 1 Cr App R 22 (354) A8.15
Goodwin [2018] EWCA Crim 2287, [2019] 1 Cr App R 9 (107) B1.42, F3.40
Goodwin v UK (1996) 22 EHRR 123 . . . . F9.26, F9.27
Goodyear [2005] EWCA Crim 888, [2005] 1 WLR 2532, [2005] 3 All ER 117, [2005] 2 Cr App
  R 20 (281), [2006] 1 Cr App R (S) 6 (23), [2005] Crim LR 659 . . . . B10.91, D12.60,
                                                                 D12.61, D12.65, D15.80, D20.68, E16.2
Goorani [2015] EWCA Crim 1855 . . . . F14.27
Gopee [2019] EWCA Crim 601 . . . . B7.24
Gor [2017] EWCA Crim 3. . . . . E19.45, E19.50
Gorania [2017] EWCA Crim 1538. . . . . F7.30, F7.31
Gordon (1789) 1 Leach 515, 168 ER 359, 1 East PC 315 . . . . F3.71
Gordon [1995] 2 Cr App R 61, [1995] Crim LR 142. . . . . F1.17
Gordon [1995] Crim LR 306 . . . . F1.25
Gordon [2002] EWCA Crim 1 . . . . F6.30
Gordon [2020] EWCA Crim 360, [2020] 2 Cr App R (S) 35 (248) B1.55
Gordon [2021] EWCA Crim 1684 . . . . D13.27
Gordon v Northampton Crown Court [1999] EWCA Civ J1220-60 . . . . B12.116
Gore [2007] EWCA Crim 2789, [2007] Crim LR 388. . . . . B1.11
Gore [2009] EWCA Crim 1424, [2009] 1 WLR 2454, [2009] 2 Cr App R 27 (445), 173 JP 505,
  [2009] Crim LR 879 . . . . D2.44, D3.95
Gore [2010] EWCA Crim 369, [2010] 3 All ER 743, [2010] Crim LR 518, [2010] 2 Cr App
  R (S) 93 (590). E16.23
Goring [1999] Crim LR 670 . . . . B18.9
Goring [2011] EWCA Crim 2, [2011] Crim LR 790 . . . . D16.64
Gorman [1987] 1 WLR 545, [1987] 2 All ER 435, 85 Cr App R 121, [1987] Crim LR 624 . . . . D13.73,
                                                                    D19.6, D19.18, D19.21, D19.24
Gorosabel v Spain (2022) 75 EHRR 5 (115) A7.35
Gorringe [2019] EWCA Crim 552 . . . . B3.75
Gorry [2018] EWCA Crim 1867, [2019] 1 Cr App R (S) 8 (59) E21.14
Gotts [1992] 2 AC 412, [1992] 2 WLR 284, [1992] 1 All ER 832, 94 Cr App R 312, 156 JP 225 . . . . A3.42
Gough [2001] EWCA Crim 2545, [2002] 2 Cr App R 8 (121), [2002] Crim LR 526. . . . . F20.47
Gough v Chief Constable of the West Midlands Police [2004] EWCA Civ 206, (2004) *The Times*,
  4 March 2004. . . . . D1.187
Goult (1840) 9 C & P 364, 173 ER 870 . . . . F18.89
Gould [1968] 2 QB 65, [1968] 2 WLR 643, [1968] 1 All ER 849, 52 Cr App R 152, 132 JP 209 . . . . B2.154
Gould [2021] EWCA Crim 447, [2021] 2 Cr App R 7 (113) D3.22, D12.95, D23.40,
                                                                              D23.62, D24.104, E4.1
Goult (1982) 76 Cr App R 140, (1982) 4 Cr App R (S) 355, [1983] Crim LR 103. . . . . B14.93
Governor of Brixton Prison, ex parte Levin [1997] AC 741, [1997] 3 WLR 117, [1997] 3 All ER 289,
  [1998] 1 Cr App R 22, [1997] Crim LR 891 . . . . B4.24
Governor of Brixton Prison, ex parte Osman [1991] 1 WLR 281, [1992] 1 All ER 108, 93 Cr App R 202,
  [1991] Crim LR 533 . . . . D12.29, F9.8
Governor of Brixton Prison, ex parte Shuter [1960] 2 QB 89, [1959] 3 WLR 603, [1959] 2 All ER 782,
  (1959) 123 JP 459 . . . . F8.22
Governor of Canterbury Prison, ex parte Craig [1991] 2 QB 195, [1990] 3 WLR 126,
  [1990] 2 All ER 654, 91 Cr App R 7. . . . . D15.32, D15.34
Governor of Glen Parva Young Offender Institution, ex parte G [1998] QB 877, [1998] 3 WLR 13,
  [1998] 2 All ER 295, [1998] 2 Cr App R 349, 162 JP 225 . . . . D7.102
Governor of Pentonville Prison, ex parte Alves [1993] AC 284, [1992] 3 WLR 844,
  [1992] 4 All ER 787, 97 Cr App R 135, (1993) 97 Cr App R 161, 158 JP 229,
  [1993] Crim LR 956 . . . . D31.32, F6.56
Governor of Pentonville Prison, ex parte Chinoy [1992] 1 All ER 317 . . . . F2.18
Governor of Pentonville Prison, ex parte Osman [1990] 1 WLR 277, [1989] 3 All ER 701,
  90 Cr App R 281, [1988] Crim LR 611. . . . . B4.59, F1.36, F8.2, F10.38, F10.45, F17.76
Governor of Pentonville Prison, ex parte Tarling (1978) 70 Cr App R 77 . . . . B4.23
Governor of Pentonville Prison, ex parte Teja [1971] 2 QB 274, [1971] 1 WLR 459, [1971] 2 WLR 816,
  [1971] 2 All ER 11 . . . . A8.25
Governor of Stafford Prison, ex parte Emery [1909] 2 KB 81, 78 LJ KB 629, 100 LT 993, 73 JP 284,
  25 TLR 440, 22 Cox CC 143 . . . . D12.5, D12.18

Table of Cases

Governor of Winchester Prison, ex parte Roddie and Rose [1991] 1 WLR 303, [1991] 2 All ER 931,
  (1991) 93 Cr App R 190, 155 JP 676, [1991] Crim LR 619 . . . . D15.25, D15.28
Gowan [1982] Crim LR 821 . . . . F18.15
Gowans [2003] EWCA Crim 3935 . . . . A1.34
Gowland-Wynn [2001] EWCA Crim 2715, [2002] 1 Cr App R 41 (569), [2002] Crim LR 211 . . . . F20.27
Gözütok and Brügge (Joined Cases C-187/01 and C-385/01) [2003] ECR I-1345 . . . . D12.31
Graduiara [2012] EWCA Crim 1312, [2013] 1 Cr App R (S) 50 (282) B5.9
Grady (1990) 12 Cr App R (S) 152, [1990] Crim LR 608 . . . . E21.2
Grafton [1993] QB 101, [1992] 3 WLR 532, [1992] 4 All ER 609, 96 Cr App R 156, 156 JP 857,
  [1992] Crim LR 826 . . . . D12.89
Graham [1970] 1 WLR 113, [1969] 2 All ER 1181, 67 Cr App R 357, 135 JP 505 . . . . B19.34, B19.37
Graham [1982] 1 WLR 294, [1982] 1 All ER 801, 74 Cr App R 235, [1982] Crim LR 365 . . . . . A3.37, A3.38, A3.40
Graham [1994] Crim LR 212 . . . . F19.11
Graham [1997] 1 Cr App R 302, [1997] Crim LR 340 . . . . B5.38, D11.115, D26.40
Graham [1999] 2 Cr App R (S) 312, [1999] Crim LR 677 . . . . D26.53
Graham [2007] EWCA Crim 1499 . . . . F1.17
Graham [2019] EWCA Crim 2141 . . . . D4.5
Graham [2020] EWCA Crim 1693, [2021] 2 Cr App R (S) 7 (52) B14.35
Graham [2021] EWCA Crim 344 . . . . B12.44
Graham v Albert [1985] RTR 352 . . . . C5.10
Graham v West (Chief Constable of West Mercia) [2011] EWHC 4 (QB) D1.25
Graham-Kerr [1988] 1 WLR 1098, 88 Cr App R 302, 153 JP 171 . . . . B3.330, F1.24
Granger v UK (1990) 12 EHRR 469 . . . . A7.53, A7.84
Grannell (1989) 90 Cr App R 149 . . . . F19.4
Grant (1865) 4 F & F 322, 176 ER 583 . . . . F1.24
Grant [1936] 2 All ER 1156, 26 Cr App R 8, 106 LJ KB 9, 155 LT 209, 34 LGR 452, 100 JP 324,
  52 TLR 676, 30 Cox CC 453, 80 SJ 572 . . . . D12.28, D16.63
Grant [1960] Crim LR 424 . . . . F3.8
Grant [1996] 1 Cr App R 7, [1995] Crim LR 715 . . . . F1.17
Grant [2001] EWCA Crim 2611, [2002] QB 1030, [2002] 2 WLR 1409, [2002] 1 Cr App R 38 (528),
  [2002] Crim LR 403 . . . . D12.11, D12.13
Grant [2005] EWCA Crim 1089, [2006] QB 60, [2005] 3 WLR 437, [2005] 2 Cr App R 28 (409),
  [2005] Crim LR 955 . . . . D3.105, D3.105, F18.51
Grant [2005] EWCA Crim 2018 . . . . D27.3
Grant [2008] EWCA Crim 1870 . . . . D12.8
Grant [2014] EWCA Crim 143 . . . . A2.33
Grant [2015] EWCA Crim 1815 . . . . D9.12
Grant [2021] EWCA Crim 1243, [2022] 2 WLR 321 . . . . A4.12, D18.24
Grant [2023] EWCA Crim 1414, [2024] 1 Cr App R (S) 40 (395), [2024] Crim LR 188 . . . . E13.13
Grant v DPP [2003] EWHC 130 (Admin), (2003) 167 JP 459 . . . . C5.44
Grant v The State [2005] UKPC 2, [2007] 1 AC 1, [2006] 2 WLR 835 . . . . F17.96, F18.38
Grant-Murray [2017] EWCA Crim 1228 . . . . A4.15, D14.25, D14.28, D14.50, D14.74,
  D24.92, D26.25, E17.12, F7.10
Grantham [1984] QB 675, [1984] 2 WLR 815, [1984] 3 All ER 166, 79 Cr App R 86,
  [1984] BCLC 270, 1985 PCC 1, [1984] BCC 99, 075, 128 SJ 331, 81 LS Gaz 1437,
  [1984] Crim LR 492 . . . . B7.13, B7.14, B7.17
Grava v Italy (2002) Appln. 43522/98, 10 July 2003 . . . . A7.66
Gravesend Magistrates' Court, ex parte Baker (1977) 161 JP 765 . . . . D32.7
Gravesham Magistrates' Court, ex part Baker [1999] RTR 451 . . . . C7.57
Gray [1900] 2 QB 36, 69 LJ QB 502, 82 LT 534, 64 JP 484, 16 TLR 305, 48 WR 474,
  [1900–3] All ER Rep 59 . . . . B14.109
Gray (1973) 58 Cr App R 177 . . . . F3.53
Gray [1995] 2 Cr App R 100, [1995] Crim LR 45 . . . . F17.72
Gray [1998] Crim LR 570 . . . . F7.19
Gray [2003] EWCA Crim 1001 . . . . F19.22
Gray [2004] EWCA Crim 1074, [2004] 2 Cr App R 30 (498) F14.8
Gray [2007] EWCA Crim 979, [2007] 2 Cr App R (S) 78 (494) E2.4, E18.6, E18.11, E18.20, E18.22
Gray [2014] EWCA Crim 2372, [2015] 1 Cr App R (S) 27 (197) D26.13
Gray [2018] EWCA Crim 2083 . . . . F19.13, F19.16
Gray [2021] EWCA Crim 668 . . . . E6.7, E6.15
Gray v Barr [1971] 2 QB 554, [1971] 2 WLR 1334, [1971] 2 All ER 949, [1971] Lloyd's Rep 1 . . . . B1.64
Gray v DPP [1999] RTR 339, 163 JP 710 . . . . C6.30
Gray's Haulage v Arnold [1966] 1 WLR 534, [1966] 1 All ER 896, 130 JP 196 . . . . B19.95
Grays Justices, ex parte Low [1990] 1 QB 54, [1989] 2 WLR 948, [1988] 3 All ER 834,
  88 Cr App R 291, (1988) 152 JP 627, [1989] Crim LR 69 . . . . D5.12, D12.26, D22.7
Grayson v UK (2009) 48 EHRR 30 (722) E19.40, E19.50
Grazette v DPP [2012] EWHC 3863 (Admin), (2013) 177 JP 259 . . . . F17.26, F17.27
Greater Manchester Justices, ex parte Aldi GmbH & Co KG (1995) 159 JP 717 . . . . D21.16, D29.28
Greaves [2010] EWCA Crim 709, [2011] 1 Cr App R (S) 8 (72) B7.24, B7.26
Greece v Andrew [2018] EWHC 441 (Admin) D31.42
Greece v O'Connor [2022] UKSC 4, [2022] 1 WLR 903 . . . . D31.42
Green [1950] 1 All ER 38, 34 Cr App R 33, 114 JP 60 . . . . D19.20, D19.26
Green [1993] Crim LR 46 . . . . D12.28
Green [2002] EWCA Crim 1501 . . . . B3.45

Table of Cases

Green [2005] EWCA Crim 2513 . . . . A4.16
Green [2007] EWCA Crim 1248, [2007] 3 All ER 751 . . . . E19.14, E19.31, E19.37
Green [2009] EWCA Crim 1688, [2010] Crim LR 306 . . . . F1.17, F13.22
Green [2016] EWCA Crim 1888, [2017] 1 Cr App R (S) 22 (161) B5.9
Green [2017] EWCA Crim 1204, [2018] 1 Cr App R (S) 4 (24) B4.96
Green [2017] EWCA Crim 1774, [2018] 1 Cr App R 14 (218) D18.39
Green [2019] EWCA Crim 196 . . . . B3.381
Green [2019] EWCA Crim 411, [2019] 4 WLR 80 . . . . F20.14, F20.20, F20.28
Green [2023] EWCA Crim 1567 . . . . E2.4
Green v Burnett [1955] 1 QB 78, [1954] 3 All ER 273 . . . . A6.7
Green v DPP (1991) 155 JP 816, [1991] Crim LR 782 . . . . B2.58
Green v Moore [1982] QB 1044, [1982] 2 WLR 671, [1982] 1 All ER 428, 74 Cr App R 250,
 [1982] Crim LR 233 . . . . B2.59
Green v O'Donnell 1997 SCCR 315 . . . . C7.48
Greenaway v DPP [1994] RTR 17, 158 JP 27 . . . . C5.39
Greenberg [1942] 2 All ER 344, 28 Cr App R 160, 59 TLR 213 . . . . C4.17
Greene [2009] EWCA Crim 2282, (2009) *The Times*, 28 October 2009 . . . . F6.56
Greenfield [1973] 1 WLR 1151, [1973] 3 All ER 1050, 57 Cr App R 849,
 [1973] Crim LR 533 . . . . A5.45, D11.34, D11.47, D11.58
Greenfield (1983) 78 Cr App R 179, [1983] Crim LR 897 . . . . B19.63
Greenhalgh [2001] EWCA Crim 1367 . . . . B2.125
Greenhalgh [2014] EWCA Crim 2084 . . . . C3.29, F18.94
Greenock Ltd v UK (1985) 42 DJR 33 . . . . D30.8
Greenough v Eccles (1859) 5 CB NS 786, 141 ER 315, 28 LJ CP 160, 33 LT OS 91,
 5 Jur NS 766, 7 WR 341 . . . . F6.52
Greenough v Gaskell (1833) 1 My & K 98, 39 ER 618, Coop temp Brough 96, 47 ER 35 . . . . F10.17
Greensmith [1983] 1 WLR 1124, [1983] 3 All ER 444, 77 Cr App R 202, (1984) 148 JP 270,
 (1983) 147 JP 730, [1983] Crim LR 798 . . . . B19.11, B19.14
Greenstein [1975] 1 WLR 1353, [1976] 1 All ER 1, 61 Cr App R 296, [1975] Crim LR 714 . . . . B5.17
Greenwood [2004] EWCA Crim 1388, [2005] 1 Cr App R 7 (99), [2005] Crim LR 59 . . . . D14.79, F1.13, F1.24
Gregory [1972] 1 WLR 991, [1972] 2 All ER 861, 56 Cr App R 441, [1972] Crim LR 509 . . . . D11.107
Gregory (1981) 77 Cr App R 41, [1982] Crim LR 229 . . . . B4.44, B4.90
Gregory [1993] Crim LR 623 . . . . D18.37
Gregory [2011] EWCA Crim 1712 . . . . B12.45, B12.78
Gregory v DPP [2002] EWHC 385 (Admin), (2002) 166 JP 400 . . . . C5.43
Gregory v Tavernor (1833) 6 C & P 280, 172 ER 1241, 2 Nev & M MC 175 . . . . F7.24
Gregory v UK (1998) 25 EHRR 577 . . . . A7.51
Gregson (1992) 96 Cr App R 240, 157 JP 201, [1993] Crim LR 884 . . . . B12.178
Gregson [2020] EWCA Crim 1529, [2021] 2 Cr App R (S) 3 (19) E12.10, E12.12
Greig [2010] EWCA Crim 1183 . . . . B5.16
Grewal [2010] EWCA Crim 2448 . . . . B3.39
Grey [2024] EWCA Crim 487 . . . . B2.5
Gribben [2014] EWCA Crim 115, [2014] 2 Cr App R (S) 28 (229) B12.146
Grice (1977) 66 Cr App R 167 . . . . D20.102, D20.103
Grieve v Macleod [1967] Crim LR 424 . . . . B12.176
Grieves [2020] EWCA Crim 1703 . . . . F13.3, F13.34
Griffin (1809) Russ & Ry 151, 168 ER 732 . . . . F18.89
Griffin [2018] EWCA Crim 2538 . . . . A5.46, B4.80
Griffin [2019] EWCA Crim 563, [2019] 2 Cr App R (S) 32 (237) B14.33, E21.11
Griffith v Jenkins [1992] 2 AC 76, [1992] 2 WLR 28, [1992] 1 All ER 65, 95 Cr App R 35, 156 JP 53 . . . . . . D29.24
Griffiths (1932) 23 Cr App R 153, 76 SJ 148 . . . . D20.54
Griffiths [1966] 1 QB 589, [1965] 3 WLR 405, [1965] 2 All ER 448, 49 Cr App R 279,
 129 JP 380 . . . . A5.49, D11.47
Griffiths (1974) 60 Cr App R 14 . . . . A2.15, B4.181
Griffiths [1998] Crim LR 348 . . . . C2.10
Griffiths [1998] Crim LR 567 . . . . F1.17
Griffiths [2005] All ER (D) 30 (Feb) D19.66
Griffiths [2006] EWCA Crim 2155, [2007] 1 Cr App R (S) 95 (581) B21.35
Griffiths [2016] All ER (D) 192 (Feb) B19.16
Griffiths, ex parte Attorney-General [1957] 2 QB 192, [1957] 2 WLR 1064, [1957] 2 All ER 379 . . . . B14.86
Griffiths v CPS [2018] EWHC 3062 (Admin), (2019) 1 Cr App R 18 (229) F6.47, F6.55
Griffiths v DPP [2002] EWHC 792 (Admin), (2002) 166 JP 629 . . . . C5.48
Griffiths v DPP [2007] EWHC 619 (Admin), [2007] RTR 44 (547) C2.22
Griffiths v Freeman [1970] 1 WLR 659, [1970] 1 All ER 1117 . . . . B4.138
Griffiths v Willett [1979] RTR 195, [1979] Crim LR 320 . . . . C5.3
Grigas [2017] EWCA Crim 1819 . . . . B19.132
Grimer [1982] Crim LR 674, 126 SJ 641 . . . . F16.11, F19.20
Grimes [1994] Crim LR 213 . . . . F9.18
Grimes [2017] NICA 19 . . . . F14.29
Grimes v Grimes [2003] 2 FLR 510 . . . . E19.58
Grizzle [1991] Crim LR 553 . . . . D26.28
Groark [1999] Crim LR 669 . . . . F3.38, F3.44
Grogan [2021] EWCA Crim 279 . . . . A4.16
Grondkowski [1946] KB 369, [1946] 1 All ER 559, 31 Cr App R 116, 115 LJ KB 289,
 175 LT 32, 44 LGR 158, 110 JP 193, 62 TLR 329, 90 SJ 297 . . . . D11.87, D11.89, D26.23

Table of Cases

Groom [1977] QB 6, [1976] 2 WLR 618, [1976] 2 All ER 321, 62 Cr App R 242,
  [1976] Crim LR 382. . . . . D11.16, D11.22
Groombridge [2004] EWCA Crim 1371, [2004] 1 Cr App R (S) 9 (84) E19.70
Groome v Driscoll [1969] 3 All ER 1638 . . . . C2.3
Gross [2024] EWCA Crim 21, [2024] Crim LR 399 . . . . B21.6
Gross v O'Toole (1982) 4 Cr App R (S) 283, [1983] RTR 376. . . . . D20.84, D20.86, D20.86, D20.87
Grossman (1981) 73 Cr App R 302, [1981] Crim LR 396. . . . . F8.38, F8.40
Grout [2011] EWCA Crim 299, [2011] 1 Cr App R 38 (472), 175 JP 209,
  [2011] Crim LR 584 . . . . B3.76, B3.102, D11.55
Groves [1998] Crim LR 200 . . . . F1.18
Grumitt [2019] EWCA Crim 2437 . . . . B3.228
Grundell [2024] EWCA Crim 364 . . . . F13.21, F13.40
Grundy [1974] 1 WLR 139, [1974] 1 All ER 292, [1974] Crim LR 128 . . . . E6.3, E7.3
Guardian Assurance Co. Ltd v Sutherland [1939] 2 All ER 246, 55 TLR 576 . . . . C6.48
Guardian News and Media Ltd, Re [2014] EWCA Crim 1861, [2015] 1 Cr App R 4 (36) A7.52, B9.3
Guardian News and Media Ltd, Re [2016] EWCA Crim 11, [2016] 1 WLR 1767,
  [2016] 1 Cr App R 33 (527), [2016] Crim LR 433 . . . . A7.52, B9.3, D3.123
Guardian News and Media Ltd v AB and CD [2014] EWCA Crim (B1) D3.121
Guildford Crown Court, ex parte Siderfin [1990] 2 QB 683, [1990] 2 WLR 152,
  [1989] 3 All ER 73, (1990) 90 Cr App R 192, [1990] Crim LR 417 . . . . D13.8
Guildhall Magistrates' Court, ex parte Primlaks Holding Co. (Panama) Inc [1990] QB 261,
  [1989] 2 WLR 841, 89 Cr App R 215, [1989] Crim LR 448 . . . . F10.36
Guinness Peat Properties Ltd v Fitzroy Robinson Partnership [1987] 1 WLR 1027,
  [1987] 2 All ER 716 . . . . F10.30
Gul [2012] EWCA Crim 280, [2012] 1 WLR 3432, [2012] 3 All ER 83, [2012] 1 Cr App R 37 (504),
  [2012] Crim LR 645. . . . . B10.2
Gul [2013] UKSC 64, [2014] AC 1260, [2013] 3 WLR 1207, [2014] 1 All ER 463,
  [2014] 1 Cr App R 14 (196), [2014] Crim LR 315 . . . . B10.2
Gullefer [1990] 1 WLR 1063, [1990] 3 All ER 882, 91 Cr App R 356, [1987] Crim LR 195 . . . . A5.76
Gulsham v Lord Chancellor [2023] EWCA Civ 306 . . . . B12.182
Gultutan [2006] EWCA Crim 207 . . . . F1.27
Gumbley v Cunningham [1988] QB 170, [1987] 3 WLR 1072, [1987] 3 All ER 733,
  [1988] RTR 57, 86 Cr App R 282 . . . . C5.48
Gumbley v Cunningham [1989] AC 281, [1989] 2 WLR 1, [1989] 1 All ER 5, [1989] RTR 49,
  88 Cr App R 273, (1990) 154 JP 686, [1989] Crim LR 297. . . . . F11.9
Gumbs (1926) 19 Cr App R 74 . . . . D26.52
Gunawardena, Re [1990] 1 WLR 703, [1990] 2 All ER 447, 91 Cr App R 55, 154 JP 396. . . . . . . D15.58, D15.59
Gunewardene [1951] 2 KB 600, [1951] 2 All ER 290, 35 Cr App R 80, [1951] 2 TLR 315,
  115 JP 415, 95 SJ 548 . . . . F1.33, F18.82, F18.92
Guney [1998] 2 Cr App R 242, [1999] Crim LR 485. . . . . F1.17
Gunnell v DPP [1993] Crim LR 619 . . . . C1.3
Gunning [2018] EWCA Crim 677 . . . . F13.68
Guppy [1994] Crim LR 614, (1995) 16 Cr App R (S) 25. . . . . D20.11, D20.28, D20.87
Guraj [2016] UKSC 65, [2017] 1 WLR 22, [2017] 1 Cr App R (S) 32 (261). E19.68, E19.69
Gurney [1974] Crim LR 472 . . . . D20.112
Gurney [1976] Crim LR 567. . . . . F8.51
Gurpinar [2015] EWCA Crim 178, [2015] 1 WLR 3442, [2015] 1 Cr App R 31 (464). B1.34,
  B1.35, B1.42, F3.40
Gustafsson [2017] EWCA Crim 1078 . . . . B3.113
Guthrie (1994) *The Times*, 23 February 1994 . . . . D18.43
Guthrie [2011] EWCA Crim 1338, [2011] 2 Cr App R 20 (260) D13.79
Gutteridge v DPP (1987) 9 Cr App R (S) 279 . . . . D20.66
Gynane [2020] EWCA Crim 1348 . . . . D13.59, D19.15
Gwent Magistrates' Court, ex parte Carey (1996) 160 JP 613 . . . . D22.73
Gwilliam v DPP [2010] EWHC 3312 (Admin) B19.16
Gwilym [2018] EWCA Crim 377 . . . . E16.12
Gwynn [2002] EWCA Crim 2951, [2003] 2 Cr App R (S) 41 (267), [2003] Crim LR 421 . . . . D11.19
Gyima [2007] EWCA Crim 429, [2007] Crim LR 890 . . . . F17.95

H [1987] Crim LR 47. . . . . F2.22
H [1995] 2 AC 596, [1995] 2 WLR 737, [1995] 2 All ER 865, [1995] 2 Cr App R 437, 159 JP 469,
  [1995] Crim LR 717 . . . . F13.18, F13.19
H [1998] 2 Cr App R 161, [1998] Crim LR 409. . . . . D3.79
H [2001] Crim LR 815 . . . . F17.19
H [2003] All ER (D) 332 (Jul) F7.31
H [2003] UKHL 1, [2003] 1 WLR 411, [2003] 1 All ER 497, [2003] 2 Cr App R 2 (25), 167 JP 125 . . . . . . D12.12
H [2003] EWCA Crim 174. . . . . F19.5
H [2003] EWCA Crim 1208 . . . . D14.3
H [2004] UKHL 3, [2004] 2 AC 134, [2004] 2 WLR 335, [2004] 1 All ER 1269,
  [2004] 2 Cr App R 10 (179) A7.48, D3.36, D9.2, D9.18, D9.50, D9.54, D9.55, D9.61, D14.79
H [2005] EWCA Crim 732, [2005] 1 WLR 2005, [2005] 2 All ER 859, [2005] 2 Cr App R 9 (149),
  [2005] Crim LR 732 . . . . B3.59, B3.69, F1.24
H [2006] EWCA Crim 853 . . . . D14.25
H [2006] NICC 5 . . . . D12.84

Table of Cases

H [2007] UKHL 7, [2007] 2 AC 270, [2007] 2 WLR 364, [2007] 3 All ER 269,
  [2007] 2 Cr App R 6 (57), [2007] Crim LR 731 . . . . D15.57, D15.58, D15.59, D15.64
H [2008] EWCA Crim 483 . . . . D16.77
H [2008] EWCA Crim 1202 . . . . B3.75
H [2009] EWCA Crim 2899, (2010) 174 JP 203. . . . . F15.14
H [2010] EWCA Crim 312 . . . . A3.73
H [2011] EWCA Crim 2344, [2012] 1 Cr App R 30 (413) F7.72, F11.8, F13.69
H [2011] EWCA Crim 2753, [2012] 1 WLR 1416, [2012] 2 All ER 340, [2012] 2 Cr App R (S) 21 (88),
  [2012] Crim LR 149 . . . . A7.79, B3.374, B3.376, B3.388, E13.3
H [2012] EWCA Crim 525 . . . . B19.13
H [2012] EWCA Crim 1273. . . . . F7.28
H [2014] EWCA Crim 420. . . . . F13.59, F19.11, F19.13, F19.18
H [2014] EWCA Crim 1555 . . . . F7.64, F11.10, F11.23, F15.6
H [2015] EWCA Crim 46 . . . . A5.68
H [2016] EWCA Crim 1579, [2016] 1 Cr App R (S) 13 (94) B3.84
H [2018] EWCA Crim 2868, [2019] 1 Cr App R 25 (331) F9.33
H [2019] EWCA Crim 1042 . . . . B3.42
H [2021] EWCA Crim 1562 . . . . B3.96
H (Assault of child: Reasonable chastisement) [2001] EWCA Crim 1024, [2001] 2 FLR 431,
  [2002] 1 Cr App R 7 (59) B2.20
H (Care Proceedings: Delay), Re [2018] EWFC 61, [2019] 1 FLR 792 . . . . D14.1
H (JR) (Childhood Amnesia) [2005] EWCA Crim 1828, [2006] 1 Cr App R 10 (195). F11.8
H (S) [2010] EWCA Crim 1931, [2011] 1 Cr App R 14 (182) D16.71, D16.79
H v CPS [2010] EWHC 1374 (Admin), [2012] QB 257, [2012] 2 WLR 296, [2010] 4 All ER 264 . . . . B2.15
H v DPP [2003] EWHC 133 (Admin) D1.133
H v DPP [2003] EWHC 878 (Admin), (2003) 167 JP 486, [2003] Crim LR 560 . . . . B14.75
H v DPP [2021] EWHC 147 (Admin), [2021] 1 Cr App R 23 (463), [2021] 4 WLR 10 . . . . B22.17, D22.75
H v Schering Chemicals Ltd [1983] 1 WLR 143, [1983] 1 All ER 849. . . . . F11.34
H v T [2018] EWHC 1310 (Fam), [2018] 4 WLR 122. . . . . D32.21
HH v Italy [2012] UKSC 25, [2013] 1 AC 338, [2012] 3 WLR 90,
  [2012] 4 All ER 539. . . . . D31.35
HKSAR v Hung Chan Wa [2005] HKCA 231. . . . . B19.31
HM Advocate v Grant [2007] HCJAC 71 . . . . B19.51, B19.56
HM Advocate v Hamil [1998] SCCR 164 . . . . B19.54
HM Advocate v McIntosh (No. 1) [2001] UKPC D 1, [2003] 1 AC 1078, [2001] 3 WLR 107,
  [2001] 2 All ER 638,
  [2001] 2 Cr App R 27 (490) E19.11
HM Advocate v Murtagh [2009] UKPC 36, [2011] 1 AC 731, [2010] 3 WLR 814 . . . . A7.46, D9.15, D9.20
HM Advocate v P [2011] UKSC 44, [2011] 1 WLR 2497 . . . . F2.1, F18.86, F18.89
HM Advocate v Withy [2017] SCL 657 . . . . B7.14
HMRC v Mann [2021] EWHC 1182 (Admin). D8.17
HMRC Commissioners v Maidstone Crown Court [2018] EWHC 2219 (Admin). D1.189
HTM Ltd [2006] EWCA Crim 1156, [2007] 2 All ER 665 . . . . A6.20
Haas (1962) 35 DLR (2d) 172 . . . . F1.23
Hacatoroglu [2015] EWCA Crim 1122, [2015] 2 Cr App R (S) 67 (468) D20.98
Hacker [1994] 1 WLR 1659, [1995] 1 All ER 45, [1995] 1 Cr App R 332, [1995] RTR 1, 159 JP 62,
  [1995] Crim LR 321 . . . . F13.98
Hackett [2011] EWCA Crim 380, [2011] 2 Cr App R 3 (35), 175 JP 503,
  [2011] Crim LR 879. . . . . D9.47, F1.30, F20.30
Hackett [2019] EWCA Crim 983 . . . . F13.34
Hackney London Borough Council v Grant [2021] EWHC 2548 (QB). D25.7, D25.8
Haddock [2011] EWCA Crim 303 . . . . F1.19
Haddock [2018] EWCA Crim 2860. . . . . B4.80, E18.9
Haden [2024] EWCA Crim 344 . . . . E19.5, E19.69, E19.70
Hadley [2006] EWCA Crim 2544 . . . . D9.29
Hadwen [1902] 1 KB 882, 71 LJ KB 581, 86 LT 601, 66 JP 456, 20 Cox CC 206, 18 TLR 555,
  50 WR 589, 46 SJ 464 . . . . F7.1
Hagan [1997] 1 Cr App R 464, [1997] Crim LR 583. . . . . F8.57
Haggard v Mason [1976] 1 WLR 187, [1976] 1 All ER 337, [1976] Crim LR 51 . . . . B19.50
Haggis v DPP (Note) [2003] EWHC 2481 (Admin), [2004] 2 All ER 382, [2004] Crim LR 583. . . . . C5.39
Hahn [2003] EWCA Crim 825, [2003] 2 Cr App R (S) 106 (636). E15.10
Haime v Walklett [1983] RTR 512, 5 Cr App R (S) 165, 147 JP 570, [1983] Crim LR 556. . . . . D29.18
Haines v Roberts [1953] 1 WLR 309, [1953] 1 All ER 344, 117 JP 123 . . . . C5.36
Hair [1978] Crim LR 698 . . . . D26.57
Hajdarmataj [2019] EWCA Crim 303 . . . . F1.20, F13.12
Haji [2014] EWCA Crim 1696. . . . . C6.45
Halahan [2014] EWCA Crim 2079 . . . . D3.81
Halai [1983] Crim LR 624 . . . . B5.38
Halawa v Federation Against Copyright Theft [1995] 1 Cr App R 21, [1995] Crim LR 409,
  (1995) 159 JP 816. . . . . D1.3, D22.44, D22.45, F1.47, F18.68
Haldane [2015] EWCA Crim 1991. . . . . B3.132
Hale (1978) 68 Cr App R 415, [1979] Crim LR 596 . . . . B4.44
Hale [2013] EWCA Crim 2491. . . . . B16.67

Table of Cases

Halford (1978) 67 Cr App R 318. . . . . D18.8, F6.4
Halford v Sharples [1992] 1 WLR 736, [1992] 3 All ER 624 . . . . F9.13
Halford v UK (1997) 24 EHRR 523 . . . . A7.26
Halim [2017] EWCA Crim 33 . . . . E19.70
Hall (1872) 12 Cox CC 159 . . . . F8.11
Hall [1968] QB 788, [1968] 3 WLR 359, [1968] 2 All ER 1009, 52 Cr App R 528, 132 JP 417,
　[1968] Crim LR 403. . . . . D11.104, D12.102
Hall [1971] Crim LR 480 . . . . F18.90
Hall [1973] QB 126, [1972] 3 WLR 381, [1972] 2 All ER 1009, 56 Cr App R 547, [1972] Crim LR 453 . . . . . B4.26
Hall [1973] QB 496, [1972] 3 WLR 974, [1973] 1 All ER 1, 57 Cr App R 170, [1973] Crim LR 48 . . . . F17.80
Hall (1982) 4 Cr App R (S) 153 . . . . B14.6
Hall (1984) 6 Cr App R (S) 321, [1985] Crim LR 54 . . . . D20.15
Hall (1985) 81 Cr App R 260, [1985] Crim LR 377. . . . . A2.15, B4.180
Hall (1987) 86 Cr App R 159 . . . . F11.16
Hall (1988) 10 Cr App R (S) 456, [1989] Crim LR 228 . . . . D33.31
Hall [1993] Crim LR 527 . . . . F12.18
Hall [2010] EWCA Crim 2135. . . . . C3.26, C3.32
Hall [2013] EWCA Crim 82, [2013] 2 Cr App R (S) 68 (434), [2013] Crim LR 426 . . . . E2.18
Hall [2013] EWCA Crim 2499, [2014] Cr App R (S) 20 (136). A5.38, B19.145
Hall [2014] EWCA Crim 2413, [2015] RTR 9 (86) E8.2
Hall [2015] EWCA Crim 581 . . . . F10.46
Hall [2022] EWCA Crim 173 . . . . D25.63
Hall [2022] EWCA Crim 1351. . . . . C3.38
Hall v Cotton [1987] QB 504, [1986] 3 WLR 681, [1986] 3 All ER 332, 83 Cr App R 257. . . . . B12.44
Hall v CPS [2013] EWHC 2544 (Admin), [2013] All ER (D) 129 (Jan) C2.3
Hall v The Queen [1971] 1 WLR 298, [1971] 1 All ER 322, 55 Cr App R 108 . . . . F20.35, F20.36
Hallam [1957] 1 QB 569, [1957] 2 WLR 521, [1957] 1 All ER 665, 41 Cr App R 111,
　121 JP 254 . . . . B12.247, B12.258, B12.262
Hallamo [1995] Crim LR 323 . . . . B4.3, B4.24, B4.27, B4.36
Hallam [2007] EWCA Crim 1495. . . . . D19.12, F6.5
Hall-Chung [2007] EWCA Crim 3429 . . . . F20.23
Hallett [1986] Crim LR 462 . . . . F9.16
Hallett Silberman v Cheshire County Council [1993] RTR 32. . . . . C1.29
Hallett v DPP [2011] EWHC 488 (Admin) C1.15
Halliday [2019] EWCA Crim 1457 . . . . F13.12
Hallinan v DPP (1999) 163 JP 651, [1998] Crim LR 754. . . . . C6.53
Halpin [1975] QB 907, [1975] 3 WLR 260, [1975] 2 All ER 1124, 61 Cr App R 97,
　[1975] Crim LR 453. . . . . F17.44
Halpin [1996] Crim LR 112 . . . . F1.17
Hamadi [2007] EWCA Crim 3048, [2008] Crim LR 635 . . . . F7.46
Hamand (1985) 82 Cr App R 65, [1985] Crim LR 375. . . . . F6.40, F18.93, F18.94, F18.96
Hamberger [2017] EWCA Crim 273, [2017] 2 Cr App R 9 (81). D12.5, D15.89, F4.12, F17.13, F20.50
Hambery [1977] QB 924, [1977] 2 WLR 999, [1977] 3 All ER 561, 65 Cr App R 233 . . . . D13.53, D13.73
Hambleton [2009] EWCA Crim 13 . . . . D13.52
Hamer [2010] EWCA Crim 2053, [2011] 1 WLR 528, [2011] 1 Cr App R 3 (23), 175 JP 19,
　[2011] Crim LR 317 . . . . B19.10, D2.44, F14.8
Hamer [2023] EWCA Crim 516 . . . . B12.183, D11.64, D12.24, D22.71
Hamid (1979) 69 Cr App R 324 . . . . B14.16, F5.3
Hamidi [2010] EWCA Crim 66, [2010] Crim LR 578. . . . . F20.49
Hamill, Re [2001] EWHC Admin 762 . . . . C6.42
Hamilton (9 June 1969, unreported) F7.6
Hamilton (1980) 2 Cr App R (S) 1, [1980] Crim LR 441 . . . . E5.3
Hamilton [2007] EWCA Crim 2062, [2008] QB 224, [2008] 2 WLR 107, [2008] 1 All ER 1103,
　[2008] 1 Cr App R 13 (171), [2008] Crim LR 225 . . . . B3.355
Hamilton [2008] EWCA Crim 542, [2008] 2 Cr App R (S) 85 (488). B4.70
Hamilton [2016] EWCA Crim 78, [2016] 2 Cr App R (S) 2 (7) B19.122, B19.175
Hamilton [2021] EWCA Crim 424, [2021] 2 Cr App R (S) 43 (333) F13.49
Hamilton v USA [2023] EWHC 2893 (Admin), [2024] ACD 28 . . . . D31.28
Hamilton v Post Office Ltd [2021] EWCA Crim 577. . . . . D3.67, D9.17, D9.29, D26.9, D27.22
Hamilton-Johnson v RSPCA [2000] 2 Cr App R (S) 390, 164 JP 345 . . . . D33.24
Hammer [1923] 2 KB 786, 92 LJ KB 1045, 17 Cr App R 142, 87 JP 194, 27 Cox CC 458,
　129 LT 479, 39 TLR 670 . . . . F1.38
Hammond [1941] 3 All ER 318, 28 Cr App R 84, 166 LT 135, 40 LGR 1, 106 JP 35,
　86 SJ 78 . . . . D16.43, F18.70, F18.72
Hammond [1982] Crim LR 611 . . . . B5.43, B5.45
Hammond [2008] EWCA Crim 1358. . . . . E21.27
Hammond [2013] EWCA Crim 2709. . . . . A3.36, A3.40, F3.3
Hammond v DPP [2004] EWHC 69 (Admin), (2004) 168 JP 601 . . . . B11.50, B11.57, B11.64
Hammond v Governor of HM Prison Winchester [2024] EWHC 91 (Admin), [2024] ACD 39 . . . . D7.93
Hammond v Wilkinson [2001] 165 JP 786, [2001] Crim LR 323 . . . . D22.60, F6.7
Hamou [2019] EWCA Crim 281, [2019] 4 WLR 149 . . . . D11.64, D15.82, D15.85, D15.87
Hampshire [1996] 1 QB 1, [1995] 3 WLR 260, [1995] 2 All ER 1019, [1995] 2 Cr App R 319,
　[1995] Crim LR 644. . . . . F4.24
Hampshire County Council v Beazley [2013] EWCA Crim 567, [2013] 1 WLR 3331 . . . . E19.62

Table of Cases

Hampshire Police Authority v Smith [2009] EWHC 174 (Admin), [2010] 1 WLR 40,
   [2009] 4 All ER 316, 173 JP 207 .... D25.53
Hampson [2012] EWCA Crim 1807, [2014] 1 Cr App R 4 (28) D15.98
Hampson [2018] EWCA Crim 2452, [2019] 1 Cr App R 27 (356) D14.55, F7.13
Hampson v Powell [1970] 1 All ER 929, [1970] RTR 293 .... C6.52
Hampstead Way Investments Ltd v Lewis-Weare [1985] 1 WLR 164 .... B13.10
Hampton [2004] EWCA Crim 2139, [2006] Crim LR 60 .... D27.29
Hamshaw [2003] EWCA Crim 2435 .... B14.39
Hamza [2021] EWCA Crim 1460 .... B10.84
Hancock (1931) 23 Cr App R 16 .... D26.2
Hancock [1986] AC 455, [1986] 2 WLR 357, [1986] 1 All ER 646, 82 Cr App R 264, 150 JP 203,
   [1986] Crim LR 400 .... A2.4, A2.5, B1.19, B12.98
Hancock [1990] 2 QB 242, [1990] 2 WLR 640, [1990] 3 All ER 183, 90 Cr App R 422,
   [1990] Crim LR 125 .... B4.20
Hancock [1996] 2 Cr App R 554 .... D11.25, D11.44
Hancox [2010] EWCA Crim 102, [2010] 1 WLR 1434, [2010] 4 All ER 537, [2010] 2 Cr App
   R (S) 74 (284), [2010] Crim LR 431 .... D25.58
Handbridge [1993] Crim LR 287 .... F14.21
Handley [2020] EWCA Crim 361 .... E2.3
Handmade Films (Productions) Ltd v Express Newspapers plc [1986] FSR 463 .... F9.23
Hanif v UK (2012) 55 EHRR 16 (424), [2011] ECHR 2247 .... A7.51, D13.27
Hanningfield v Chief Constable of Essex [2013] EWHC 243 (QB), [2013] 1 WLR 3632 ...... D1.25, D1.179
Hanou [2019] EWCA Crim 281, [2019] 4 WLR 149 .... D15.85, D15.87
Hanrahan [2004] EWCA Crim 2943 .... B12.172
Hanrahan [2017] EWCA Crim 1256 .... A5.48, B4.81
Hanratty [2002] EWCA Crim 1141, [2002] 3 All ER 534, [2002] 2 Cr App R 30 (419),
   [2002] Crim LR 650 .... D27.25
Hanson [2005] EWCA Crim 824, [2005] 1 WLR 3169, [2005] 2 Cr App R 21 (299), 169 JP 250,
   [2005] Crim LR 787 .... D26.9, F13.7, F13.30, F13.33, F13.34, F13.35, F13.48, F13.50, F13.51,
                                            F13.52, F13.55, F13.56, F13.60, F13.76, F13.78, F14.29, F15.20
Hanson [2019] EWCA Crim 2298 .... C3.38
Hanson [2021] EWCA Crim 1008, [2022] 1 Cr App R (S) 28 (250) E21.24
Hanton (1985) *The Times*, 14 February 1985 .... F5.15
Hanton [2005] EWCA Crim 2009 .... D14.38
Haque [2011] EWCA Crim 1871, [2012] 1 Cr App R 5 (48), [2011] Crim LR 962 .... B2.221
Haque [2019] EWCA Crim 1028, [2020] 1 Cr App R 12 (218) B21.7
Haralambous v St Albans Crown Court [2018] UKSC 1, [2018] AC 236, [2018] 2 WLR 357,
   [2018] 2 All ER 303, [2018] 1 Cr App R 26 (372) A7.30, D1.167, D1.171, D1.189
Harden [1963] 1 QB 8, [1962] 2 WLR 553, [1962] 1 All ER 286, 46 Cr App R 90, 126 JP 130 .... A1.3,
                                                                                     A8.5, D11.106, F11.25
Hardie [1985] 1 WLR 64, [1984] 3 All ER, 80 Cr App R 157 .... A3.16, B1.29, C1.22
Harding [1995] Crim LR 733 .... C3.45
Harding v Price [1948] 1 KB 695, [1948] 1 All ER 283, (1948) 112 JP 189,
   [1948] LJR 283, 46 LGR 142, 112 JP 189, 64 TLR 111, 92 SJ 112 .... C6.52
Hardman v Chief Constable of Avon and Somerset [1986] Crim LR 330 .... B8.6
Hardwicke [2001] Crim LR 220, [2000] All ER (D) 1776 .... A5.15
Hardy (1794) 24 St Tr 199, 1 East PC 60 .... F9.14, F17.74
Hardy [2002] EWCA Crim 3012, [2003] 1 Cr App R 30 (494) B9.92
Hardy [2012] EWCA Crim 2671, [2013] 2 Cr App R (S) 24 (164) B1.14
Hardy [2019] EWCA Crim 2247, [2020] 1 Cr App R (S) 61 (475) E13.22
Harewood [2021] EWCA Crim 1936 .... D18.30, F20.20
Hargreaves [1985] Crim LR 243 .... B4.58
Hargreaves [1999] EWCA Crim 2150 .... B6.112, B12.178, B12.185
Haringey Justices, ex parte DPP [1996] QB 351, [1996] 2 WLR 114, [1996] 1 All ER 828,
   [1996] 2 Cr App R 119, 160 JP 326, [1996] Crim LR 327 .... D22.39
Haringey Magistrates' Court, ex parte Amvrosiou (13 June 1996, unreported, QBD) C2.5
Harirbafan [2008] EWCA Crim 1967 .... D26.29
Harkins v UK (2012) 55 EHRR 19 (561), [2012] ECHR 45 .... D31.34
Harley (1830) 4 C & P 369, 2 Man & Ry MC 486 .... B2.105
Harman (1984) 148 JP 289, [1985] Crim LR 326 .... F6.16
Harmony Shipping Co. SA v Saudi Europe Line Ltd [1979] 1 WLR 1380, [1979] 3 All ER 177,
   [1980] 1 Lloyd's Rep 41 .... F4.7, F10.33
Harper (1989) 11 Cr App R (S) 240 .... E19.66
Harper [2019] EWCA Crim 343, [2019] 4 WLR 39, [2019] 2 Cr App R 1 .... A4.12, D1.3
Harper-Taylor (1988) 138 NLJ 80 .... D15.81
Harries [2007] EWCA Crim 820 .... D27.18
Harrington (1977) 64 Cr App R 1, [1976] Crim LR 702 .... D13.30
Harriott v DPP [2005] EWHC 965 (Admin), (2006) 170 JP 494, [2006] Crim LR 440 .... B12.185
Harris (1822) 5 B & Ald 926, 106 ER 1430 .... D16.61
Harris (1897) 61 JP 792 .... D12.18
Harris [1964] Crim LR 54 .... D19.78
Harris [1966] 1 QB 184, [1965] 3 WLR 1040, [1965] 3 All ER 206 (Note), 49 Cr App R 330, 129 JP 542 .... B6.50
Harris [1968] 1 WLR 769, [1968] 2 All ER 49, 52 Cr App R 277, 132 JP 322, [1968] Crim LR 267 .... B19.47
Harris [1969] 1 WLR 745, [1969] 2 All ER 599, 53 Cr App R 376, 133 JP 422, 113 SJ 363 .... D19.72

Table of Cases

Harris (1986) 84 Cr App R 75. . . . . F1.38
Harris (1993) *The Times*, 22 March 1993 . . . . D19.66
Harris [1996] 1 Cr App R 369, [1996] Crim LR 36. . . . . B19.47
Harris [2001] Crim LR 227. . . . . F12.19
Harris [2003] EWCA Crim 174 . . . . D1.133, D1.139
Harris [2005] EWCA Crim 775, [2005] 2 Cr App R (S) 103 (649) B11.135
Harris [2005] EWCA Crim 1980, [2006] 1 Cr App R 5 (55) F11.10, F11.37, F11.39, F11.44
Harris [2009] EWCA Crim 434, [2010] Crim LR 54 . . . . F7.43, F13.51
Harris [2018] EWCA Crim 2002 . . . . B15.32
Harris [2019] EWCA Crim 2008, [2020] 1 Cr App R (S) 63 (485), [2020] 4 WLR 32. . . . . B1.64
Harris [2021] EWCA Crim 1542 . . . . D27.33
Harris v DPP [1952] AC 694, [1952] 1 All ER 1044, 36 Cr App R 39, 116 JP 248,
 [1952] 1 TLR 1075 . . . . F2.37, F4.9
Harris v DPP [1993] 1 WLR 82, [1993] 1 All ER 562, 96 Cr App R 235. . . . . B12.184
Harris v Tippett (1811) 2 Camp 637, 170 ER 1277 . . . . F7.48, F7.49
Harrison [1970] Crim LR 415. . . . . B4.158
Harrison (1993) 14 Cr App R (S) 419. . . . . D33.32
Harrison [1994] Crim LR 859 . . . . D26.28
Harrison [1999] 2 Cr App R (S) 174, [1998] Crim LR 295 . . . . E13.26
Harrison [2004] EWCA Crim 1527, [2004] All ER (D) 317 (May) C7.38
Harrison [2007] EWCA Crim 2976, [2008] 1 Cr App R 29 (387) B3.329
Harrison v Thornton (1966) 68 Cr App R 28, [1966] Crim LR 388, 110 SJ 444. . . . . B12.164, B12.166
Harron [1996] 2 Cr App R 457, [1996] Crim LR 581 . . . . F1.27
Harrow Crown Court, ex parte Dave [1994] 1 WLR 98, [1994] 1 All ER 315, 99 Cr App R 114,
 158 JP 250, [1994] Crim LR 346 . . . . D29.9
Harrow Crown Court, ex parte Lingard [1998] EWHC 233 (Admin) D7.126
Harrow London Borough Council v Shah [1999] 1 WLR 83, [1999] 3 All ER 302,
 [1999] 2 Cr App R 457, 163 JP 525. . . . . A2.24, A2.27
Hart (1932) 23 Cr App R 202. . . . . F7.8
Hart (1957) 42 Cr App R 47, [1958] Crim LR 169. . . . . F7.52, F7.53
Hart (1983) 5 Cr App R (S) 25 . . . . D20.102, D20.103, D20.106
Hart [2006] EWCA Crim 3239, [2007] 1 Cr App R 412 (31), [2007] 2 Cr App R (S) 192 (34),
 [2007] Crim LR 313 . . . . D26.12
Harte [2006] NICC 2. . . . . B12.98
Hartland [2023] EWCA Crim 790. . . . . E12.10, E14.1
Hartley [1972] 2 QB 1, [1972] 2 WLR 101, [1972] 1 All ER 599, 56 Cr App R 189,
 [1972] Crim LR 309. . . . . B7.70, D11.28
Hartley [2011] EWCA Crim 1299, [2012] 1 Cr App R 7 (91), [2012] 1 Cr App R (S) 28 (166),
 [2011] Crim LR 726. . . . . D11.35, E13.8
Hartley [2011] EWCA Crim 1957, [2012] 1 Cr App R (S) 76 (429). B6.69
Hartnett [2003] EWCA Crim 345, [2003] Crim LR 719 . . . . D12.24
Harty [2023] EWCA Crim 163, [2023] 2 Cr App R (S) 20 (173). E1.1
Harutyunyan v Austria (2009) 49 EHRR 9 (202) A7.75
Harvey (1980) 72 Cr App R 139, [1981] Crim LR 104 . . . . B5.56
Harvey [1988] Crim LR 241 . . . . F18.18
Harvey [1999] 1 All ER 710, [1999] 1 Cr App R (S) 354. . . . . E19.57
Harvey [2000] 1 Cr App R (S) 368, [1999] Crim LR 849 . . . . E18.5
Harvey [2009] EWCA Crim 469 . . . . A3.60, A3.71, D18.33
Harvey [2013] EWCA Crim 1104, [2014] 1 WLR 124, [2014] 1 Cr App R (S) 46 (265) E19.62
Harvey [2014] EWCA Crim 54. . . . . F1.44, F15.9, F15.25, F17.17, F17.86, F17.89
Harvey [2015] UKSC 73, [2017] AC 105, [2016] 2 WLR 37, [2016] 4 All ER 521,
 [2016] 1 Cr App R (S) 60 (406) E19.62
Harvey [2016] EWCA Crim 1701 . . . . C3.50
Harvey [2020] EWCA Crim 354, [2020] 2 Cr App R 10 (152), [2020] 4 WLR 50 . . . . D6.26, D6.28
Harward (1981) 73 Cr App R 168, [1981] Crim LR 403 . . . . D11.71
Harwood [1989] Crim LR 285 . . . . F2.11
Harwozinski [2019] EWCA Crim 1195. . . . . B12.142
Hasan [2005] UKHL 22, [2005] 2 AC 467, [2005] 2 WLR 709, [2005] 4 All ER 685,
 [2005] 2 Cr App R 22 (314) A3.35, A3.36, A3.37, A3.40, A3.45, A3.52, F18.7, F18.67
Hashash [2006] EWCA Crim 2518. . . . . B16.10
Hashi (1995) 16 Cr App R (S) 121, [1994] Crim LR 618 . . . . E16.28
Hashim [2018] EWCA Crim 1695. . . . . B16.11, B16.57
Hashman v UK (2000) 30 EHRR 241, [2000] Crim LR 185 . . . . D20.119, E9.2
Hasler v DPP [1989] RTR 148, [1989] Crim LR 76 . . . . C5.39
Haslock [2001] EWCA Crim 1321 . . . . B19.50
Hassan [1970] 1 QB 423, [1970] 2 WLR 82, [1970] 1 All ER 745, 54 Cr App R 56,
 113 SJ 997 . . . . D17.15, F12.6
Hassan [1995] Crim LR 404. . . . . F18.75
Hassan [2022] EWCA Crim 786, [2023] Crim LR 164 . . . . B12.44, B12.45, B12.78, B19.36
Hassan v UK [2014] ECHR 1162. . . . . A7.23
Hassett [2008] EWCA Crim 1634. . . . . F13.3
Hasson [1997] Crim LR 579. . . . . F12.10
Hastings-Cokar [2014] EWCA Crim 555 . . . . F13.21
Hastroudi [2021] EWCA Crim 54. . . . . D13.59

Table of Cases

Haswell (1821) Russ & Ry 458, 168 ER 896 . . . . B14.76
Hatfield Justices, ex parte Castle [1981] 1 WLR 217, [1980] 3 All ER 509, 71 Cr App R 287,
    [1980] Crim LR 579 . . . . D29.34
Hatton [2005] EWCA Crim 2951, [2006] 1 Cr App R 16 (247), [2006] Crim LR 353 . . . . A3.61, B1.41, F3.44
Hatton v Hall [1997] RTR 212. . . . . C1.28
Haughton v Smith [1975] AC 476, [1973] 2 WLR 942, [1973] 2 All ER 896, 57 Cr App R 666,
    [1973] Crim LR 508. . . . . A5.84, B3.398, B4.169, B4.171, B4.180
Hauschildt v Denmark (1990) 12 EHRR 266. . . . . A7.49, A7.50
Havant Justices, ex parte Palmer (1985) 149 JP 609, [1985] Crim LR 658 . . . . B14.90
Havell v DPP (1994) 158 JP 680, [1993] Crim LR 621. . . . . C1.17
Haw v City of Westminster Magistrates' Court [2007] EWHC 2960 (Admin), [2008] QB 888,
    [2008] 2 All ER 326, 172 JP 122, [2008] 3 WLR 465. . . . . B14.90, B14.132
Hawes v DPP [1993] RTR 116, [1993] Crim LR 966. . . . . C5.10
Hawkes (1931) 22 Cr App R 172 . . . . D19.79
Hawkins (1985) 7 Cr App R (S) 351, [1986] Crim LR 194. . . . . D20.16
Hawkins (1993) 98 Cr App R 228, [1993] Crim LR 888 . . . . D19.4
Hawkins [2005] EWCA Crim 1723. . . . . F18.39
Hawkins v Phillips [1980] RTR 197, [1980] Crim LR 184 . . . . C1.14
Haworth (1830) 4 C & P 254 . . . . F8.9
Haworth [2018] EWCA Crim 1232 . . . . E2.26
Hay (1860) 2 F & F 4 . . . . F9.31
Hay (1983) 77 Cr App R 70, [1983] Crim LR 390. . . . . F1.20, F12.21, F12.23
Hay [2017] EWCA Crim 1851 . . . . F13.49
Hayat (1976) 63 Cr App R 181, [1976] Crim LR 508. . . . . B7.71
Hayden [1975] 1 WLR 852, [1975] 2 All ER 558, 60 Cr App R 304, [1975] Crim LR 350 . . . . D26.44, D33.30
Haye [2002] EWCA Crim 2476, [2003] Crim LR 287 . . . . F1.17
Hayes (1992) 13 Cr App R (S) 454, [1992] Crim LR 379 . . . . E6.12
Hayes [2004] EWCA Crim 2844, [2005] 1 Cr App R 33 (557) F7.51
Hayes [2010] EWCA Crim 773 . . . . D18.25
Hayes [2011] EWCA Crim 2680 . . . . A3.55
Hayes [2015] EWCA Crim 1944, [2016] 1 Cr App R 63 (449). B4.54, B7.28, D9.16
Hayes [2016] EWCA Crim 663, [2016] 2 Cr App R (S) 24 (208) E16.12, E16.28
Hayes [2018] EWCA Crim 682, [2018] 2 Cr App R (S) 27 (239) E19.54
Hayes v Chief Constable of Merseyside Police [2011] EWCA Civ 911, [2012] 1 WLR 517,
    [2011] 2 Cr App R 30 (434), [2012] Crim LR 35 . . . . D1.25, D1.28
Hayes v CPS [2018] EWHC 327 (Admin) D3.50
Hayes v DPP [2004] EWHC 227 (QB). C2.14
Hayes v Willoughby [2011] EWCA Civ 1541, [2013] 2 All ER 405, [2012] 1 WLR 1510 . . . . B2.210
Hayles [1969] 1 QB 364, [1968] 3 WLR 1106, [1969] 1 All ER 34, 53 Cr App R 36. . . . . B2.162
Haynes [2003] EWCA Crim 3247, [2004] 2 Cr App R (S) 9 (36) B20.13
Haystead v Chief Constable of Derbyshire [2000] 3 All ER 890, [2000] 2 Cr App R 339, 164 JP 396,
    [2000] Crim LR 758. . . . . B2.11
Hayter [2004] UKHL 6, [2005] 1 WLR 605, [2005] 2 All ER 209, [2005] 2 Cr App R 3 (37),
    [2005] Crim LR 720 . . . . D11.90, D18.32, F18.80
Hayter v L [1998] 1 WLR 854 . . . . D2.24, F18.53, F18.64
Hayward (1908) 21 Cox CC 692 . . . . A1.30
Hayward [2000] Crim LR 189 . . . . D26.28
Hayward [2001] EWCA Crim 168, [2001] 3 WLR 125, [2001] 2 Cr App R 11 (156), 165 JP 281,
    [2001] Crim LR 502. . . . . D15.84, D15.85, D15.86
Hazell [1985] RTR 369, [1985] Crim LR 513 . . . . D19.66
Hazeltine [1967] 2 QB 857, [1967] 3 WLR 209, [1967] 2 All ER 671,
    (1967) 51 Cr App R 351, 131 JP 401 . . . . D12.79, D12.85
Hazelwood (1984) 6 Cr App R (S) 52, [1984] Crim LR 375 . . . . D20.32
Head (1961) 45 Cr App R 225 . . . . F3.50
Head [2009] EWCA Crim 1401. . . . . D14.28
Headley [1995] Crim LR 737, (1996) 160 JP 25 . . . . B14.39
Healey (1990) 12 Cr App R (S) 297 . . . . B14.6
Healey [2012] EWCA Crim 1005, [2013] 1 Cr App R (S) 33 (176), [2012] Crim LR 640 . . . . B19.171, E1.5
Heaney [2011] EWCA Crim 2682 . . . . B2.179
Heaney v Ireland (2001) 33 EHRR 12 (264), [2001] Crim LR 481 . . . . A7.76, F10.7, F10.13
Heard [2007] EWCA Crim 125, [2008] QB 43, [2007] 3 WLR 475, [2007] 3 All ER 306,
    [2007] 1 Cr App R 37 (473), [2007] Crim LR 654 . . . . A3.17, A3.18, B2.114, B3.37,
                                                                                          B3.70, B3.77, B3.124, B3.299, B8.22
Heath [2000] Crim LR 109 . . . . A3.45
Heath Sinclair v Glatt [2009] EWCA Civ 176, [2009] 1 WLR 1845, [2009] 4 All ER 724. . . . . D8.77
Heather v P-E Consulting Group Ltd [1973] Ch 189, [1972] 3 WLR 833, [1973] 1 All ER 8,
    48 TC 293, [1972] TR 237. . . . . F1.7
Heaton v Costello (1984) 148 JP 688, [1984] Crim LR 485. . . . . B4.3, D21.9
Heckstall-Smith [1989] Crim LR 742. . . . . D19.82, D19.83
Heddell [2016] EWCA Crim 443. . . . . B12.11, B12.30
Hedgecock [2007] EWCA Crim 3486. . . . . B3.53
Hedges [1998] 1 Cr App R (S) 35 . . . . B12.16
Hedges [2004] EWCA Crim 2133 . . . . D8.66

Table of Cases

Hedley (1989) 11 Cr App R (S) 298, 90 Cr App R 70, [1989] Crim LR 842 .... E19.67
Hedman [2017] EWCA Crim 830 .... B16.66
Hegarty [1994] Crim LR 353 .... A3.38, F11.19
Height [2008] EWCA Crim 2500, [2009] 1 Cr App R (S) 117 (656), [2009] Crim LR 122 .... E17.7, E17.9
Heilligger v Sint Maarten [2023] EWHC 422 (Admin) D31.20
Hellyer [2015] EWCA Crim 1410 .... C7.37
Helow v Secretary of State for the Home Department [2008] UKHL 62, [2008] 1 WLR 2416,
    [2009] 2 All ER 1031 .... D3.33
Hemmings [2007] EWCA Crim 2413, [2008] 1 Cr App R (S) 106 (623) E12.3
Hemsley [2010] EWCA Crim 225, [2010] 3 All ER 965 .... E21.25
Henderson [2010] EWCA Crim 1269, [2010] 2 Cr App R 24 (185) F5.19, F11.9, F11.44, F11.48, F13.46
Henderson [2011] EWCA Crim 1152, [2012] 1 Cr App R (S) 18 (95) B14.33
Henderson [2016] EWCA Crim 965, [2016] 4 WLR 172, [2017] 1 Cr App R 4 (29), 181 JP 229,
    [2017] Crim LR 233 .... B4.159, B12.112, B12.167
Henderson v Chief Constable of Cleveland Police [2001] EWCA Civ 335, [2001] 1 WLR 1103 .... D1.39
Henderson v CPS [2016] EWHC 464 (Admin), [2016] 1 WLR 1590 .... B2.2, B2.29, B2.62, B2.201,
                                                            B2.214, B2.217, B2.225, B8.3, B11.33, D22.71
Henderson v Metropolitan Police Commissioner [2018] EWHC 666 (Admin) B20.1
Hendon Justices, ex parte DPP [1994] QB 167, [1993] 2 WLR 862, [1993] 1 All ER 411,
    96 Cr App R 227, 157 JP 181, [1993] Crim LR 215 .... D22.22, D29.29
Hendricks [2003] EWCA Crim 1040 .... B4.16
Hendy-Freegard [2007] EWCA Crim 1236, [2008] QB 57, [2007] 3 WLR 488, [2007] 2 Cr App
    R 27 (343), [2007] Crim LR 986 .... B2.126
Heng Pit Ding [2010] EWCA Crim 1979, [2011] 1 Cr App R (S) 9 (46), [2010] Crim LR 953 .... B22.42
Hengari-Ajufo [2016] EWCA Crim 1913 .... D16.21
Henkoma [2023] EWCA Crim 808 .... B22.12, B22.14
Henley [2000] Crim LR 582 .... B2.221, B2.222
Henn and Darby (Case 34/79) [1979] ECR 3795, [1980] 2 WLR 597, [1980] 2 All ER 166 .... A3.11
Hennegal v Evance (1806) 12 Ves Jr 201, 33 ER 77 .... F4.4
Hennessey (1978) 68 Cr App R 419 .... B16.48, F9.16
Hennessy [1989] 1 WLR 287, [1989] 2 All ER 9, [1989] RTR 153, 89 Cr App R 10 .... A1.11, A3.30
Hennessy v Wright (1888) 21 QBD 509, 57 LJ QB 530, 59 LT 323, 53 JP 52, 4 TLR 597 .... F9.11
Hennigan [1971] 3 All ER 133, 55 Cr App R 262, [1971] RTR 305 .... A1.28, C3.15
Henning [2015] EWCA Crim 879, [2015] 2 Cr App R (S) 37 (302) B2.96
Henry [2005] EWCA Crim 1681, [2006] 1 Cr App R 6 (118) F11.16
Henry [2013] EWCA Crim 1415, [2014] 1 Cr App R (S) 55 (347) B19.171, E13.6
Henry [2018] EWCA Crim 2794 .... C3.51
Henry [2022] EWCA Crim 284 .... F17.92
Henry's Solicitors [2012] EWCA Crim 1480 .... D33.47
Henshall (John) (Quarries) Ltd v Harvey [1965] 2 QB 233, [1965] 2 WLR 758,
    [1965] 1 All ER 725, 129 JP 224, (1965) 109 SJ 152 .... A6.3
Henvey v HM Advocate [2005] HCJAC 10 .... B19.111
Henworth [2001] EWCA Crim 120, [2001] 2 Cr App R 4 (47), [2001] Crim LR 505 .... D19.90
Hepburn [2020] EWCA Crim 820 .... F13.14
Hepburn v Chief Constable of Thames Valley [2002] EWCA Civ 1841, (2002) *The Times*,
    19 December 2002 .... D1.159
Heppenstall [2007] EWCA Crim 2485 .... D4.9
Hepworth [1955] 2 QB 600, [1955] 3 WLR 331, [1955] 2 All ER 918, 39 Cr App R 152,
    119 JP 516 .... F3.50, F3.64
Herbert (1991) 94 Cr App R 233 .... D12.102
Hereford Magistrates' Court, ex parte Farrell (23 November 1999, unreported) D33.21
Hereford Magistrates' Court, ex parte Rowlands [1998] QB 110, [1997] 2 WLR 854,
    [1997] 2 Cr App R 340, 161 JP 258 .... D29.26
Heritage v Claxon (1941) 85 SJ 323 .... B12.51
Hernandez [2023] EWCA Crim 814, [2024] 1 Cr App R 4 (50) D13.28, D26.28
Heron [1982] 1 WLR 451, [1982] 1 All ER 993, 75 Cr App R 7, [1982] Crim LR 430 .... B6.76
Heron v Plymouth City Council [2009] EWHC 3562 (Admin) D25.29
Herrington [2017] EWCA Crim 889, [2017] 2 Cr App R (S) 38 (327) E19.32
Herron [1967] 1 QB 107, [1966] 3 WLR 374, [1966] 2 All ER 26, 50 Cr App R 132, 130 JP 266 ..... F2.37
Hersey [1998] Crim LR 281 .... D1.150, F19.25
Hertel v Canada [2010] EWHC 2305 (Admin) D31.19
Hertfordshire County Council, ex parte Green Environmental Industries Ltd [2000] 2 AC 412,
    [2000] 2 WLR 373, [2000] 1 All ER 773 .... F10.7
Hertfordshire County Council v National Grid Gas plc [2007] EWHC 2535 (Admin),
    [2008] 1 WLR 2562, [2008] 1 All ER 1137 .... D21.19
Hesketh [2006] EWCA Crim 2596 .... E19.40
Heslop [2022] EWCA Crim 897 .... F13.21
Heslop v Burns [1974] 1 WLR 1241, [1974] 3 All ER 406 .... B19.92
Hessey [2020] EWCA Crim 467 .... B3.395
Hester-Wox [2016] EWCA Crim 1397, [2016] 2 Cr App R (S) 43 (463) E13.5
Hewer v Cutler [1974] RTR 155, [1973] Crim LR 762 .... C1.30
Hewgill [2011] EWCA Crim 1778, [2012] Crim LR 134 .... D13.59, D26.41
Hewitt (1913) 9 Cr App R 192 .... B14.10
Hewitt (1992) 95 Cr App R 81, [1992] Crim LR 650 .... F9.18

Table of Cases

Hewitt [2020] EWCA Crim 1225, [2021] 1 Cr App R (S) 16 (126) D20.27
Hewitt [2020] EWCA Crim 1247 . . . . D9.29
Heyes [1951] 1 KB 29, [1950] 2 All ER 587, 34 Cr App R 161, 114 JP 451 . . . . D12.93
Heyne v Fischel & Co. (1913) 110 LT 264, 30 TLR 190 . . . . F17.46
Heywood [2019] EWCA Crim 2181 . . . . B3.354
Heywood v Macrae 1987 SCCR 627 . . . . B19.13
Heywood v O'Connor 1994 SLT 254 . . . . C7.62
Hibbert [2015] EWCA Crim 167, [2015] 2 Cr App R (S) 5 (159) E16.31
Hibbert [2018] EWCA Crim 2047 . . . . B19.122
Hibbert v McKiernan [1948] 2 KB 142, [1948] 1 All ER 860, 112 JP 287 . . . . B4.26
Hibbs [2022] EWCA Crim 1927, [2023] 2 Cr App R (S) 11 (93) B15.31
Hickey [2007] EWCA Crim 542 . . . . B21.31
Hickin [1996] Crim LR 584 . . . . F19.4
Hickling v Baker [2007] EWCA Civ 287, [2007] 1 WLR 2386, [2007] 4 All ER 390 . . . . B7.64
Hicks v DPP [2023] EWHC 1089 (Admin) A7.22, B11.53, B11.59
Higgins (1829) 3 C & P 603, 172 ER 565 . . . . F18.93
Higgins [1952] 1 KB 7, [1951] 2 TLR 855, [1951] 2 All ER 758, 115 JP 564 . . . . E13.2
Higgins (1989) *The Times*, 16 February 1989 . . . . B12.163
Highbury Corner Magistrates' Court, ex parte McGinley (1986) 150 JP 257 . . . . D21.46
Highbury Corner Metropolitan Stipendiary Magistrate, ex parte Di Matteo [1991] 1 WLR 1374,
    [1992] 1 All ER 102, 92 Cr App R 263, 156 JP 61, 12 Cr App R (S) 594, [1991] RTR 234,
    [1991] Crim LR 307 . . . . E8.5
Highbury Corner Metropolitan Stipendiary Magistrate, ex parte Weekes [1985] QB 1147,
    [1985] 2 WLR 643, 149 JP 20 . . . . D6.35
Highbury Poultry Farm Produce Ltd v CPS [2018] EWHC 3122 (Admin), [2019] Crim LR 528 . . . . . A2.23
Highgate Justices, ex parte Lewis [1977] Crim LR 611, 121 SJ 712 . . . . D29.32, D32.7
Highton [2005] EWCA Crim 1985, [2005] 1 WLR 3472, [2006] 1 Cr App R 7 (125),
    [2006] Crim LR 52 . . . . F13.1, F13.29, F13.30, F13.31, F13.32, F13.35, F13.36, F13.46, F13.81
Hilcox v Carberry [1960] Crim LR 563 . . . . F3.13
Hill (1851) 2 Den CC 254, 169 ER 495, T & M 582, Prid & Co 613, 20 LJ MC 222,
    15 JP 387, 5 Cox CC 259, 15 Jur 470 . . . . F4.28
Hill (1911) 7 Cr App R 1 . . . . D17.7
Hill [1986] Crim LR 457 . . . . B14.94
Hill (1986) 83 Cr App R 386, [1986] Crim LR 815 . . . . B2.107, B2.114
Hill (1988) 89 Cr App R 74, [1989] Crim LR 136 . . . . B8.14, F3.38
Hill (1993) 96 Cr App R 456 . . . . B19.15, B19.16, F11.2
Hill [1996] Crim LR 419 . . . . F1.26
Hill [2003] EWCA Crim 1179 . . . . F20.24
Hill [2021] EWCA Crim 587, [2023] Crim LR 294 . . . ., F12.20
Hill & Sons (Botley and Denmead) Ltd v Hampshire Chief Constable [1972] RTR 29,
    [1971] Crim LR 538 . . . . C1.26
Hill v Baxter [1958] 1 QB 277, [1958] 2 WLR 76, [1958] 1 All ER 193,
    42 Cr App R 51, 122 JP 134 . . . . A1.10, A1.12, A3.12, C1.7, C1.22, F11.14
Hill v Manchester and Salford Waterworks Co. (1833) 5 B & Ad 866, 110 ER 1011,
    2 Nev & M KB 578 . . . . F17.45
Hillard [2022] EWCA Crim 301 . . . . E19.28
Hilliard [2004] EWCA Crim 837 . . . . F20.17
Hillman (1863) Le & Ca 343, 169 ER 1424, 33 LJ MC 60, 9 LT 518, 27 JP 805,
    9 Cox CC 386, 3 New Rep 176, 12 WR 111, [1861–73] All ER Rep Ext 1538 . . . . B1.140
Hillman [2006] EWCA Crim 690, [2006] 2 Cr App R (S) 85 (565), [2006] Crim LR 663 . . . . . . E16.28
Hillman v Governor of Bronzefield Prison (24 May 2013, unreported, DC) D5.37
Hills (1987) 86 Cr App R 26, [1987] Crim LR 567 . . . . F5.11
Hills [2008] EWCA Crim 1871, [2012] 1 WLR 2121, [2009] 1 Cr App R (S) 75 (441),
    [2009] Crim LR 116 . . . . E13.19
Hilsdon [2021] EWCA Crim 52, [2021] 2 Cr App R (S) 21 (178) B7.63, B7.78
Hilton [1972] 1 QB 421, [1971] 3 WLR 625, [1971] 3 All ER 541, 55 Cr App R 466 . . . . . F4.10, F7.1
Hilton [1997] 2 Cr App R 445, 161 JP 459, [1997] Crim LR 761 . . . . B4.50
Hilton [2020] UKSC 29, [2020] 1 WLR 2945, [2021] 1 All ER 109, [2021] NI 377,
    [2020] Lloyd's Rep FC 339, [2020] Crim LR 955 . . . . E19.58
Hilton v Canterbury Crown Court [2009] EWHC 2867 (Admin) B12.178
Hinchcliffe v Sheldon [1955] 1 WLR 1207, [1955] 3 All ER 406, (1956) 120 JP 13 . . . . B2.58
Hindawi (1988) 10 Cr App R (S) 104 . . . . B10.108
Hinde (1977) 64 Cr App R 213, [1977] RTR 328, [1977] Crim LR 487 . . . . E7.3
Hindle [2021] EWCA Crim 1367 . . . . D18.32, F5.8
Hinds [1979] Crim LR 111 . . . . F7.28
Hinds [1993] Crim LR 528 . . . . F17.26
Hinds [2017] EWCA Crim 464 . . . . F17.41
Hinds [2018] EWCA Crim 749 . . . . E14.4
Hines-Randle [2014] EWCA Crim 2364 . . . . B12.256
Hinks [2001] 2 AC 241, [2000] 3 WLR 1590, [2000] 4 All ER 833 . . . . B4.25, B4.34, B4.39, B5.21
Hipson [1969] Crim LR 85, 112 SJ 945 . . . . F8.45
Hipwell [2006] EWCA Crim 736, [2006] 2 Cr App R (S) 98 (636) B7.28
Hirani [2008] EWCA Crim 1463 . . . . E19.83

Table of Cases

Hircock (1978) 67 Cr App R 278, [1978] Crim LR 184 . . . . B4.38
Hiro Balani v Spain (1995) 19 EHRR 566. . . . . A7.63
Hoare [2004] EWCA Crim 191, [2004] 2 Cr App R (S) 50 (261), [2004] Crim LR 594. . . . . E18.10
Hoare [2004] EWCA Crim 784, [2005] 1 WLR 1804, [2005] 1 Cr App R 22 (355),
 [2005] Crim LR 567, ... F20.21, F20.22
Hoare [2016] EWCA Crim 886 . . . . F13.73, F13.78
Hobbs [2018] EWCA Crim 1003, [2018] 2 Cr App R (S) 36 (212) E13.24
Hobbs v CT Tinling & Co. Ltd [1929] 2 KB 1, 141 LT 121, 98 LJ KB 421, 45 TLR 328,
 [1929] All ER Rep 33, 73 SJ 220. . . . . F7.21
Hobson [2013] EWCA Crim 819, [2013] 1 WLR 3733, [2013] 2 Cr App R 27 (286) D11.35, F20.53
Hobson v Impett (1957) 41 Cr App R 138 . . . . B4.173
Hockey [2017] EWCA Crim 742, [2017] 2 Cr App R 23 (288). D26.10
Hockey [2018] EWCA Crim 1419 . . . . E19.45
Hocking v Ahlquist Bros Ltd [1944] KB 120, [1943] 2 All ER 722, 113 LJ KB 65,
 170 LT 3, 42 LGR 7, 107 JP 217, 60 TLR 60 . . . . F8.45
Hodder v DPP [1990] Crim LR 261 . . . . B19.13
Hoddinott [2019] EWCA Crim 1462, [2020] 1 Cr App R (S) 26 (204) E2.5
Hodge (1838) 2 Lew CC 227, 168 ER 1136 . . . . F3.50
Hodges [2003] EWCA Crim 290, [2003] 2 Cr App R 15 (247), [2003] Crim LR 472. . . . . . . F11.4, F11.34, F11.35
Hodgetts v Chiltern District Council [1983] 2 AC 120, [1983] 2 WLR 577,
 [1983] 1 All ER 1057. . . . . D11.33, D11.34
Hodgin [2020] EWCA Crim 1388, [2021] 1 Cr App R (S) 50 (363). E2.3, E2.4
Hodgkins [2016] EWCA Crim 360, [2016] 2 Cr App R (S) 13 (95). E1.6
Hodgson (1968) 52 Cr App R 113 . . . . B3.374
Hodgson [1973] QB 565, [1973] 2 WLR 570, [1973] 2 All ER 552, 57 Cr App R 502 . . . . D19.46
Hodgson [2008] EWCA Crim 895, [2009] 1 WLR 1070, [2008] 2 Cr App R 35 (521) B2.84
Hodgson [2023] EWCA Crim 1510 . . . . C3.49
Hodgson, Woolf Productions and the NUJ v UK (1988) 10 EHRR CD 503 . . . . A7.59
Hodson [2009] EWCA Crim 1590, [2010] Crim LR 248 . . . . B2.86, B19.61, D19.58
Hoekstra v HM Advocate [2000] HRLR 410. . . . . A7.49
Hoey [2007] NICC 49 . . . . F19.29
Hoffman v Thomas [1974] 1 WLR 374, [1974] 2 All ER 233, [1974] RTR 182, [1974] Crim LR 122. . . . . C6.23
Hogan [1960] 2 QB 513, [1960] 3 WLR 426, [1960] 3 All ER 149, 44 Cr App R 255, 124 JP 457 . . . . D12.28
Hogan [1997] Crim LR 349 . . . . F17.26, F17.32
Hogan v DPP [2007] EWHC 978 (Admin), [2007] 1 WLR 2944, 172 JP 57 . . . . B21.26, B21.27
Hogart [2007] EWCA Crim 338. . . . . F13.7
Hoggard [1995] Crim LR 747 . . . . D18.17
Hoggard [2013] EWCA Crim 1024, [2014] 1 Cr App R (S) 42 (239) E13.17
Holah (1989) 11 Cr App R (S) 282 . . . . E6.12
Holden [1991] Crim LR 478. . . . . B4.51, D18.23
Holden [2013] EWCA Crim 2017 . . . . E2.35
Holden [2017] EWCA Crim 31 . . . . F17.41
Holden and Co. v CPS [1990] 2 QB 261, [1990] 2 WLR 1137, 90 Cr App R 385, [1990] 1 All ER 368 . . . . . D33.40
Holder [2023] EWCA Crim 5, [2023] 4 WLR 14, [2023] Crim LR 362 . . . . C3.11
Holdsworth [2008] EWCA Crim 971, [2009] Crim LR 15 . . . . F11.11, F11.38
Holgate-Mohammed v Duke [1984] AC 437, [1984] 2 WLR 660, [1984] 1 All ER 1054,
 79 Cr App R 120, [1984] Crim LR 418. . . . . D1.16, D1.88
Holland (1841) 2 Mood & R 351 . . . . A1.31
Holland [2002] EWCA Crim 1585, [2003] 1 Cr App R (S) 60 (288) B20.13
Holland v HM Advocate [2005] UKPC 91, [2005] HRLR 25 . . . . D22.48, F19.6
Holliday v Henry [1974] RTR 101, [1974] Crim LR 126 . . . . C1.14
Hollies (1995) 16 Cr App R (S) 463, [1995] Crim LR 171 . . . . D26.44
Hollinshead [1985] AC 975, [1985] 3 WLR 159, [1985] 2 All ER 769, 81 Cr App R 365,
 [1985] Crim LR 653 . . . . A5.52, A5.68
Holloway (1982) 4 Cr App R (S) 128, [1982] Crim LR 467 . . . . B18.5, B18.6
Holloway v Brown [1978] RTR 537, [1979] Crim LR 58 . . . . C4.17
Hollywood (1990) 12 Cr App R (S) 325, 154 JP 705, [1990] Crim LR 817 . . . . D20.60, E13.6
Holman [1995] Crim LR 80 . . . . F17.14
Holman [2010] EWCA Crim 107, [2010] RTR 23 (257). C6.12, E5.16
Holme v Liverpool City Justices [2004] EWHC 3131 (Admin), (2005) 169 JP 306 . . . . D23.24
Holmes [1953] 1 WLR 686, [1953] 2 All ER 324, (1953) 37 Cr App R 61, (1953) 117 JP 346 . . . . F11.35
Holmes (1979) 1 Cr App R (S) 233 . . . . E13.11
Holmes [2018] EWCA Crim 131 . . . . C7.37
Holmes [2023] EWCA Crim 58, [2023] 4 WLR 13, [2023] 1 Cr App R 25 (416) . . . ., B3.396, F1.38
Holmes, Re [2004] EWHC 2020 (Admin), [2005] 1 WLR 1857, [2005] 1 All ER 490,
 [2005] 1 Cr App R 16 (229), [2005] Crim LR 229 . . . . B4.23
Holmes v Campbell (1998) 162 JP 655. . . . . D21.50, D22.22
Holmes v Chief Constable Merseyside Police [1976] Crim LR 125. . . . . B19.46
Holmes v SGB Services [2001] EWCA Civ 354 . . . . D4.5
Holt v DPP [1996] 2 Cr App R (S) 314, [1996] Crim LR 524. . . . . E6.2
Holy Trinity, Kingston-upon-Hull (Inhabitants) (1827) 7 B & C 611, 108 ER 851,
 1 Man & Ry KB 444, 1 Man & Ry MC 146, 6 LJ OS MC 24 . . . . F8.2
Home Office v Harman [1983] 1 AC 280, [1982] 2 WLR 338, [1982] 1 All ER 532 . . . . B14.85

Table of Cases

Honeyghon [1999] Crim LR 221 . . . . F6.49, F6.52
Hood [1968] 1 WLR 773, [1968] 2 All ER 56, 52 Cr App R 265, 132 JP 316,
    [1968] Crim LR 272 . . . . D13.68, F9.22
Hood v UK (2000) 29 EHRR 365 . . . . A7.38
Hoof (1980) 72 Cr App R 126, [1980] Crim LR 719, 2 Cr App R (S) 299. . . . . B8.27
Hookway [1999] Crim LR 750 . . . . F11.9, F11.35, F19.20, F19.22
Hookway [2011] EWCA Crim 1989, [2012] Crim LR 130 . . . . F11.12, F5.19
Hooper v UK (2005) 41 EHRR 1 (1) A7.55
Hope (1980) 2 Cr App R (S) 6, [1980] Crim LR 314 . . . . D20.113
Hope [1994] Crim LR 118 . . . . D1.138
Hopes (1989) 11 Cr App R (S) 38, [1989] Crim LR 515 . . . . E19.67
Hopes [2011] EWCA Crim 1869 . . . . F6.51
Hopkins [1896] 1 QB 652 . . . . B7.50, B7.66
Hopkins [2011] EWCA Crim 1513 . . . . F3.48
Hopkinson [2013] EWCA Crim 795, [2014] 1 Cr App R 3 (22), [2014] Crim LR 310 . . . . . . B1.97, D19.34, D19.81
Hopper [1915] 2 KB 431, 84 LJ KB 1371, 11 Cr App R 136, 79 JP 335, 25 Cox CC 34,
    113 LT 381, 31 TLR 360, [1914–15] All ER Rep 914 . . . . F3.38
Horden [2009] EWCA Crim 388, [2009] 2 Cr App R 24 (406), 173 JP 254, [2009] Crim LR 588 . . . . D1.8, D15.86
Horgle v DPP [2015] EWHC 856 (Admin) B11.37
Horn (1912) 7 Cr App R 200, 76 JP 270, 28 TLR 336 . . . . F3.7
Horncastle [2009] EWCA Crim 964, [2009] 2 Cr App R 15 (230) D14.78, F16.2
Horncastle [2009] UKSC 14, [2010] 2 AC 373, [2010] 2 WLR 47, [2009] 2 Cr App R 17 (230),
    [2010] 2 All ER 359, [2010] Crim LR 496 . . . . A7.14, A7.15, A7.73, D14.83, F15.25, F16.2, F16.3, F16.4,
                                            F16.5, F16.6, F17.1, F17.4, F17.7, F17.17, F17.21, F17.22,
                                            F17.26, F17.88, F17.89, F17.90, F17.95, F17.96, F17.99
Horncastle v UK (2015) 60 EHRR 31 (1331), [2014] ECHR 1394 . . . . A7.73, D14.83, F17.1, F17.18
Horne [1990] Crim LR 188 . . . . F18.100, F20.36
Horne [1992] Crim LR 304 . . . . D26.39
Horne [1994] Crim LR 584 . . . . A3.38, F11.19
Horne [2020] EWCA Crim 487, [2021] 1 Cr App R 2 (15) F2.9, F12.13
Horseferry Road Magistrates' Court, ex parte Bennett [1994] 1 AC 42, [1993] 3 WLR 90,
    [1993] 3 All ER 138, 98 Cr App R 114, 157 JP 713 . . . . D3.66, D3.70, D3.104, D21.44
Horseferry Road Magistrates' Court, ex parte Bennett (No. 2) [1994] 1 All ER 289,
    98 Cr App R 123, [1994] Crim LR 370 . . . . F9.7, F9.13
Horseferry Road Magistrates' Court, ex parte K [1997] QB 23, [1996] 3 WLR 68,
    [1996] 3 All ER 719, [1996] Cr App R 574, 160 JP 441 . . . . A3.24, D6.14, D21.51
Horseferry Road Magistrates' Court, ex parte O'Regan (1986) 150 JP 535, [1986] Crim LR 679 . . . . D3.60
Horseferry Road Magistrates' Court, ex parte Rugless (2000) 164 JP 311, [2000] 1 Cr App R (S) 484,
    [2000] Crim LR 119 . . . . D23.35
Horseferry Road Metropolitan Stipendiary Magistrates, ex parte Siadatan [1991] 1 QB 260,
    [1990] 3 WLR 1006, [1991] 1 All ER 324, 92 Cr App R 257, [1990] Crim LR 598 . . . . . . B11.37, B11.43
Horseferry Road Stipendiary Magistrate, ex parte Pearson [1976] 1 WLR 511, [1976] 2 All ER 264,
    [1976] Crim LR 304 . . . . D7.122
Horsham Justices, ex parte Farquharson [1982] QB 762, [1982] 2 WLR 430, [1982] 2 All ER 269,
    74 Cr App R 287, (1983) 76 Cr App R 87 . . . . B14.116, D10.16
Horsham Justices, ex parte Richards [1985] 1 WLR 986, [1985] 2 All ER 1114, 82 Cr App R 254,
    7 Cr App R (S) 158 . . . . E6.5
Horsnell [2012] EWCA Crim 227 . . . . F4.17, F17.40
Horton (1985) 7 Cr App R (S) 299, [1986] Crim LR 411 . . . . D26.56
Horvarth v Hungary [2024] EWHC 499 (Admin), [2024] ACD 50 . . . . D31.41
Horwood [2012] EWCA Crim 253 . . . . B2.80
Hose (1995) 16 Cr App R (S) 682, [1995] Crim LR 259 . . . . E6.2
Hough v Chief Constable of Staffordshire Police (2001) *The Times*, 14 February 2001 . . . . D1.5
Houghton (1978) 68 Cr App R 197, [1979] Crim LR 383 . . . . F18.31
Houghton [1982] Crim LR 112 . . . . B12.109
Houghton v Chief Constable of Greater Manchester (1986) 84 Cr App R 319 . . . . B12.158, B12.177
Houlden (1994) 99 Cr App R 244 . . . . F14.24
Hounga v Allen [2014] UKSC 47, [2014] 1 WLR 2889, [2014] 4 All ER 595 . . . . B22.4
Hourigan [2003] EWCA Crim 2306 . . . . B14.131, D7.119
House [1994] Crim LR 682 . . . . F1.27
Howard [1966] 1 WLR 13, [1965] 3 All ER 684, 50 Cr App R 56, 130 JP 61 . . . . B3.32
Howard [1993] Crim LR 213 . . . . B12.247, B12.271, F1.28
Howard [2016] EWCA Crim 1511, [2017] 1 Cr App R (S) 8 (44), [2017] Crim LR 72 . . . . B3.108
Howard v Hallett [1984] RTR 353, [1984] Crim LR 565 . . . . C5.42
Howarth (1828) 1 Mood 207 . . . . B2.99
Howarth [2021] EWCA Crim 445 . . . . E21.24
Howarth [2022] EWCA Crim 1836 . . . . B10.60
Howarth v Metropolitan Police Commissioner [2011] EWHC 2818 (Admin) D1.4, D1.5
Howden-Simpson [1991] Crim LR 49 . . . . D1.88
Howe (1958) 100 CLR 448, 32 ALJR 212, [1958] ALR 753; affirming [1958] SASR 895 . . . . A3.70
Howe [1982] RTR 45 . . . . C4.17
Howe [1987] AC 417, [1987] 2 WLR 568, [1987] 1 All ER 771, 85 Cr App R 32, 151 JP 265,
    [1987] Crim LR 480 . . . . A3.37, A3.42, A3.43, A4.20
Howe [2014] EWCA Crim 114, [2014] 2 Cr App R (S) 38 (311) B1.158

Table of Cases

Howe [2017] EWCA Crim 2400 . . . . F13.60
Howe (F) and Sons (Engineers) Ltd [1999] 2 All ER 249, [1999] 2 Cr App R (S) 37, 163 JP 359,
   [1999] Crim LR 238. . . . . E5.20
Howell [1982] QB 416, [1981] 3 WLR 501, [1981] 3 All ER 383, 73 Cr App R 31, [1981] Crim LR 697. . . . . D1.33
Howell [2003] EWCA Crim 1, [2005] 1 Cr App R 1 (1), [2003] Crim LR 405 . . . . F20.21
Howells [1977] QB 614, [1977] 2 WLR 716, [1977] 3 All ER 417, 65 Cr App R 86,
   [1977] Crim LR 354. . . . . B12.45, B12.78
Howells [2002] EWCA Crim 1608, [2003] 1 Cr App R (S) 61 (292). C3.50
Howglen Ltd, Re [2001] 1 All ER 376, [2001] BCC 245 . . . . F8.35, F17.83
Howlett [2019] EWCA Crim 1224, [2020] 1 Cr App R (S) 14 (123) E16.28
Howley v Oxford (1985) 81 Cr App R 246 . . . . E9.6
Howson (1981) 74 Cr App R 172, [1981] Crim LR 720 . . . . D15.89
Hoyte [1994] Crim LR 215 . . . . F2.30, F14.26
Hua Weng [2005] EWCA Crim 2248, [2006] 1 Cr App R (S) 97 (582) B22.60
Hubner v Czech Republic [2009] EWHC 2929 (Admin) D4.4
Huchison [1972] 1 WLR 398, [1972] 1 All ER 936, 56 Cr App R 307, [1972] Crim LR 258 . . . . D20.56
Huckerby [2004] EWCA Crim 3251. . . . . F11.16
Huddart [1999] Crim LR 568 . . . . B20.8
Hudson [1956] 2 QB 252, [1956] 2 WLR 914, [1956] 1 All ER 814, 40 Cr App R 55,
   120 JP 216, 36 TC 561, [1956] TR 93, 35 ATC 63, 100 SJ 284 . . . . B16.3
Hudson [1971] 2 QB 202, [1971] 2 WLR 1047, [1971] 2 All ER 244, 56 Cr App R 1, 115 SJ 303 . . . . A3.40
Hudson (1980) 72 Cr App R 163, [1981] Crim LR 107 . . . . F18.15, F18.31
Hudson [1994] Crim LR 920 . . . . F1.20
Hudson [2007] EWCA Crim 2083 . . . . F18.61
Hudson [2011] EWCA Crim 906, [2011] 2 Cr App R (S) 116 (666), [2011] Crim LR 659 . . . . D20.104
Hudson v CPS [2017] EWHC 841 (Admin), [2017] 4 WLR 108, [2017] 2 Cr App R (S) 21 (269) B4.85
Hudson v Hornby [1973] RTR 4, [1972] Crim LR 505 . . . . C5.43
Huggins [2007] EWCA Crim 732, [2007] 2 Cr App R 8 (107), [2007] Crim LR 798. . . . . B14.104
Hughes (1850) 4 Cox CC 447. . . . . B1.148
Hughes (1860) Bell CC 242, 169 ER 1245, 29 LJ MC 71, 1 LT 450, 24 JP 101,
   8 Cox CC 278, 6 Jur NS 177, 8 WR 195 . . . . A4.23
Hughes (1879) 4 QBD 614 . . . . D5.19
Hughes (1985) 81 Cr App R 344 . . . . B19.51, B19.52, B19.53, B19.69
Hughes [1988] Crim LR 519 . . . . F18.41
Hughes [1994] 1 WLR 876 . . . . D1.100
Hughes [2005] EWCA Crim 2350, [2006] 1 Cr App R (S) 107 (632) E21.7
Hughes [2009] EWCA Crim 841, [2010] 1 Cr App R (S) 25 (146) D26.48
Hughes [2011] EWCA Crim 556 . . . . D20.10
Hughes [2013] UKSC 56, [2013] 1 WLR 2461, [2013] 4 All ER 613, [2014] 1 Cr App R 6 (46),
   [2013] RTR 31 (420), [2014] Crim LR 234 . . . . A1.25, A1.28, A1.33, B4.132, C3.53
Hughes [2020] EWCA Crim 266 . . . . E13.15
Hughes [2024] EWCA Crim 357 . . . . E19.83
Hughes v DPP [2003] EWHC 2470 (Admin), (2003) 167 JP 589. . . . . D22.54, D22.56
Hughes v DPP [2010] EWHC 515 (Admin) F18.41
Hughes v Holley [1987] Crim LR 253, 151 JP 233, 86 Cr App R 130, 151 JPN 233 . . . . E9.3
Hughes v Sweden [2020] EWHC 2707 (Admin) D31.19
Hui Chi-ming v The Queen [1992] 1 AC 34, [1991] 3 WLR 495, [1991] 3 All ER 897,
   94 Cr App R 236, [1992] Crim LR 446 . . . . A4.16, F1.20
Hulbert (1979) 69 Cr App R 243 . . . . B4.180, F16.30
Hulme [2006] EWCA Crim 2899, [2007] 1 Cr App R 26 (334) D19.13, F6.25, F6.57
Hulme v DPP [2006] EWHC 1347 (Admin), (2006) 170 JP 598 . . . . B3.181
Hulusi (1973) 58 Cr App R 378 . . . . D26.29, F7.6
Humber v DPP [2008] EWHC 2932 (Admin) C6.60
Hummatov v Azerbaijan (2009) 49 EHRR 36 (960) A7.52
Humphreys [1965] 3 All ER 689, 130 JP 45 . . . . A4.16
Humphreys [1977] Crim LR 225 . . . . B12.153, B12.164, B12.166
Humphreys [1993] Crim LR 288 . . . . F12.16
Humphreys v CPS [2019] EWHC 2794 (Admin), [2020] 1 Cr App R (S) 39 (283) D25.23, D25.29
Humphries [1987] EWCA Crim J0407-10 . . . . B12.165
Humphries [2013] EWCA Crim 1748. . . . . E2.18
Humphris [2005] EWCA Crim 2030, (2005) 169 JP 441 . . . . F13.7, F17.31
Hundal [2004] EWCA Crim 389, [2004] 2 Cr App R 19 (307), [2004] 2 Cr App
   R (S) 64 (355). B10.27, B10.28, F10.13
Hungari-Ajufo [2016] EWCA Crim 1913 . . . . F6.53
Hungary v Fenyvesi [2009] EWHC 231 (Admin), [2009] 4 All ER 324. . . . . D31.43
Hunt (1820) 3 B & Ald 566, 106 ER 768, 1 St Tr NS 171, [1814–23] All ER Rep 456 . . . . F8.9, F8.12
Hunt [1950] 2 All ER 291 . . . . B3.396
Hunt (1977) 66 Cr App R 105, [1977] Crim LR 740 . . . . B8.14
Hunt [1987] AC 352, [1986] 3 WLR 1115, [1987] 1 All ER 1, 84 Cr App R 163,
   [1987] Crim LR 263 . . . . B4.176, B19.21, F3.11, F3.12, F3.16, F3.17
Hunt [1994] Crim LR 747, (1995) 16 Cr App R (S) 87 . . . . F12.16
Hunt [2020] EWHC 1292 (Admin), [2020] 4 WLR 81 . . . . D33.4
Hunt [2024] EWCA Crim 629 . . . . E17.12
Hunter (1829) 3 C & P 591, 172 ER 559 . . . . F8.9
Hunter [1969] Crim LR 262, 113 SJ 161 . . . . F20.60

Table of Cases

Hunter [1974] QB 95, [1973] 3 WLR 374, [1973] 3 All ER 286, 57 Cr App R 772,
   [1973] Crim LR 514 .... B1.145, B14.56
Hunter [1985] 1 WLR 613, [1985] 2 All ER 173, 81 Cr App R 40, [1985] Crim LR 309 .... F8.51
Hunter [2007] EWCA Crim 3424, [2008] 2 Cr App R (S) 40 .... B1.14, B1.152
Hunter [2015] EWCA Crim 372 .... B2.139
Hunter [2015] EWCA Crim 631, [2015] 1 WLR 5367, [2015] 2 Cr App R 9 (116) D18.23, F13.28, F14.3,
   F14.4, F14.5, F14.6, F14.7, F14.8, F14.9, F14.10, F14.12, F14.13, F14.14,
   F14.15, F14.16, F14.17, F14.18, F14.19, F14.24, F14.26, F14.27, F14.28, F14.29
Hunter [2021] EWCA Crim 1785, [2022] 1 Cr App R 13 (188). A5.65, A5.68, B5.22, B7.13, B7.15, B7.16, B7.17, F2.9
Hunter v Coombs [1962] 1 WLR 573, [1962] 1 All ER 904, 126 JP 300, 60 LGR 506, 106 SJ 287 .... C7.34
Hunter v Crown Court at Newcastle [2013] EWHC 191 (Admin), [2014] QB 94, [2014] 3 WLR 918 ...... D33.22
Huntingdon Crown Court, ex parte Jordan [1981] QB 857, [1981] 3 WLR 27, [1981] 2 All ER 872,
   73 Cr App R 194, [1981] Crim LR 641 .... D22.4, D29.4
Huntingdon Life Sciences Ltd v Curtin (1997) *The Times*, 11 December 1997 .... B2.207
Hurford-Jones (1977) 65 Cr App R 263 .... B16.36
Hurnam v State of Mauritius [2005] UKPC 49, [2006] 1 WLR 857 .... D7.18
Hurst [1995] 1 Cr App R 82 .... A3.40, F11.19, F17.14
Hursthouse [2013] EWCA Crim 517 .... E19.62
Husband [2021] EWCA Crim 1240 .... B3.9
Hussain [1981] 1 WLR 416, [1981] 2 All ER 287, 72 Cr App R 143, [1981] Crim LR 251 .... B12.45,
   B12.78, B12.169
Hussain [2002] EWCA Crim 6, [2002] 2 Cr App R 26 (363), [2002] Crim LR 407 .... A5.46
Hussain [2008] EWCA Crim 1559, [2009] 1 Cr App R (S) 65 (373) B10.174
Hussain [2009] EWCA Crim 2582 .... C7.36
Hussain [2010] EWCA Crim 970, [2011] QB 1, [2010] 3 WLR 808, [2010] 2 Cr App R 11 (78) B19.48
Hussain [2010] EWCA Crim 1327 .... D18.9
Hussain [2012] EWCA Crim 188, [2012] All ER (D) 92 (Feb), [2012] 2 Cr App R (S) 75 (427) B1.46
Hussain [2012] EWCA Crim 2093, [2013] 1 Cr App R (S) 112 (580) B2.124
Hussain [2014] EWCA Crim 2344, [2014] 2 Cr App R (S) 15 (114) B7.78, E19.28
Hussain [2015] EWCA Crim 383 .... F15.19
Hussain [2018] EWCA Crim 780, [2018] 2 Cr App R (S) 12 (89) E2.3, E2.5
Hussain [2018] EWCA Crim 1785, [2019] Crim LR 70 .... D15.86
Hussain [2019] EWCA Crim 362 .... E18.14
Hussain [2019] EWCA Crim 666 .... B1.30, F11.43
Hussain [2019] EWCA Crim 1534 .... B5.9
Hussain [2019] EWCA Crim 1542, [2020] 1 Cr App R (S) 32 (235) E14.3
Hussain [2019] EWCA Crim 2416 .... F15.21, F17.40
Hussain [2020] EWCA Crim 1514 .... E2.4
Hussain [2021] EWCA Crim 870 .... F13.20, F15.19
Hussain [2022] EWCA Crim 1298 .... E14.1
Hussain [2023] EWCA Crim 311 .... F13.83
Hussain [2023] EWCA Crim 697, [2024] Crim LR 258 .... A4.3
Hussain [2024] EWCA Crim 228 .... F1.27, F20.30
Hussain v Brent London Borough Council [2014] EWCA Crim 2344 .... E19.62
Hussain v DPP [2008] EWHC 901 (Admin), (2008) 172 JP 434 .... C5.15
Hussain v UK (2006) 43 EHRR 22 (437), (2006) *The Times*, 5 April 2006 .... D33.14
Hussey (1924) 18 Cr App R 160, (1925) 89 JP 28 .... A3.69, A3.70
Husseyn (1977) 67 Cr App R 131, [1978] Crim LR 219 .... A5.81, B4.64, B4.93
Hussien v Chong Fook Kam [1970] AC 942, [1970] 2 WLR 441, [1969] 3 All ER 1626 .... D1.4
Hutchins [1988] Crim LR 379 .... B2.120, B2.127
Hutchins [2011] EWCA Crim 1056 .... A6.24
Hutchinson (1985) 82 Cr App R 51, [1985] Crim LR 730, 82 LS Gaz 2332, 129 SJ 700 .... F6.13
Hutchinson (1994) 15 Cr App R (S) 134 .... E2.28
Hutchinson [2018] EWCA Crim 631 .... B5.50
Hutchison, ex parte McMahon [1936] 2 All ER 1514, 155 LT 455 .... B14.110
Hutchinson v DPP (2000) *The Independent*, 20 November 2000, [2000] All ER (D) 1309 .... B8.13
Hutchinson v UK (2015) 61 EHRR 13 (393), [2017] ECHR 65 .... A7.15, E17.3
Hutt v Metropolitan Police Commissioner [2003] EWCA Civ 1911 .... D2.50
Hutton (1988) *The Times*, 27 October 1988 .... F6.45
Hutton [1990] Crim LR 875 .... D13.65
Hyam v DPP [1975] AC 55, [1974] 2 WLR 607, [1974] 2 All ER 41, 59 Cr App R 91,
   [1974] Crim LR 365 .... A2.4, B1.22, B1.25
Hyde [2014] EWCA Crim 713 .... B12.4
Hyde [2016] EWCA Crim 1031, [2016] 2 Cr App R (S) 39 (416) D27.34
Hyde v Emery (1984) 6 Cr App R (S) 206 .... E6.14
Hysa [2007] EWCA Crim 2056 .... B3.34

I [2009] EWCA Crim 1793, [2010] 1 WLR 1125, [2010] 1 Cr App R 10 (138),
   [2010] Crim LR 312 .... D15.54, D15.55
I [2012] EWCA Crim 1288, [2012] Crim LR 886 .... F11.11
I v DPP [2001] UKHL 10, [2002] 1 AC 285, [2001] 2 WLR 765, [2001] 2 All ER 583,
   [2001] 2 Cr App R 14 (216), 165 JP 437, [2001] Crim LR 491 .... B11.29
IA [2013] EWCA Crim 1308 .... D14.3, D14.38, F4.21, F13.21
IA v France (1998) Appln. 28213/95, 23 September 1998 .... A7.39
ICR Haulage Ltd [1944] KB 551, [1944] 1 All ER 691, (1945) 30 Cr App R 31 .... A5.51, A6.3, A6.5

Table of Cases

IM v LM [2014] EWCA Civ 37 . . . . B3.33
IPE Marble Arch Ltd v Moran [2024] EWHC 1375 (KB) B5.12, B6.27, B6.40
IRC, ex parte Rossminster [1980] AC 952, [1980] 2 WLR 1, [1980] 1 All ER 80, 70 Cr App R 157 . . . . D1.183
ITB [2009] UKHL 20, [2009] 1 AC 1310, [2009] 2 WLR 1088, [2009] 3 All ER 1,
   [2009] 2 Cr App R 13 (189),
   173 JP 289, [2009] Crim LR 581 . . . . D24.4
ITC Film Distributors Ltd v Video Exchange Ltd [1982] Ch 431, [1982] 3 WLR 125,
   [1982] 2 All ER 241, [1982] Crim LR 237 . . . . F2.6, F10.45
ITN News v R [2013] EWCA Crim 773, [2014] 1 WLR 199, [2013] 2 Cr App R 22 (237),
   [2014] Crim LR 375 . . . . D3.139
Iaciofano v DPP [2010] EWHC 2357 (Admin), [2011] RTR 15 (205) C2.23
Iaquaniello [2005] EWCA Crim 2029 . . . . B14.46, D11.60
Ibbotson v UK [1999] Crim LR 153 . . . . A7.79, E23.1
Ibori [2013] EWCA Crim 815, [2014] 1 Cr App R (S) 15 (73) D12.61
Ibrahim [2008] EWCA Crim 880, [2009] 1 WLR 578, [2008] 4 All ER 208, [2008] 2 Cr App
   R 23 (311) B10.12, D1.84, F2.29, F18.46
Ibrahim [2012] EWCA Crim 837, [2012] 4 All ER 225, [2012] 2 Cr App R 32 (420), 176 JP 470,
   [2012] Crim LR 793 . . . . A7.73, F17.89, F17.90
Ibrahim [2014] EWCA Crim 121 . . . . A3.60, A3.63
Ibrahim [2020] EWCA Crim 834 . . . . D13.65
Ibrahim [2021] EWCA Crim 1935 . . . . F13.40, F15.11, F15.12, F15.14
Ibrahim v CPS [2016] EWHC 1750 (Admin) F17.56, F17.57
Ibrahim v UK (2015) 61 EHRR 9 (264), [2016] ECHR 750 . . . . . A7.77, B10.12, F2.1, F2.29, F10.7, F10.15, F18.36
Ibrahim v UK [2016] ECHR 750 . . . . A7.35, B10.12, F18.36
Ibrahim v UK [2017] Crim LR 877, [2016] All ER (D) 57 (Sep) D1.62, D1.84
Ibrahima [2005] EWCA Crim 1436, [2005] Crim LR 887 . . . . F11.5, F11.34
Idrees v DPP [2011] EWHC 624 (Admin) B5.16
Ihenacho v Croydon London Borough Council [2021] EWCA Crim 798 . . . . E19.84
Ike [1996] Crim LR 515 . . . . B16.10
Ikram [2008] EWCA Crim 586, [2009] 1 WLR 1419, [2008] 4 All ER 253, [2008] 2 Cr App
   R 24 (347), [2008] 2 Cr App R (S) 114 (648), [2008] Crim LR 912 . . . . B1.98, B1.105,
                                                                           D16.68, D17.12, F6.14
Ilomuanya [2005] EWCA Crim 58 . . . . F1.18
Ilyas [1996] Crim LR 810 . . . . F17.75
Ilyas v Aylesbury District Council [2008] EWCA Crim 1303, [2009] 1 Cr App R (S) 59 (316),
   [2008] Crim LR 908 . . . . E19.24
Imbroscia v Switzerland (1994) 17 EHRR 4411 . . . . A7.35
Imran and Hussain [1997] Crim LR 754 . . . . D1.88, F8.63
Imre v Hungary [2018] EWHC 218 (Admin) D31.15
Inch (1989) 91 Cr App R 51 . . . . F11.5
Inco Europe v First Choice Distribution [2000] 1 WLR 586, [2000] 2 All ER 109,
   [2000] 1 All ER (Comm) 674 . . . . B14.132
Independent Television Commission, ex parte TV NI Ltd (1991) *The Times*, 30 December 1991 . . . . D29.26
India v Singh [2021] EWHC 3333 (Admin) D31.32
Ingle [1974] 3 All ER 811, 59 Cr App R 306, [1974] Crim LR 609 . . . . D20.112
Ingleson [1915] 1 KB 512, 11 Cr App R 21, 84 LJ KB 280, 112 LT 313, 24 Cox CC 527 . . . . D12.99
Inglis [2010] EWCA Crim 2637, [2011] 1 WLR 1110, [2011] 2 Cr App R (S) 13 (66),
   [2011] Crim LR 243 . . . . B1.17, E17.9
Inglis [2021] EWCA Crim 1545 . . . . F17.37
Ingram v Percival [1969] 1 QB 548, [1968] 3 WLR 663, [1968] 3 All ER 657, 133 JP 1 . . . . F1.9
Inner London Crown Court, ex parte Benjamin (1986) 85 Cr App R 267, [1987] Crim LR 417 . . . . D29.40, E9.3
Inner London Crown Court, ex parte Lambeth London Borough Council [2000] Crim LR 303 . . . . A7.63, D29.9
Inner London Crown Court, ex parte N and S [2001] 1 Cr App R (S) 99 (343), [2000] Crim LR 871 . . . . . . E15.13
Inner London Quarter Sessions, ex parte Metropolitan Police Commissioner [1970] 2 QB 80,
   [1970] 2 WLR 95, [1969] 3 All ER 1537, 54 Cr App R 49 . . . . D12.50
Inner London Youth Court, ex parte DPP (1996) 161 JP 178 . . . . D24.55
Innospec Ltd (26 March 2010, unreported, Southwark CC) D8.8
Inns (1974) 60 Cr App R 231, [1975] Crim LR 182 . . . . D12.102
Inns [2018] EWCA Crim 1081, [2019] 1 Cr App R 5 (61) D19.18, F6.2
Inquiry under the Company Securities (Insider Dealing) Act 1985, Re an [1988] AC 660,
   [1988] 2 WLR 33, [1988] 1 All ER 203 . . . . B14.115, F9.29
Inskip [2005] EWCA Crim 3372 . . . . D27.18
Instan [1893] 1 QB 450, 62 LJ MC 86, 68 LT 420, 57 JP 282, 17 Cox CC 602, 9 TLR 248,
   5 R 248, 41 WR 368, [1891–4] All ER Rep 1213 . . . . A1.18
Institute of Cetacean Research v Sea Shepherd Conservation Society, Opinion of the Ninth Circuit
   Courts of Appeal, No. 12-35266 . . . . B10.167
Interfact Ltd v Liverpool City Council [2005] EWHC 995 (Admin), (2005) 169 JP 353,
   [2005] 1 WLR 3118 . . . . B18.45
Interfact Ltd v Liverpool City Council [2010] EWCA Crim 1486, [2011] QB 744, [2011] 2 WLR 396,
   [2011] 3 All ER 206, [2011] 2 Cr App R 29 (310), [2010] 3 CMLR 50 . . . . B18.44
Interlink Express Parcels Ltd v Night Truckers Ltd (2001) 165 JP 166, [2000] RTR 324 . . . . C1.28
Inwood [1973] 1 WLR 647, [1973] 2 All ER 645, (1973) 57 Cr App R 529, [1973] Crim LR 290 . . . . D1.15
Inwood (1974) 60 Cr App R 70 . . . . E6.11, E6.15
Ioannou [1999] Crim LR 586 . . . . F20.15
Ioannou v Demetriou [1952] AC 84, [1952] 1 All ER 179, [1951] 2 TLR 1177 . . . . F17.46

Table of Cases

Ioskevich v Russia [2018] EWHC 696 (Admin) D31.41
Iqbal (1985) 81 Cr App R 145, (1985) 7 Cr App R (S) 35, [1985] Crim LR 456. . . . . D20.102
Iqbal [2010] EWCA Crim 376, [2010] 1 WLR 1985, [2010] 2 Cr App R (S) 72 (470), [2010] Crim LR 511 . . . E19.69
Iqbal [2011] EWCA Crim 273, [2011] 1 WLR 1541, [2011] 1 Cr App R 24 (317),
   [2011] Crim LR 875 . . . . D1.15, D1.19
Iqbal [2014] EWCA Crim 2353 . . . . C3.38
Iqbal [2014] EWCA Crim 2650 . . . . B10.92
Iqbal [2022] EWCA Crim 1156, [2023] 1 Crim App R (S) 15 (104), [2023] Crim LR 254 . . . . B12.143
Iqbal [2023] EWCA Crim 1399, [2024] RTR 23 (415). C3.19
Iqbal v Dean Manson (Solicitors) [2011] EWCA Civ 123 . . . . B2.207
Irala-Prevost [1965] Crim LR 606, [1965] EWCA Crim J0730 . . . . B19.32
Ireland (1988) 10 Cr App R (S) 474, [1989] Crim LR 458 . . . . C7.12
Ireland [1998] AC 147, [1997] 3 WLR 534, [1997] 4 All ER 225, [1998] 1 Cr App R 177,
   (1997) 161 JP 569, [1997] Crim LR 810. . . . . B2.5, B2.6, B2.9, B2.43, B2.44, B2.79, B2.80, B2.99
Ireland v UK (1979-80) 2 EHRR 25 . . . . A7.34
Irish [1995] Crim LR 145 . . . . F7.62
Irish Society v Bishop of Derry (1846) 12 Cl & F 641, 8 ER 640 . . . . F17.43
Irons [2020] EWCA Crim 981, [2021] 1 Cr App R (S) 22 (184) E21.32
Irving [1970] Crim LR 642. . . . . B19.31
Irwin [1987] 1 WLR 902, [1987] 2 All ER 1085, 85 Cr App R 294 . . . . D17.16
Irwin Mitchell v RCPO [2008] EWCA Crim 1741, [2009] 1 WLR 1079, [2009] 1 Cr App R 22 (284),
   [2009] 3 All ER 530. . . . . D8.74
Isaac [2016] EWCA Crim 1907 . . . . B2.97, B12.275
Isaacs (M) & Sons Ltd v Cook [1925] 2 KB 391, 94 LJ KB 886, 134 LT 286, 41 TLR 647. . . . . F9.11
Isequilla [1975] 1 WLR 716, [1975] 1 All ER 77, 60 Cr App R 52, [1974] Crim LR 599 . . . . F18.30
Isham [2016] EWCA Crim 831. . . . . B12.202
Ishaqzai [2021] EWCA Crim 222 . . . . A3.6, B3.105
Ishmail [2018] EWCA Crim 1411 . . . . C7.17
Isichei [2006] EWCA Crim 1815, (2006) 170 JP 753 . . . . F13.34, F13.59, F16.20, F17.38
Islam [2009] UKHL 30, [2009] 1 AC 1076, [2009] 3 WLR 1, [2010] 1 All ER 493,
   [2009] 1 Cr App R (S) 42 (499), [2009] Crim LR 751. . . . . E19.47
Islam [2012] EWCA Crim 3106 . . . . F7.34
Islam [2019] EWCA Crim 1494 . . . . C3.51
Islam [2019] EWCA Crim 2419 . . . . B1.42
Isleworth Crown Court ex parte Buda [2000] 1 Cr App R (S) 538. . . . . D23.38
Isleworth Crown Court, ex parte Clarke [1998] 1 Cr App R 257 . . . . D7.93
Isleworth Crown Court, ex parte Commissioners of Customs and Excise [1990] Crim LR 859. . . . . D7.68
Isleworth Crown Court, ex parte Irvin [1992] RTR 281, (1992) 156 JP 453 . . . . D29.11
Isleworth Crown Court, ex parte Marland (1998) 162 JP 251 . . . . D8.21
Islington London Borough Council v Michaelides [2001] EWHC Admin 468, [2001] Crim LR 843 . . . . . . D12.26
Islington London Borough Council v Panico [1973] 1 WLR 1166, [1973] 3 All ER 485,
   [1973] Crim LR 536, 72 LGR 51 . . . . F3.54
Islington North Juvenile Court, ex parte Daley [1983] 1 AC 347, [1982] 3 WLR 344,
   [1982] 2 All ER 974, 75 Cr App R 280, [1982] Crim LR 760 . . . . D24.69, D24.70, D24.71
Ismael [2024] EWCA Crim 301. . . . . D26.62
Ismail [1990] Crim LR 109. . . . . F18.14
Ismail [2005] 2 Cr App R (S) 88 (542) B3.21
Ismail, Re [1999] 1 AC 320, [1998] 3 WLR 495, [1998] 3 All ER 1007, (1999) 163 JP 154 . . . . . . D31.13
Ivey [2000] EWCA Crim J0815-10. . . . . B12.178
Ivey v Genting Casinos (UK) Ltd [2017] UKSC 67, [2018] AC 391, [2018] 1 Cr App R 12 (180),
   [2017] 3 WLR 1212, [2018] 2 All ER 406. . . . . A5.69, A6.2, B4.54, B4.55, B4.145, B4.179, B5.11,
                                                                                            B5.19, B5.46, B6.13, B7.13, B16.33, B16.60, C4.12
Ivor [2021] EWCA Crim 923 . . . . B3.30, B3.39
Iwanczuk v Poland (2004) 38 EHRR 8 (148). A7.40

J [2001] 1 Cr App R (S) 79 (273) E19.38
J [2004] UKHL 42, [2005] 1 AC 562, [2005] 1 Cr App R 19 (277), [2004] 3 WLR 1019,
   [2005] 1 All ER 1. . . . . B3.395
J [2004] EWCA Crim 2002, [2005] 1 Cr App R (S) 63 (284) B2.165
J [2008] EWCA Crim 2002, (2008) 172 JP 513 . . . . E12.17
J [2011] EWCA Crim 3021 . . . . F17.38, F17.90
J (BJ) (1996) 193 AR 151 (Alta SC) B3.60
J (DC) [2010] EWCA Crim 385, [2010] 2 Cr App R 2 (8), [2010] Crim LR 769 . . . . F13.27, F17.6
J (FJ) [2013] EWCA Crim 569, [2014] QB 561, [2014] 2 WLR 701, [2013] 2 Cr App R 10 (97),
   177 JP 588. . . . . D3.99, D21.50
J (GV) [2015] EWCA Crim 630 . . . . F14.23
J, Re [1991] 2 WLR 140, [1990] 3 All ER 930 . . . . A1.22
JAS [2015] EWCA Crim 2254 . . . . B3.128
J-B [2004] EWCA Crim 14, [2004] Crim LR 390, [2004] 2 Cr App R (S) 41 (211), [2004] Crim LR 390 . . . . . E10.8
JB [2013] EWCA Crim 256 . . . . B1.4
JB [2020] EWCA Crim 1699 . . . . B3.9
JB [2020] EWCA Civ 735, [2021] Fam 37 . . . . B3.33
JB (A Child) (Sexual Abuse Allegations), Re [2021] EWCA Civ 46 . . . . D14.38
JB v Switzerland [2001] Crim LR 748. . . . . B3.33

Table of Cases

JD [2008] EWCA Crim 2360, [2009] Crim LR 280 . . . . A2.13
JD [2012] EWCA Crim 2637, (2013) 177 JP 158 . . . . D1.147
JDL [2018] EWCA Crim 1766, [2018] 2 Cr App R (S) 45 (376). B2.94
JF Alford Transport Ltd [1997] 2 Cr App R 326, [1999] RTR 51, [1997] Crim LR 745. . . . . A4.22, A6.23, C4.7
JG [2018] EWCA Crim 1318. . . . . F7.37, F7.46
JH [2015] EWCA Crim 54, [2015] 1 Cr App R (S) 59 (409). B3.24
JJC (A Minor) v Eisenhower [1984] QB 331, [1983] 3 WLR 537, [1983] 3 All ER 230,
    (1984) 78 Cr App R 48, [1983] Crim LR 567 . . . . B2.79
JL [2017] EWCA Crim 621. . . . . D18.27, F3.50
JM [2021] EWCA Crim 1137 . . . . B22.83, B22.85
JM v Runeckles (1984) 79 Cr App R 255 . . . . A3.72
JOC [2012] EWCA Crim 2458 . . . . B3.18, B3.398
JP [1999] Crim LR 401. . . . . F17.9
JP, KR and GG v Austria (1989) Appln 15135/89, 5 September 1989 . . . . A7.77
J-R [2001] 1 Cr App R (S) 109 (377), 165 JP 140, [2000] Crim LR 1022 . . . . E15.5
JR [2008] EWCA Crim 2912 . . . . B3.133
JRM [2021] EWCA Crim 524 . . . . B3.24
JS (A Child) v DPP [2017] EWHC 1162 (Admin), [2017] 2 Cr App R 17 (214),
    [2017] 4 WLR 102 . . . . D22.69, F3.50
JSC BTA Bank v Ablyazov [2009] EWCA Civ 1124, [2010] 1 WLR 976,
    [2010] 1 Cr App R 9 (131) D8.53, F9.26, F10.8
JSM [2010] EWCA Crim 1755, [2011] 1 Cr App R 5 (42). D13.78
JTB [2009] UKHL 20, [2009] 1 AC 1310, [2009] 2 WLR 1088, [2009] 3 All ER 1,
    [2009] 2 Cr App R 13 (189), 173 JP, 289, [2009] Crim LR 581 . . . . A3.72, D24.5
JWD [2021] EWCA Crim 1191 . . . . B3.381
JXP [2019] EWCA Crim 1280 . . . . B19.24, B22.18, B22.25, D32.10
Jabbar [2013] EWCA Crim 801 . . . . F17.21, F17.90
Jabber [2006] EWCA Crim 2694 . . . . D16.64
Jack [1998] EWCA Crim 1206. . . . . D14.81
Jackson [1953] 1 WLR 591, [1953] 1 All ER 872, 37 Cr App R 43, 117 JP 219, 97 SJ 265 . . . . D16.13
Jackson [1973] Crim LR 356. . . . . D17.15
Jackson [1985] Crim LR 442. . . . . A5.53, D16.46
Jackson (1991) *The Guardian*, 20 November 1991. . . . . B4.3
Jackson [1992] Crim LR 214 . . . . D18.25
Jackson [1996] Crim LR 355, [1996] 2 Cr App R (S) 175 . . . . D20.67
Jackson [1996] 2 Cr App R 420, [1996] Crim LR 732. . . . . F6.9
Jackson [1997] 2 Cr App R 497, (1997) 161 JP 815, [1997] Crim LR 755 . . . . D11.4
Jackson (1999) *The Times*, 13 May 1999. . . . . A5.47, B19.56
Jackson [2000] Crim LR 377. . . . . D9.59
Jackson [2006] EWCA Crim 2380, [2007] 1 WLR 1035, [2007] 1 Cr App R 28 (375) A2.25
Jackson [2011] EWCA Crim 1870. . . . . F13.51
Jackson [2021] EWCA Crim 901, [2022] 1 Cr App R (S) 21 (187), [2021] 4 WLR 93. . . . . E21.34
Jackson [2023] EWCA Crim 735 . . . . D16.20
Jackson and Hart [1970] 1 QB 647, [1969] 2 WLR 1339, [1969] 2 All ER 453, [1970] RTR 165,
    53 Cr App R 341, (1969) 133 JP 358 . . . . C7.53
Jacobs [2002] EWCA Crim 610 . . . . B12.44
Jacobs [2023] EWCA Crim 1503, [2024] 4 WLR 8, [2024] 1 Cr App R 13 (191), [2024] Crim LR 498. . . . . . B3.38
Jaddi [2012] EWCA Crim 2565 . . . . B22.82
Jaggard v Dickinson [1981] QB 527, [1981] 2 WLR 118, [1980] 3 All ER 716, 72 Cr App R 33,
    [1980] Crim LR 717 . . . . A3.18, B8.14
Jakeman (1983) 76 Cr App R 223, [1983] Crim LR 104 . . . . A1.6, A1.32, B16.44, B16.48
Jalil [2008] EWCA Crim 2910, [2009] 2 Cr App R (S) 40 (276), [2009] Crim LR 442 . . . . . D12.62, D13.18, D13.37
Jalloh v Germany (2007) 44 EHRR 32 (667). A7.75, F2.5, F10.13
Jama [2008] EWCA Crim 2861. . . . . F20.31
Jama v Germany [2013] EWHC 3276 (Admin), [2014] 1 WLR 1843 . . . . B19.13, D31.18
Jamel [1993] Crim LR 52. . . . . D1.144
James (1979) 70 Cr App R 215 . . . . B12.271
James (1996) Crim LR 650. . . . . D1.84
James [1997] Crim LR 598 . . . . B4.73, D18.29, D26.31
James (1997) *The Times*, 2 October 1997 . . . . B2.119, B2.120
James [2000] Crim LR 571. . . . . D27.29
James [2003] EWCA Crim 811, [2003] 2 Cr App R (S) 97 (574). E6.14
James [2008] EWCA Crim 1869 . . . . D1.62
James [2013] EWCA Crim 655, [2013] 2 Cr App R (S) 85 (542). E21.32
James [2017] EWCA Crim 1367 . . . . D23.58
James [2018] EWCA Crim 285, [2018] 1 Cr App R 33 (528) D26.13
James v Chief Constable of South Wales [1991] 6 CL 80 . . . . D1.5
James v CPS [2009] EWHC 2925 (Admin), [2010] Crim LR 580 . . . . B2.204
James v DPP [2012] EWHC 1317 (Admin), (2012) 176 JP 346. . . . . B19.115, D1.13
James v DPP [2015] EWHC 3296 (Admin), [2016] 1 WLR 2118 . . . . B11.33, B11.50, B11.146, D2.22
James v Godrich (1844) 5 Moore PCC 16, 13 ER 394. . . . . F10.27
James v R (1970) 55 Cr App R 299 . . . . F5.11
James v South Glamorgan County Council (1994) 99 Cr App Rep 321, [1993] RTR 312 . . . . D22.60, F6.10
James v UK (2013) 56 EHRR 12 (399). A7.81

Table of Cases

James & Son Ltd v Smee [1955] 1 QB 78, [1954] 3 WLR 631, [1954] 3 All ER 273,
(1954) 118 JP 536 .... B19.96, C1.25, C1.29
Jameson [1896] 2 QB 425, 65 LJ MC 218, 75 LT 77, 60 JP 662, 18 Cox CC 3921 .... A8.20
Jamieson (1975) 60 Cr App R 318, [1975] Crim LR 248 .... E5.16
Jamil v France (1996) 21 EHRR 65 .... E19.74
Jamous [2015] EWCA Crim 1720, [2016] Crim LR 223 .... E2.24
Jane v Westminster Magistrates' Court [2019] EWHC 394 (Admin), [2019] 4 WLR 95 .... D31.46
Janes [2016] EWCA Crim 676, [2016] 2 Cr App R (S) 27 (256), [2016] Crim LR 785 .... D25.24
Janjua [1999] 1 Cr App R 91 .... B1.22, B2.79
Janjua [2023] EWCA Crim 1172 .... C7.33, C7.47
Jankowski v District Court Wroclaw (Poland) [2016] EWHC 747 (Admin) F1.7
Japes [1994] Crim LR 605 .... D18.40
Jaquith [1989] Crim LR 563 .... D17.3
Jarrett (1987) 9 Cr App R (S) 77, [1987] Crim LR 517 .... A5.48, A5.66
Jarvis [2008] EWCA Crim 488, [2008] Crim LR 632 .... F13.31, F13.55, F13.75
Jasiewicz v Jasiewicz [1962] 1 WLR 1426, [1962] 3 All ER 1017 .... F11.28
Jasper v UK (2000) 30 ECHR 90, [2000] 30 EHRR 441, [2000] Crim LR 586 .... A7.47, D9.54
Jasvins v Latvia [2020] EWHC 602 (Admin) D31.37
Javaherifard [2005] EWCA Crim 3231 .... B22.51
Jawad [2013] EWCA Crim 644, [2013] 1 WLR 386, [2014] 1 Cr App R (S) 16 (85),
[2013] Crim LR 698, 177 JP 436 .... E19.62
Jayasena v The Queen [1970] AC 618, [1970] 2 WLR 448, [1970] 1 All ER 219 .... F3.4
Jeavons [1990] RTR 263, 91 Cr App R 307 .... C2.10
Jefferies [2022] EWCA Crim 1503, [2023] 1 Cr App R (S) 31 (285) C7.36
Jefferson [1994] 1 All ER 270, (1994) 99 Cr App R 13, 158 JP 76,
[1993] Crim LR 880 .... A4.1, A4.21, B11.4, B11.8
Jefferson (1994) 99 Cr App R 14 .... F18.92
Jefferson [2016] EWCA Crim 2023, [2017] 1 Cr App R (S) 38 (313) E22.14
Jeffrey [2003] EWCA Crim 2098, [2004] 1 Cr App R (S) 25 (179) E2.1, E2.9
Jeffrey v Black [1978] QB 490, [1977] 3 WLR 895, [1978] 1 All ER 555, 66 Cr App R 81,
[1977] Crim LR 555 .... F2.1, F2.43
Jeffreys v DPP [2006] All ER (D) 287 (May) C5.42
Jeffries [1997] Crim LR 819 .... F2.25, F11.35
Jelen (1989) 90 Cr App R 456 .... F2.22, F18.7
Jemmison v Priddle [1972] 1 QB 489, [1972] 2 WLR 293, [1972] 1 All ER 539, 56 Cr App R 229,
[1972] Crim LR 182 .... D11.53, D11.57, D11.59
Jenkins (1869) LR 1 CCR 187, 38 LJ MC 82, 33 JP 452, 11 Cox CC 250, 20 LT 372, 17 WR 621 ... F1.44
Jenkins [1984] AC 242, [1983] 3 WLR 686, [1983] 3 All ER 448, 77 Cr App R 319, [1984] Crim LR 36 .... D19.48
Jenkins (1990) 12 Cr App R (S) 582, [1991] Crim LR 481 .... E19.11
Jenkins [2001] EWCA Crim 242, [2001] 2 Cr App R (S) 52 (265) C3.20
Jenkins [2002] EWCA Crim 2475, [2002] Crim LR 107 .... F17.76
Jenkins [2012] EWCA Crim 2909, [2013] RTR 21 (288) C3.15
Jenkins [2015] EWCA Crim 105, [2015] 1 Cr App R (S) 70 (491) C3.38
Jenkins v DPP [2020] EWHC 1307 (Admin), [2020] 2 Cr App R 21 (336) B12.44, B12.45
Jenkins v DPP (Ireland) [2022] IEHC 291 .... B19.15
Jennings [1990] Crim LR 588 .... B1.64
Jennings v CPS [2005] EWCA Civ 746, [2006] 1 WLR 182, [2005] 4 All ER 391 .... D8.68
Jennings v CPS [2008] UKHL 29, [2008] 1 AC 1046, [2008] 2 WLR 1148, [2008] 4 All ER 113,
[2008] 2 Cr App R 29 (414) E19.22
Jeraj [1994] Crim LR 595 .... B6.31
Jerome [2001] 1 Cr App R (S) 92 (316) E5.19
Jervis v France [2008] EWHC 2011 (Admin) D31.36
Jeshani [2005] EWCA Crim 146 .... C3.11
Jespers v Belgium (1981) 27 DR 61 .... A7.45
Jessemey [2021] EWCA Crim 175 .... D10.3
Jessop (1877) 16 Cox CC 204 .... F17.71
Jeter [2015] EWCA Crim 1804 .... E16.29
Jewell [2014] EWCA Crim 414 .... B1.35
Jex [2021] EWCA Crim 1708 .... D23.17, D23.55, E1.1, E3.5, E13.5
Jeyarasa [2014] EWCA Crim 2545, [2015] 1 Cr App R (S) 39 (290) B22.60
Jheeta [2007] EWCA Crim 1699, [2008] 1 WLR 2582, [2007] 2 Cr App R 34 (477),
[2008] Crim LR 144 .... B3.16, B3.45, B3.46
Jhurry [2018] EWCA Crim 2799, [2019] 1 Cr App R (S) 40 (274) B19.172, E2.5
Jiang [2022] EWCA Crim 1516, [2023] 4 WLR 62, [2023] Crim LR 250 .... E19.28, E19.62
Jisl [2004] EWCA Crim 696 .... D4.4, D4.5, D4.16
Jodeiri-Lakpour [2024] EWCA Crim 97 .... F6.35
Jogee [2016] UKSC 8, [2017] AC 387, [2016] 2 WLR 681, [2016] 2 All ER 1,
[2016] 1 Cr App R 31 (488) A2.5, A4.3, A4.5, A4.6, A4.10, A4.11, A4.12,
A4.13, A4.14, A4.15, A4.21, B1.22, B1.64, D28.10
Johal [1973] QB 475, [1972] 3 WLR 210, [1972] 2 All ER 449, 56 Cr App R 348,
[1972] Crim LR 375 .... D11.104, D11.105, D11.106, D11.107
Johal [2013] EWCA Crim 647, [2014] 1 WLR 146 .... E19.70
Johannes [2002] 2 Cr App R (S) 30 (109), [2002] Crim LR 147 .... E19.38
Johannsen (1977) 65 Cr App R 101, [1977] Crim LR 677 .... D11.82

Table of Cases

John [2014] EWCA Crim 1240, [2014] 2 Cr App R (S) 73 (569) E19.80
John [2022] EWCA Crim 54 . . . . B10.60, E16.38
John v Express Newspapers [2000] 1 WLR 1931, [2000] 3 All ER 257 . . . . F9.23, F9.28
John v Humphreys [1955] 1 WLR 325, [1955] 1 All ER 793. . . . . F3.13
John Calder (Publications) Ltd v Powell [1965] 1 QB 509, [1965] 2 WLR 138,
    [1965] 1 All ER 159, 129 JP 136. . . . . B18.7
John-Ayo [2008] EWCA Crim 1651, [2009] 1 Cr App R (S) 71 (416) B15.33
Johncock [2016] EWCA Crim 2218 . . . . E2.19
Johnson [1945] KB 419, [1945] 2 All ER 105, 30 Cr App R 159, 114 LJ KB 522, 173 LT 47,
    43 LGR 181, 109 JP 152, 61 TLR 386, 89 SJ 317. . . . . D11.62
Johnson [1964] 2 QB 404, [1963] 3 WLR 1031, [1963] 3 All ER 577, (1964) 48 Cr App R 25,
    (1963) 127 JP 556, (1963) 107 SJ 1042 . . . . A5.78
Johnson [1988] 1 WLR 1377, [1989] 1 All ER 121, 88 Cr App R 131, [1988] Crim LR 831. . . . . F9.17, F9.18
Johnson (1990) 91 Cr App R (S) 332 . . . . E19.46
Johnson [1994] Crim LR 376. . . . . D18.34
Johnson [1995] Crim LR 242 . . . . F3.45
Johnson [1995] RTR 15, (1994) 158 JP 788, [1995] Crim LR 250 . . . . C4.12
Johnson [1995] 2 Cr App R 1, (1994) 158 JP 867, [1994] Crim LR 949 . . . . D17.15
Johnson [1996] 2 Cr App R (S) 228 . . . . E21.10
Johnson [2005] EWCA Crim 971, [2006] Crim LR 253 . . . . F20.14
Johnson [2007] 1 WLR 585, [2007] 1 All ER 1237, [2007] 1 Cr App R (S) 112 (674), 171 JP 172,
    [2006] EWCA Crim 2486, [2007] Crim LR 177 . . . . E16.27, E16.28
Johnson [2007] EWCA Crim 1651, (2007) 171 JP 574. . . . . F18.3, F18.28
Johnson [2007] EWCA Crim 1978, [2008] Crim LR 132 . . . . A3.33
Johnson [2009] EWCA Crim 649, [2009] 2 Cr App R 7 (101) F13.56
Johnson [2009] EWCA Crim 2745, [2010] 2 Cr App R (S) 24 (154) B19.185
Johnson [2013] EWCA Crim 2001 . . . . B19.61, D18.33, D19.58
Johnson [2015] EWCA Crim 626 . . . . B16.66
Johnson [2016] EWCA Crim 10, [2016] 4 WLR 57. . . . . E19.64, E19.82
Johnson [2016] EWCA Crim 1613, [2017] 1 Cr App R 12 (136), [2017] Crim LR 216 . . . . . A4.15, B3.395, D28.10
Johnson [2017] EWCA Crim 189, [2017] 2 Cr App R 6 (60) B19.122
Johnson [2017] EWCA Crim 191 . . . . F20.5
Johnson [2019] EWHC 1709 (Admin) B15.27
Johnson [2019] EWCA Crim 1025. . . . . B13.92, F13.91
Johnson [2019] EWCA Crim 1730 . . . . F17.26
Johnson [2018] EWCA Crim 2485, [2019] 1 WLR 966 . . . . D26.27
Johnson [2020] EWCA Crim 482. . . . . A5.49
Johnson [2022] EWCA Crim 832. . . . . A3.40
Johnson [2022] EWCA Crim 1575, [2023] 1 Cr App R (S) 49 (416) B19.172
Johnson v Birmingham Magistrates' Court [2012] EWHC 596 (Admin), (2012) 176 JP 298 . . . . E19.75
Johnson v DPP [2008] EWHC 509 (Admin). B11.75
Johnson v Finbow [1983] 1 WLR 879, (1983) 5 Cr App R (S) 95, (1983) 147 JP 563,
    [1983] RTR 363, [1983] Crim LR 480. . . . . C7.18
Johnson v Phillips [1976] 1 WLR 65, [1975] 3 All ER 682, [1976] RTR 170, [1975] Crim LR 580. . . . . C6.23
Johnson v Westminster Magistrates' Court [2019] EWHC 1709 (Admin), [2019] 2 Cr App R 30 (344) B15.27
Johnson v Whitehouse [1984] RTR 38 . . . . C5.2
Johnson v Youden [1950] 1 KB 544, [1950] 1 All ER 300, 48 LGR 276, 114 JP 136,
    66 TLR (Pt 1) 395 . . . . A3.9, A4.5, A4.7
Johnston [2005] EWCA Crim 2737, [2006] 1 Cr App R (S) 115 (665) B8.44
Johnston [2007] EWCA Crim 3133 . . . . B1.65
Johnston v Over (1984) 6 Cr App R (S) 420, (1985) 149 JP 286 . . . . C7.18
Johnstone [2003] UKHL 28, [2003] 1 WLR 1736, [2003] 3 All ER 884, 167 JP 281,
    [2004] Crim LR 244 . . . . A2.27, A7.69, B6.103, B6.104, F3.9, F3.18, F3.24, F3.26, F3.31
Jolie [2003] EWCA Crim 1543, [2004] 1 Cr App R 3 (44), (2003) 167 JP 313,
    [2003] Crim LR 730. . . . . B12.168, B12.178, B12.188
Jolie [2010] EWCA Crim 1816, [2011] 1 Cr App R (S) 87 (527) B1.15
Jolly [2016] EWCA Crim 2193. . . . . C7.36
Jolly v DPP [2000] Crim LR 471 . . . . F6.5
Jonas [2015] EWCA Crim 562 . . . . D14.55, D14.76
Jones (1842) C & Mar 614 . . . . B2.155
Jones (1999) *The Times*, 17 February 1999. . . . . B1.45, D18.45
Jones (1999) *The Times*, 26 March 1999 . . . . D1.137
Jones [2005] EWCA Crim 3115, [2006] 2 Cr App R (S) 19 (121), [2006] Crim LR 262 . . . . E17.2, E17.7
Jones (Anthony William) [2002] UKHL 5, [2003] 1 AC 1, [2002] 2 WLR 524, [2002] 2 All ER 113,
    [2002] 2 Cr App R 9 (128), 166 JP 333, [2002] Crim LR 554 . . . . A7.9, A7.56, D15.85, E19.84
Jones (Barry John) [2006] EWCA Crim 2061, [2007] 1 WLR 7, [2007] 1 Cr App R (S) 71 (414). E19.41
Jones (Brian) [1997] 2 Cr App R 119, [1996] Crim LR 901 . . . . F17.71, F17.77
Jones (Christopher Wyn) [2018] EWCA Crim 1733, [2019] 1 Cr App R (S) 2 (16) E16.28
Jones (Conrad Steven) [2008] EWCA Crim 348, [2008] 2 Cr App R (S) 75 (420) B14.34
Jones (Daniel) [2019] EWCA Crim 2050 . . . . B2.124
Jones (Gareth William) [2009] EWCA Crim 237, [2009] 2 Cr App R (S) 76 (523). B3.218
Jones (Gareth William) [2018] EWCA Crim 2816. . . . . F7.10
Jones (Ian Anthony) [2007] EWCA Crim 1118, [2008] QB 460, [2007] 3 WLR 907, [2007] 4 All ER 112,
    [2007] 2 Cr App R 21 (267), [2007] Crim LR 979 . . . . B3.102

Jones (Ivor Frank) [1997] QB 798, [1997] 2 WLR 792, [1997] 1 Cr App R 46,
    [1997] Crim LR 510 .... B12.96, B12.97
Jones (James) [2010] EWCA Crim 925, [2010] 3 All ER 1186, [2010] 2 Cr App R 10 (69) B19.105, F2.17
Jones (John) [1976] 1 WLR 672, [1976] 3 All ER 54, 63 Cr App R 47 .... B4.88, B17.4
Jones (John McKinsie) (1974) 59 Cr App R 120, [1974] ICR 310, [1974] Crim LR 663 .... D11.96
Jones (Kane) [2015] EWCA Crim 1317, (2016) 180 JP 132 .... F17.15
Jones (Kenneth Henry) [1990] 1 WLR 1057, [1990] 3 All ER 886, 91 Cr App R 351, 154 JP 413,
    [1990] Crim LR 800 .... A5.77
Jones (Margaret) [2004] EWCA Crim 1981, [2005] QB 259, [2004] 3 WLR 1362,
    [2004] 4 All ER 955, [2005] 1 Cr App R 12 (154), [2005] Crim LR 122 .... B8.14, B13.48
Jones (Margaret) [2006] UKHL 16, [2007] 1 AC 136, [2006] 2 WLR 772, [2006] 2 All ER 741,
    [2006] 2 Cr App R 9 (136), [2007] Crim LR 66 .... A3.56, B11.131, B13.45
Jones (Molly Victoria) [2018] EWCA Crim 2885 .... B5.8
Jones (Paul Anthony) [2018] EWCA Crim 2994, [2019] 1 Cr App R (S) 50 (425) E2.33
Jones (Paul Garfield) [2002] EWCA Crim 2284, [2003] 1 Cr App R 20 (313), [2003] Crim LR 197 ... D26.39
Jones (Reece Dylan) [2020] EWCA Crim 1139, [2021] 1 Cr App R (S) 36 (268) D20.4, E2.28
Jones (Reginald Watson) (1968) 54 Cr App R 63, (1970) 1 WLR 16, [1969] 3 All ER 1559,
    [1970] RTR 35 .... F1.6, F1.10
Jones (Richard) (1909) 3 Cr App R 67 .... F13.90
Jones (Robert Edward Wynyard) (No. 2) [1972] 1 WLR 887, [1972] 2 All ER 731, 56 Cr App R 413,
    [1972] Crim LR 593 .... D15.87, D15.89
Jones (Ronald Gordon) (1990) 12 Cr App R (S) 233 .... B2.113
Jones (Rowan) [2017] EWCA Crim 2192, [2018] 1 Cr App R (S) 35 (248) E8.2, E8.8
Jones (Terence) (1986) 83 Cr App R 375, [1987] Crim LR 123 .... B2.18
Jones (Terence Michael) [1995] QB 235, [1995] 2 WLR 64, [1995] 3 All ER 139,
    [1995] 1 Cr App R 262, 159 JP 94, [1995] Crim LR 416 .... B12.113
Jones (Terrence) [1992] Crim LR 365 .... D1.140
Jones (Wayne) [2003] EWCA Crim 1966, [2004] 1 Cr App R 5 (60), [2003] Crim LR 797 .... F5.13
Jones (William Francis) [2020] EWCA Crim 1021, [2020] 2 Cr App R 26 (424) F19.32, F20.19
Jones v Birmingham City Council [2018] EWCA Civ 1189 .... D25.7
Jones v CPS [2019] EWHC 2826 (Admin), [2020] 1 WLR 99 .... C6.3
Jones v DPP [1962] AC 635, [1962] 2 WLR 575, [1962] 1 All ER 569, (1962) 46 Cr App R 129,
    126 JP 216 .... F13.25
Jones v DPP (1990) 154 JP 1013, [1991] RTR 41, [1990] Crim LR 656 .... C5.18
Jones v DPP (1992) 96 Cr App R 130 .... B3.360
Jones v DPP [1999] RTR 1, 163 JP 121 .... C1.28, C6.47
Jones v DPP [2001] RTR 8 (80) C7.25
Jones v DPP [2004] EWHC 236 (Admin), [2004] RTR 20 (331), 168 JP 393, [2004] Crim LR 667 ... C2.13, C5.10
Jones v DPP [2011] EWHC 50 (Admin), [2012] RTR 3 (19), (2011) 175 JP 129 .... C6.60
Jones v Great Central Railway Co. [1910] AC 4, 79 LJ KB 191, 100 LT 710 .... F10.31
Jones v Meatyard [1939] 1 All ER 140 .... C4.20
Jones v Metcalfe [1967] 1 WLR 1286, [1967] 3 All ER 205, (1967) 131 JP 494 .... F16.15
Jones v Owen (1870) 34 JP 759 .... F2.1
Jones v Pratt [1983] RTR 54 .... C1.5
Jones v South East Surrey Local Justice Area [2010] EWHC 916 (Admin), (2010) 174 JP 342 ...... D21.35
Jones v USA [2012] EWHC 2332 (Admin) D31.44
Jones v Whalley [2006] UKHL 41, [2007] 1 AC 63, [2006] 3 WLR 179, [2006] 4 All ER 113,
    [2007] 1 Cr App R 2 (23), [2007] Crim LR 74 .... D3.94
Jones-Wharton [2019] EWCA Crim 2188 .... B20.12
Joof [2012] EWCA Crim 1475 .... D9.9, D9.72
Jordan (1956) 40 Cr App R 152 .... A1.34
Jordan [2004] EWCA Crim 3291, [2005] 2 Cr App R (S) 44 (266),
    [2005] Crim LR 312 .... E2.2, E18.14, E18.16, E18.19
Jordan [2009] EWCA Crim 953 .... F13.49
Jordan [2024] EWCA Crim 229, [2024] 4 WLR 30, [2024] 2 Cr App R 1 (1),
    [2024] Crim LR 474 .... B14.84, B14.93, B14.104
Jordan v UK (2001) 31 EHRR 6 (201) A7.38
Jorge [1999] 2 Cr App R (S) 1 .... E6.15
Joseph [1993] Crim LR 206 .... F2.29
Joseph [1994] Crim LR 48 .... D1.131, D1.145
Joseph [2010] EWCA Crim 2580 .... F11.9
Joseph [2017] EWCA Crim 36, [2017] 1 Cr App R 33 (486) A3.53, B19.24, B22.27
Joseph v DPP [2003] EWHC 3078 (Admin), [2004] RTR 21 (341) C5.19
Joseph Hill & Co, Solicitors, Re [2013] EWCA Crim 775, [2014] 1 WLR 786,
    [2013] 2 Cr App R 20 (218) D9.34, D33.44
Josephs (1977) 65 Cr App R 253 .... B19.94, D11.88, D11.89
Joy v Federation Against Copyright Theft Ltd [1993] Crim LR 588 .... D1.3
Joyce [2005] NTSC 21 .... F11.22
Joyce [2008] EWCA Crim 1785 .... F6.54
Joyce [2023] NICA 67 .... B1.4, B1.42
Joyce v DPP [1946] AC 347, [1946] 1 All ER 186, (1946) 31 Cr App R 57 .... B9.106
Joynson [2008] EWCA Crim 3049 .... D3.81
Jozsa v Hungary [2023] EWHC 2404 (Admin), [2023] ACD 134 .... D31.43
Jubb [2001] EWCA Crim 2567, [2002] 2 Cr App R (S) 8 (24) E19.71
Jubb v DPP [2002] EWHC 2317 (Admin), [2003] RTR 19 (272), 167 JP 50 .... C5.15, C5.17

Table of Cases

Juby (1886) 16 Cox 160, 55 LT 788, 51 JP 310 . . . . B7.70
Jude v HM Advocate [2011] UKSC 55 . . . . D1.56
Juett [1981] Crim LR 113 . . . . D16.70, D26.26
Jukes [2018] EWCA Crim 176, [2018] 2 Cr App R 9 (114) F10.30
Jukes v DPP [2013] EWHC 195 (Admin), (2013) 177 JP 212 . . . . B11.144
Jumah [2010] EWCA Crim 2900, [2011] 2 Cr App R (S) 32 (200) B1.57
Junab [2012] EWCA Crim 2660, [2013] 2 Cr App R (S) 23 (159), [2013] Crim LR 348 . . . . E20.1
Jura [1954] 1 QB 503, [1954] 2 WLR 516, [1954] 1 All ER 696 . . . . B12.165, B12.173

K (1984) 78 Cr App R 82, 148 JP 410, [1983] Crim LR 736 . . . . A3.41, F4.4
K [2001] UKHL 41, [2002] 1 AC 462, [2001] 3 WLR 471, [2001] 3 All ER 897,
 [2002] 1 Cr App R 13 (121), [2001] Crim LR 993 . . . . A3.6, A6.12, B3.97
K [2003] EWHC 351 (QB) D1.138
K [2004] EWCA Crim 2685, [2005] 1 Cr App 25 (408), [2005] Crim LR 298 . . . . A5.66, D11.25
K [2005] EWHC 478 (Admin), [2005] 2 Cr App R (S) 96 (578) B22.84
K [2005] *The Times*, 15 February 2005 . . . . D32.10
K [2006] EWCA Crim 724, [2006] 2 All ER 552, [2006] Crim LR 1012 . . . . D4.9, D14.38
K [2007] EWCA Crim 491, [2007] 1 WLR 2262, [2007] 2 Cr App R 10 (128) B21.6, B21.7
K [2008] EWCA Crim 185, [2008] QB 827, [2008] 2 WLR 1026, [2008] 3 All ER 526,
 [2008] 2 Cr App R 7 (76) B10.61, B10.62, B10.64
K [2008] EWCA Crim 1900, [2009] 1 WLR 694, [2009] 1 Cr App R 9 (331), [2009] 1 All ER 510 . . . . B3.29
K [2008] EWCA Crim 3301 . . . . F13.20
K [2009] EWCA Crim 1931 . . . . A5.78, B3.124
K [2011] EWCA Crim 1691, [2013] QB 82, [2012] 3 WLR 933, [2012] 1 All ER 1090,
 [2011] 2 Cr App R 34 (502), [2012] Crim LR 63 . . . . B22.4
K [2011] EWCA Crim 1843, [2012] 1 Cr App R (S) 88 (523), (2011) 175 JP 378,
 [2011] Crim LR 890 . . . . E21.33
K [2017] EWCA Crim 486 . . . . B22.73
K [2023] EWCA Crim 1364 . . . . B22.15
K (A) [2009] EWCA Crim 1640, [2010] QB 343, [2010] 2 WLR 905, [2010] 2 All ER 509,
 [2010] 1 Cr App R 3 (44) F10.11, F10.47, F10.11
K (I) [2007] EWCA Crim 491, [2007] 1 WLR 2262, [2007] 2 Cr App R 10 (128), [2007] Crim LR 645 . . . . . E19.26
K (John) [2007] EWCA Crim 1339 . . . . D12.57, D15.88
K (Minors) (Wardship: Criminal Proceedings), Re [1988] Fam 1, [1987] 3 WLR 1233,
 [1988] 1 All ER 214, 152 JP 185 . . . . F4.5
K, Re [2005] EWCA Crim 619 . . . . D8.66
K (TD) (1993) 97 Cr App R 342, [1993] Crim LR 281 . . . . D9.59, F9.32
K v CPS [2013] EWHC 1678 (Admin) D1.154
K v DPP [2006] EWHC 2183 (Admin) B12.28, B12.102
K v France (1984) 35 DR 203 . . . . A7.58
K v R [2021] EWFC 106 . . . . D14.1
KC [2019] EWCA Crim 1632, [2019] 4 WLR 147, [2020] 1 Cr App R (S) 41 (296) B3.7, B3.9, B3.84, B3.85
KC [2019] EWCA Crim 1632, [2020] 1 Cr App R (S) 41 (296) B3.91
KC [2019] EWCA Crim 2311 . . . . B3.85
KC [2022] EWCA Crim 1378 . . . . B3.49
KH [2020] EWCA Crim 1363 . . . . F7.68, F14.7, F14.17
KH [2023] EWCA Crim 147 . . . . B3.127
KK [2020] EWCA Crim 1643, [2020] 1 Cr App R 29 (515) D13.51
KK v DPP [2016] EWHC 1976 (Admin), [2016] 4 WLR 162 . . . . D23.7
KL [2021] EWCA Crim 200, [2021] QB 831 . . . . D24.77, D24.78
KL and LK v DPP [2002] EWHC 1112 (Admin), (2002) 166 JP 369 . . . . D22.50
Kabariti (1991) 92 Cr App R 362 . . . . F14.27
Kachikwu (1968) 52 Cr App R 538, [1968] Crim LR 375, 112 SJ 460 . . . . D18.35, D19.20
Kadar [2024] EWCA Crim 117 . . . . B22.49
Kadir [2022] EWCA Crim 1244, [2023] 1 WLR 532, [2023] 1 Cr App R 4 (70),
 [2023] Crim LR 142 . . . . D15.98, D17.11, F17.9
Kadiri [2017] EWCA Crim 2667, [2019] 1 Cr App R (S) 25 (169) B15.33
Kaeppner [2012] EWCA Crim 158, [2012] 2 Cr App R (S) 47 (276) B2.80
Kahar [2016] EWCA Crim 568, [2016] 1 WLR 3156 . . . . B10.97
Kai-Whitewind [2005] EWCA Crim 1092, [2005] 2 Cr App R 31 (457),
 [2006] Crim LR 348 . . . . F5.19, F11.12
Kaile [2009] EWCA Crim 2868 . . . . B22.51
Kaitamaki v The Queen [1985] AC 147, [1984] 3 WLR 137, [1984] 2 All ER 435, 79 Cr App R 251,
 [1984] Crim LR 564 . . . . A1.8, B3.29
Kajala v Noble (1982) 75 Cr App R 149, [1982] Crim LR 433 . . . . F1.36, F8.2, F8.62, F19.20
Kakaei [2021] EWCA Crim 503 . . . . B22.38, B22.51
Kakis v Cyprus [1978] 1 WLR 779, [1978] 2 All ER 634,
 [1978] Crim LR 489 . . . . D31.25
Kalia (1974) 60 Cr App R 200, [1975] Crim LR 181 . . . . D16.33, F7.16
Kalinins [2019] EWCA Crim 1973, [2020] 1 Cr App R (S) 28 (217) B5.27
Kalonji v Crown Court at Wood Green [2007] EWHC 2804 (Admin) D15.26
Kalu [2007] EWCA Crim 22 . . . . F13.27
Kamalanathan [2010] EWCA Crim 1335 . . . . B22.85
Kamar (1999) *The Times*, 14 May 1999 . . . . F14.18
Kamarra-Jarra [2024] EWCA Crim 198, [2024] 2 Cr App R (S) 19 (141) E16.37, E17.2, E17.11, E17.12

Table of Cases

Kamasinski v Austria (1989) 13 EHRR 36 . . . . A7.58, A7.86
Kamki [2013] EWCA Crim 2335 . . . . B3.34
Kanaris, Re [2003] UKHL 2, [2003] 1 WLR 443, [2003] 1 All ER 593, [2003] 2 Cr App R 1 (1),
  [2004] Crim LR 69 . . . . D15.15, D15.55
Kandola v Germany [2015] EWHC 619 (Admin), [2015] 1 WLR 5097 . . . . D31.22
Kane (1977) 65 Cr App R 270 . . . . D18.8, F6.4, F6.6
Kane [2013] EWCA Crim 1487 . . . . F13.51
Kang v DPP [2016] EWHC 3014 (Admin). C5.15
Kanu [2014] EWCA Crim 67. . . . . D26.25
Kanwar [1982] 1 WLR 845, [1982] 2 All ER 528, 75 Cr App R 87, [1982] Crim LR 532 . . . . B4.174
Kapezi [2013] EWCA Crim 560 . . . . B3.42
Karakaya [2005] EWCA Crim 346, [2005] 2 Cr App R 5 (77), [2005] Crim LR 574. . . . . D13.67
Karalis v Chief Constable of Derbyshire Constabulary [2023] EWHC 1496 (KB) D1.5
Karamat v The Queen [1956] AC 256, [1956] 2 WLR 412, [1956] 1 All ER 415,
  (1956) 40 Cr App R 13, 120 JP 136 . . . . F8.51
Karapetyan [2013] EWCA Crim 74. . . . . F20.22
Karemera [2018] EWCA Crim 1432, [2019] 1 WLR 4761, [2019] 2 Cr App R 14 (116) B22.9, B22.32
Kargbo [2019] EWCA Crim 2226 . . . . C3.51
Karia v DPP [2002] EWHC 2175 (Admin), (2002) 166 JP 753 . . . . C2.19, D22.48, F19.6
Karimu [2017] EWCA Crim 1719 . . . . E5.16
Karpavicius v R [2002] UKPC 59, [2003] 1 WLR 169 . . . . B19.24
Karpinski v City of Westminster [1993] Crim LR 606. . . . . D5.14
Karrar [2015] EWCA Crim 850 . . . . B3.24, F20.54
Karsten v Wood Green Court [2014] EWHC 2900 (Admin) B18.29
Kasprzak [2013] EWCA Crim 1531, [2014] 1 Cr App R (S) 20 (115) B12.262
Kasprzak v Poland [2011] EWHC 100 (Admin) D31.46
Kassim [2005] EWCA Crim 1020, [2006] 1 Cr App R (S) 4 (12). B17.15
Katira [2020] EWCA Crim 89 . . . . B2.192
Kaufman v Belgium (1986) 50 DR 98 . . . . D4.5
Kaul [1998] Crim LR 135 . . . . D19.12
Kaur [2013] EWCA Crim 590 . . . . D15.89
Kawa [2023] EWCA Crim 845 . . . . F13.49
Kay (1887) 16 Cox CC 292 . . . . B2.152, F3.70
Kay (1980) 2 Cr App R (S) 284. . . . . E13.11
Kay [2017] EWCA Crim 647, [2017] 2 Cr App R (S) 16 (201) B1.32
Kay v Butterworth (1945) 173 LT 191, 110 JP 75, 61 TLR 452, 89 SJ 381. . . . . A1.11, C1.7, C1.22
Kay v Lambeth London Borough Council [2006] UKHL 10, [2006] 2 AC 465, [2006] 2 WLR 570,
  [2006] 4 All ER 128 . . . . B13.57
Kayani [2011] EWCA Crim 2871, [2012] 2 All ER 641, [2012] 1 Cr App R 16 (197),
  [2012] 2 Cr App R (S) 38 (214), [2012] Crim LR 232. . . . . B2.125, B2.131, B2.134
Keal [2022] EWCA Crim 341, [2022] 4 WLR 41 . . . . A3.33
Keane (1977) 65 Cr App R 247 . . . . F19.11
Keane [1994] 1 WLR 746, [1994] 2 All ER 478, 99 Cr App R 1, [1995] Crim LR 225. . . . . F9.6, F9.8, F9.15
Keane [2010] EWCA Crim 2514, [2011] Crim LR 393 . . . . A3.60, A3.64, A3.71
Keane v Mount Vernon Colliery Co. Ltd [1933] AC 309, 102 LJ PC 97, 149 LT 73,
  49 TLR 306, 26 BWCC 245 . . . . F1.8
Kearley [1992] 2 AC 228, [1992] 2 WLR 656, 95 Cr App R 88, [1992] Crim LR 797,
  [1992] 2 All ER 345 . . . . F1.13, F16.16, F17.63
Kearney [2002] EWCA Crim 2772, [2003] 2 Cr App R (S) 17 (85) E22.8
Kearney [2011] EWCA Crim 826, [2011] 2 Cr App R (S) 106 (608), [2011] Crim LR 567 . . . . E8.2
Kearns [2002] EWCA Crim 748, [2002] 1 WLR 2815, [2003] 1 Cr App R 7 (111),
  [2002] Crim LR 653 . . . . B7.63, F10.7
Keast [1998] Crim LR 748 . . . . F1.16, F5.11
Keates [2017] EWCA Crim 309 . . . . B8.46
Keegan v UK (2007) 44 EHRR 33 (716) D1.168
Keeley [2018] EWCA Crim 2089, [2019] 1 Cr App R (S) 13 (97) E13.14
Keeling [2022] EWCA Crim 178 . . . . B4.71
Keenan [1990] 2 QB 54, [1989] 3 WLR 1193, [1989] 3 All ER 598, 90 Cr App R 1, 154 JP 67,
  [1989] Crim LR 720 . . . . D1.90, D16.47, F2.13, F2.29, F18.34, F18.38, F18.44, F18.69
Keeton (1970) 54 Cr App R 267, [1970] Crim LR 402 . . . . F2.1
Kefford [2002] EWCA Crim 519, [2002] 2 Cr App R (S) 106 (495), [2002] Crim LR 432. . . . . . . E13.11
Kehoe [2008] EWCA Crim 819, [2009] 1 Cr App R (S) 9 (41), [2008] Crim LR 728 . . . . E16.9
Kellard [1995] 2 Cr App R 134, [1995] Crim LR 251. . . . . D11.91
Kelleher v DPP [2012] EWHC 2978 (Admin), (2012) 176 JP 729. . . . . B20.12
Kellet [1976] QB 372, [1975] 3 WLR 713, [1975] 2 All ER 713, [1975] 3 All ER 468, 61 Cr App
  R 240, [1975] Crim LR 576 . . . . B14.42
Kellett v DPP [2001] EWHC 107 (Admin) B2.206, B2.223
Kelly [1950] 2 KB 164, [1950] 1 All ER 806, 34 Cr App R 95, 48 LGR 300, 114 JP 225,
  66 TLR (Pt 1) 931, 94 SJ 306. . . . . D13.47
Kelly [1982] AC 665, [1981] 3 WLR 387, [1981] 2 All ER 1098, 73 Cr App R 310,
  [1981] 2 Lloyd's Rep 384 . . . . A8.16
Kelly (1985) *The Times*, 27 July 1985 . . . . F4.7
Kelly (1992) 97 Cr App R 245, [1993] Crim LR 763 . . . . B4.103, B4.106

Table of Cases

King [2013] EWCA Crim 1599, [2014] 1 Cr App R (S) 73 (462) B15.27
King [2014] EWCA Crim 621, [2014] 2 Cr App R (S) 54 (437) E19.62
King [2015] EWCA Crim 1631. . . . . F15.24
King [2017] EWCA Crim 128, [2017] 4 WLR 95, [2017] 2 Cr App R (S) 6 (25),
  [2017] Crim LR 49. . . . . B1.52, D20.31
King v France [2015] EWHC 3670 (Admin) D31.14
King v Gardner (1979) 71 Cr App R 13 . . . . D1.5
King v Kerrier District Council [2006] EWHC 500 (Admin), [2006] RVR 278 . . . . B16.60
King v Kucharz (1989) 153 JP 336. . . . . D5.21
King v The Queen [1969] 1 AC 304, [1968] 3 WLR 391, [1968] 2 All ER 610, (1968) 52 Cr App R 353 . . . . . F2.43
King-Ansell v Police [1979] 2 NZLR 531 . . . . B11.72
King of the Two Sicilies v Willcox (1851) 1 Sim NS 301, 61 ER 116, 19 LJ Ch 488, 14 Jur 751 . . . . F10.2
Kingdom Corporate Ltd v HMRC [2023] EWHC 3315 (Admin), [2024] 1 WLR 2157 . . . . D8.17
Kinghorn [1908] 2 KB 949, 78 LJ KB 33, 99 LT 794, 72 JP 478, 21 Cox CC 727, 25 TLR 219. . . . . . F8.37
Kinglake (1870) 11 Cox CC 499, 22 LT 335, 18 WR 805 . . . . F10.1
Kings Lynn and West Norfolk Council v Bunning [2013] EWHC 3390 (QB), [2015] 1 WLR 531 . . . D32.21
Kingsnorth v DPP [2003] EWHC 768 (Admin) C6.41
Kingston [1995] 2 AC 355, [1994] 3 WLR 519, [1994] 3 All ER 353, 158 JP 717, 99 Cr App R 286,
  [1994] Crim LR 846. . . . . A3.16
Kingston [2014] EWCA Crim 1420. . . . . D27.27
Kingston Crown Court, ex parte Bell (2000) 164 JP 633 . . . . D29.9
Kingston-upon-Thames Crown Court, ex parte Guarino [1986] Crim LR 325 . . . . E9.3
Kinsella v DPP [2002] EWHC 545 (Admin), [2002] All ER (D) 195 (Mar) C7.53
Kirby (1972) 56 Cr App R 758. . . . . D26.28
Kirk [2000] 1 WLR 567, [1999] 4 All ER 698, [2000] 1 Cr App R 400 . . . . D1.6, D1.84, F18.38
Kirk [2006] EWCA Crim 725, [2006] Crim LR 850 . . . . F1.38
Kirk [2008] EWCA Crim 434. . . . . B3.30
Kirkland v Robinson (1987) 151 JP 377, [1987] Crim LR 643 . . . . A2.23, A2.25, A2.27
Kirkup v DPP [2003] EWHC 2354 (Admin), [2004] Crim LR 230, 168 JP 255 . . . . F2.29
Kirman [2010] EWCA Crim 614 . . . . E19.83
Kish [2022] EWCA Crim 1161, [2023] 1 Cr App R (S) 23, [2023] Crim LR 317 . . . ., E21.21
Kishientine [2004] EWCA Crim 3352, [2005] 2 Cr App R (S) 28 (156) B22.42
Kiszko (1978) 68 Cr App R 62, [1979] Crim LR 465. . . . . F11.42
Kitson (1853) Dears CC 187, 169 ER 689, 22 LJ MC 118, 17 JP 311, 6 Cox CC 159, 17 Jur 422. . . . . . F8.9
Kiziltan [2017] EWCA Crim 1461, [2018] 4 WLR 43. . . . . F17.4, F17.16, F17.90
Klass [1998] 1 Cr App R 453, (1998) 162 JP 105. . . . . B4.105, B4.106
Klass v Germany (1979-80) 2 EHRR 214 . . . . A7.25
Klineberg [1998] 1 Cr App R 427, [1999] Crim LR 417 . . . . B4.28
Knaggs [2009] EWCA Crim 1363, [2010] 1 WLR 435, [2010] 1 Cr App R (S) 249 (495),
  [2010] Crim LR 657 . . . . D9.61, E19.13
Knight (1946) 31 Cr App R 52 . . . . F18.90
Knight (1990) 12 Cr App R (S) 319 . . . . B18.6
Knight [2003] EWCA Crim 1977, [2004] 1 WLR 340, [2004] 1 Cr App R 9 (117),
  [2003] Crim LR 799 . . . . D1.57, F20.13, F20.14, F20.21
Knight [2004] EWCA Crim 2998. . . . . C3.66
Knight [2007] EWCA Crim 3027 . . . . F16.21
Knight [2018] EWCA Crim 1755 . . . . B14.62
Knights [2005] UKHL 50, [2006] 1 AC 368, [2005] 3 WLR 330, [2005] 4 All ER 347,
  [2006] 1 Cr App R 80 (460), [2006] Crim LR 171 . . . . E19.69, E19.70
Knights (Secretary of State intervening) [2017] EWCA Crim 1052, [2017] 2 Cr App R (S) 33 (288),
  [2017] 4 WLR 215 . . . . A7.79
Knightsbridge Crown Court, ex parte Customs and Excise Commissioners [1986] Crim LR 324 . . . . D29.13
Knightsbridge Crown Court, ex parte Dunne [1994] 1 WLR 296, sub nom Brock v DPP
  [1993] 4 All ER 491 . . . . B20.1
Knightsbridge Crown Court, ex parte Goonatilleke [1986] QB 1, [1985] 3 WLR 553,
  [1985] 2 All ER 498, 81 Cr App R 31. . . . . D29.27
Knock [2014] EWCA Crim 1986 . . . . B6.34
Knowlden (1981) 77 Cr App R 94. . . . . D18.32, F5.13
Knowles v Rennison [1947] KB 488, [1947] 1 All ER 302, 111 JP 171 . . . . C7.62
Knox v Anderton (1982) 76 Cr App R 156, (1983) 147 JP 340, [1983] Crim LR 114 . . . . B12.172
Knuller (Publishing, Printing and Promotions) Ltd v DPP [1973] AC 435, [1972] 3 WLR 143,
  [1972] 2 All ER 898, (1972) 56 Cr App R 633, [1975] Crim LR 704 . . . . A5.43, B3.355
Koc [2008] EWCA Crim 77 . . . . B9.95, D1.84, F13.51
Koffi [2019] EWCA Crim 300, [2019] 2 Cr App R (S) 17 (127) D24.104, E4.1
Kohn (1979) 69 Cr App R 395, [1979] Crim LR 675. . . . . B4.16, B4.47
Koka [2023] EWCA Crim 446 . . . . B19.48
Kolawole [2004] EWCA Crim 3047, [2005] Cr App R (S) 14 (71), [2005] Crim LR 245 . . . . B6.49
Koli [2012] EWCA Crim 1869, [2013] 1 Cr App R (S) 6 (39), [2012] Crim LR 903. . . . . D25.69
Kolman [2018] EWCA Crim 2624, [2019] 1 Cr App R (S) 33 (220) E17.7, E17.8
Kolton [2000] Crim LR 761 . . . . F1.3
Komsta (1990) 12 Cr App R (S) 63, 154 JP 440, [1990] Crim LR 434. . . . . D20.6, E6.10
Kone, Re [2017] EWHC 3763 (Admin) E19.57
Konecny v Czech Republic [2019] UKSC 8, [2019] 1 WLR 1586 . . . . D31.25
Kong Cheuk Kwan v The Queen (1985) 82 Cr App R 18, [1985] Crim LR 787. . . . . B1.71

Table of Cases

Konig v Germany (1979–80) 2 EHRR 170 . . . . A7.64
Konscol [1993] Crim LR 950 . . . . F2.15
Konzani [2005] EWCA Crim 706, [2005] 2 Cr App R 14 (198). B2.15, B3.51
Koon Cheung Tang [1995] Crim LR 813. . . . . F8.20
Kopp v Switzerland (1999) 27 EHRR 91. . . . . A7.25
Kordasinski [2006] EWCA Crim 2984, [2007] 1 Cr App R 17 (238), 171 JP 206, [2007] Crim LR 794. . . . . . . F12.9
Korie [1966] 1 All ER 50 . . . . B3.360
Korniak (1982) 76 Cr App R 145, [1983] Crim LR 109. . . . . F16.30
Kosmos Publications Ltd v DPP [1975] Crim LR 345 . . . . B18.26
Kossowski (Case C-486/14) [2016] 1 WLR 4393 . . . . D12.31
Kostovski v Netherlands (1990) 12 EHRR 434 . . . . A7.72, A7.76, D14.83
Kotsev v Bulgaria [2018] EWHC 3087 (Admin) D31.39
Kousar [2009] EWCA Crim 139, [2009] 2 Cr App R 5 (88), [2009] Crim LR 610 . . . . B6.103,
B12.44, B19.30, B19.32
Kovalkov [2023] EWCA Crim 1509, [2024] 1 Cr App R (S) 47 (464). E15.8, E15.18
Koza Ltd v Akcil [2019] EWCA Civ 891 . . . . B7.62
Kraajenbrink (Case C-367/05) [2007] ECR I-619. . . . . D12.32
Krajewski v Poland [2016] EWHC 3241 (Admin) F1.7
Krause (1902) 66 JP 121, 18 TLR 238 . . . . A5.6, B1.153
Kray (1969) 53 Cr App R 412 . . . . D13.28, D13.32
Kray [1970] 1 QB 125, [1969] 3 WLR 831, [1969] 3 All ER 941, [1969] 3 WLR 838,
 [1969] 53 Cr App R 569, 133 JP 719 . . . . D11.69
Krcmar v Czech Republic (2001) 31 EHRR 41 (953) A7.62, A7.71
Kretzinger (Case C-288/05) [2007] ECR I-6641 . . . . D12.32, D12.33
Krezolek [2014] EWCA Crim 2782, [2015] 2 Cr App R (S) 2 (12) D14.38
Krishevsky v DPP [2014] EWHC 1755 (Admin), (2014) 178 JP 369 . . . . C2.13
Krohn v DPP [1997] COD 345 . . . . D1.181
Krone Verlag GmbH and CoKG v Austria (2003) 36 EHRR 57 (1059) A7.59
Kruger [2012] EWCA Crim 2166, [2013] 1 Cr App R (S) 17 (608). C6.11
Kuchhadia [2015] EWCA Crim 1252, [2015] 2 Cr App R 32 (447), [2015] 1 WLR 4895 . . . . B21.6
Kuddus [2019] EWCA Crim 837, [2019] 2 Cr App R 16 (145). B1.75
Kulah [2007] EWCA Crim 1701, [2009] 1 WLR 2517, [2008] 1 All ER 16, [2008] 1 Cr App
 R (S) 85 (494), [2007] Crim LR 907 . . . . D12.66, E16.2
Kumar [2004] EWCA Crim 3207, [2005] 1 WLR 1352, [2005] 1 Cr App 34 (566),
 [2005] Crim LR 470. . . . . A2.20
Kumwenda [2018] EWCA Crim 2856, [2019] 1 Cr App R (S) 44 (301) E14.3
Kunnath v The State [1993] 1 WLR 1315, [1993] 4 All ER 30, 98 Cr App R 455, [1994] Crim LR 937 . . . D15.82
Kuosmanen [2004] EWCA Crim 1861, [2005] 1 Cr App R (S) 71 (354) B6.65
Kureembokus [2021] EWCA Crim 82. . . . . F2.17
Kurt v Austria (2022) 74 EHRR 6. . . . . A7.23
Kurt v Turkey (1999) 27 EHRR 373 . . . . A7.23
Kurtz [2018] EWCA Crim 2743 . . . . B2.177
Kuruma, Son of Kaniu v The Queen [1955] AC 197, [1955] 2 WLR 223, [1955] 1 All ER 236,
 119 JP 157, 99 SJ 73, [1955] Crim LR 339 . . . . F2.1, F2.43
Kuzmickaja v Lithuania (Admissibility) (2008) 47 EHRR SE21 (257) A7.28
Kwaik [2013] EWCA Crim 2397, [2014] Crim LR 454 . . . . F11.10
Kwake-Ampomah [2023] EWCA Crim 1638. . . . . D25.22, F17.9
Kylsant (Lord) [1932] 1 KB 442, (1932) 23 Cr App R 83, 101 LJ KB 97, 146 LT 21, 29 Cox CC 379,
 48 TLR 62 . . . . B6.11

L [1994] Crim LR 839 . . . . F18.12
L [1999] Crim LR 489 . . . . F5.16
L [2008] EWCA Crim 973, [2009] 1 WLR 626, [2008] 2 Cr App R 18 (243), [2008] Crim LR 823 . . . F4.17, F17.40
L [2008] EWCA Crim 1970, [2009] 1 All ER 786, [2009] 1 Cr App R 16 (230). A1.33, A6.16
L [2010] EWHC 1531 (Admin) E19.75
L [2012] EWCA Crim 1336, [2013] 1 Cr App R (S) 56 (317) E11.23
L [2013] EWCA Crim 991, [2014] 1 All ER 113, [2013] 2 Cr App R 23 (247),
 [2014] Crim LR 150 . . . . A3.53, B19.24, B19.27, B22.12, B22.28, D2.12, D24.66
L [2013] EWCA Crim 1600 . . . . B3.348
L [2015] EWCA Crim 741 . . . . F7.37
L [2017] EWCA Crim 43, [2017] 1 Cr App R (S) 51 (402) A7.79
L [2024] EWCA Crim 544 . . . . D13.59, F18.17, F18.18
LF [2016] EWCA Crim 561, [2016] 1 WLR 4432, [2016] 2 Cr App R (S) 30 (271),
 [2016] Crim LR 676. . . . . B10.84, E14.1, E16.38
LG [2018] EWCA Crim 736 . . . . D3.77
LH [2017] NICA 67 . . . . F13.55
LL [2011] EWCA Crim 65, [2011] 1 Cr App R 27 (338) D13.27, D13.59
LM [2011] EWCA Crim 2327, [2011] 1 Cr App R 12 (135), [2011] Crim LR 425 . . . . B3.263, B22.12,
B22.13, D2.12, D3.91
LO [2018] EWCA Crim 1545 . . . . B3.12
LP [2023] EWCA Crim 1077 . . . . B3.378
LT [2019] EWCA Crim 58, [2019] 1 Cr App R 30 (405). F19.9
LZ [2012] EWCA Crim 1867 . . . . B22.16
L (A Minor) (Police Investigation: Privilege), Re [1997] AC 16, [1996] 2 WLR 395, [1996] 2 All ER 78. . . . . . F10.37

Table of Cases

L and B v DPP [1998] 2 Cr App R 69 . . . . D22.38
L and N [2017] EWCA Crim 2129. . . . . B22.33
L v CPS [2007] EWHC 1843 (Admin), [2008] 1 Cr App R 8 (131), (2007) 171 JP 635,
   [2008] Crim LR 216. . . . . B4.95
L v CPS [2010] EWHC 341 (Admin), (2010) 174 JP 209. . . . . B20.8
L v CPS [2013] EWHC 4127 (Admin) A4.21
L v DPP [2001] EWHC Admin 882, [2003] QB 137, [2002] 3 WLR 863, [2002] 2 All ER 854,
   [2002] 1 Cr App R 32 (420), [2002] Crim LR 320, 166 JP 113 . . . . B12.173, B12.187, F3.21
L v DPP [2007] EWHC 1843 (Admin), [2008] 1 Cr App R 8 (131), 171 JP 635, [2008] Crim LR 216. . . . . . D22.85
L v UK [2000] 2 FLR 322. . . . . F10.13
La Rose [2003] EWCA Crim 1471 . . . . B3.256
Labinjo-Halcrow [2020] EWCA Crim 951 . . . . F15.14
Labita v Italy (2008) 46 EHRR 50 (1228) A7.23
Lacey v Metropolitan Police Commissioner [2000] Crim LR 853 . . . . B12.84
Lack (1986) 84 Cr App R 342. . . . . B6.29
Lacorre v France [2008] EWHC 2871 (Admin). D31.19
Ladbroke [2022] EWCA Crim 113 . . . . B18.33
Lafayette [2008] EWCA Crim 3238, [2009] Crim LR 809. . . . . F13.36
Lafone v Griffin (1909) 25 TLR 308 . . . . F8.3
Lagocki v Poland [2015] EWHC 3641 (Admin) D31.12
Lahaye [2005] EWCA Crim 2847, [2006] 1 Cr App R 11 (205), [2006] Crim LR 241. . . . . B2.85
Laidlaw v Atkinson (1986) *The Times*, 2 August 1986 . . . . D7.116
Laing [1995] Crim LR 395. . . . . B4.87
Lajavarti [2023] EWCA Crim 615, [2023] 4 WLR 59, [2023] 2 Cr App R 16 (246) D13.59, D19.32
Lake (1976) 64 Cr App R 172 . . . . D11.87, D11.88, D11.89, F1.33, F18.82
Lake [2023] EWCA Crim 710, [2024] 1 WLR 2115, [2024] 1 Cr App R 23 (357). F1.16, F5.11, F7.6
Lal Chand Marwari v Mahant Ramrup Gir (1925) 42 TLR 159 . . . . F3.73
Lala v Netherlands (1994) 18 EHRR 856 . . . . A7.56
Lalani [1999] 1 Cr App R 481, [1999] Crim LR 992. . . . . B14.42
Lalchan [2022] EWCA Crim 736, [2022] QB 680, [2022] 3 WLR 385, [2022] 2 Cr App R 12 (247),
   [2023] Crim LR 139 . . . . B11.80, D2.17, D26.3
Lalchan Nanan v The State [1986] AC 860, [1986] 3 WLR 304, [1986] 3 All ER 248,
   83 Cr App R 292. . . . . D19.70, F9.22
Lall [2021] EWCA Crim 404, [2021] MHLR 346. . . . . B1.51
Lally [2021] EWCA Crim 1372. . . . . D3.52, D16.33, F7.20
Lam [2022] EWCA Crim 448, [2022] 4 WLR 57, [2022] Crim LR 696 . . . . B16.11
Lam Chi-ming v The Queen [1991] 2 AC 212, [1991] 2 WLR 1082, [1991] 3 All ER 172,
   (1991) 93 Cr App R 358, [1991] Crim LR 914 . . . . F18.4, F18.77, F18.86
Lamaletie [2008] EWCA Crim 314, (2008) 172 JP 249 . . . . F13.7, F13.52, F13.90
Lamb [1967] 2 QB 981, [1967] 3 WLR 888, [1967] 3 All ER 1282, (1967) 51 Cr App R 417,
   131 JP 456. . . . . A3.7, B1.63, B1.67
Lamb (1974) 59 Cr App R 196, [1974] Crim LR 563 . . . . D19.6, D19.21
Lamb [2005] EWCA Crim 3000, [2006] 2 Cr App R (S) 11 (84), [2006] Crim LR 256. . . . . D25.31
Lamb [2006] EWCA Crim 3347 . . . . F13.52, F13.56
Lamb [2007] EWCA Crim 1766 . . . . F13.19, F13.20
Lamb [2011] 6 Costs LR 1092 . . . . D33.21
Lambert [2001] UKHL 37, [2002] 2 AC 545, [2001] 3 WLR 206, [2001] 3 All ER 577,
   [2002] 1 All ER 2, [2001] 2 Cr App R 28 (511), [2001] Crim LR 806. . . . . A2.27, A7.69, B12.187, B19.24,
                   B19.29, B19.30, B19.31, B19.36, B19.38, B19.39, B19.107, B19.108, B19.109, B19.110,
                   B19.111, B20.1, C5.49, F3.9, F3.11, F3.18, F3.19, F3.20, F3.21, F3.22, F3.31, F3.37
Lambert [2002] QB 1112, [2001] 2 WLR 211, [2001] 1 All ER 1014, [2001] 1 Cr App R 14 . . . . B1.28
Lambert [2006] EWCA Crim 827, [2006] 2 Cr App R (S) 107 (699), [2006] Crim LR 995. . . . . B11.164
Lambert [2009] EWCA Crim 700, [2010] 1 WLR 898, [2009] 2 Cr App R 32 (523). B10.26
Lambert [2009] EWCA Crim 2860, [2010] 1 Cr App R 21 (299), [2010] Crim LR 576 . . . . B5.52
Lambert v France (2016) 62 EHRR 2 (57) A1.22
Lambeth Metropolitan Stipendiary Magistrate, ex parte McComb [1983] QB 551,
   [1983] 2 WLR 259, [1983] 1 All ER 321, (1983) 76 Cr App R 246, [1983] Crim LR 266 . . . . F8.46
Laming (1989) 90 Cr App R 450, (1990) 154 JP 501, [1990] Crim LR 416 . . . . D11.4
Lamont [1989] Crim LR 813 . . . . F18.58
Lamont-Perkins v RSPCA [2012] EWHC 1002 (Admin), (2012) 176 JP 369. . . . . B20.20, D3.40
Lamy v Belgium (1989) 11 EHRR 529. . . . . D7.42
Lancaster [2010] EWCA Crim 370, [2010] 1 WLR 2558, [2010] 2 Cr App R 7 (45),
   [2010] 3 All ER 402, [2010] Crim LR 776. . . . . B6.12, B14.10
Land [1999] QB 65. . . . . F11.8
Land [2006] EWCA Crim 2856 . . . . F13.74
Landon [1995] Crim LR 338. . . . . F1.30
Landy [1981] 1 WLR 355, [1981] 1 All ER 1172, 72 Cr App R 237 . . . . A5.66, D11.25, D11.34
Lane (1986) 82 Cr App R 5, [1985] Crim LR 789 . . . . B1.95, B1.99, D16.64
Lane [2015] EWCA Crim 1226. . . . . F16.4
Lane [2018] UKSC 36, [2018] 1 WLR 3647, [2019] 1 All ER 299, [2018] 2 Cr App R 35 (606),
   [2018] Lloyd's Rep FC 438, [2019] Crim LR 178. . . . . A2.17, B3.70, B10.123, B10.128
Lane [2018] EWCA Crim 2602 . . . . B10.125
Lanfear [1968] 2 QB 77, [1968] 2 WLR 623, [1968] 1 All ER 683, 52 Cr App R 176,
   132 JP 193 . . . . C5.61, F11.42

Table of Cases

Lanford v General Medical Council [1990] 1 AC 13, [1989] 3 WLR 665, [1989] 2 All ER 921 . . . . D11.79
Lang [2002] EWCA Crim 298 . . . . B19.110
Lang [2005] EWCA Crim 2864, [2006] 1 WLR 2509, [2006] 2 All ER 410, [2006] Crim LR 174,
   [2006] 2 Cr App R (S) 31 (3). D24.40, E16.9, E16.27, E16.28
Lang v Hindhaugh [1986] RTR 271 . . . . C1.14
Langford [1990] Crim LR 653. . . . . D4.6, F9.16
Langham [1996] Crim LR 430 . . . . D19.23
Langiert [1991] Crim LR 777. . . . . D1.82
Langley [2014] EWCA Crim 1284 . . . . E21.14
Langman v Valentine [1952] All ER 803, (1952) 116 JP 576 . . . . C1.2
Langton (1876) 2 QBD 296, 46 LJ MC 136, 35 LT 527, 13 Cox CC 345, 41 JP 134 . . . . F3.71, F6.18
Lanham [2008] EWCA Crim 2450, [2009] 1 Cr App R (S) 105 (592) E2.19
Lanham v Rickwood (1984) 148 JP 737 . . . . B11.67
Lanning [2021] EWCA Crim 450 . . . . A4.14, F13.49
Laporte v Metropolitan Police Commissioner [2014] EWHC 3574 (QB) B11.150
Large (1981) 3 Cr App R (S) 80, [1981] Crim LR 508 . . . . D26.57
Lariba [2015] EWCA Crim 478, [2015] Crim LR 534 . . . . F19.4, F19.19, F19.21
Larkfield Ltd v RCPO [2010] EWCA Civ 521, [2010] 3 All ER 1173 . . . . E19.57
Larkin [1943] KB 174, [1943] 1 All ER 217, 29 Cr App R 18, 112 LJ KB 163, 168 LT 298,
   59 TLR 105, 87 SJ 140 . . . . B1.45, B1.60, D19.80, F6.39
Larkin [2003] EWCA Crim 2739 . . . . B12.111
Larsen [2014] EWCA Crim 1514, [2014] 2 Cr App R (S) 18 (635) B12.246
Larsonneur (1933) 24 Cr App R 74, 149 LT 542, 97 JP 206, 31 LGR 253, 29 Cox CC 673 . . . . . . A1.13, A2.29
Lasgaa [2014] EWCA Crim 1822 . . . . B22.70
Lashley [2005] EWCA Crim 2016, [2006] Crim LR 83 . . . . D4.9, D16.12, D26.29, F2.7
Lashley [2017] EWCA Crim 260, [2017] 2 Cr App R (S) 4 (14) B2.94
Laskey v UK (1997) 24 EHRR 39 . . . . B2.16
Laskowski [2023] EWCA Crim 494 . . . . A8.5, B19.50
Latham [2014] EWCA Crim 207 . . . . F13.51
Latif [1996] 1 WLR 104, [1996] 1 All ER 353, [1996] 2 Cr App R 92, [1996] Crim LR 414 . . A1.32, A5.80, B16.44,
                                                                      B16.45, D3.66, D3.104, D3.105, F2.19, F2.21
Latimer (1886) 17 QBD 359, 55 LJ MC 135, 54 LT 768, 51 JP 184, 16 Cox CC 70, 2 TLR 626,
   [1886–90] All ER Rep 386 . . . . A2.31
Lau v DPP [2000] Crim LR 580 . . . . B2.204
Lau Pak Ngam v The Queen [1966] Crim LR 443 . . . . F6.18, F6.28
Lauko v Slovakia (2001) 33 EHRR 40 (994) A7.41
Laverick [2015] EWCA Crim 1059, [2015] 2 Cr App R (S) 62 (434) E16.28
Lavery [2008] EWCA Crim 2499, [2009] 3 All ER 295 . . . . D20.54, E16.28
Laverty [2024] EWCA Crim 479 . . . . C7.36
Law [1961] Crim LR 52 . . . . F3.49
Law (1996) *The Times*, 15 August 1996 . . . . D9.59
Law [1999] Crim LR 837, [1999] EWCA Crim JO210 . . . . B12.11, B12.72, B12.73, B12.78
Law Officers of the Crown v Bishop (30 May 2013, unreported, Royal Court of Guernsey) B19.51
Lawless (1994) 98 Cr App R 342, [1994] Crim LR 974 . . . . E2.5, F7.7
Lawless [2011] EWCA Crim 59, (2011) 175 JP 93 . . . . F17.13
Lawlor [2012] EWCA Crim 1870, [2013] 1 Cr App R (S) 102 (532), [2012] Crim LR 901 . . . . B4.82
Lawrance [2020] EWCA Crim 971, [2020] 2 Cr App R 29 (474), [2020] 1 WLR 5025 . . . . B3.47, B3.52, B3.386
Lawrence [1968] 1 WLR 341, [1968] 1 All ER 579, (1968) 52 Cr App R 163, (1968) 132 JP 173 . . . . F8.50
Lawrence (1971) 57 Cr App R 64. . . . . B5.51, B5.55, B5.56, B12.157
Lawrence (1981) 3 Cr App R (S) 49, [1981] Crim LR 421 . . . . D20.43
Lawrence [1982] AC 510, [1981] 2 WLR 524, [1981] 1 All ER 974, 73 Cr App R 1, [1981] RTR 217,
   [1981] Crim LR 409. . . . . A2.10, B1.71, C6.3, D18.25, D18.29, D18.37
Lawrence [2013] EWCA Crim 708, [2014] 1 Cr App R 5 (33), [2014] Crim LR 300 . . . . . . F17.21, F17.38, F17.80
Lawrence [2013] EWCA Crim 1054, [2014] 1 WLR 106, [2013] 2 Cr App R 24 (270),
   [2014] Crim LR 237 . . . . B12.5, D1.154, D26.39
Lawrence v Howlett [1952] 2 All ER 74, [1952] 1 TLR 1476, [1952] WN 308 . . . . C1.9
Lawrence v Metropolitan Police Commissioner [1972] AC 626, [1971] 3 WLR 225,
   [1971] 2 All ER 1253, 55 Cr App R 471 (HL), affirming sub nom. R v Lawrence
   [1971] 1 QB 373, [1970] 3 WLR 1103, [1970] 3 All ER 933, 55 Cr App R 73 (CA) B4.37, B4.38
Lawrence v Same [1968] 2 QB 93, [1968] 2 WLR 1002, [1968] 1 All ER 1191,
   132 JP 277, 112 SJ 212 . . . . D22.3, D22.70
Lawrence v The Queen [2014] UKPC 2 . . . . F18.69, F19.6
Law-Thompson [1997] Crim LR 674 . . . . F2.30
Laws-Chapman [2013] EWCA Crim 1851 . . . . F13.60
Lawson [1998] Crim LR 883 . . . . D18.24
Lawson [2005] EWCA Crim 1840, [2006] 1 Cr App R (S) 59 (323), [2005] Crim LR 871 . . . . C7.37
Lawson [2005] EWCA Crim 84, [2007] 1 Cr App R 20 (277). D13.62, D13.65
Lawson [2006] EWCA Crim 2572, [2007] 1 WLR 1191, [2007] 1 Cr App R 11 (178),
   171 JP 43, [2007] Crim LR 232. . . . . F13.73, F13.78, F15.20
Lawson v Stafford Magistrates' Court [2007] EWHC 2490 (Admin) D4.13, D18.7
Laycock [2003] EWCA Crim 1477, [2003] Crim LR 803 . . . . D11.79
Layden [2023] EWCA Crim 1207, [2024] 1 Cr App R 6 (71), [2024] Crim LR 112 . . . . D26.39
Layne v A-G of Grenada [2019] UKPC 11. . . . . F14.1
Layton (1849) 4 Cox CC 149 . . . . F3.59

Table of Cases

Lazard Brothers & Co v Midland Bank [1933] AC 289 .... F1.7
Lazarus [2004] EWCA Crim 2297, [2005] 1 Cr App R (S) 98 (552), [2005] Crim LR 64 .... E19.2,
    E19.14, E19.15, E19.41
Lazzari [2018] EWCA Crim 1043. .... F7.34, F7.46
Le and Stark [1999] 1 Cr App R (S) 422, [1999] Crim LR 96 .... B22.48
Le Brocq v Liverpool Crown Court [2019] EWCA Crim 1398 .... B3.49, D14.55, D14.75, D33.44, D33.47
Le Brun [1992] QB 61, [1991] 3 WLR 653, [1991] 4 All ER 673, (1992) 94 Cr App R 101 .... A1.9
Le Compte, van Leuven and De Meyere v Belgium (1982) 4 EHRR 1 .... A7.49
Le Vine v DPP [2010] EWHC 1128 (Admin), (2010) 174 JP 337 .... B11.41
Lea [2017] EWCA Crim 1789 .... B19.180
Leadbeater [1988] Crim LR 463. .... D16.67
Leadbeater [2021] EWCA Crim 1251, [2022] 1 Cr App R (S) 36 (319) E21.14
Leach v DPP [1993] RTR 161 .... C1.6
Leach v Evans [1952] 2 All ER 264, 116 JP 140 .... C5.36
Learmont v DPP [1994] RTR 286 .... C7.9
Leary v Chief Constable of West Midlands Police [2012] EWHC 639 (Admin) D25.50
Leason v DPP [2010] EWHC 994 (Admin), (2010) 174 JP 367 .... B11.30
Leatham (1861) 3 E & E 658, 121 ER 589, 30 LJ QB 205, 25 JP 468, 8 Cox CC 498, 3 LT 777,
    7 Jur NS 674, 9 WR 334. .... F2.1
Leathem [2017] EWCA Crim 42. .... F13.40
Leather (1993) 98 Cr App R 179, [1993] Crim LR 516 .... B2.139
Leatherdale v Surrey Police Headquarters [1999] EWHC Admin 631 .... B12.42, B12.72
Leaver [2006] EWCA Crim 2988 .... F13.51
Leckie v Miln 1982 SLT 177 .... B19.145
Lederman [2015] EWCA Crim 1308, [2016] RTR 16 (275). D12.9
Ledger v DPP [1991] Crim LR 439. .... B2.58
Ledonne (No. 1) v Italy [1999] ECHR 25 .... A7.64
Ledonne (No. 2) v Italy [1999] ECHR 26 .... A7.65
Lee (1912) 7 Cr App R 31. .... F6.34
Lee [1984] 1 WLR 578, [1984] 1 All ER 1080, (1984) 79 Cr App R 108, [1984] Crim LR 364 ..... D26.9, D27.31
Lee [1985] Crim LR 798 .... D12.79
Lee [1993] 1 WLR 103, [1993] 2 All ER 170, (1993) 96 Cr App R 188, (1993) 157 JP 533,
    [1993] Crim LR 65 .... D24.78, D26.62
Lee [1996] 2 Cr App R 266, 160 JP 462, [1996] Crim LR 412 .... F4.16
Lee [1996] Crim LR 825. .... F12.8
Lee [2001] 1 Cr App R 19 (293) A3.10, B2.27
Lee [2006] EWCA Crim 156 .... B4.188
Lee [2012] EWCA Crim 316, (2012) 176 JP 231 .... F13.40
Lee [2013] EWCA Crim 657 .... E19.50
Lee [2015] EWCA Crim 420. .... F20.20
Lee [2019] EWCA Crim 2052. .... F15.10
Lee v Knapp [1967] 2 QB 442, [1967] 2 WLR 6, [1966] 3 All ER 961, (1967) 131 JP 110 .... C6.52
Lee Cheung Wing v The Queen (1992) 94 Cr App R 355, [1992] Crim LR 440 .... B5.12, B6.13
Lee Kun [1916] 1 KB 337, (1916) 11 Cr App R 293, 85 LJ KB 515, 114 LT 421, 80 JP 116,
    25 Cox CC 304, 32 TLR 225, [1914–15] All ER Rep 603, 60 SJ 158 .... D15.83, D15.86
Leeds City Council v Persons Unknown [2023] EWHC 1504 (Admin), [2024] RTR 2 (14),
    [2023] ACD 115 .... D25.48, D25.49
Leeds Crown Court, ex parte Bagoutie (1999) *The Times*, 31 May 1999. .... D15.31
Leeds Crown Court, ex parte Briggs (No. 1) [1998] 2 Cr App R 413, [1998] Crim LR 744 .... D15.32
Leeds Crown Court, ex parte Hill [1991] COD 197, (1991) 93 Cr App R 60, [1991] Crim LR 376. .... D1.163
Leeds Crown Court, ex parte Redfearn [1999] COD 437 .... D15.27, D15.30
Leeds Crown Court, ex parte Switalski [1991] Crim LR 559 .... D1.165
Leeds Crown Court, ex parte Whitehead (17 June 1999, unreported, DC) D15.9
Leeds Crown Court, ex parte Wilson [1999] Crim LR 378 .... D15.26, D15.27
Leeds Justices, ex parte Sykes [1983] 1 WLR 132, [1983] 1 All ER 460, (1983) 76 Cr App R 129,
    (1983) 147 JP 129, [1983] Crim LR 180 .... D10.15, D10.16
Leeds Magistrates' Court, ex parte Dumbleton [1993] Crim LR 866 .... F10.36, F10.40
Leeks [2010] EWCA Crim 1612, [2010] 1 Cr App R 5 (87), [2010] Crim LR 641 .... D11.5, D11.108
Leeson [2000] 1 Cr App R 233, [2000] Crim LR 196. .... B19.24, B19.63, B19.107, B19.108
Leeson v DPP [2000] RTR 385 .... C5.39
Leetham v DPP [1999] RTR 29 .... C5.61
Lefroy (1873) LR 8 QB 134, 42 LJ QB 121 (sub nom. Ex parte Jolliffe), 28 LT 132,
    37 JP 566, 21 WR 332 .... B14.84
Lehair [2015] EWCA Crim 1324, [2015] 1 WLR 4811, [2016] 1 Cr App R (S) 2 (4),
    [2015] Crim LR 908 .... E19.54
Leicester City Justices, ex parte Barrow [1991] 2 QB 260, [1991] 3 WLR 368, [1991] 3 All ER 935,
    155 JP 901, [1991] Crim LR 556 .... D22.24
Leicester Crown Court, ex parte Commissioners of Customs and Excise (2001) *The Times*,
    23 February 2001. .... D33.37
Leicester Crown Court, ex parte S [1993] 1 WLR 111, [1992] 2 All ER 659, (1992) 94 Cr App R 153,
    [1991] Crim LR 365 .... D29.40
Leigers [2005] EWCA Crim 802, [2005] 2 Cr App R (S) 104 (654), [2005] Crim LR 584 .... E17.2
Leigh [2012] EWCA Crim 621. .... D7.118
Leigh [2015] EWCA Crim 1045, [2015] 2 Cr App R (S) 42 (332), [2015] Crim LR 910 .... B19.174

Table of Cases

Leighton [2017] EWCA Crim 2057 ... B3.24
Leinster (Duke of) [1924] 1 KB 311, [1923] All ER 187, 87 JP 191, (1924) 17 Cr App R 176 ... B7.69
Leitch [2024] EWCA Crim 563 ... D20.100, D20.105, D20.106
Leivers [2023] EWCA Crim 1469 ... F2.29
Lemon [1979] AC 617, [1979] 2 WLR 281, [1979] 1 All ER 898, 68 Cr App R 381, [1979] Crim LR 311 ... A2.4
Lemon [2002] EWCA Crim 1661 ... B11.17
Lemonnier [2019] EWCA Crim 2275 ... F13.62
Lemsatef [1977] 1 WLR 812, [1977] 2 All ER 835, 64 Cr App R 242 ... F18.31
Lennard [1973] 1 WLR 483, [1973] 2 All ER 831, 57 Cr App R 542, [1973] RTR 252,
    [1973] Crim LR 312 ... C5.7, C5.28, C5.32, F1.3
Lennock (1993) 97 Cr App R 228, 157 JP 1068 ... D15.93
Leonard [2009] EWCA Crim 1251, (2009) 173 JP 366, [2009] Crim LR 802 ... F16.17, F16.19
Leonard [2012] EWCA Crim 277, [2012] 2 Cr App R 12 (138) ... B3.332
Leonard [2018] EWCA Crim 870 ... B4.80
Leonard [2020] EWCA Crim 135 ... B20.6
Lesley [1996] 1 Cr App R 39, [1995] Crim LR 946 ... D18.33, F1.27
Lester (1938) 27 Cr App R 8 ... D19.78
Letchford [2014] EWCA Crim 1474 ... B11.71
Letby [2024] EWCA Crim 748 ... F11.1, F11.10, F11.37
Letellier v France (1992) 14 EHRR 83 ... A7.39, D7.40
Letherbarrow v Warwickshire County Council [2015] EWHC 4820 (Admin) ... B20.20
Leudicke, Delkasam and Koc v Germany (1979-80) 2 EHRR 149 ... A7.58
Leung Kam-Kwok v The Queen (1984) 81 Cr App R 83, [1985] Crim LR 227 ... F18.94
Levantiz [1999] 1 Cr App R 465, 163 JP 129, [1999] Crim LR 493 ... D26.26
Levesconte [2011] EWCA Crim 2754, [2012] 2 Cr App R (S) 19 (80), (2012) 176 J 204,
    [2012] Crim LR 236 ... E14.12
Levy (1966) 50 Cr App R 198, [1966] Crim LR 454, 116 NLJ 921 ... F6.13
Lewendon [2006] EWCA Crim 648, [2006] 1 WLR 1278, [2006] 2 Cr App R 19 (294) ... F12.1, F13.6
Lewes Justices, ex parte Secretary of State for the Home Department [1973] AC 388,
    [1972] 3 WLR 279, [1972] 2 All ER 1057 ... F9.2, F9.12
Lewis (22 March 1993, unreported) ... B2.125
Lewis (1857) Dears & B 182, 169 ER 968, 26 LJ MC 104, 29 LT OS 216, 21 JP 358,
    7 Cox CC 277, 3 Jur NS 523, 5 WR 572 ... B1.20
Lewis [1969] 2 QB 1, [1969] 2 WLR 55, [1969] 1 All ER 79, 53 Cr App R 76, 133 JP 111, 112 SJ 904 ... D17.15
Lewis (1971) 55 Cr App R 386, [1971] Crim LR 414 ... F1.3
Lewis [1975] Crim LR 353 ... E7.3
Lewis (1984) 79 Cr App R 94, 6 Cr App R (S) 44, 148 JP 329, [1984] Crim LR 303 ... D24.104
Lewis (1988) 87 Cr App R 270, [1988] Crim LR 542 ... B19.38
Lewis [1989] Crim LR 61 ... F1.3
Lewis (1989) 11 Cr App R (S) 457, [1990] Crim LR 211 ... B1.110
Lewis [1996] Crim LR 260 ... D1.65, F18.57
Lewis (1999) *The Times*, 4 November 1999 ... B14.93, B14.104
Lewis [2003] EWCA Crim 223 ... F20.11
Lewis [2010] EWCA Crim 496, [2010] 2 Cr App R (S) 104 (666), [2010] Crim LR 870 ... B17.15
Lewis [2012] EWCA Crim 1071, [2013] 1 Cr App R (S) 23 (131) ... B3.348
Lewis [2013] EWCA Crim 2596, [2014] 1 Cr App R 25 (345), [2014] 1 WLR 2027 ... D11.17
Lewis [2014] EWCA Crim 48, [2014] 2 Cr App R (S) 27 (207) ... B11.8, F13.13, F13.59
Lewis [2014] EWCA Crim 122 ... B19.44, B19.66
Lewis [2016] EWCA Crim 304 ... B3.132
Lewis [2016] EWCA Crim 1020, [2017] 1 Cr App R (S) 2 (5) ... E21.19, E21.25, E21.28
Lewis [2017] EWCA Crim 1734 ... D16.64
Lewis [2018] EWCA Crim 1101 ... F19.32
Lewis v Chief Constable of the South Wales Constabulary [1991] 1 All ER 206 ... D1.15, D1.18
Lewis v Cox [1985] QB 509, [1984] 3 WLR 875, [1984] 3 All ER 672, 80 Cr App R 1, 148 JP 601,
    [1984] Crim LR 756 ... B2.60
Lewis v DPP (1996, unreported) ... B11.63
Ley [2006] EWCA Crim 3063, [2007] 1 Cr App R 25 (325), [2007] Crim LR 642 ... D18.32, F19.13
Leyland Justices, ex parte Hawthorn [1979] QB 283, [1979] 2 WLR 28, [1979] 1 All ER 209,
    68 Cr App R 269, [1979] RTR 109, [1978] Crim LR 627 ... D29.27
Li Shu-Ling v The Queen [1989] AC 270, [1988] 3 WLR 671, [1988] 3 All ER 138, (1989)
    88 Cr App R 82, [1989] Crim LR 58 ... F18.4
Liangsiriprasert v USA [1991] 1 AC 225, [1991] 3 WLR 606, [1991] 2 All ER 866,
    (1991) 92 Cr App R 77 ... A5.62, B5.13
Lidar (11 November 1999, unreported) ... B1.46
Liddiard [2019] EWCA Crim 1819 ... B3.113
Lifely [1990] *The Times*, 16 July 1990 ... D27.13
Lightfoot (1992) 97 Cr App R 24, (1993) 157 JP 156, [1993] Crim LR 137 ... B4.56
Lilley v Pettit [1946] KB 401, [1946] 1 All ER 593, 115 LJ KB 385, 175 LT 119, 44 LGR 171,
    110 JP 218, 62 TLR 359 ... F17.46
Lillis [1972] 2 QB 236, [1972] 2 WLR 1409, [1972] 2 All ER 1209, 56 Cr App R 573,
    [1972] Crim LR 458 ... B4.79, D19.43
Lim Chin Aik v The Queen [1963] AC 160, [1963] 2 WLR 42, [1963] 1 All ER 223 ... A2.23
Lima [2010] EWCA Crim 284 ... D25.19
Limon [2022] EWCA Crim 39 ... A7.79, B3.176, B3.377, E13.3, E15.3
Lin [1995] Crim LR 817 ... F2.25

Table of Cases

Lincoln Crown Court, ex parte Jude [1998] 1 WLR 1403, [1998] 1 WLR 24, [1997] 3 All ER 737,
  [1998] 1 Cr App R 130, 161 JP 589. . . . . E9.3, E9.4
Lincoln (Kesteven) Justices, ex parte O'Connor [1983] 1 WLR 335, [1983] 1 All ER 901, 147 JP 97,
  [1983] Crim LR 621, 127 SJ 121. . . . . D21.56, E22.3
Lindo [2016] EWCA Crim 1940. . . . . B1.29
Lindsay [2018] EWCA Crim 2171. . . . . B2.165, E12.13
Linegar [2009] EWCA Crim 6481 . . . . B21.16
Lineham v DPP [2000] Crim LR 861 . . . . D1.177
Linekar [1995] 2 Cr App R 49, [1995] QB 250, [1995] 2 WLR 237, [1995] 3 All ER 69,
  [1995] Crim LR 320. . . . . B3.45
Lingens v Austria (1981) 26 DR 171. . . . . A7.69
Lings v Denmark (2023) 76 EHRR 2 (19). A7.21
Lingu [2013] EWCA Crim 825, [2014] 1 Cr App R (S) 21 (120). E2.18
Linnell [1969] 1 WLR 1514, [1969] 3 All ER 849, (1969) 53 Cr App R 585, (1969) 133 JP 707 . . . . B7.29
Lipman [1970] 1 QB 152, [1969] 3 WLR 819, [1969] 3 All ER 410, (1969) 53 Cr App R 600,
  133 JP 712 . . . . A1.11, A2.34, A3.18, B1.63
List [1966] 1 WLR 9, [1965] 3 All ER 710, (1966) 50 Cr App R 81, 130 JP 30. . . . . F2.37, F13.97
List [2011] EWCA Crim 2821 . . . . B12.99, B12.108
Lister [2022] EWCA Crim 1560, [2023] 1 Cr App R (S) 40 (355), ... B3.6, B3.15
Lister v Quaife [1983] 1 WLR 48, [1983] 2 All ER 29, (1982) 75 Cr App R 313. . . . . D22.40
Lithuania v Bucnys [2013] UKSC 71, [2014] AC 480, [2013] 3 WLR 1485, [2014] 2 All ER 235. . . . . D31.13
Little (1883) 15 Cox CC 319 . . . . F6.50
Litwinczuk v Poland [2019] EWHC 2745 (Admin). D31.15, D31.22
Liverpool City Magistrates, ex parte McGhee (1994) 158 JP 275, [1993] Crim LR 609 . . . . D32.7
Liverpool Crown Court, ex parte Bray [1987] Crim LR 51 . . . . D3.48
Liverpool Crown Court, ex parte George Wimpey plc [1991] Crim LR 635. . . . . D1.163
Liverpool Justices, ex parte Molyneux [1972] 2 QB 384, [1972] 2 WLR 1033, [1972] Crim LR 706,
  [1972] 1 Lloyd's Rep 367 . . . . A8.15, A8.16
Liverpool Juvenile Court, ex parte R [1988] QB 1, [1987] 3 WLR 224, [1987] 2 All ER 668,
  86 Cr App R 1, 151 JP 516, [1987] Crim LR 572 . . . . D16.28, D22.46, F1.47, F18.64, F18.66, F18.67, F18.72
Liverpool Magistrates' Court, ex parte Abiaka (1999) 163 JP 497. D22.81, D33.9
Liverpool Magistrates' Court, ex parte Ansen [1998] 1 All ER 692 . . . . E19.81
Liverpool Roman Catholic Archdiocese Trustees v Goldberg [2001] 1 WLR 2337, [2001] 4 All ER 950 . . . . F11.7
Liverpool Society for the Prevention of Cruelty to Children v Jones [1914] 3 KB 813, 24 Cox 434,
  30 TLR 584 . . . . B2.167
Liversidge [2022] EWCA Crim 395, [2022] RTR 26 (435). D33.26
Livesey [2006] EWCA Crim 3344, [2007] 1 Cr App R 35 (462), [2007] Crim LR 635 . . . . . B2.201, B2.217, D16.69
Livesey [2019] EWCA Crim 877. . . . . F15.10
Livingstone v The Queen [2012] UKPC 36. . . . . F19.3, F19.10
Llandrindod Wells Justices, ex parte Gibson [1968] 1 WLR 598, [1968] 2 All ER 20, (1968) 132 JP 282 . . . D23.10
Llanfaethly (Inhabitants) (1853) 2 E & B 940, 118 ER 1018, 2 CLR 230, 23 LJ MC 33,
  22 LT OS 117, 18 JP 8, 17 Jur 1123, 3 WR 61 . . . . F8.10
Llewellyn (1978) 67 Cr App R 149. . . . . D15.80
Llewellyn (1985) 7 Cr App R (S) 225, [1985] Crim LR 750. . . . . E8.8
Llewellyn [2022] EWCA Crim 254. . . . . D26.39
Llewellyn-Jones [1968] 1 QB 429, [1967] 3 WLR 1298, [1967] 3 All ER 225, (1967) 51 Cr App R 204 . . . . . B15.26
Lloyd [1985] QB 829, [1985] 3 WLR 30, [1985] 2 All ER 661, (1985) 81 Cr App R 182,
  [1985] Crim LR 518. . . . . B4.57, B4.59, B4.61
Lloyd [2001] EWCA Crim 600, [2001] 2 Cr App R (S) 111 (493). B12.262
Lloyd v Bow Street Magistrates' Court [2003] EWHC 2294 (Admin), [2004] 1 Cr App R 111 (132),
  (2004) 168 JP 51, [2004] Crim LR 136. . . . . E19.76
Lloyd v DPP [1992] 1 All ER 982, [1992] RTR 215, 156 JP 342, [1991] Crim LR 904 . . . . B8.13
Lloyd v UK (2005) Appln. 29798/96, 1 March 2005. . . . . A7.53
Lloyd-Jones [2023] EWCA Crim 668, [2023] 2 Cr App R (S) 42 (378) B1.59
Loade v DPP [1990] 1 QB 1052, [1989] 3 WLR 1281, [1990] 1 All ER 36, (1990) 90 Cr App R 162,
  (1989) 153 JP 674, [1989] Crim LR 808 . . . . B11.33, B11.37, D29.38
Loake v CPS [2017] EWHC 2855 (Admin), [2018] 1 Cr App R 16 (238) A2.29, A3.24, B2.209, C5.51
Lobban v The Queen [1995] 1 WLR 877, [1995] 2 All ER 602, [1995] 2 Cr App R 573,
  [1995] Crim LR 881. . . . . F2.39, F2.40, F18.92, F18.94
Lobell [1957] 1 QB 547, [1957] 2 WLR 524, [1957] 1 All ER 734, (1957) 41 Cr App R 100,
  121 JP 282. . . . . D18.33, F3.3, F3.41
Lockheed-Arabia v Owen [1993] QB 806, [1993] 3 WLR 468, [1993] 3 All ER 641 . . . . F11.25
Lockley (1864) 4 F & F 155, 176 ER 511. . . . . D1.8
Lockley [1995] 2 Cr App R 554. . . . . F17.26
Lockley [1995] Crim LR 656 . . . . B4.44
Lockley [1997] Crim LR 455 . . . . D11.64, D11.76
Lockwood (1985) 2 BCC 99, 333, [1986] Crim LR 244 . . . . B7.14
Lockyer v Gibb [1967] 2 QB 243, [1966] 3 WLR 84, [1966] 2 All ER 653, (1966) 130 JP 306 . . . . B19.31
Lodge [2013] EWCA Crim 987. . . . . F1.14
Lodge v DPP (1988) *The Times*, 26 October 1988. . . . . B11.59
Logdon v DPP [1976] Crim LR 121 . . . . B2.8
Logan [2021] EWCA Crim 1627 . . . . B16.67
Loizides v Cyprus (2024) 78 EHRR 12 . . . . A7.82
Loizou [2005] EWCA Crim 1579, [2005] 2 Cr App R 37 (618), [2005] Crim LR 885 . . . . B21.7, B21.27

Table of Cases

Loizou [2006] EWCA Crim 1719. . . . . F10.44, F20.23
Lomas (1913) 9 Cr App R 220, 110 LT 239, 78 JP 152, 23 Cox CC 765, 30 TLR 125 . . . . A4.8
Lomas [2023] EWCA Crim 1436 . . . . C7.36, E13.28
Lombardi [1989] 1 WLR 73, [1989] 1 All ER 992, 82 Cr App R 179,
 (1989) 153 JP 216 . . . . D10.20, D11.15, D11.110
London General Omnibus Co. Ltd v Lavell [1901] 1 Ch 135, 70 LJ Ch 17, 83 LT 453,
 18 RPC 74, 17 TLR 61 . . . . F8.50
London United Investments plc, Re [1992] Ch 578 . . . . F10.7
Lonergan v DPP [2002] EWHC 1263 (Admin), [2003] RTR 12 (188) C5.50
Long (1836) 7 C & P 314, 173 ER 140, 3 Nev & M MC 435 . . . . D1.19
Long (1997) 161 JP 769, [1998] 2 Cr App R 326 . . . . D27.3
Long [2020] EWCA Crim 1729, [2021] 1 Cr App R 19 (350), [2021] 4 WLR 5 . . . . B1.54, B1.60,
 B1.65, C3.6, E1.5, E16.24
Long [2022] EWCA Crim 444 . . . . F19.6
Longman (1980) 72 Cr App R 121, [1981] Crim LR 38 . . . . A5.50
Longstaff v DPP [2008] EWHC 303 (Admin), [2008] RTR 17 (212) C5.14
Lonrho Ltd v Shell Petroleum Co. Ltd [1980] 1 WLR 627 . . . . F9.33
Lonrho plc, Re [1990] 2 AC 154, [1989] 3 WLR 535, [1989] 2 All ER 1100 . . . . B14.123
Lonrho plc v Fayed (No. 4) [1994] QB 775, [1994] 2 WLR 209, [1994] 1 All ER 870 . . . . F9.33
Lopez [2013] EWCA Crim 1744, [2014] Crim LR 384 . . . . D15.85
Lord Advocate's Reference No. 1 of 2020 [2020] HCJAC 25. . . . . B12.75, B12.154
Lord-Castle v DPP [2009] EWHC 87 (Admin) C6.59
Lord Howard of Lympne v DPP [2018] EWHC 100 (Admin) C2.13
Lord Howard of Lympne v DPP (Costs) (6 February 2018, unreported). D33.4
Loreley Financing (Jersey) No. 30 Ltd v Credit Suisse Securities (Europe) Ltd
 [2022] EWHC 1136 (Comm), [2022] 4 WLR 67 . . . . F10.17, F10.28
Lorimer v Russell 1996 SLT 501 . . . . C5.25
Louanjli [2021] EWCA Crim 819 . . . . D14.3, D15.98, D17.11
Louca [2013] EWCA Crim 2090, [2014] 2 Cr App R (S) 9 (49) E19.29
Loughlin (1951) 35 Cr App R 69, 49 LGR 545 . . . . F3.65
Loughlin, Re [2017] UKSC 63, [2017] 1 WLR 3963, [2018] 1 All ER 361, [2018] NI 88,
 [2018] 1 Cr App R (S) 21 (135) E2.7
Loughran [1999] Crim LR 404 . . . . F11.8
Louis v DPP [1998] RTR 354, 162 JP 287 . . . . C5.42
Loukes [1996] 1 Cr App R 444, [1996] RTR 164, [1996] Crim LR 341 . . . . A4.19, C3.11
Love v USA [2018] EWHC 172 (Admin) D31.28
Lovelock [1997] Crim LR 821 . . . . F1.17, F7.9
Lovell [2018] EWCA Crim 19, [2018] 1 Cr App R (S) 48 (364) E17.9, F13.22, F13.49
Loveridge [2001] EWCA Crim 734 . . . . F19.34
Loveridge [2001] EWCA Crim 973, [2001] 2 Cr App R 29 (591) B14.114, F2.24
Lovesey [1970] 1 QB 352, [1969] 3 WLR 213, [1969] 2 All ER 1077, 133 JP 571,
 (1969) 53 Cr App R 461 . . . . D18.28
Lovick [1993] Crim LR 890 . . . . A5.51
Low v Blease [1975] Crim LR 513, 119 SJ 695 . . . . B4.18, B4.90, B4.144
Lowe [1973] QB 702, [1973] 2 WLR 481, [1973] 1 All ER 805, 57 Cr App R 365,
 [1973] Crim LR 238. . . . . A1.17, A1.24, B1.62
Lowe [2007] EWCA Crim 833 . . . . D18.30, F20.11, F20.30
Lowe [2009] EWCA Crim 194, [2009] 2 Cr App R (S) 81 (544), [2009] Crim LR 452 . . . . B7.78
Lowery v The Queen [1974] AC 85, [1973] 3 WLR 235, [1973] 3 All ER 662, 58 Cr App R 35,
 [1973] Crim LR 523 . . . . F7.64, F11.22
Lowndes [2013] EWCA Crim 1747, [2014] 1 Cr App R (S) 75 (451) E2.17
Lowther [2020] EWCA Crim 1387, [2020] 4 WLR 152 . . . . E19.44
Lu Zhu Ai [2005] EWCA Crim 936, [2006] 1 Cr App R (S) 5 (18) B22.60
Lubemba [2014] EWCA Crim 2064, [2015] 1 WLR 1579, [2015] 1 Cr App R 12 (137) D4.9, D14.1,
 D14.36, D14.43, F6.3, F7.9, F7.10
Luca v Italy (2003) 36 EHRR 46 (807), [2001] Crim LR 747 . . . . D14.83
Lucas [1981] QB 720, [1981] 3 WLR 120, [1981] 2 All ER 1008, (1981) 73 Cr App R 159,
 [1981] Crim LR 624. . . . . D9.47, D18.32, D18.33, F1.25, F1.27, F1.30, F5.10, F19.15
Lucas [1991] Crim LR 844 . . . . F9.22
Lucas [1995] Crim LR 400 . . . . F1.17
Lucas [2011] EWCA Crim 2806, [2012] 2 Cr App R (S) 14 (57), [2012] Crim LR 227 . . . . B4.80
Lucas v Williams & Sons [1892] 2 QB 113, 61 LT QB 595, 66 LT 706, 8 TLR 575 . . . . F11.2
Lucien [2009] EWCA Crim 2004. . . . . D20.9
Luckett [2015] EWCA Crim 1050 . . . . F15.14
Luckett [2020] EWCA Crim 565, [2020] 2 Cr App R (S) 43 (306) B15.32
Luckhurst [2020] EWCA Crim 1579, [2021] 1 WLR 1807. . . . . D8.74
Luckhurst [2022] UKSC 23, [2022] 1 WLR 3818, [2023] 1 All ER 807, [2022] Crim LR 996 . . . . D8.74
Ludi v Switzerland (1993) 15 EHRR 173 . . . . A7.27, A7.28, A7.75
Ludlow v Metropolitan Police Commissioner [1971] AC 29, [1970] 2 WLR 521, [1970] 1 All ER 567,
 (1970) 54 Cr App R 233. . . . . D11.69, D11.78, D11.84, D11.86
Luff [2013] EWCA Crim 1958. . . . . D23.58
Luffe (1807) 8 East 193, 103 ER 316 . . . . F1.5
Luffman [2008] EWCA Crim 1739 . . . . A4.3

Table of Cases

Lui Mei Lin v The Queen [1989] AC 288, [1989] 2 WLR 175, [1989] 1 All ER 359,
    (1989) 88 Cr App R 298, [1989] Crim LR 364 . . . . F18.84
Lumley (1869) LR 1 CCR 196, 38 LJ MC 86, 20 LT 454, 33 JP 597, 11 Cox CC 274, 17 WR 685 . . . . F3.62
Lunkulu [2015] EWCA Crim 1350 . . . . D18.38, F1.3, F12.20, F13.21, F13.22
Lunn [2017] EWCA Crim 34, [2017] 2 Cr App R 5 (42) B16.3, B16.5, D21.9
Lunnon (1988) 88 Cr App R 71, [1988] Crim LR 456. . . . . F12.16
Lunnon [2004] EWCA Crim 1125, [2005] 1 Cr App R (S) 24 (111), [2004] Crim LR 678 . . . . E19.14, E19.41
Lunt v DPP [1993] Crim LR 534 . . . . B2.58
Lusher [2016] EWCA Crim 2055 . . . . C7.36
Lushington, ex parte Otto [1894] 1 QB 420 . . . . D1.187
Luton Crown Court, ex parte Neaves (1993) 157 JP 80, [1992] Crim LR 721 . . . . D15.25
Luttrell [2004] EWCA Crim 1344, [2004] 2 Cr App R 31 (520), (2004) *The Times*, 9 June 2004 . . . . . . F8.52, F11.11
Lutz v Germany (1987) 10 EHRR 182 . . . . A7.68
Luvaglio (No. 1) (1969) 53 Cr App R 1, [1968] 3 All ER 752 (Note) D27.29
Luxton [2024] EWCA Crim 340 . . . . E19.1
Lydon (1986) 85 Cr App R 221, [1987] Crim LR 407 . . . . F16.28
Lyell v Kennedy (1889) 14 App Cas 437, 59 LJ QB 268, 62 LT 77, 38 WR 353 . . . . F8.25, F17.43
Lyell v Kennedy (No. 3) (1884) 27 Ch D 1 . . . . F10.29
Lynas (1992) 13 Cr App R (S) 363, [1992] Crim LR 133. . . . . E15.8
Lynch [2007] EWCA Crim 3035, [2008] 1 Cr App R 24 (337), [2008] Crim LR 723 . . . . F17.38, F17.49
Lynes v DPP [2012] EWHC 1300 (Admin), [2013] RTR 13 (199) C2.13
Lynsey [1995] 3 All ER 654, [1995] 2 Cr App R 667, 159 JP 437 . . . . B2.2, D11.19
Lyons (1978) 68 Cr App R 104, [1979] Crim LR 123. . . . . D3.113
Lyons [2002] UKHL 44, [2003] 1 AC 976, [2002] 3 WLR 1562, [2002] 4 All ER 1028,
    [2003] 1 Cr App R 24 (359) A7.16
Lyons [2012] EWCA Crim 659 . . . . F13.68
Lyons v May [1948] 2 All ER 1062, 65 TLR 51, 113 JP 42, 47 LGR 125, [1948] WN 483, 93 SJ 59 . . . C1.27, C6.47

M (1916) 11 Cr App R 207. . . . . B9.6
M [2000] 1 Cr App R 49, [1999] Crim LR 922 . . . . D3.79
M [2000] 8 Arch News 2. . . . . F18.18
M [2002] EWCA Crim 2024, [2002] 1 WLR 824, [2002] 1 Cr App R 25 (283), [2002] Crim LR 57 . . . . . D12.12
M [2005] EWCA Crim 3376 . . . . F7.37
M [2006] EWCA Crim 193. . . . . F13.22, F13.44, F13.66
M [2006] EWCA Crim 1126 . . . . F13.78
M [2006] EWCA Crim 2052 . . . . F13.51
M [2006] EWCA Crim 2391 . . . . D12.9
M [2007] EWCA Crim 970, [2007] 3 All ER 53, [2007] 2 Cr App R 17 (239), [2008] Crim LR 80 . . . . . . B10.56
M [2007] EWCA Crim 3228. . . . . B19.110, D18.27
M [2008] EWCA Crim 1901, [2009] 1 WLR 1179, [2009] 1 Cr App R 17 (243) D8.76
M [2010] All ER (D) 196 (Dec) F13.34, F13.53
M [2011] EWCA Crim 648, (2011) 175 JP 273 . . . . D3.101, F2.17
M [2012] EWCA Crim 2, [2012] 1 Cr App R 362 (26), [2013] QB 1, [2012] 3 WLR 515,
    [2012] 2 All ER 947,
    [2012] Crim LR 539, ... F20.17
M [2012] EWCA Crim 792, [2013] 1 WLR 772, [2012] 3 All ER 661, [2012] 2 Cr App R 9 (103),
    [2012] Crim LR 782 . . . . D16.77
M [2013] EWCA Crim 1311 . . . . F19.2
M [2015] EWCA Crim 353, [2015] 2 Cr App R 22 (307) F13.51
M [2015] EWCA Crim 1848 . . . . D14.41, D19.17
M [2016] EWCA Crim 1326 . . . . B22.73
M [2017] UKSC 58, [2017] 1 WLR 3006, [2018] 1 All ER 304, [2017] 2 Cr App R 30 (446) B6.103
M (30 June 2017, unreported, CA) F7.6
M [2019] EWCA Crim 1094 . . . . D19.59, D19.61, D19.64
M [2021] EWCA Crim 1934, [2024] 1 Cr App R 20 (318) F2.7, F2.13
M (C-398/12) (CJEU, 5 June 2014) D12.31
M (A) [2010] EWCA Crim 2400, [2011] Cr App R 35 (432) B22.82, B22.83, D26.9
M (A) [2012] EWCA Crim 899, [2013] 1 Cr App R 17 (243) D14.39
M (A) [2015] EWCA Crim 353, [2015] 2 Cr App R 22 (307) B3.329
M (J) [2012] EWCA Crim 2293, [2013] 1 WLR 1083, [2013] 1 Cr App R 1 (144),
    [2013] Crim LR 335 . . . . A1.30, B1.65
M (No. 1) [2007] EWCA Crim 218 . . . . B10.56
M (T) [2000] 1 WLR 421, [2000] 1 All ER 148, [2000] 2 Cr App R 266, [1999] Crim LR 983 . . . . . F13.44, F13.46
M v DPP [2007] EWHC 1032 (Admin), (2007) 171 JP 457. . . . . D25.24
M v DPP [2009] EWHC 752 (Admin), [2009] 2 Cr App R 11 (181), [2009] Crim LR 658 . . . . D22.67, F8.51
M v Italy [2018] EWHC 1808 (Admin) D31.15
M v Netherlands (2018) 67 EHRR 3 (50) B9.44
MA [2012] EWCA Crim 1646 . . . . B3.22
MA [2019] EWCA Crim 178 . . . . F13.22
MA [2015] EWCA Crim 16 . . . . B3.34
MGN Ltd, ex parte [2011] EWCA Crim 100, [2011] 1 Cr App R 31 (387), [2011] EMLR 14 . . . . D3.127
MH [2012] EWCA Crim 2725 . . . . F4.25, F7.70, F17.38
MH [2015] EWCA Crim 585 . . . . D12.45
MJ (20 July 2007, unreported) B22.60

Table of Cases

MJ [2018] EWCA Crim 2485, [2019] 1 Cr App R 10 (122) D11.2, D11.3, D11.5, D11.7, D11.22, D11.108, D11.115, D12.57
MK [2007] EWCA Crim 3150, (2008) 172 JP 538 . . . . F16.19
MK [2008] EWCA Crim 425, [2008] 2 Cr App R (S) 78 (437) B2.104
MK [2018] EWCA Crim 667, [2019] QB 86, [2018] 2 Cr App R 14 (210) . . . A3.54, B19.21, B22.20, B22.21, F3.17
MLIA v Chief Constable of Hampshire [2017] EWHC 292 (QB) A7.23
MM [2011] EWCA Crim 1291. . . . . F7.43
MS [2021] EWCA Crim 600, [2021] 2 Cr App R 22 (445) A5.78
MS (Pakistan) v Secretary of State for the Home Department [2020] UKSC 9, [2020] 1 WLR 1373 . . B22.14, B22.15
MT [2023] EWCA Crim 558, [2023] 1 WLR 4573, [2023] 2 Cr App R 11 (147),
    [2023] Crim LR 683 . . . . D3.81, F3.49
MVN v Greenwich London Borough Council [2015] EWHC 1942 (Admin). B22.28
MW [2008] EWCA Crim 3091 . . . . F14.9, F14.28
McAfee [2006] EWCA Crim 2914 . . . . F6.16
McAllister [2008] EWCA Crim 1544, [2009] 1 Cr App R 10 (129) D11.85, F13.33, F13.68
McAngus, Re [1994] Crim LR 602 . . . . B4.156
McAtarsney [2013] NICA 59 . . . . B19.63
McAughey v HM Advocate [2013] HCJAC 163 . . . . B19.114
McAuley [2009] EWCA Crim 2130, [2010] 1 Cr App R 11 (148), (2009) 173 JP 585,
    [2010] Crim LR 336 . . . . B12.176, B12.188
McBean [2001] EWCA Crim 1891, [2002] 1 Cr App R (S) 98 (430), [2001] Crim LR 839 . . . . E16.34
McBride [1962] 2 QB 167, [1961] 3 WLR 549, [1961] 3 All ER 6, 45 Cr App R 262, 125 JP 544. . . . . C3.13, C3.22
McCabe (1988) 10 Cr App R (S) 134, [1988] Crim LR 469 . . . . D26.49
McCafferty [2011] EWCA Crim 509 . . . . C3.51
McCafferty [2023] EWCA Crim 1650. . . . . F13.20
McCaffrey [2009] EWCA Crim 54, [2009] 2 Cr App R (S) 56 (392) B4.82
McCall v Abelesz [1976] QB 585, [1976] 2 WLR 151, [1976] 1 All ER 727 . . . . B13.14, B13.17
McCalla [1986] Crim LR 335. . . . . D13.39
McCalla (1988) 87 Cr App R 372, 152 JP 481 . . . . B12.167, B12.170, B12.175, B12.178
McCandless [2001] NI 86. . . . . B1.45
McCann (1991) 93 Cr App R 239, [1991] Crim LR 136. . . . . D13.65, D26.23
McCann v CPS [2015] EWHC 2461 (Admin), [2016] 1 Cr App R 6 (82) B2.53
McCatty [2013] Costs LR 863 . . . . D33.21
McCarren [2023] EWCA Crim 1233, [2024] 1 Cr App R (S) 27 (268) E21.33
McCarrick v Oxford [1983] RTR 117, [1982] Crim LR 750. . . . . D1.5
McCarthy [1964] 1 WLR 196, [1964] 1 All ER 95, (1964) 48 Cr App R 111, 128 JP 191. . . . . B12.241, B12.267
McCarthy [1980] 71 Cr App R 142 . . . . F6.42, F6.44
McCarthy [1981] STC 298 . . . . B16.10
McCarthy [1996] Crim LR 818. . . . . F2.14
McCarthy [2012] EWHC 2325 (Admin) D11.2
McCarthy [2014] EWCA Crim 1963, [2015] RTR 10 (92) F14.20
McCarthy [2015] EWCA Crim 1185, [2015] 2 Cr App R (S) 47 (355) B15.33
McCarthy v Chief Constable of Merseyside [2016] EWCA Civ 1257. . . . . D1.7
McCay [1990] 1 WLR 645, [1991] 1 All ER 232, (1990) 91 Cr App R 84, 154 JP 621,
    [1990] Crim LR 338 . . . . F17.49
McChleery [2019] EWCA Crim 2100 . . . . F14.26
McClelland [1951] 1 All ER 557, 115 JP 179, 49 LGR 227, (1951) 35 Cr App R 22 . . . . E5.1, E5.23
McClenaghan [2016] NICA 51. . . . . B1.45
McCluskey (1993) 98 Cr App R 216, [1993] Crim LR 976. . . . . D19.28
McCombie v Liverpool City Magistrates' Court [2011] EWHC 758 (Admin) C1.2
McCool [2018] UKSC 23, [2018] 1 WLR 2431, [2018] 3 All ER 849, [2018] NI 181,
    [2018] Lloyd's Rep FC 407, [2018] Crim LR 766. . . . . E19.2, E19.20
McCormack v DPP [2002] EWHC 173 (Admin), [2002] RTR 20 (355) C5.40
McCrae [2012] EWCA Crim 976, [2013] 1 Cr App R (S) 1 (1) B7.9
McCreadie (1992) 96 Cr App R 143, (1993) 157 JP 541 . . . . B4.144
McCready [1978] 1 WLR 1376, [1978] 3 All ER 967, (1978) 67 Cr App R 345 . . . . D19.46
McCredie [2000] BPIR 1129, [2000] BCC 617, [2000] 2 BCC 438 . . . . B7.51
McCrudden [2005] EWCA Crim 466 . . . . B6.104, B6.110
McCullum (1973) 57 Cr App R 645, [1973] Crim LR 582 . . . . B4.179
McDaniel (1990) 12 Cr App R (S) 44 . . . . B14.105
McDaniel & Co (a firm) v Clarke [2014] EWHC 3826 (QB) D33.7
MacDarmaid v Attorney-General [1950] P 218, [1950] 1 All ER 497, 66 TLR (Pt 1) 543. . . . . F3.62
McDavitt [1981] Crim LR 843 . . . . B5.45
McDermott v DPP [1997] RTR 474, 161 JP 244 . . . . C6.53
McDermott-Mullane [2016] EWCA Crim 2239, [2017] 4 WLR 127 . . . . B4.2, D6.28
MacDonagh [1974] QB 448, [1974] 2 WLR 529, [1974] 2 All ER 257, [1974] RTR 372,
    (1974) 59 Cr App R 55, [1974] Crim LR 317 . . . . C1.3, C1.4, C1.5
McDonagh [2014] EWCA Crim 478 . . . . E2.19
McDonagh [2017] EWCA Crim 2193. . . . . E14.12
McDonald [1991] Crim LR 122 . . . . F2.44, F9.31, F11.18
McDonald [2004] EWCA Crim 2614, (2004) *The Times*, 8 November 2004 . . . . D9.60, D9.61, D27.32
McDonald [2011] EWCA Crim 2933 . . . . F13.52
McDonald [2016] EWCA Crim 1529 . . . . B1.42
McDonald [2015] EWCA Crim 2119, [2016] 1 Cr App R (S) 48 (307) E21.25

Table of Cases

McDonald [2018] EWCA Crim 798. . . . . D19.79
McDonald [2021] EWCA Crim 272, [2021] 2 Cr App R(S) 20 (173) B16.22
McDonnell [1966] 1 QB 233, [1965] 3 WLR 1138, [1966] 1 All ER 193, (1966) 50 Cr App R 5 . . . . A5.51, A6.5
McDonnell [2010] EWCA Crim 2352, [2011] 1 Cr App R 28 (347) D13.20, D13.67
McDonnell v UK [2014] ECHR 1370 . . . . A7.23
McDowell [2015] EWCA Crim 173, [2015] 2 Cr App R (S) 14 (137) E19.28
McE v Prison Service of Northern Ireland [2009] UKHL 15, [2009] 1 AC 908, [2009] 2 WLR 782,
 [2009] 2 Cr App R 1 (1), [2009] 4 All ER 335, [2009] Crim LR 525 . . . . D1.56, D3.105, F10.19, F18.51
McElroy [2021] EWCA Crim 368. . . . . B19.16
McEneaney [2005] EWCA Crim 431, [2005] 2 Cr App R (S) 86 (531), [2005] Crim LR 579 . . . . E18.13
Macer [1979] Crim LR 659 . . . . B6.29
McEvilly (1973) 60 Cr App R 150. . . . . F2.45
McEvoy [1997] Crim LR 887 . . . . F19.4
McEvoy [2016] EWCA Crim 1654 . . . . F17.15
McEwan [2011] EWCA Crim 1026, [2012] Crim LR 128 . . . . F4.8
McEwan v DPP [2007] EWHC 740 (Admin), (2007) 171 JP 308 . . . . F17.13, F17.37
McFadden (1975) 62 Cr App R 187, [1976] Crim LR 193 . . . . D16.5, D17.2
McFadden [1993] 31 NSWLR 412 . . . . F10.3
McFarlane [2022] EWCA Crim 1104, [2023] 1 Cr App R (S) 14 (96) B1.55
McGarrick [2019] EWCA Crim 530, [2019] 2 Cr App R (S) 31 (231) B2.48
McGarry (1945) 30 Cr App R 187, 173 LT 72, 89 SJ 340 . . . . E9.8
McGarry [1999] 1 WLR 1500, [1998] 3 All ER 805, [1999] 1 Cr App R 377,
 [1999] Crim LR 316 . . . . D18.30, F20.2, F20.31, F20.32
McGee [1978] Crim LR 370 . . . . E6.15
McGee [2012] EWCA Crim 613. . . . . B19.88
McGeechan [2019] EWCA Crim 235, [2019] 2 Cr App R (S) 12 (91) E15.20
McGeough [2015] UKSC 62, [2015] 1 WLR 4612, [2016] 1 All ER 953,
 [2016] 1 Cr App R 10 (140) F10.6, F18.53, F20.42
McGillivray [2005] EWCA Crim 604, [2005] 2 Cr App R (S) 60 (366),
 [2005] Crim LR 484 . . . . B2.3, B2.36, B2.71, B8.43, B11.35, E2.11
McGinlay (1975) 62 Cr App R 156, [1976] Crim LR 78. . . . . D20.60
McGlade (1990) 12 Cr App R (S) 105, [1990] Crim LR 527. . . . . D20.30
McGlennan v Clark 1993 SLT 1069 . . . . B12.159, B12.162
McGlinchey (1983) 78 Cr App R 282. . . . . D11.71, D11.84
McGonnell v UK (2000) 30 EHRR 289 . . . . A7.9
McGovern (1991) 92 Cr App R 228, [1991] Crim LR 124 . . . . F18.21, F18.24
McGowan [1990] Crim LR 399 . . . . B19.112
McGowan [2023] EWCA Crim 247 . . . . F13.5, F13.22
McGowan v B [2011] UKSC 54, [2011] 1 WLR 3121 . . . . D1.56, F18.37, F20.7
McGranaghan (1987) 9 Cr App R (S) 447 . . . . B1.158
McGrath (1983) 5 Cr App R (S) 460 . . . . D20.21
McGrath [2003] EWCA Crim 2062, [2004] 1 Cr App R 15 (173), (2003) 167 JP 554,
 [2004] Crim LR 142. . . . . B4.76
McGrath [2009] EWCA Crim 1758 . . . . D1.147
McGrath [2013] EWCA Crim 1261, [2014] Crim LR 144 . . . . D26.27
McGrath [2017] EWCA Crim 1945 . . . . D25.58
McGrath v Chief Constable of the Royal Ulster Constabulary [2001] UKHL 39, [2001] 2 AC 731,
 [2001] 3 WLR 312, [2001] 4 All ER 334 . . . . D1.31
McGrath v Field [1987] RTR 349, [1987] Crim LR 275 . . . . F2.8
McGreevy v DPP [1973] 1 WLR 276, [1973] 1 All ER 503, (1973) 57 Cr App R 424,
 [1973] Crim LR 232 . . . . F1.22, F3.50
McGregor [1945] 2 All ER 180, (1945) 30 Cr App R 155, 115 LJ KB 100, 173 LT 45,
 109 JP 136, 61 LGR 357 . . . . E9.7
McGregor [1968] 1 QB 371, [1967] 3 WLR 274, [1967] 2 All ER 267, (1967) 51 Cr App R 338,
 131 JP 366 . . . . F18.3, F18.94, F18.95
McGregor v Benyon [1957] Crim LR 608 . . . . F3.69
McGregor-Read [1999] Crim LR 860 . . . . C6.8
McGuffie [2015] EWCA Crim 307 . . . . F15.19
McGuigan [1991] Crim LR 719 . . . . B11.18
McGuiness [1999] Crim LR 318. . . . . F1.29, F20.15
McGuiness [2007] EWHC 1772 (Admin) D10.62
McGuiness [2017] NICA 30 . . . . F17.56
Machado [2006] EWCA Crim 837, (2006) 170 JP 400 . . . . F13.21, F15.7
Machent v Quinn [1970] 2 All ER 255 . . . . B4.3, B4.78
Machin [1980] 1 WLR 763, [1980] 3 All ER 151, (1980) 71 Cr App R 166, [1980] RTR 233,
 [1980] Crim LR 376. . . . . B14.38
McHugh (1993) 97 Cr App R 335 . . . . B4.30, B4.57
Maciejewski [2022] EWCA Crim 151. . . . . D13.70
McIlkenny [1992] 2 All ER 417, (1991) 93 Cr App R 287 . . . . D26.38
McInerney [2003] EWCA Crim 3003, [2003] 1 All ER 1089, [2003] 1 Cr App R 36 (627),
 [2003] 2 Cr App R (S) 39 (240), , [2003] Crim LR 209. . . . . B4.80
McInerney [2024] EWCA Crim 165 . . . . F20.52
McInnes [1971] 1 WLR 1600, [1971] 3 All ER 295, (1971) 55 Cr App R 551 . . . . A3.65, A3.70
McInnes (1989) 90 Cr App R 99, [1989] Crim LR 889 . . . . F5.4

CXV

Table of Cases

McIntosh [1992] Crim LR 651 .... F16.28
McIntosh [2011] EWCA Crim 1501, [2011] 4 All ER 917, [2012] 1 Cr App R (S) 60 (342),
   [2011] Crim LR 814.. E19.50
McIntyre v USA [2014] EWHC 1886 (Admin), [2015] 1 WLR 507 .... D31.41, D31.45
Maciulevictus [2015] EWCA Crim 1270... C3.19
McKay [2015] EWCA Crim 2098, [2016] 2 Cr App R 1 (1).. A3.14, A3.31
McKechnie (1992) 94 Cr App R 51, [1992] Crim LR 194 .... A1.29, D18.24, D26.28
MacKell (1981) 74 Cr App R 27, [1981] Crim LR 552.. D12.83
McKenna (1956) 40 Cr App R 65 .... D18.5, F6.7
McKenna [1960] 1 QB 411, [1960] 2 WLR 306, [1960] 1 All ER 326, (1960) 44 Cr App R 63,
   124 JP 179, 104 SJ 109, [1974] Crim LR 129.. D19.84, D19.85
McKenna (1985) 7 Cr App R (S) 348, [1986] Crim LR 195 .... D26.48
McKenna [2023] NICA 12... D14.38
MacKenney [2004] EWCA Crim 1220, [2004] 2 Cr App R 32 (551) F7.65, F11.22
McKenzie (1984) 6 Cr App R (S) 99... D20.56, D20.57
MacKenzie (1992) 96 Cr App R 98, [1993] 1 WLR 453 .... D16.60, F18.60, F18.71, F18.79
McKenzie [2008] EWCA Crim 758, [2008] RTR 22 (277), 172 JP 377 .... C3.11
McKenzie [2011] EWCA Crim 1550, [2011] 1 WLR 2807, [2011] 2 Cr App R 27 (381),
   [2011] Crim LR 884.. D11.115, D12.10
McKenzie v DPP [1997] RTR 175, [1997] Crim LR 232 .... C6.27
McKenzie v McKenzie [1971] P 33, [1970] 3 WLR 472, [1970] 3 All ER 1034................ D3.122, D22.24
McKenzie v Procurator Fiscal [2014] HCJAC 132 .... B19.114
McKeon v DPP [2007] EWHC 3216 (Admin), [2008] RTR 14 (165)............................... C5.26
McKeown v HMRC TC/2013/07442 .... E19.27
McKeown v UK [2011] ECHR 6684/05, (2012) 54 EHRR 7 (165).................................. A7.47
McKerry v Teesdale and Wear Valley Justices (2000) 164 JP 355, [2000] Crim LR 594........ D22.69, D24.15
Mackey [1977] RTR 146 .... C5.25
Mackey [2012] EWCA Crim 2205, [2013] 1 Cr App R (S) 100 (522) B7.9
Mackie (1973) 57 Cr App R 453, [1973] Crim LR 438... A1.35
McKinnon [2004] EWCA Crim 395, [2004] 2 Cr App R (S) 46 (234), [2004] Crim LR 485....... E19.21
MacKinnon v Donaldson, Lufkin and Jenrette Securities Corporation [1986] Ch 482,
   [1986] 2 WLR 453, [1986] 1 All ER 653 .... F8.38, F8.39
McKinsley, Re [2006] EWCA Civ 1092, [2006] 1 WLR 3420... E19.81
McKirdy [1999] HCJ 5... B12.13
Mackle [2014] UKSC 5, [2014] AC 678, [2014] 2 WLR 267,
   [2014] 2 All ER 170.. B16.13, E19.12, E19.27, E19.83
Macklin v Her Majesty's Advocate [2015] UKSC 77, [2017] 1 All ER 32..................... D9.29
McKoen v Ellis [1987] Crim LR 54, [1987] RTR 26, 151 JP 60 .... C1.3
MacKreth [2009] EWCA Crim 1849, [2010] Crim LR 226 .... D3.81
McLaren (1983) 5 Cr App R (S) 332, [1984] RTR 126... D26.49
McLean [1911] 1 KB 332, (1910) 6 Cr App R 26.. D20.54
McLean (1967) 52 Cr App R 80, 111 SJ 925, [1968] Crim LR 108 .... F16.15
McLean (1988) 10 Cr App R (S) 18 .... D20.103, D20.104
MacLean [1993] Crim LR 687 .... D1.88, F2.25, F18.47
McLean [2007] EWCA Crim 219, [2008] 1 Cr App R 11 (155)...................................... F17.39
McLean [2010] EWCA Crim 2398.. B12.72
McLean, ex parte Metropolitan Police Commissioner [1975] Crim LR 289 .... D6.38
McLellan [2017] EWCA Crim 1464, [2018] 1 Cr App R (S) 18 (107)............ E21.24, E21.25, E21.27, E2.25
MacLennan v HM Advocate [2015] HCJAC 128 .... D14.55
McLeod v The Queen [2017] UKPC 1.. D17.13
McLeod v UK (1999) 27 EHRR 493... A7.30
McLoughlin [2014] EWCA Crim 188... E17.3
McLoughlin [2021] EWCA Crim 165... E21.30
McManaman [2016] EWCA Crim 3, [2016] 1 WLR 1096 .... D13.78
McManus [2001] EWCA Crim 2455... F20.49
Macmath [1997] Crim LR 586 .... F19.18
McMillan (1988) 10 Cr App R (S) 205, [1988] Crim LR 627.. D20.67
McMillan [2005] EWCA Crim 1774... F19.10
McMillan v CPS [2008] EWHC 1457 (Admin), (2008) 172 JP 485 .... D1.15
McMurray (1987) 9 Cr App R (S) 101, [1987] Crim LR 515 .... D20.64
McNally [1954] 1 WLR 933, [1954] 2 All ER 372, (1954) 38 Cr App R 90, (1954) 118 JP 399 .... D12.95
McNally [2013] EWCA Crim 1051, [2014] QB 593, [2014] 2 WLR 200,
   [2013] 2 Cr App R 28 (294) B3.47, B3.52
McNally v Saunders [2021] EWHC 2012 (QB)... B2.208
McNamara (1988) 87 Cr App R 246, 152 JP 390, [1988] Crim LR 440 .... B12.45, B19.29, B19.31, B19.36
McNamara [1996] Crim LR 750.. D19.14, F8.58
McNamara [1998] Crim LR 278.. B19.32
McNamee and McDonnell LLP's application for judicial review, Re [2014] NICA 13................. D1.62
McNaught [2018] EWCA Crim 1588.. B19.88
McNee [2007] EWCA Crim 1529, [2008] 1 Cr App R (S) 24 (108) A5.48, E17.3
McNeil v DPP [2008] EWHC 1254 (Admin) C5.15
McNeill [2007] EWCA Crim 2927, (2008) 172 JP 50 .... F13.21
McNeill [2019] EWCA Crim 1566... B2.226
McNulty (1994) 15 Cr App R (S) 606, [1994] Crim LR 385 .... D20.13, E19.66

Table of Cases

McNulty [2019] EWCA Crim 2081 . . . . B2.183
McPartland [2019] EWCA Crim 1782, [2020] 1 Cr App R (S) 51 (383) F1.12
McPhee v The Queen [2016] UKPC 29. . . . . F18.23
McPherson [1973] Crim LR 191, (1972) 117 SJ 13. . . . . B4.38
MacPherson [1973] RTR 157, [1973] Crim LR 457 . . . . B4.124
McPherson [1985] Crim LR 508. . . . . A5.69
MacPherson [2005] EWCA Crim 3605, [2006] 1 Cr App R 30 (459), [2007] Crim LR 504. . . . . . . D14.43,
F4.21, F4.22, F4.24
McPhillips (1990, unreported) A5.55
McQuaid v Anderton [1981] 1 WLR 154, [1980] 3 All ER 540 . . . . C1.5
McQuaide (1974) 60 Cr App R 239, [1975] Crim LR 246, 119 SJ 254. D20.114
McQuoid [2009] EWCA Crim 1301, [2010] 1 Cr App R (S) 43 (269), [2009] 4 All ER 388 . . . . . . B7.34
Macrae (1995) 159 JP 359, [1994] Crim LR 363 . . . . C4.12
McReady [1978] 1 WLR 1376, [1978] 3 All ER 967, (1978) 67 Cr App R 345 . . . . B2.79
McStravick [2018] EWCA Crim 1207, [2018] 2 Cr App R (S) 26 (237). E13.19
McVeigh, O'Neill and Evans v UK (1983) 5 EHRR 71. . . . . A7.31, A7.36
McVeigh v Beattie [1989] Fam 69, [1988] 2 WLR 992, [1988] 2 All ER 500 . . . . F20.59
McVey [1988] Crim LR 127. . . . . D18.23, D18.27, D18.29
McVitie [1960] 2 QB 483, [1960] 3 WLR 99, [1960] 2 All ER 498, (1960) 44 Cr App R 201,
  124 JP 404. . . . . B12.261, D11.102, D11.113, D11.116
McWilliams [2021] EWCA Crim 745, [2022] 1 Cr App R (S) 17 (158). B3.27
Maassen v Netherlands (2023) 76 EHRR 18 (462) A7.40
Maddox v Storer [1963] 1 QB 451, [1962] 2 WLR 958, [1962] 1 All ER 831, 61 LGR 41, 126 JP 263 . . . . C1.11
Mader [2018] EWCA Crim 2454 . . . . F1.14, F14.2
Madison v Australia [2021] EWHC 1900 (Admin) D31.25
Magee v CPS [2014] EWHC 4089 (Admin), (2015) 179 JP 261 . . . . A3.18
Magee v UK (2001) 31 EHRR 35 (822) A7.35, D1.62
Maggs (1990) 91 Cr App R 243, [1990] RTR 129, [1990] Crim LR 654. D19.14
Magiera v Poland [2017] EWHC 2757 (Admin) D31.36
Maginnis [1987] AC 303, [1987] 2 WLR 765, [1987] 1 All ER 907, 85 Cr App R 127, 151 JP 537,
  [1987] Crim LR 564. . . . . B19.46, B19.48, B19.63, B19.86, B19.123
Maginnis [1987] AC 303 . . . . B19.47
Magna Plant Ltd v Mitchell [1966] Crim LR 394 . . . . C1.26
Maguire (1989) 90 Cr App R 115 . . . . F18.41
Maguire (1992) 13 Cr App R (S) 332 . . . . E6.12
Maguire [1997] 1 Cr App R 61, [1996] Crim LR 833. . . . . D13.65
Maguire [1997] 1 Cr App R (S) 130, [1996] Crim LR 838. . . . . B19.143
Maguire [2002] EWCA Crim 2689, [2003] 2 Cr App R (S) 10 (40), [2003] Crim LR 126 . . . . E18.8
Maguire [2008] EWCA Crim 1028, (2008) 172 JP 417 . . . . D18.30, F20.5
Maguire [2019] EWCA Crim 1193, [2019] 2 Cr App R (S) 55 (447) D25.24
Magson [2022] EWCA Crim 1064, [2023] Crim LR 81 . . . . A3.54
Maher [1983] QB 784, [1983] 2 WLR 764, [1983] 2 All ER 417, (1983) 76 Cr App R 309,
  (1983) 5 Cr App R (S) 39, (1984) 148 JP 119, [1983] Crim LR 389 . . . . D33.28, D33.29
Maher v DPP [2006] EWHC 1271 (Admin), (2006) 170 JP 441 . . . . F16.15, F17.28, F17.85
Mahmood [1997] 1 Cr App R 414, [1997] Crim LR 447. . . . . F12.18
Mahmood [2005] EWCA Crim 2168, [2006] 1 Cr App R (S) 96 (570), [2006] Crim LR 75 . . . . E19.63
Mahmood [2012] EWCA Crim 400, [2012] 2 Cr App R (S) 63 (373) B1.57
Mahmood [2013] EWCA Crim 325, [2013] 1 WLR 3146 . . . . E19.32, E19.34
Mahmood [2013] EWCA Crim 2356, [2014] 1 Cr App R 31 (434). F2.35
Mahmood [2015] EWCA Crim 441, [2015] 2 Cr App R (S) 18 (182) B2.124
Mahmood [2017] EWCA Crim 1449 . . . . E13.4
Mahmood [2023] EWCA Crim 1358 . . . . F20.47
Mahmud [2019] EWCA Crim 667, [2019] Crim LR 796 . . . . D14.49, D14.55
Mahmud [2024] EWCA Crim 130, [2024] Crim LR 414 . . . . B4.51
Mahon [2018] EWCA Crim 959 . . . . B4.71, B4.81
Mahoney (1993) 14 Cr App R (S) 291 . . . . D20.36, D20.39
Mahroof (1988) 88 Cr App R 317 . . . . B11.4, B11.17, B11.18, B11.20
Maidstone Buildings Provisions Ltd, Re [1971] 1 WLR 1085, [1971] 3 All ER 363, 115 SJ 464 . . . . . . B7.17, B7.18
Maidstone Crown Court, ex parte Gill [1986] 1 WLR 1405, [1987] 1 All ER 129,
  (1987) 84 Cr App R 96, [1987] RTR 35, [1986] Crim LR 737. . . . . D29.40
Maidstone Crown Court, ex parte Lever [1995] 1 WLR 928, [1995] 2 All ER 35, [1996] 1 Cr App R 524. . . . . D7.12
Maidstone Crown Court, ex parte Waitt [1988] Crim LR 384. . . . . D1.165
Mainwaring (1981) 74 Cr App R 99. . . . . B4.30, B4.33
Majaric v Slovenia (2000) Appln. 28400/95, 8 February 2000 . . . . A7.65
Majeed [2019] EWCA Crim 516, [2019] 2 Cr App R (S) 29 (220) B2.73
Majid [2009] EWCA Crim 2563 . . . . F3.49, F3.50, F3.53, F4.33
Major [2010] EWCA Crim 3016, [2011] 1 Cr App R 25 (322), [2011] 2 Cr App R (S) 26 (139),
  [2011] Crim LR 328. . . . . E21.33
Majrowski v Guy's & St Thomas's NHS Trust [2006] UKHL 34, [2007] 1 AC 224, [2006] 3 WLR 125,
  [2006] 4 All ER 395. . . . . B2.207
Majury [2007] EWCA Crim 2968 . . . . D23.57
Makanjuola [1995] 1 WLR 1348, [1995] 3 All ER 730, [1995] 2 Cr App R 469, 159 JP 701. . . . . . . D18.32, F1.31,
F5.8, F5.10, F5.12, F5.13, F5.15, F5.16
Makeham v Donaldson [1981] RTR 511, [1981] Crim LR 570. . . . . C7.9

Table of Cases

Makuwa [2006] EWCA Crim 175, [2006] 1 WLR 2755, [2006] 2 Cr App R 11 (184),
 [2006] Crim LR 911 ...., B22.82, F3.17, F3.34
Malabu Oil and Gas Ltd v DPP [2016] Lloyd's Rep FC 108 .... D8.72
Malak [2018] EWCA Crim 1693 .... B22.84
Malashev [1997] Crim LR 587 .... D26.28
Malasi [2008] EWCA Crim 2505, [2009] 1 Cr App R (S) 51 (276), [2009] Crim LR 120 .... E17.9, E17.10
Malcherek [1981] 1 WLR 690, [1981] 2 All ER 422, 73 Cr App R 173, [1981] Crim LR 401 .... A1.34
Malcolm [2011] EWCA Crim 2069 .... D9.31, D26.29
Malcolm v DPP [2007] EWHC 363 (Admin), [2007] 1 WLR 1230, [2007] 3 All ER 578, [2007] 2 Cr
 App R 1 (1), 171 JP 293, [2007] RTR 27 (396), [2007] Crim LR 894 ...... C5.23, D4.5, D18.3, D22.63, F6.5
Malhi [1994] Crim LR 755 .... D11.52
Malhi [2016] EWCA Crim 2025, [2017] 4 WLR 27 .... E19.74
Malicki [2009] EWCA Crim 365 .... F4.25
Malik [2000] 2 Cr App R 8, [2000] Crim LR 197 .... F1.17
Malik [2019] EWCA Crim 1079 .... E6.8
Malik [2022] EWCA Crim 1494, [2023] 1 Cr App R (S) 19 (169) B1.52
Maling [2016] EWCA Crim 1740, [2017] 1 Cr App R (S) 14 (94) B1.54
Malkinson [2023] EWCA Crim 954 .... D9.29
Mallett [1978] 1 WLR 820, [1978] 3 All ER 10, (1978) 67 Cr App R 239 .... B6.12, B14.10
Mallon v Allon [1964] 1 QB 385, [1963] 3 WLR 1053, [1963] 3 All ER 843, 62 LGR 58,
 (1964) 128 JP 81 .... D11.56, D11.61
Mallone [1996] 1 Cr App R (S) 221 .... C3.19
Mallory (1884) 13 QBD 33, 53 LJ MC 134, 50 LT 429, 48 JP 487, 15 Cox CC 456,
 32 WR 721 .... F17.69
Malnik v DPP [1989] Crim LR 451 .... B12.174, B12.176
Malone [1998] 2 Cr App R (S) 447 .... B3.34, B3.386
Malone [2006] EWCA Crim 1860 .... F13.64
Malone v Metropolitan Police Commissioner [1980] QB 49, [1978] 3 WLR 936,
 [1979] 1 All ER 256, (1979) 69 Cr App R 4, [1978] Crim LR 555 .... D1.187
Malone v UK (1985) 7 EHRR 14 .... A7.26
Maloney [1994] Crim LR 525 .... F17.14
Maloney [1996] 2 Cr App R 303 .... D19.77
Malook [2011] EWCA Crim 254 .... D9.13
Maltman [1995] 1 Cr App R 239, [1995] Crim LR 144 .... B6.96
Malvern Justices, ex parte Evans [1988] QB 540, [1988] 2 WLR 218, [1988] 1 All ER 371,
 (1988) 87 Cr App R 19, 152 JP 65, [1988] Crim LR 181, [1988] Crim LR 120 .... D3.121
Mamaliga [2018] EWCA Crim 515 .... B3.6, B3.7
Manchester City Stipendiary Magistrate, ex parte Snelson [1977] 1 WLR 911, [1978] 2 All ER 62,
 (1978) 66 Cr App R 44, [1977] Crim LR 423 .... D12.26
Manchester Crown Court, ex parte DPP (1994) 98 Cr App R (S) 461 .... D7.89
Manchester Crown Court, ex parte H and D [2000] 1 WLR 760, [2000] 2 All ER 166,
 [2000] 1 Cr App R 262 .... D24.76
Manchester Crown Court, ex parte McDonald [1999] 1 WLR 841, [1999] 1 All ER 805
 [1999] 1 Cr App R 409, 163 JP 253, [1999] Crim LR 736 .... D15.24
Manchester Crown Court, ex parte Rogers [1999] 1 WLR 832, [1999] 4 All ER 35, [1999] 2 Cr App
 R 267, [1999] Crim LR 743 .... F10.27
Manchester Crown Court, ex parte Williams (1990) 154 JP 589, [1990] Crim LR 654 .... D10.59, D29.41
Manchester Stipendiary Magistrate, ex parte Hill [1983] 1 AC 328, [1982] 3 WLR 331,
 [1982] 2 All ER 963, (1982) 75 Cr App R 346, [1982] RTR 449, [1982] Crim LR 755 .... D5.12, D5.19
Mancini v DPP [1942] AC 1, [1941] 3 All ER 272, (1943) 28 Cr App R 65, 111 LJ KB 84,
 165 LT 353, 58 TLR 25 .... F3.6, F3.49
Mandair [1995] 1 AC 208, [1994] 2 WLR 700, [1994] 2 All ER 715, (1994) 99 Cr App R 250,
 158 JP 685, [1994] Crim LR 666 .... B2.86, D19.48, D27.22, D30.4
Manders [2012] EWCA Crim 908, [2013] 1 Cr App R (S) 13 (73) B6.101
Mandla v Dowell Lee [1983] 2 AC 548, [1983] 2 WLR 620, [1983] ICR 385,
 [1983] 1 All ER 1062 .... B11.72, B11.76
Mandry [1973] 1 WLR 1232, [1973] 3 All ER 996, (1974) 58 Cr App R 27, [1974] Crim LR 49 .... F3.7
Mangena [2009] EWCA Crim 2535, (2010) 174 JP 67 .... F6.17
Mangham [2012] EWCA Crim 973, [2013] 1 Cr App R (S) 11 (62) B17.15, D25.59
Manji [1990] Crim LR 512 .... F2.11
Manley v Shaw (1840) Car & M 361, 174 ER 543 .... F1.10
Mann (1972) 56 Cr App R 750, [1972] Crim LR 704 .... F6.49
Mann [1995] Crim LR 647 .... F2.18
Mann [2002] EWCA Crim 3045 .... B11.31
Manning (1871) LR 1 CCR 338, 41 LJ MC 11, 25 LT 573, 36 JP 228, 12 Cox CC 106, 20 WR 102 .... B4.84
Manning [1968] Crim LR 675, 112 SJ 745 .... F6.51
Manning [1998] Crim LR 198, [1997] EWCA Crim 2562 .... B12.178, B12.184, B12.188, B12.189
Manning [1999] QB 980, [1999] 2 WLR 430, [1998] 4 All ER 876, [1998] 2 Cr App R 461,
 [1999] Crim LR 151 .... A5.62, A8.5, A8.10, B6.9
Manning [2020] EWCA Crim 592, [2020] 2 Cr App R (S) 46 (331), [2020] 4 WLR 77 ...... B3.113, E13.11, E14.3
Mansell v The Queen (1857) 8 E & B 54, 120 ER 20, Dears & B 375, 169 ER 1048,
 8 St Tr NS 831, 27 LJ MC 4, 22 JP 19, 4 Jur NS 432 .... D13.33, D13.36, D13.37, D13.40
Mansfield [1975] Crim LR 101 .... B4.156
Mansfield [1977] 1 WLR 1102, [1978] 1 All ER 134, (1977) 65 Cr App R 276 ... D11.53, D11.65, D11.66, D11.71

Table of Cases

Mansfield [2014] EWCA Crim 1846 . . . . D12.68
Mansfield v DPP [2021] EWHC 2938, [2022] QB 335 . . . . D2.22, D3.70, D3.89
Mansfield Justices, ex parte Sharkey [1985] QB 613, [1984] 3 WLR 1328, [1985] 1 All ER 193,
    149 JP 129, [1985] Crim LR 148 . . . . D1.195, D2.48, D7.14, D7.48, D7.68
Mantello (Case C-261/09) [2013] All ER (EC) 312 . . . . D12.32
Manwaring (1856) Dears & B 132, 169 ER 948, 26 LJ MC 10, 28 LT OS 189, 20 JP 804,
    7 Cox CC 192, 2 Jur NS 1236, 5 WR 119. . . . . F8.2
Maqsud Ali [1966] 1 QB 688, [1965] 3 WLR 229, [1965] 2 All ER 464, (1965) 49 Cr App
    R 230, 129 JP 396. . . . . F2.1, F8.53, F16.11
Marcantonio [2016] EWCA Crim 14, [2016] 2 Cr App R 9 (81) B4.81, D12.5
Marcel v Metropolitan Police Commissioner [1992] Ch 225, [1992] 2 WLR 50, [1992] 1 All ER 72 . . . . . . D1.187
Marchant (1984) 80 Cr App R 361 . . . . B4.121
Marchant [2003] EWCA Crim 2099, [2004] 1 WLR 440, [2004] 1 All ER 1187. . . . . C3.14
Marchant [2018] EWCA Crim 2606, [2019] 4 WLR 20. . . . . D18.39, D26.29, F6.2
Marchese [2008] EWCA Crim 389, [2009] 1 WLR 992, [2008] 2 Cr App R 12 (147),
    [2008] Crim LR 797. . . . . B1.165, D11.62
Marco (Croydon) Ltd v Metropolitan Police [1984] RTR 24, [1983] Crim LR 395 . . . . D21.16
Marcus (1923) 17 Cr App R 191. . . . . F3.66
Marcus [1981] 1 WLR 774, [1981] 2 All ER 833, (1981) 73 Cr App R 49, [1981] Crim LR 490 . . . . B2.107, B2.114
Marcus [2004] EWCA Crim 3387, [2005] Crim LR 384. . . . . F2.29
Mardeda [2023] EWCA Crim 310 . . . . B19.181
Mardle (14 December 2004, unreported, Kingston Crown Court) B19.14
Mareijeni [2019] EWCA Crim 1655. . . . . B5.9
Margelis [2021] EWCA Crim 1215, [2022] QB 148, [2022] 1 Cr App R 3 (36) B12.248,
  B12.260, B12.287, F1.38
Mari [2009] EWCA Crim 2677, [2010] RTR 17 (192) C3.13
Marine A [2013] EWCA Crim 2367, [2014] 1 Cr App R 26 (353) D3.123
Marine Fisheries Agency v Inter Fish Ltd [2009] EWHC 753 (Admin) F16.21
Mariou [1992] Crim LR 511 . . . . D11.71
Marison [1997] RTR 457, [1996] Crim LR 909 . . . . C3.13
Marjoram [2000] Crim LR 372. . . . . A1.35
Mark [2004] EWCA Crim 2490 . . . . A6.7, B1.79
Marke [2023] EWCA Crim 505 . . . . F13.18, F13.67
Markham [2017] EWCA Crim 739, [2017] 2 Cr App R (S) 30 (249) D24.77, E17.5, E17.8, E17.10, E17.12
Marklew [1999] 1 WLR 485, [1998] 2 All ER 939, [1999] 1 Cr App R (S) 6,
    [1998] Crim LR 512 . . . . E16.8, E16.36
Marks v Beyfus (1890) 25 QBD 494, 59 LJ QB 479, 63 LT 733, 55 JP 182, 17 Cox CC 196,
    6 TLR 406, 38 WR 705. . . . . F9.8, F9.15
Markwick (1953) 37 Cr App R 125. . . . . E5.19
Marland [2018] EWCA Crim 1770, [2018] 2 Cr App R (S) 51 (411). B4.80
Marland v DPP [2023] EWHC 1046 (Admin), [2023] 2 Cr App R 5 (59) B2.14
Marlborough Street Stipendiary Magistrate, ex parte Simpson (1980) 70 Cr App R 290 . . . . F8.37, F8.40
Marlow (1964) 49 Cr App R 49, [1965] Crim LR 35. . . . . B1.131
Marlow [1997] Crim LR 457, [1997] EWCA Crim 1833 . . . . B19.105, F12.13
Marlow Justices, ex parte O'Sullivan [1984] QB 381, [1984] 2 WLR 107, [1983] 3 All ER 578,
    (1984) 78 Cr App R 13, (1983) 5 Cr App R (S) 279, (1984) 148 JP 82 . . . . E9.7
Marney [2016] EWCA Crim 1944 . . . . E12.15
Marr (1989) 90 Cr App R 154, [1989] Crim LR 743 . . . . D18.39
Marriner [2002] EWCA Crim 2855, [2002] All ER (D) 120 (Dec) F2.24
Marriott [1971] 1 WLR 187, [1971] 1 All ER 595, 55 Cr App R 82 . . . . A1.5, B19.31, B19.35
Marsden [1968] 1 WLR 785, [1968] 2 All ER 341, 52 Cr App R 301, 132 JP 347 . . . . D26.49
Marsden [2006] EWCA Crim 2236. . . . . B16.60
Marsden [2023] EWCA Crim 1610, [2024] Crim LR 396 . . . . F20.5
Marsden v Leicester Magistrates' Court [2013] EWHC 919 (Admin) E19.76
Marsh (1985) 83 Cr App R 165, [1986] Crim LR 120 . . . . D11.71, F7.48
Marsh [1997] 1 Cr App R 67, (1996) 160 JP 721, [1997] Crim LR 205. . . . . B4.132
Marsh [2002] EWCA Crim 137 . . . . C3.14
Marsh [2008] EWCA Crim 1816. . . . . F17.35, F20.61
Marsh [2009] EWCA Crim 2696 . . . . F13.27, F13.37
Marsh [2012] EWCA Crim 1217, [2013] 1 Cr App R (S) 18 (99) B12.144
Marsh-Smith [2015] EWCA Crim 1883 . . . . D11.73, D11.88
Marshall (2 December 2009, unreported) B3.1
Marshall [1998] 2 Cr App R 282, 162 JP 488, [1998] Crim LR 723,
    [1999] Crim LR 317 . . . . B4.15, B4.21, B4.34, B4.60
Marshall [2007] EWCA Crim 35, [2007] Crim LR 562. . . . . D13.21, D13.67, D19.15
Marshall [2015] EWCA Crim 474. . . . . E22.4
Marshall [2015] EWCA Crim 1999, [2016] 1 Cr App R (S) 45 (282), [2016] Crim LR 373 . . . . E13.17
Marshall [2021] EWCA Crim 325. . . . . E2.10
Marshall [2023] EWCA Crim 964, [2024] 1 Cr App R (S) 12 (84), [2023] RTR 33 (572) C7.31
Marshall [2023] EWCA Crim 1640 . . . . B3.328
Marshall v McLeod 1998 SCCR 317. . . . . C7.62
Martin (1872) LR 1 CCR 378, 41 LJ MC 113, 26 LT 778, 36 JP 549, 12 Cox CC 204, 20 WR 1016 . . . . . . F8.51
Martin (1881) 8 QBD 54, 51 LJ MC 36, 45 LT 444, 46 JP 228, 14 Cox CC 633,
    [1881–5] All ER Rep 699, 30 WR 106 . . . . B2.10

Table of Cases

Martin [1989] 1 All ER 652, (1989) 88 Cr App R 343, [1989] RTR 63, 153 JP 231,
    [1989] Crim LR 284 .... A3.51, B22.52
Martin [1994] Crim LR 218 .... F1.46, F19.7
Martin [1998] 2 Cr App R 385 .... B16.42, F10.2
Martin [1999] 1 Cr App R (S) 477, [1999] Crim LR 97 .... B10.108, B12.245, B12.256
Martin [2000] 2 Cr App R 42, 164 JP 174, [2000] Crim LR 615 .... A3.37, F14.8
Martin [2002] EWCA Crim 251 .... D1.139
Martin [2001] EWCA Crim 2245, [2003] QB 1, [2002] 2 WLR 1, [2002] 1 Cr App R 27 (323),
    [2002] Crim LR 136 .... A3.63, A3.64
Martin [2004] EWCA Crim 916, [2004] 2 Cr App R 22 (354) F7.35
Martin [2006] EWCA Crim 109 .... B19.13, B19.54
Martin [2010] EWCA Crim 1450, [2011] RTR 4 (46) C1.19
Martin [2012] EWCA Crim 902 .... B21.15
Martin [2013] EWCA Crim 1420, [2014] 1 Cr App R (S) 63 (414) B17.15, B19.46
Martin [2014] EWCA Crim 1940, [2015] 1 WLR 588, [2015] 1 Cr App R 11 (132) B19.46, B19.51, B19.55
Martin [2017] EWCA Crim 488 .... F15.9, F15.14
Martin [2017] EWCA Crim 1359, [2018] Crim LR 340 .... A3.65, B1.42, F3.40
Martin [2023] EWCA Crim 791 .... C7.33, C7.37
Martin v DPP [2000] RTR 188, [2000] 2 Cr App R (S) 18, 164 JP 405, [2000] Crim LR 320 ...... C7.10, C7.48
Martin v HMRC [2015] UKUT 0161 .... E19.48
Martindale [1986] 1 WLR 1042, [1986] 3 All ER 25, (1987) 84 Cr App R 31, (1986) 150 JP 548,
    [1986] Crim LR 736 .... B19.31, E6.12
Martinez-Tobon [1994] 1 WLR 388, (1994) 98 Cr App R 375, 158 JP 559, [1994] Crim LR 359 .... F20.45, F20.56
Martins [2021] EWCA Crim 223 .... B4.73
Marwaha v UK Border Revenue Agency [2017] EWHC 2321 (Admin), [2018] 1 Cr App R 8 (105),
    [2018] 1 WLR 758 .... B19.9
Masangomi [2019] EWCA Crim 2390 .... F13.63
Mascall [2022] EWCA Crim 843 .... B3.85
Mascerenas [2018] EWCA Crim 1467 .... C7.31
Masih [1986] Crim LR 395 .... F10.17
Mason (1911) 7 Cr App R 67, 76 JP 184, 28 TLR 120 .... F11.30, F11.35
Mason [1981] QB 881, [1980] 3 WLR 617, [1980] 3 All ER 777, (1980) 71 Cr App R 157 .... D13.33, D13.34,
    D13.36, D13.37, D13.43, D13.44
Mason [1988] 1 WLR 139, [1987] 3 All ER 481, (1988) 86 Cr App R 349, (1987) 151 JP 747,
    [1987] Crim LR 757 .... D1.88, F2.8, F2.9, F2.16, F2.23, F2.25, F18.32, F18.42, F18.49
Mason [2002] EWCA Crim 385, [2002] 2 Cr App R 38 (328), [2002] Crim LR 841 .... D13.59, F2.25, F18.51
Mason [2004] EWCA Crim 2173, [2005] 1 Cr App R 11 (145), [2005] Crim LR 140 .... B11.165
Mason [2014] 1 Cr App R (S) 78 (482) B2.166
Mason [2023] EWCA Crim 1540 .... B22.3
Mason v DPP [2010] EWHC 2198 (Admin), [2010] RTR 11 (120) A5.77, C1.20, C5.34
Massey [2007] EWCA Crim 2664, [2008] 1 WLR 937 .... B3.262
Masson and Van Zon v Netherlands (1996) 22 EHRR 491 .... A7.68
Mateta [2014] 1 All ER 152, [2014] 1 WLR 1516, [2013] 2 Cr App R 35 (431),
    [2014] Crim LR 227 .... B22.73, B22.82, B22.83
Mateza [2011] EWCA Crim 2587 .... F16.17
Matheson [1958] 1 WLR 474, [1958] 2 All ER 87, (1958) 42 Cr App R 145 .... B1.51, D19.81, F11.42
Mathews [2003] EWCA Crim 192, [2003] 2 Cr App R 30 (461), [2003] Crim LR 553 .... A2.5, B1.25
Mathews [2003] EWCA Crim 813, [2004] QB 690, [2003] 3 WLR 693,
    [2003] 2 Cr App R 19 (302) B12.187, F3.21
Mathews-Williams [2023] EWCA Crim 1486 .... B4.51
Matlach [2005] EWCA Crim 2911, [2006] 2 Cr App R (S) 1 (1) B11.70
Matrix [1997] Crim LR 901 .... B12.169
Matt [2015] EWCA Crim 162 .... B3.46
Mattey [1995] 2 Cr App R 409, [1995] Crim LR 308 .... F3.56, F17.12
Matthew [2005] EWCA Crim 2399, [2006] 1 Cr App R (S) 88 (505) E17.11
Matthews (1979) 1 Cr App R (S) 346 .... D33.28
Matthews (1987) 9 Cr App R (S) 1, [1987] Crim LR 348 .... C7.37
Matthews (1989) 91 Cr App R 43, (1990) 154 JP 177, [1990] Crim LR 190 .... F18.40
Matthews [2003] EWCA Crim 192, [2003] 2 Cr App R 30 (461), [2003] Crim LR 553 .... A2.27
Matthews [2003] EWCA Crim 813, [2004] QB 690, [2003] 3 WLR 693, [2003] 2 Cr App R 19 (302) B12.187
Matthews [2009] EWCA Crim 1450, [2010] 1 Cr App R (S) 59 (373) B14.34
Matthews [2013] EWCA Crim 2238 .... F13.90, F13.91, F15.22
Matthews [2014] EWCA Crim 2757 .... D27.18
Matthews v Morris [1981] Crim LR 495 .... F6.8
Mattison [1990] Crim LR 117, 139 NLJ 1417 .... F2.9
Matto v Wolverhampton Crown Court [1987] Crim LR 641, [1987] RTR 337 .... C5.46, F2.9, F2.13, F2.26
Matudi [2003] EWCA Crim 697 .... A2.23, B16.49
Matznetter v Austria (1979–80) 1 EHRR 198 .... A7.39
Maughan [2011] EWCA Crim 787, [2011] 2 Cr App R (S) 89 (493), [2011] Crim LR 569 ... D26.49, E13.13, E14.4
Maunder [2015] EWCA Crim 778, [2015] 2 Cr App R (S) 26 (247) E14.12
Mauricia [2002] EWCA Crim 676, [2002] 2 Cr App R 27 (377), [2002] Crim LR 655 .... F8.19
Mavji [1986] 1 WLR 1388, [1987] 2 All ER 758, (1987) 84 Cr App R 34, [1987] Crim LR 39 .... B16.3
Maw [1994] Crim LR 841 .... F6.50, F6.54, F6.56, F17.96
Mawaz Khan v The Queen [1967] 1 AC 454, [1966] 3 WLR 1275, [1967] 1 All ER 80 .... F16.26

Table of Cases

Mawdesley v Chief Constable of Cheshire Constabulary [2003] EWHC 1586 (Admin),
   [2004] 1 WLR 1035, [2004] 1 All ER 58, 168 JP 23, [2004] Crim LR 232 . . . . C2.13, F10.11, F18.2
Maxwell [1978] 1 WLR 1363, [1978] Crim LR 422 . . . . A4.10, D11.43
Maxwell [1990] 1 WLR 401, [1990] 1 All ER 801, (1990) 91 Cr App R 61,
   [1991] Crim LR 64 . . . . B4.69, D19.62, D19.64
Maxwell [2010] UKSC 48, [2011] 1 WLR 1837, [2011] 4 All ER 941,
   [2011] 2 Cr App R 31 (448) D3.66, D3.105, D9.29, D26.38, F18.51
Maxwell [2014] EWCA Crim 417 . . . . C3.71
Maxwell [2017] EWCA Crim 1233, [2018] 1 Cr App R 5 (76) B4.2, D6.28, D10.7, D20.3, E1.6
Maxwell [2019] EWCA Crim 130 . . . . E1.5
Maxwell v Pressdram Ltd [1987] 1 WLR 298, [1987] 1 All ER 621 . . . . F9.24
Maxwell v UK (1995) 19 EHRR 97 . . . . A7.84
May (1867) 10 Cox CC 448, 16 LT 362, 31 JP 356, 15 WR 751 . . . . B1.148
May (1981) 3 Cr App R (S) 165, [1981] Crim LR 729 . . . . D20.104
May [2005] EWCA Crim 97, [2005] 1 WLR 2902, [2005] 3 All ER 523, [2005] 2 Cr App R(S) 67 (408) E19.16
May [2008] UKHL 28, [2008] 1 AC 1028, [2008] 2 WLR 1131, [2008] 4 All ER 97,
   [2008] 2 Cr App R 395 (28), [2009] 1 Cr App R (S) 31 (162), [2008] Crim LR 737 . . . . E19.22, E19.24,
                                                                                                                                                               E19.27, E19.29, E19.31, E19.44
May [2012] EWCA Crim 391, [2012] 2 All ER 1137, [2012] 2 Cr App R (S) 85 (491) E19.29
May v DPP [2005] EWHC 1280 (Admin) C1.17
Maybin 2012 SCC 24 (Sup Ct Canada) A1.32
Maye, Re [2008] UKHL 9, [2008] 1 WLR 315 . . . . E19.51
Mayende [2015] EWCA Crim 1566 . . . . D9.9
Mayers [2008] EWCA Crim 2989, [2009] 1 WLR 1915, [2009] 2 All ER 145, [2009] 1 Cr App
   R 30 (403), [2009] Crim LR 272 . . . . D14.78, D14.79, D14.81, D14.81, F17.9
Mayers [2018] EWCA Crim 1552 . . . . B4.71, E16.27
Mayet [2015] EWCA Crim 456 . . . . B16.11
Mayling [1963] 2 QB 717, [1963] 2 WLR 709, [1963] 1 All ER 687, (1963) 47 Cr App R 102,
   127 JP 269, (1963) 107 SJ 177 . . . . B3.355
Maynard (1979) 69 Cr App R 309 . . . . F7.16
Maynard-Ellis [2021] EWCA Crim 317, [2021] 2 Cr App R (S) 38 (297) E17.8
Mayo [2015] EWCA Crim 628 . . . . E13.14, E18.8
Mayor v Oxford (1980) 2 Cr App R (S) 280 . . . . C1.1
Mayzit v Russia (2006) 43 EHRR 38 (805) A7.55
Mazekelua [2011] EWCA Crim 1458 . . . . F6.52
Mazo [1997] 2 Cr App R 518, [1996] Crim LR 435 . . . . B4.39
MB, Re [1997] 2 FLR 426 . . . . A1.21
Mba [2006] EWCA Crim 624 . . . . A5.66
Mba [2012] EWCA Crim 2773 . . . . B3.42
Mbagwu [2007] EWCA Crim 1068 . . . . B11.18
Mbazira [2023] EWCA Crim 658 . . . . B5.50
M'Cormick v Garnett (1854) 5 De G M & G 278, 43 ER 877, 2 Eq Rep 536, 23 LJ Ch 777,
   18 Jur 412, 2 WR 408 . . . . F11.27
Meachen [2006] EWCA Crim 2414 . . . . B2.18, B2.81, B3.61
Meachen [2009] EWCA Crim 1701 . . . . D27.25, F11.43
Meade [2006] EWCA Crim 2880, [2007] 1 Cr App R (S) 123 (762) E16.35
Meade and Belt (1823) 1 Lew CC 184 . . . . B2.5
Meade v DPP [1993] RTR 151 . . . . C5.19
Meads [1996] Crim LR 519 . . . . F11.1
Mealey (1974) 60 Cr App R 59, [1974] Crim LR 710 . . . . D30.3, F2.45
Meall [2011] EWCA Crim 2526 . . . . D26.29
Meanley [2022] EWCA Crim 1065, [2022] 4 WLR 85 . . . . E2.24
Meanza [2017] EWCA Crim 445 . . . . B1.36
Mearns [1991] 1 QB 82, [1990] 3 WLR 569, [1990] 3 All ER 989, (1990) 91 Cr App R 312,
   154 JP 447, [1990] Crim LR 708 . . . . C3.67, D19.56, D19.57
Mears [2011] EWCA Crim 2651 . . . . D13.59, D27.22
Mechanical and General Inventions Co. Ltd v Austin [1935] AC 346, 104 LJ KB 403,
   153 LT 153, [1935] All ER Rep 22 . . . . F7.16
Mechen [2004] EWCA Crim 388 . . . . B11.17
Media Protection Services Ltd v Crawford [2012] EWHC 2373 (Admin), [2013] 1 WLR 1068,
   177 JP 54, [2013] Crim LR 155 . . . . D3.55
Medicaments and Related Classes of Goods (No. 2), Re [2001] 1 WLR 700 . . . . D13.59
Medvedyev v France (2010) 51 EHRR 39 (899), [2010] ECHR 384 . . . . B10.168
Medway [1976] QB 779, [1976] 2 WLR 528, [1976] 1 All ER 527, (1976) 62 Cr App R 85,
   [1976] Crim LR 118 . . . . D26.10
Medway [2000] Crim LR 415 . . . . D27.3
Mee [2004] EWCA Crim 629, [2004] 2 Cr App R (S) 81 (4341), [2004] Crim LR 487 . . . . E21.37
Meech [1974] QB 549, [1973] 3 WLR 507, [1973] 3 All ER 939, (1974) 58 Cr App R 74,
   [1973] Crim LR 771 . . . . B4.29, B4.38
Meek (1995) 16 Cr App R (S) 1003, [1995] Crim LR 671 . . . . E16.36
Meek v Powell [1952] 1 KB 164, [1952] 1 All ER 347, 116 JP 116, 50 LGR 247,
   [1952] 1 TLR 358, 96 SJ 91 . . . . D21.13
Meeking [2012] EWCA Crim 641, [2012] 1 WLR 3349 . . . . B1.62, C3.71
Meering v Grahame White Aviation Co. Ltd (1919) 122 LT 44, [1918–19] All ER Rep Ext 1490 . . . . B2.119

Table of Cases

Mehmedov [2014] EWCA Crim 1523, [2015] 1 WLR 495, [2004] 2 Cr App R 29 (484),
  178 JP 387 .... F13.6, F13.94
Mehmet [2019] EWCA Crim 1303 .... B16.67
Mehmeti [2019] EWCA Crim 751 .... B22.70
Mehrban [2001] EWCA Crim 2627, [2002] 1 Cr App R 40 (561), [2002] Crim LR 439 .... F4.33
Mehta [2012] EWCA Crim 2824 .... A5.68, D11.47
Mehta [2019] EWCA Crim 2332 .... F5.9
Mehtab [2015] EWCA Crim 1665 .... A5.49
Mejia [2009] EWCA Crim 1940 .... E19.47
Meli (Thabo) v The Queen [1954] 1 WLR 228, [1954] 1 All ER 373 .... A1.9
Melin [2019] EWCA Crim 557, [2019] QB 1063, [2019] 3 WLR 150, [2019] 2 Cr App R 8 (63) B2.15
Mella v Monahan [1961] Crim LR 175 .... B18.12
Mellor [1996] 2 Cr App R 245, [1996] Crim LR 743 .... A1.34
Melvin [1953] 1 QB 481, [1953] 2 WLR 274, [1953] 1 All ER 294, (1953) 37 Cr App R 1,
  117 JP 95, 97 SJ 99 .... D19.71
Menard (1994) *The Times*, 23 March 1994 .... F18.41
Mendez [2010] EWCA Crim 516, [2011] QB 876, [2010] 3 All ER 231, [2011] 3 WLR 1,
  [2011] 1 Cr App R 10 (109), [2010] Crim LR 874 .... A4.3, A4.22
Mendy (1976) 64 Cr App R 4, [1976] Crim LR 686 .... F6.12, F7.57, F7.60
Menga [1998] Crim LR 58 .... D9.57, F9.16
Mengesha v Metropolitan Police Commissioner [2013] EWHC 1695 (Admin) D1.115
Menocal [1980] AC 598, [1979] 2 WLR 876, [1979] 2 All ER 510, (1979) 69 Cr App R 148,
  [1979] Crim LR 651 .... D20.102, D20.106
Mepstead v DPP 160 JP 475, [1996] Crim LR 111 .... B2.53, D1.15
Mercer [2017] EWCA Crim 228 .... B2.72
Mercer v Denne [1905] 2 Ch 538, 74 LJ Ch 71, 91 LT 513, 3 LGR 385, 68 JP 479, 53 WR 55,
  20 TLR 609, [1904–7] All ER Rep 74 .... F17.46
Mercer v DPP [2003] EWHC 225 (Admin), (2003) 167 JP 441 .... C5.39
Meredith [1973] Crim LR 253 .... B4.21
Meridian Global Funds Management Asia Ltd v Securities Commission [1995] 2 AC 500,
  [1995] 3 WLR 413, [1995] 3 All ER 918, [1995] BCC 942 .... A6.6, A6.10, A6.12
Merrick v Wakley (1838) 8 A & E 170, 112 ER 802, 3 Nev & P KB 284, 1 Will Woll & H 268,
  7 LJ QB 190, 2 Jur 838 .... F17.44
Merritt [2019] EWCA Crim 1514 .... D10.7
Merticariu v Romania [2024] UKSC 10, [2024] 1 WLR 1506 .... D31.31
Merton London Borough Council [2003] EWHC 1689 (Admin) E15.2
Metcalfe [2016] EWCA Crim 681, [2016] 2 Cr App R 21 (297) F1.36, F11.1
Metropolitan Police Commissioner, ex parte Blackburn [1968] 2 QB 118, [1968] 2 WLR 893,
  [1968] 1 All ER 763 .... D2.23
Metropolitan Police Commissioner, ex parte Blackburn (No. 2) [1968] 2 QB 150, [1968] 2 WLR 1204,
  [1968] 2 All ER 319 .... B14.109
Metropolitan Police Commissioner, ex parte Thompson [1997] 1 WLR 1519,
  [1997] 2 Cr App R 49 .... D2.22, F18.9
Metropolitan Police Commissioner v Ahsan [2015] EWHC 2354 (Admin), [2016] 1 WLR 654 ...... B10.112
Metropolitan Police Commissioner v Bangs [2014] EWHC 546, (2014) 178 JP 158 .... B19.113, D1.171
Metropolitan Police Commissioner v Caldwell [1982] AC 341, [1981] 2 WLR 509,
  [1981] 1 All ER 961, (1981) 73 Cr App R 13, [1981] Crim LR 392 .... A2.2, A2.6, A2.7, A2.8, A2.10,
                            A2.11, A2.12, A2.13, A3.4, A3.18, B1.71, B2.171, B8.9, B8.10, B8.21
Metropolitan Police Commissioner v Copeland [2014] EWCA Civ 1014, [2015] 3 All ER 391 .... D1.5
Metropolitan Police Commissioner v DSD [2018] UKSC 11, [2019] AC 196, [2018] 1 Cr App
  R 31 (475), [2018] 2 WLR 895 .... A7.14, A7.23
Metropolitan Police Commissioner v Locker [1993] 3 All ER 584 .... F9.13
Metropolitan Police Commissioner v MR [2019] EWHC 888 (QB) D1.25
Metropolitan Police Commissioner v Raissi [2008] EWCA Civ 1237, [2009] QB 564,
  [2009] 2 WLR 1243, [2009] 3 All ER 14 .... D1.5
Metropolitan Police Commissioner v Streeter (1980) 71 Cr App R 113 .... B4.169
Metropolitan Police Commissioner v Thorpe [2015] EWHC 3339 (Admin), [2016] 1 Cr App
  R (S) 46 (291), [2016] 4 WLR 7 .... E21.3
Metropolitan Police Commissioner v Wilson [1984] AC 242, [1983] 3 WLR 686, [1983] 3 All ER 448,
  (1983) 77 Cr App R 319, [1984] Crim LR 36 .... B2.2, B2.10, B2.68, B2.86, B4.69, B4.79,
                            B4.91, D19.43, D19.44, D19.46, D19.47, D19.48, D19.59
Meyrick (1929) 21 Cr App R 94 .... A5.49
Miah [1997] 2 Cr App R 12, [1997] Crim LR 351 .... D19.28, F14.23
Miah [2009] EWCA Crim 2368 .... F20.12, F20.29
Miah [2011] EWCA Crim 945, [2012] 1 Cr App R (S) 11 (47), [2011] Crim LR 662,
  [2012] Crim LR 67 .... D11.87, D11.89, E17.10, F18.81
Miah [2018] EWCA Crim 563 .... D18.21, F3.49
Miah [2019] EWCA Crim 1476 .... B19.132
Mian [2012] EWCA Crim 792, [2012] 3 All ER 661, [2012] 2 Cr App R 9 (103) D16.77
Micek v Czech Republic [2014] EWHC 621 (Admin) B19.88
Michael v Chief Constable of South Wales Police [2015] UKSC 2, [2015] AC 1732,
  [2015] 2 WLR 343, [2015] 2 All ER 635 .... A7.23
Michael v Gowland [1977] 1 WLR 296, [1977] 2 All ER 328 .... D29.19
Michaels (1981) 3 Cr App R (S) 188, [1981] Crim LR 725 .... D20.36, D20.37, D20.39

Table of Cases

Michaels v Highbury Corner Magistrates' Court [2009] EWHC 2928 (Admin),
[2010] Crim LR 506 .... B19.115, B19.116
Michel [2009] UKPC 41, [2010] 1 WLR 879, [2010] 1 Cr App R 24 (359) D26.29
Mickleborough v BRS (Contracts) Ltd [1977] RTR 389, [1977] Crim LR 568 .... C1.28
Mickleburgh [1995] 1 Cr App R 297 .... B14.42, B14.50, B14.102, D19.28
Middlesex Guildhall Crown Court, ex parte Okoli [2001] 1 Cr App R 1 (1), 165 JP 144,
[2000] Crim LR 921 .... D7.93
Middleton [2001] Crim LR 251 .... F1.30
Middleton v Rowlett [1954] 1 WLR 831, [1954] 2 All ER 277, 118 JP 362 .... F6.8
Midmore [2017] EWCA Crim 533, [2017] 2 Cr App R 8 (73) B2.97, B12.275, F16.20
Miell [2007] EWCA Crim 3130, [2008] 1 WLR 627, [2008] 1 Cr App R 23 (325) D12.45, D12.46
Mieras v Rees [1975] Crim LR 224 .... F16.30
Mildenhall Magistrates' Court, ex parte Forest Health District Council (1997) 161 JP 401 .... D29.19
Miles [1992] Crim LR 657 .... B7.17
Milford [2001] Crim LR 330 .... F20.26
Milford Haven Port Authority [2000] 2 Cr App R (S) 423 .... A6.12
Millar [2009] EWCA Crim 74 .... B3.108
Millard v DPP [1990] RTR 201, (1990) 91 Cr App R 108, 154 JP 626, [1990] Crim LR 601 .... C5.48
Millard v Turvey [1968] 2 QB 390, [1968] 2 WLR 1192, [1968] 2 All ER 7, 132 JP 286 .... C1.11
Millberry [2002] EWCA Crim 2891, [2003] 1 WLR 546, [2003] 2 All ER 939, [2003] 1 Cr App
R 25 (396), [2003] 2 Cr App R (S) 31 (142), [2003] Crim LR 207 .... B3.22
Miller (1854) 6 Cox CC 353 .... B4.173
Miller [1952] 2 All ER 667, 36 Cr App R 169, 116 JP 533 .... F13.25, F13.31
Miller [1954] 2 QB 282, [1954] 2 WLR 138, [1954] 2 All ER 529, 38 Cr App R 1, 118 JP 340 .... B2.42
Miller [1975] 1 WLR 1222, [1975] 2 All ER 974, (1975) 61 Cr App R 182, [1975] RTR 479,
[1975] Crim LR 723 .... C6.42
Miller [1976] Crim LR 147 .... B4.125
Miller [1976] Crim LR 694 .... E6.3
Miller [1977] 1 WLR 1129, [1977] 3 All ER 986, (1977) 65 Cr App R 79, [1977] Crim LR 562 .... B7.71
Miller [1983] 2 AC 161, [1983] 2 WLR 539, [1983] 1 All ER 978, 77 Cr App R 17 .... A1.20, A1.36,
B1.17, B2.10, B8.9
Miller [1983] 1 WLR 1056 .... D33.9
Miller [1986] 1 WLR 1191, [1986] 3 All ER 119, (1986) 83 Cr App R 192, [1986] Crim LR 548 .... F18.15, F18.30
Miller (1991) 92 Cr App R 191, 12 Cr App R (S) 519, 155 JP 450, [1991] Crim LR 311 .... E19.79
Miller (1992) 95 Cr App R 421, [1993] RTR 6, [1992] Crim LR 744 .... A1.29
Miller [1994] 15 Cr App R (S) 505, [1994] Crim LR 231 .... C6.11, C7.34
Miller [1998] Crim LR 209 .... F18.3, F18.30
Miller [2003] EWCA Crim 2840 .... F13.60
Miller [2007] EWCA Crim 1891 .... D1.18, D1.84
Miller [2010] EWCA Crim 257, [2010] 2 Cr App R (S) 62 (413) B6.70
Miller [2010] EWCA Crim 809, [2011] 1 Cr App R (S) 2 (7), [2010] Crim LR 648 .... D11.40, E18.8
Miller [2010] EWCA Crim 1153, [2010] 2 Cr App R 19 (138) F15.2, F15.3, F15.12, F15.22
Miller [2010] EWCA Crim 1578, [2011] Crim LR 79 .... B3.49, F1.15, F13.51
Miller [2021] EWCA Crim 1955 .... B1.51
Miller [2022] EWCA Crim 1589, [2023] 4 WLR 6, [2023] Crim LR 300 .... B16.11, E19.30, E19.56, E19.83
Miller v DPP [2004] EWHC 595 (Admin), [2005] RTR 3 (44) C7.29, C7.53
Miller v DPP [2018] EWHC 262 (Admin) C5.46, D1.50, D21.35
Miller v Minister of Pensions [1947] 2 All ER 372, [1948] LJR 203, 177 LT 536, 63 TLR 474 .... F3.54
Milliken (1969) 53 Cr App R 330 .... F6.12
Millington [1996] 1 Cr App R (S) 45, 160 JP 39, [1996] RTR 80, [1995] Crim LR 824 .... C3.22
Millington [2022] EWCA Crim 265 .... E16.27
Mills [1962] 1 WLR 1152, [1962] 3 All ER 298, (1962) 46 Cr App R 336, 126 JP 506 .... F6.20
Mills [1963] 1 QB 522, [1963] 2 WLR 137, [1963] 1 All ER 202, 47 Cr App R 49, 127 JP 176 .... B1.140, B19.48
Mills [1998] 2 Cr App R (S) 252 .... E2.28
Mills [2002] EWCA Crim 26, [2002] 2 Cr App R (S) 52 (229), [2002] Crim LR 331 .... B5.3
Mills [2003] EWCA Crim 2397, [2004] 1 Cr App R (S) 57 (332), [2003] Crim LR 896 .... D20.33
Mills [2017] EWCA Crim 559, [2017] 2 Cr App R (S) 7 (38) B1.98
Mills [2017] EWCA Crim 1077 .... B20.23
Mills v HM Advocate [2002] UKPC 402, [2004] 1 AC 441, [2002] 3 WLR 1597 .... A7.65
Mills v Oddy (1834) 6 C & P 728, 172 ER 1438 .... F8.10
Mills v The Queen [1995] 1 WLR 511, [1995] 3 All ER 865, [1995] Crim LR 884 .... F17.50, F17.60, F19.10
Millward [1985] QB 519, [1985] 2 WLR 532, [1985] 1 All ER 859, (1985) 80 Cr App R 280,
149 JP 545, [1985] Crim LR 321 .... B14.9, B14.10, B14.11
Millward [1994] Crim LR 527, 158 JP 1091 .... A4.18, A4.19, A4.20
Milnes (1860) 2 F & F 10, 175 ER 936 .... F8.33
Milstead v Sexton [1964] Crim LR 474 .... C1.23
Milton v R [2015] UKPC 42, [2015] 1 WLR 5356 .... F4.28
Min Fu [2017] EWCA Crim 248 .... F17.21
Minaya-Garay (17 July, 2023 unreported, Maidstone Crown Court) B1.20
Minchin [2013] EWCA Crim 2412 .... F10.38, F16.26, F17.30
Minelli v Switzerland (1983) 5 EHRR 554 .... A7.68
Minihane (1921) 16 Cr App R 38 .... F10.5
Minio-Paluello v Metropolitan Police Commissioner [2011] EWHC 3411 (QB) D1.7

Table of Cases

Ministry of Agriculture, Fisheries and Food v Nunn Corn (1987) Ltd [1990] Crim LR 268 . . . . D21.9
Minister for Justice and Equality v LM (Case C-216/18 PPU) [2019] 1 WLR 1004 . . . . D31.34
Minister for Justice and Equality v RO (Case C-327/18 PPU) [2019] 1 WLR 1095 . . . . A9.2
Minister of Home Affairs v Fisher [1980] AC 319, [1979] 2 WLR 889, [1979] 3 All ER 21 . . . . A7.8
Minnott [2016] EWCA Crim 2215 . . . . F8.63
Minors [1989] 1 WLR 441, [1989] 2 All ER 208, (1989) 89 Cr App R 102,
   [1989] Crim LR 360 . . . . D16.44, F16.12, F16.13, F17.12
Minshall v UK [2011] ECHR 2243, (2012) 55 EHRR 36 (1058) A7.64
Mintchev [2011] EWCA Crim 499, [2011] 2 Cr App R (S) 81 (465), [2011] Crim LR 483 . . . . E20.1
Minter v Priest [1930] AC 558, 99 LJ KB 391, 143 LT 57, 46 TLR 301, [1930] All ER Rep 431 . . . . F10.21
Mintern [2004] EWCA Crim 7 . . . . D11.47
Mir [2024] EWCA Crim 239, [2024] Crim LR 411 . . . . D23.43, E14.1
Mirahessari [2016] EWCA Crim 1733 . . . . B22.85
Miraszewski v Poland [2014] EWHC 4261 (Admin), [2015] 1 WLR 3929 . . . . D31.2, D31.33
Mirchandani v Lord Chancellor [2020] EWCA Civ 1260, [2021] 1 Cr App R 7 (136) D33.23
Mirchandani v Somaia [2020] EWCA Civ 1260, [2021] 1 Cr App R 7 (136) E19.77
Mirza (1993) 14 Cr App R (S) 64, [1992] Crim LR 600 . . . . D20.22, D20.23
Mirza [2004] UKHL 2, [2004] 1 AC 1118, [2004] 2 WLR 201, [2004] 1 All ER 925,
   [2004] 2 Cr App R 8 (112) A7.51, D13.21, D13.51, D19.30, D19.32, F9.22
Mishra v Colchester Magistrates' Court [2017] EWHC 2869 (Admin), [2018] 1 Cr App R 24 (346) D29.19
Misick v R [2015] UKPC 31, [2015] 1 WLR 3215, [2015] 2 Cr App R 23 (317) F3.55
Misra [2004] EWCA Crim 2375, [2005] 1 Cr App R 21 (328), [2005] Crim LR 234 . . . . A1.40,
                                                                                    B1.75, B1.77, B1.78, B1.79
Mitcham v The Queen [2009] UKPC 5 . . . . D13.65
Mitchell (1892) 17 Cox CC 503 . . . . F20.33
Mitchell [1977] 1 WLR 753, [1977] 2 All ER 168, (1977) 65 Cr App R 185, [1977] Crim LR 626 . . . . D27.12
Mitchell [1983] QB 741, [1983] 2 WLR 938, [1983] 2 All ER 427, (1983) 76 Cr App R 293,
   [1983] Crim LR 549 . . . . A2.31, B1.66
Mitchell [1992] Crim LR 723 . . . . B19.50, B19.57
Mitchell [1994] Crim LR 66. . . . . D18.44
Mitchell (1999) 163 JP 75, [1999] Crim LR 496, (1998) 162 JPN 926, (1998) 95 (35) LSG 36,
   (1998) 142 SJLB 221 . . . . A4.24
Mitchell [2005] EWCA Crim 731 . . . . F11.9
Mitchell [2005] EWCA Crim 3447 . . . . F18.92
Mitchell [2008] EWCA Crim 850 . . . . B4.57
Mitchell [2008] EWCA Crim 2552, [2009] 1 Cr App R 31 (438), [2009] Crim LR 287 . . . . A4.23
Mitchell [2009] EWCA Crim 214, [2009] 2 Cr App R (S) 66 (463) E19.27
Mitchell [2010] EWCA Crim 783 . . . . F13.16
Mitchell [2014] EWCA Crim 318, [2014] 2 Cr App 2 (17) B15.27
Mitchell [2016] UKSC 55, [2017] AC 571, [2016] 3 WLR 1405, [2017] 1 All ER 1037,
   [2017] 1 Cr App R 9 (92). F3.56, F13.2, F13.9, F13.53, F15.14
Mitchell [2018] EWCA Crim 2687 . . . . D28.10
Mitchell v The Queen [1998] AC 695, [1998] 2 WLR 839, [1998] 2 Cr App R 35,
   [1998] Crim LR 422 . . . . D16.42, F18.78
Mitchell-Crinkley [1998] 1 Cr App R (S) 368 . . . . B14.103
Mitoi v Romania [2006] EWHC 1977 (Admin) D31.31
Mitsui Sumitomo Insurance (Europe) Ltd v Mayor's Office for Policing and Crime [2013] EWHC
   2734 (Comm), [2014] 1 All ER 422, [2014] 1 All ER (Comm) 225; rev'd in part
   [2014] EWCA Civ 682, [2015] QB 180, [2014] 3 WLR 576. . . . . B11.8
Mittal [2016] EWCA Crim 451, [2016] 2 Cr App R 8 (73), [2016] 4 WLR 91 . . . . F14.8
Mizel v Warren [1973] 1 WLR 899, [1973] 2 All ER 1149. . . . . B16.46
Mladenov v Bulgaria [2013] EWHC 903 (Admin) B11.59
M'Naghten's Case (1843) 10 Cl & F 200, 8 ER 718, 4 St Tr NS 847, 1 Town St Tr 314,
   1 Car & Kir 130, 8 Scott NR 595. . . . . A3.25, F3.1, F3.8, F3.59
Moat Housing Group-South Ltd v Harris [2005] EWCA Civ 287, [2006] QB 606,
   [2005] 3 WLR 691, [2005] 4 All ER 1051 . . . . D25.7, D25.51
Moberley v Alsop (1991) 156 JP 154. . . . . B5.45
Modeste [1983] Crim LR 746 . . . . D19.85
Modjiri [2010] EWCA Crim 829, [2010] 1 WLR 2096, [2010] 4 All ER 837,
   [2011] 1 Cr App R (S) 20 (137) E19.51
Moffat [2014] EWCA Crim 332, [2014] 2 Cr App R (S) 37 (307) B12.144
Mogford [1970] 1 WLR 988, 63 Cr App R 168, 114 SJ 318 . . . . B19.92
Mughal (1977) 65 Cr App R 56, [1977] Crim LR 373 . . . . D11.87, D11.89, D26.23, F17.64
Mohamad [2022] EWCA Crim 875 . . . . B22.56
Mohamadi [2020] EWCA Crim 327 . . . . A3.21
Mohamed [2010] EWCA Crim 2400, [2011] 1 Cr App R 35 (432). D26.9
Mohamed [2023] EWCA Crim 211, [2023] 3 WLR 31, [2023] Cr App R 2 (13 . . . . B22.38, B22.52
Mohammad [2022] EWCA Crim 380 . . . . F3.50, F3.53
Mohammed [2007] EWCA Crim 2332, [2008] 1 WLR 1130, [2008] 1 Cr App R 20 (266) B22.64
Mohammed [2013] EWCA Crim 901 . . . . F13.22
Mohammed [2018] EWCA Crim 1995 . . . . E2.28
Mohammed [2019] EWCA Crim 1881 . . . . B19.24, B22.32
Mohammed [2019] EWCA Crim 2095, [2020] 1 Cr App R (S) 65 (503) E16.29
Mohammed [2021] EWCA Crim 201. . . . . F15.16, F19.14
Mohammed [2021] EWCA Crim 1375 . . . . B22.28, D24.66